전자상거래의 다변화와 소비자보호

이은영 編

세창출판사

이 도서의 국립중앙도서관 출판예정도서목록(CIP)은 서지정보유통지원시스템 홈페이지(http://seoji.nl.go.kr)와 국가자료공동목록시스템(http://www.nl.go.kr/kolisnet)에서 이용하실 수 있습니다.(CIP제어번호: CIP2015028532)

머리말

최근 전자상거래의 규모가 급속히 증가하고 있어 경제활동에서 중요한 위치를 차지하게 되었을 뿐 아니라 거래의 모습도 매우 다양하게 변화하고 있다. 이번 소비자총서 제4권에서는 다음의 세 가지 변화에 주목하여 그 법적 문제점을 분석하고 새로운 이론을 전개하였다.

첫째, 거래목적이 되는 상품이 정보를 담은 콘텐츠 자체인 경우가 빈번해졌다. 디지털콘텐츠가 디스크(CD) 등의 저장수단을 매개로 하지 않고 온라인을 통해 소비자에게 직접 전송되는 거래가 많아졌다.

둘째, 전자상거래의 상품대금 결제방법도 보다 편리한 수단으로 대체되고 있다. 직불전자지급수단, 선불전자지급수단, 전자화폐, 전자채권 등 소위 '사이버머니'라고 해서 상품대금 등을 은행의 계좌이체나 신용카드를 매개로 하지 않고 사업자가 독자적으로 발행한 지급수단이 빈번히 이용되고 있다.

셋째, 소비자가 해외사업자가 개설해 놓은 인터넷쇼핑몰을 방문하여 구매계약을 체결하거나 또는 해외사업자가 제공하는 상품을 해외구매 대행 사이트를 방문하여 구입하는 소위 '해외직접상품구매'가 빈번해졌다.

한국소비자법학회는 2014년에도 다양한 공동연구와 활발한 학술발표를 하였고 그 연구결과물의 대다수는 완성된 학술논문으로서 이 책에 수록되었다. 소수의 학술발표문만이 전체 주제와 어울리지 않는다는 이유 또는 촉박한 원고마감 시간까지 논문이 완성되지 않았다는 이유 등으로 이 책에 수록되지 않았다. 이 책에 수록한 논문은 대개 다음 세 개의 학술대회에서 발표되고 토론을 거쳐 보완된 것이다.

2014년 4월 18일 경북대학교에서 한국소비자법학회와 경북대학교 IT와 법 연구소가 공동주최한 학술대회의 큰 주제는 "디지털콘텐츠거래와 소비자보호"이었다. 여기서는 이병준 한국외대 교수의 "보통-유럽매매법에서 디지털콘텐츠에 대한 규율과 그 시사점", 김민기 경북과학대학교의 "대중가요표절에 관한 저작권법상의 쟁점과 해결방안", 차상욱 경북대 교수의 "클라우드 서비스에 있어서 디지털콘텐츠의 사적 이용과 저작권법상 쟁점", 송민수 한국소비자원 책임연구원의 "모바일 오픈마켓 운영자의 책임"이 발표되었고 활발한 토론이 이어졌다.

2014년 6월 20일 한국외국어대학교에서 개최된 제18회 한국소비자법학회 학술대회에서는 "전자결제와 소비자보호"라는 큰 주제 아래 다음의 학술연구가 발표되었다. 최민식 한국인터넷기업협회 실장의 "온라인 전자결제의 문제점과 개선방향", 서희석 부산대 교수의 "공인인증서의 발급 및 관리책임", 윤태영 아주대 교수의 "사이버머니의 금전적 가치 부여에 관한 소고", 조용태 한국전화결제 산업협회 국장의 "정보통신망 이용촉진 및 정보보호 등에 관한 법률 개정에 따른 이용환경의 변화 – 전화결제 중심으로" 등이었다.

2014년 8월 21일 한국소비자원에서 한국소비자법학회와 한국소비자원이 공동으로 "해외사업자로부터 직접구매와 소비자보호"라는 주제로 학술대회를 가졌다. 이 학회의 주제발표는 백윤성 한국소비자원 거래조사팀장의 "해외직구 이용실태 및 개선방향", 권대우 한양대 교수의 "해외직접구매계약상 당사자의 권리의무", 이병준 한국외대 교수의 "해외직접 구매대행 서비스와 소비자법 및 국제사법상의 쟁점", 김도년 한국소비자원 선임연구원의 "해외 직접구매 소비자분쟁해결방법으로서 ODR"이 발표되었다.

이후에도 2015년 2월 27일 한국외국어대학교에서 개최된 제21

회 한국소비자법학회 학술대회는 "2014년 소비자법학 회고"라는 큰 주제 아래 "2014년 법·정책·연구 및 소비자운동의 동향"과 "2014년 판례·심결례 및 분쟁조정 사례의 동향"에 관해 여섯 개의 주제 발표가 행하여졌다. 이 연구결과물은 이 책에는 수록하지 않았으나 2014년 소비자법의 동향을 파악하는 좋은 참고자료가 될 것이다.

2015년 9월

저자대표 이은영

차 례

제3편 ▌ 전자상거래를 통한 해외 직접구매와 소비자보호

전자상거래의 다변화에 따른 소비자법의 과제*

이 은 영**

Ⅰ. 머리말

최근 전자상거래의 규모가 급속히 증가하고 있어 경제활동에서 중요한 위치를 차지하게 되었을 뿐 아니라 거래의 모습도 매우 다양하게 변화하고 있다.[1] 이에 상응해서 전자상거래로 인한 소비자피해도 그 양상이 다양해지고 횟수도 증가하고 있다. 소비자가 전자상거래 과정에서 입은 피해에 관해서는 제품의 불량·하자로 인한 손

---

* 이 논문은 한국외국어대학교의 연구지원금을 받아 연구된 것임.
** 한국외대 법학전문대학원 교수.
1) 2014년 통계청발표에 의하면 2013년 한국의 국내 전자상거래 총규모가 1,204조 1,000억 원이었다. 이 금액은 2007년 516조 5,140억 원에 비해 급격히 증가한 것을 나타내 준다.

해, 청약철회의 곤란으로 인한 손해, 배송이 지연됨으로 인한 손해, 허위·과장광고로 인한 손해, 상품정보의 오기로 인해 상품의 선택이나 사용의 과정에서 입은 손해 등이 자주 문제되었다.[2]

소비자거래의 목적이 되는 상품의 종류도 다양해지고 있는데, 그중에서 특기할 만한 것은 유체물이 아닌 경우로서 서비스의 구입 이외에 소비자가 필요로 하는 정보를 담은 콘텐츠의 거래가 빈번해졌다는 사실이다. 과거 콘텐츠는 디스크(CD) 등의 유체물에 저장되어 거래의 목적이 되는 경우가 많았으나, 최근에는 이러한 저장수단을 매개로 하지 않고 온라인을 통해 전송되는 디지털콘텐츠의 거래가 더욱 많은 비중을 차지하게 되었다. 스마트폰이 인터넷기능을 수행함에 따라 종래와 같이 컴퓨터에 전송받는 대신 휴대전화에 디지털콘텐츠를 전송받는 경우가 더 많아졌다. 그런데 소비자가 구입하는 디지털콘텐츠는 그 상품표시와 실제 콘텐츠내용이 다른 경우가 종종 생기며, 이때 소비자가 입은 손해가 상품의 적합성 결핍 및 하자의 존재와 인과관계가 있는가 하는 문제가 빈번히 발생한다. 그리고 소비자가 디지털콘텐츠를 제공받은 후에도 마치 다른 상품(유체물)을 배송받은 경우와 마찬가지로 청약철회권을 행사할 수 있어야 하는지, 청약철회권의 행사로 사업자가 지나치게 피해를 입는 경우가 생기는지 하는 문제가 제기된다.

전자상거래는 소비자의 상품대금 결제방법도 편리한 수단으로 대체해 나가고 있다. 소위 '사이버머니'라고 해서 상품대금 등을 은

---

2) 서울시 전자상거래센터의 2014년 3월 발표 온라인 설문조사결과에 의하면, 온라인 쇼핑경험이 있는 응답자 4천 명 중 92.9%가 온라인쇼핑을 월 1회 이상, 이 중 46.9%가 주 1회 이상 이용하였다. 소비자가 많이 구입한 물건은 의류 패션상품, 화장품, 서적, 생활용품 순서였다. 그리고 조사대상자 중 28.2%가 인터넷쇼핑몰 이용 중 피해를 경험한 것으로 응답했다. 소비자의 피해내용은 제품불량·하자에 따른 청약철회(37.6%), 배송지연(18.6%), 허위 과장광고로 인한 피해(13.6%), 상품정보 오기로 인한 피해(7.4%)의 순서로 나타났다. 강정화, "전자상거래와 소비자," 월간 소비자 2014년 11월호, 16쪽 이하.

행의 계좌이체나 신용카드를 매개로 하지 않고 사업자가 독자적으로 발행한 지급수단이 빈번히 이용되고 있다. 직불전자지급수단, 선불전자지급수단, 전자화폐, 전자채권 등 사이버머니의 이용이 증가함에 따라 그 이용과 관련한 소비자보호의 문제가 발생하고 있다. 소비자가 사이버머니를 안전하게 보관해 둘 수 있는지, 타인에 의해 도용된 경우는 어떻게 해야 하는지, 소비자가 사용하고 남은 사이버머니는 현금으로 바꿀 수 있는 것인지 등 여러 가지 문제에 대해 현행법만으로는 만족할 만한 해결이 되지 않는 실정이다. 그 밖에 금융거래의 안전과 금융소비자의 보호를 위해 도입되어 이용되고 있는 공인인증서 제도에 관해서도 새로운 시각에서 검토해 볼 필요가 있다. 공인인증서의 발급과 관리를 둘러싼 주의의무 해태로 인한 책임을 보다 합리적으로 규율해 나갈 필요가 있다.

전자상거래에서 사업자와 소비자가 계약을 체결하는 방법 및 사업자의 성격과 영업장소가 급격히 변화하고 있다. 종래에는 국내사업자가 국내소비자를 위해 개설해 놓은 인터넷쇼핑몰에 국내소비자가 방문하여 그 사업자가 판매하는 상품의 구매계약을 체결하였다. 그러나 최근에는 국내소비자가 해외사업자가 개설해 놓은 인터넷쇼핑몰을 방문하여 구매계약을 체결하거나 또는 해외사업자가 제공하는 상품을 해외구매 대행 사이트를 방문하여 구입하는 해외상품구매가 빈번해졌다. 소비자는 국내쇼핑몰과 해외쇼핑몰의 상품을 비교해 보고 품질이 더 우수하거나 가격이 더 저렴한 상품을 선택하여 구매하고 한국으로 배송받음으로써 합리적인 소비생활을 누리게 되었다. 정부에서도 소비자의 해외직접구매 추세에 맞추어 관세의 면세범위를 확대하고, 통관절차를 간소화하며, 반품 시 관세의 환급을 해 주는 등 해외직접구매의 환경을 편리하게 조성해 나가고 있다. 그러나 해외쇼핑몰에서 직접 구입한 소비자가 입은 손해를 구제해 주고 청약철회권 등 소비자의 권리를 보장해 주기 위한 법적 장치는 아직 미미한 상태이다. 그리고 소비자와 해외사업자 사이에 해외직접구매로 인한 분쟁이 발생하였을 때에 신속하고 공정하게 해결해 줄 수 있는 분쟁조정기구도 절실히 필요한 실정이다.

II. 디지털콘텐츠 거래와 소비자법

1. 디지털콘텐츠 거래의 특성

소비자가 사업자로부터 온라인으로 다운로드 되거나 스트리밍 서비스로 이용되는 디지털 콘텐츠를 구입하는 경우에 이는 전자상거래의 한 부문으로서의 디지털콘텐츠 거래가 성립한다. 그 밖에 디지털 콘텐츠가 유체물(CD, DVD 등)에 수록되어 판매되는 경우에, 우리 법은 이를 상품의 매매로 취급한다. 최근 자주 이용되는 디지털콘텐츠 거래로서 휴대전화를 이용하여 거래하는 모바일콘텐츠 거래가 있는데 이는 조금 더 복잡한 법률문제를 야기한다. 모바일콘텐츠는 이동성과 휴대성이라는 특징을 가지며 물건(CD, DVD 등)에 수록되지 않고 소비자가 시간과 공간의 제약 없이 다운로드를 통해 직접 상품을 수령한다. 애플리케이션(앱)은 스마트폰의 용도에 맞추어 사용되는 응용프로그램을 말하는데 무료인 경우도 있지만 유료로 판매되는 경우도 많다. 전자상거래의 장소로 이용되는 모바일 앱(web)은 스마트폰에서 이용되는 인터넷 환경을 고려하여 설계된 모바일 전용 웹사이트를 말한다. 디지털콘텐츠 거래는 그 이용기간에 따라 성격이 달라진다. 이용자가 일 회의 다운로드로 그치는 경우에는 보통의 매매계약이지만, 한 달 또는 장기간의 기간을 정하여 다운로드를 받는 경우에는 계속적 계약이 성립하게 되며 이때 소비자에게 임의의 해지권이 부여된다(전자상거래법 제29조).

2. 디지털콘텐츠 거래에 적용되는 법률

디지털콘텐츠의 거래는 대부분 온라인을 이용한 비대면 거래로서 이루어지며, 이 경우 소비자의 권익보호를 위하여 전자상거래 등에서의 소비자보호에 관한 법률이 적용된다. 그리고 온라인 광고를 통해 계약이 체결되기 때문에 통신판매에 해당한다. 사업자는 온라인 쇼핑몰이나 모바일 오픈마켓의 운영자가 개설한 장터에서 이용자에게 디지털콘텐츠를 판매함으로써 전자상거래소비자보호법의 통신판매업자에 해당하게 된다. 모바일 오픈마켓 운영자가 단순히 사업자와 이용자 사이에 디지털콘텐츠거래가 이루어지도록 조력하는 거래중개인에 지나지 않는 경우는 통신판매중개자의 지위에 놓이게 된다.[3] 그 밖에 디지털콘텐츠의 거래는 그 목적물이 게임. 학습자료, 음악, 영화, 비디오물 등인 경우에는 각 목적물의 이용에 따른 법적 규제가 있다. 게임에 대하여는 게임산업진흥에 관한 법률, 영상과 비디오에 대하여는 영화 및 비디오물의 진흥에 관한 법률, 음악에 대하여는 음악산업진흥에 관한 법률, 학습자료에 대하여는 이러닝(전자학습)산업발전 및 이러닝활용촉진에 관한 법률이 적용된다.

온라인으로 다운로드 되거나 스트리밍 서비스로 이용되는 디지털 콘텐츠의 구매에 대한 특별한 규정은 존재하지 않는다. 현재 전자상거래를 통하여 콘텐츠를 구입한 이용자는 「전자상거래 등에서의 소비자보호에 관한 법률」(2002년 제정), 콘텐츠산업진흥법(2010년 제정), 소비자기본법(2007년 소비자보호법의 명칭변경) 등에 의해 보호받을 수 있다.[4] 그러나 전자상거래법과 콘텐츠산업진흥법의 내용을

---

3) 다만 모바일 오픈마켓의 운영자가 직접 소비자에게 디지털콘텐츠를 판매하는 경우도 있는데 이때 통신판매업자의 지위도 갖게 된다. 송민수, "모바일 오픈마켓 운영자의 책임," 한국소비자법학회 2014년 4월 18일 주제발표문, 80면 참고.

4) 과거 온라인디지털콘텐츠의 이용자 보호규정이 포함되었던 舊 온라인디지털콘텐츠산업발전법은 2010년 콘텐츠산업진흥법으로 개정되었으며 그 보호

계약의 단계별로 살펴보면 그 두 법률을 적용하여도 전자상거래를 통하여 콘텐츠를 구입한 소비자를 보호하는 데에 부족한 점이 발견된다. 전자상거래법은 계약체결이 온라인으로 그 이행은 물건으로 각기 다른 시기에 이루어지는 것을 염두에 둔 입법이기 때문에, 계약체결에서 이행까지 온라인으로 이루어지는 디지털콘텐츠 거래에는 적합하지 않은 부분이 있다.[5] 따라서 소비자보호를 위하여 전자상거래소비자보호법에 디지털 콘텐츠의 특수성을 반영하는 개정이 이루어져야 한다는 요청이 있다. 콘텐츠산업진흥법에 소비자계약에 관한 규정을 삽입하는 방법도 있지만, 거래법의 성격을 띠는 전자상거래소비자보호법에 콘텐츠거래에 관한 몇 개의 규정을 삽입하는 것이 더욱 적절하다고 생각된다.[6]

외국의 대표적 입법례를 살펴보면, 유럽연합의 보통유럽매매법(Common European Sales Law)이 디지털 콘텐츠의 거래를 상품매매와 함께 대표적인 거래유형으로서 규율한다.[7] 이 법은 디지털콘텐츠 거래에 대한 독자적인 장을 설치하지 않고 상품매매를 기본모델로 하면서 디지털 콘텐츠에 대한 규율을 추가하는 방식을 취한다. 디지

대상이 모든 콘텐츠의 이용자로 확대되었다.

5) 정진명, "온라인디지털콘텐츠 이용과 소비자보호-온라인디지털콘텐츠산업발전법 개정의견을 중심으로-," 재산법연구 제26권 제3호, 2010, 1면 이하.

6) 같은 의견; 정진명, 재산법연구 제26권 제3호, 18면; 구병문, 디지털콘텐츠 이용자의 청약철회와 그 제한규정의 문제점과 해결방안, 홍익법학 제10권 제1호, 2009, 438면; 이병준, "보통유럽매매법에서 디지털 콘텐츠에 대한 규율과 그 시사점," 한국소비자법학회 주제발표 2014년 4월 18일, 5면.

7) 보통유럽매매법은 상품거래에 대한 매매계약과 대비하여 디지털콘텐츠 제공계약이라는 하나의 독자적인 계약유형을 제시하며, 디지털콘텐츠가 어떻게 제공되는지와 상관없이 통일적으로 모두 디지털콘텐츠 제공계약이라는 하나의 계약유형을 통하여 포섭한다. Erwägungsgrund 17 des Vorschlags für eine Verordnung über ein Gemeinsames Europäisches Kaufrecht, KOM(2011) 635 endgültig - 2011/0284(COD) vom 11.10.2011. 이병준, 앞의 논문, 6면.

털콘텐츠를 유체물인 상품과 동일하게 취급하지만 디지털 콘텐츠에 대한 특별규정을 두는 것이다.[8] 이 법은 콘텐츠거래에 관한 실체법 규정으로서 개념정의, 적용범위 등 다양한 내용을 규정하는데, 디지털콘텐츠가 유체물인 저장장치에 저장된 경우와 그렇지 않은 경우 및 공급계약이 유상계약인지 무상계약인지에 따라 다른 규율을 한다.

3. 사업자의 상품정보제공의무

디지털콘텐츠 거래에 관하여 계약체결 전의 단계에서 소비자보호에 꼭 필요한 것은 사업자가 판매하는 디지털콘텐츠 상품에 관한 정보제공의무를 다하는 일이다. 전자상거래에서는 당사자가 대면하지 않을 뿐 아니라 일반적으로 상품에 대하여 실물로 확인할 수 없다. 디지털콘텐츠는 유체물이 아니기 때문에 그 성질상 실물확인이 곤란하며 사업자가 제공한 상품정보에 의존하는 수밖에 없다. 일반규정으로서 소비자기본법이 소비자가 사업자로부터 상품에 관한 정보를 제공받을 권리를 규정하고 있지만(소비자기본법 제4조 제2호), 콘텐츠산업진흥법에 사업자의 정보제공의무에 관하여 디지털콘텐츠 거래에 적합하게 좀 더 구체적인 규정을 설치하여 소비자의 합리적 상품 선택을 보장해 주어야 할 것이다.[9]

---

8) 보통유럽매매법은 오로지 디지털콘텐츠의 계약 적합성에 관해 제103조 내지 제105조 제4항을 둔다. 무상으로 제공되는 디지털콘텐츠에 대한 제123조 제2항, 저장매체를 통해 유체물화되지 않은 디지털콘텐츠에 대한 제40조 제3항 (d)호도 특징이 있다.

9) 같은 의견; 고형석, "전자상거래를 통한 콘텐츠거래에 있어서 이용자보호에 관한 연구,"「한양법학」제34집, 2011. 그리고 이 논문은 현재 디지털콘텐츠 이용자보호지침이 권고사항으로서 온라인콘텐츠이용에 필요한 기술사양에 관한 정보가 무엇인지 구체적으로 제시하고 있다.

4. 청약확인과 청약철회권

전자상거래에서는 계약체결이 자동화된 시스템에 의하여 이루어지기 때문에 소비자의 의사와 다른 청약이 이루어질 우려가 있으므로, 사업자는 계약체결 전 소비자가 표시한 구매의사를 확인할 수 있는 절차를 마련해야 한다. 사업자는 소비자가 청약의 내용을 확인하고 정정 또는 취소할 수 있도록 적절한 조치를 강구해야 한다. 사업자가 콘텐츠에 대한 소비자의 청약을 받은 경우 그 청약 의사표시의 수신을 확인해주고 판매가 가능한지 여부를 청약자에게 신속하게 통지해 주어야 한다. 사업자는 계약체결 전에 소비자가 청약내용을 확인하고, 정정하거나 취소할 수 있도록 적절한 절차를 갖추어야 한다(전자상거래법 제14조 제2항).[10] 사업자의 청약확인 및 취소권부여는 전자상거래의 통신판매로서의 성격상 당사자 사이에 생길 수 있는 착오를 방지하기 위함이다.

디지털콘텐츠를 구입한 소비자는 원칙적으로는 법률에 의해 부여받은 청약철회권을 행사할 수 있다(전자상거래법 제17조 제1항). 소비자는 사업자의 승낙에 의해 계약이 체결된 이후에도 자신의 구매의사를 재고할 수 있으며, 구매의사가 없어진 경우 청약철회권의 행사에 의해 부담 없이 계약을 해소할 수 있다. 문제는 소비자가 온라인으로 디지털콘텐츠를 다운받은 경우에 개봉되지 않은 상태에서 복제가 가능한 경우이다. 전자상거래법은 청약철회권의 배제사유로서 '소비자의 사용 또는 일부 소비로 재화 등의 가치가 현저히 감소한 경우', '복제가 가능한 재화 등의 포장을 훼손한 경우' 등을 열거하고 있지만, 포장을 개봉하지 않고 디지털콘텐츠를 이용한 경우에는 청약철회권 배제사유에 해당하지 않는다. 소비자가 콘텐츠를 복

---

10) 전자상거래 등에서의 소비자보호에 관한 법률 제14조의 규정은 2012.2.17 전문개정된 것이다.

제한 후에 청약철회권을 행사하고, 대가의 지급 없이 그 복제한 콘텐츠를 계속해서 사용할 수 있다는 기술상의 취약점이 법적인 쟁점으로 비화되었다. 그리하여 전자상거래법에는 사업자가 청약철회가 불가능한 재화의 경우에는 그 사실을 재화의 포장이나 그 밖에 소비자가 쉽게 알 수 있는 곳에 명확하게 적거나 시험 사용 상품을 제공하는 등의 방법으로 청약철회권의 행사가 방해받지 아니하도록 조치하여야 한다는 규정을 두게 되었다(전자상거래법 제17조 제6항).[11]

과거에는 디지털콘텐츠 거래의 성격에 맞게 청약철회권을 배제하는 규정이 없었기 때문에 법률로 정한 배제사유에 해당하지 않는 한 청약철회권을 인정할 것인가에 관해 학설이 대립했다.[12] 청약철회권 인정설은 온라인 디지털콘텐츠의 경우 포장 그 자체가 없고 그 개봉도 없기 때문에 청약철회권이 배제되지 않는다고 해석했다.[13] 반면에 소비자가 디지털콘텐츠를 구입 후 사용하여 구매목적을 달성하였음에도 불구하고 청약철회권을 주는 것은 거래관념상 옳지 않으므로 청약철회권을 부정해야 한다는 견해(부정설)도 주장되었다.[14] 이러한 학설의 대립을 고려할 때 디지털콘텐츠를 구입한 소비자가 콘텐츠를 이용한 후 철회기간 내에 반품하는 경우의 청약철회권을 박탈할 것을 시급히 입법을 통해 해결해야 할 필요가 있었다.[15] 그리하여 유체물의 저장매체 없이 다운로드 되는 디지털상품

---

11) 전자상거래 등에서의 소비자보호에 관한 법률 제17조의 규정은 2012.2.17 전문개정된 것이다.

12) 콘텐츠 이용자보호지침과 이러닝 이용자보호지침에서는 시용상품의 제공을 하고 소비자가 이러한 시용상품을 다운로드하거나 스트리밍으로 이용한 경우에는 청약철회권이 배제된다.

13) 이병준, "온라인디지털콘텐츠 이용계약과 소비자보호," 스포츠와 법 제9권, 한국스포츠엔터테인먼트법학회, 2006.10, 150-151면; 구병문, "디지털콘텐츠 이용자의 청약철회와 그 제한규정의 문제점과 해결방안," 홍익법학 제10권 제1호, 홍익대학교, 2009.2, 437면.

14) 이기헌/장은경/이상정, 디지털콘텐츠 소비자보호방안 연구, 한국소프트웨어진흥원, 2002, 59면.

의 경우에 사업자가 적합한 시용상품을 미리 제공한 경우 또는 사업자가 청약철회권 행사에 관하여 미리 다른 의사표시를 한 경우에, 소비자의 디지털콘텐츠 구입계약 청약철회권은 배제된다는 규정을 두게 되었다.16)

5. 디지털콘텐츠의 인도시기

콘텐츠에 관한 계약이 체결된 경우 사업자는 언제 소비자에게 그 콘텐츠를 공급하여야 하는지 그 이행시기에 관해 당사자 사이에 다툼이 생길 여지가 있으므로 임의규정으로서 거래관념에 맞는 규정을 설치할 필요가 있다. 온라인 공급의 경우 디지털콘텐츠의 실제 이행시점은 그 이행방식에 따라 달라질 수 있다. 즉 사업자가 소비자에게 콘텐츠를 제공하는 방식과 소비자가 직접 다운로드를 받거나 이용하는 방식에 따라 이행시점도 달라질 수 있다. 소비자가 직접 다운로드를 하거나 이용하는 콘텐츠의 경우에는 즉시 사업자의 채무가 이행되어야 함이 타당하다. 소비자가 다운로드를 할 수 있는 콘텐츠 또는 소비자가 직접 이용하는 콘텐츠의 경우 사업자가 대금을 수령한 후 즉시 콘텐츠를 전송할 즉시이행의무를 명하는 규정을 설치하자는 입법의견이 제기되고 있다.17)

---

16) 같은 취지: 구재군, "디지털콘텐츠서비스 이용계약에 수반되는 법적문제," 비교사법 제10권 제3호, 2003, 225면; 오병철, "전자상거래소비자보호법 제17조 제2항 제4호의 청약철회권 배제조항의 문제점," 민사법학 제39-1호, 한국민사법학회, 2007.12, 198면.

17) 고형석, "전자상거래를 통한 콘텐츠거래에 있어서 이용자보호에 관한 연구,"「한양법학」제34집, 2011.

15) 보통유럽매매법은 청약철회권의 배제사유를 청약철회권이 항상 배제되는 경우와 그렇지 않은 경우로 나누어 규정하는데(제40조 제2항, 제3항), 디지털 콘텐츠는 반환이 불가능하므로 그 이행이 시작되면 더 이상 청약철회권을 인정하지 않는다. 이병준, "보통유럽매매법에서 디지털콘텐츠에 대한 규율과 그 시사점," 2014.4.18 한국소비자법학회 주제발표문, 6면.

III. 온라인 결제환경변화와 소비자법

1. 온라인 전자결제

정보통신기술의 발달과 전자상거래 규모의 확대로 전자결제수단은 신용카드, 체크카드, 선불충전식키드, 전자자금이체 등 나날이 새롭고 다양한 방식으로 확대되고 있다. 전자상거래의 전자결제는 지금승인을 위한 정보 송수신, 대금지급, 대금정산 등 다수 거래당사자 사이의 결제과정을 거치게 되며, 이러한 결제과정의 서비스는 전자금융업자뿐 아니라 전자금융 보조사업자의 역할을 확대시키고 있다. 전자금융업무에는 금융기관뿐 아니라 쇼핑몰 사업자, 이동통신 사업자, 유통업자, SNS 사업자 등 다양한 영역에서 참여가 이루어지고 있다. 전자결제를 보다 편리하게 하는 전자결제대행업(PG)은 전자상거래 사업자가 신용카드사나 기타 금융업자로부터 상품대금을 현실로 지급받는 과정을 연결·대행해주는 서비스를 제공하는 사업을 말한다.

그 밖에 최근 스마트폰을 통한 결제가 자주 행해지는 모바일 오픈마켓에서의 대금결제는 주로 통신과금 서비스를 통하여 이루어지며, 모바일 오픈마켓은 운영자가 디지털콘텐츠의 대금을 통신요금과 합산하여 징수한 후 일정수수료를 제외한 나머지 금액을 사업자에게 지급하는 방식을 취한다. 모바일 오픈마켓 운영자는 사업자와 이용자 간 디지털거래에 있어서 대금결제와 관련하여 사업자를 위하여 대금결제를 대행하므로 「정보통신망 이용촉진 및 정보보호 등에 관한 법률」상 통신과금서비스 사업자에 해당한다.

온라인 전자결제란 흔히 전자상거래에서 물품·용역 등에 대한 대가로서 신용카드, 전자화폐 등 사이버머니를 지급수단으로 삼아 결제하는 것을 가리킨다. 신용카드, 전자화폐 등을 이용한 지급결제

업무의 인수는 상법상 상행위의 하나로 자리 잡게 되었다(상법 제46
조 제22호). 전자금융거래법(2006년 제정)에 의하면 전자금융거래는
금융회사 또는 전자금융업자가 전자적 장치를 통하여 금융상품 및
서비스를 제공하고, 이용자가 금융회사 또는 전자금융업자의 종사
자와 직접 대면하거나 의사소통을 하지 아니하고 자동화된 방식으
로 이를 이용하는 거래를 말한다. 전자지급거래는 지급인이 금융회
사 또는 전자금융업자로 하여금 전자지급수단을 이용하여 수취인에
게 자금을 이동하게 하는 전자금융거래를 말한다.

소비자가 국내 인터넷쇼핑몰에서 신용카드로 온라인 결제를 하
는 경우에, 거래약관의 동의, 개인정보 결제정보 제공 동의, 거래내
역 확인, 결제방법 선택, 금융회사나 전자금융업자가 제공하는 보안
프로그램 설치, 안전결제 인증서(ISP) 발급, 결제정보 입력, 공인인
증서 등을 통한 본인인증, 결제완료 등 매우 복잡한 단계를 거쳐야
결제가 완료된다. 이는 외국 온라인 전자결제와 비교할 때 회원 가
입한 소비자가 신용카드 정보, 결제서비스 아이디, 패스워드를 인터
넷에 저장해 두었다가 별도의 인증절차 없이 아이디와 패스워드만
으로 결제를 완료하는 것과 비교할 때 매우 복잡하고 시간이 걸리는
지급시스템이라고 평가된다. 소비자의 결제를 편리하게 하면서 안
전성도 확보하기 위하여 결제시스템의 획기적인 개선이 필요하
다.[18] 장래 보안프로그램 설치절차를 개선하고, 신용카드번호 등 금
융번호의 인터넷보관을 허용하고, 공인인증서 등의 인증절차를 간
소화하면 현재보다 훨씬 간편하게 결제가 완료될 것이다.

2. 공인인증서

공인인증서는 전자서명이 서명자에 의해 생성되었음을 증명하

---

18) 같은 취지, 최민식, "온라인 전자결제의 문제점과 개선방향," 한국소비자법
학회 2014년 6월 20일 주제발표문 14-15면.

는 공인인증기관의 증명행위를 의미한다. 그리고 공인전자서명은 공인인증기관에 의해 인증을 받은 전자서명을 의미한다. 인증이란 전자서명 생성정보가 가입자에게 속한다는 사실을 확인하고 이를 증명하는 행위이며, 인증을 위하여 필요한 전자적 정보를 인증서라고 한다. '공인인증서'란 이와 같은 인증서가 공인인증기관에 의해 발급된 경우를 말한다. 서명자를 확인하고 서명자가 당해 전자문서에 서명을 하였음을 나타내는 데 이용하기 위하여 당해 전자문서에 첨부되거나 논리적으로 결합된 전자적 형태의 정보를 전자서명이라고 하는데, 전자서명에 관한 공인인증서제도는 비대면 거래인 전자거래의 안전성과 신뢰성을 확보하기 위한 제도이다.[19] 공인인증서 제도는 공인인증기관으로부터 공인인증서를 발급받은 이용자가 전자문서에 공인인증서를 첨부하는 형태로 전자서명을 하면 서명자신원의 동일성과 전자문서의 완전성이 확보되는 제도이다.

　전자금융거래는 시스템에 접근하여야 거래가 가능하게 되는데, 공인인증서는 일종의 접근매체로서 전자금융거래 시스템에의 접근을 허용하는 매체기능을 담당한다. 접근매체는 전자금융거래에 있어서 거래지시를 하거나 이용자 및 거래내용의 진실성과 정확성을 확보하기 위하여 사용되는 수단 또는 정보를 말한다. 전자금융거래법에서 인정하는 접근매체로서는, 전자식 카드 및 이에 준하는 전자적 정보, 전자서명법의 전자서명 생성정보 및 인증서, 금융회사 또는 전자금융업자에 등록된 이용자번호, 이용자의 생체정보, 전자카드나 전자서명 등의 수단·정보를 사용하는 데 필요한 비밀번호가 있다(전자금융거래법 제2조 10호). 접근매체로서의 공인인증서는 본인임을 확인받아 전자금융거래 시스템에 접근이 허용됨으로써 거래를 지시할 수 있게 해 준다. 공인인증서는 전자문서의 수신자가 작

---

19) 이와 같은 전자서명의 정의는 기술중립성을 반영한 것이며, UNCITRAL 전자서명모델법의 정의 등을 참조한 것이다. Guide to Enactment of the UNCITRAL Model Law on Electronic Signatures (2001).

성자와 합의한 절차이기 때문에 전자금융거래에서 전자문서에 포함된 의사표시의 법적 효과는 작성자 본인에게 귀속한다.

전자서명법(1999년 제정)에 의하면 공인인증서는 서명자의 동일성과 전자문서의 완전성을 확보하기 위한 기술적 조치로서, 이용자 본인의 신청에 의해 본인확인을 거쳐 공인인증기관이 발급하는 전자적 정보이다. 공인인증서에 의해 전자 서명된 전자문서가 있을 경우, 그 서명자의 동일성 및 전자문서의 완전성은 법률상 추정된다(전자서명법 제3조 1항, 2항). 공인인증서는 전자문서에 논리적으로 결합되거나 첨부되지 않는 경우에도 본인확인의 수단으로 활용될 수 있다(전자서명법 18조의2). 전자서명법은 전자서명과 공인전자서명을 정의하고 그 법적 효력에 있어서 차이를 두고 있다.[20] 공인인증서는 보안기술이라기보다는 본인확인과 전자문서의 완전성확인을 위한 전자서명제도에서 유래하는 것이다.[21]

공인인증서의 존부 및 위조·변조 여부는 전자금융사고에 대한 책임의 소재를 가리는 요건이다. 공인인증서는 전자상거래에서 중요한 역할을 담당하기 때문에 당사자에게 그 발급 및 관리에 있어서 상당한 주의의무가 부과된다. 관리책임자가 과실로 거래상대방에게 손해를 입힌 경우에 손해배상책임을 진다.[22] 전자금융거래법은 접

---

20) EU 전자서명지침 및 UNCITRAL 전자서명모델법은 전자서명의 유형 및 효력을 이원적으로 구성하는 이원구조의 입법을 취하고 있는데, 우리나라의 전자서명법은 이와 같은 입법을 참고한 것이다.

21) 서희석, "공인인증서의 발급 및 관리책임", 한국소비자법학회 2014년 6월 20일 주제발표문 4-6면. 이 논문에서는 전자서명법을 다음과 같이 평가한다. "2원적 구성을 취하는 우리나라 법제가 외국의 입법과 비교하여 특별히 문제될 것도 없다. 다만 공인전자서명이나 공인인증서에 대하여 사법상의 효력에 차등을 두는 데서 더 나아가 정책적으로 이를 의무화한 것에 대하여는 그 시비를 논할 충분한 소재는 된다고 생각한다." "필자로서는 현행 정책 하에서는 공인인증서와 보안기술은 어느 쪽이 어느 쪽을 대체하는 관계가 아니라 서로 보완하는 관계라고 보는 것이 타당하다고 생각한다. 현행 공인인증체제 하에서도 추가적인 보안기술의 적용은 얼마든지 가능하기 때문이다."

22) 서희석, 앞의 논문, 13-14면.

근매체의 위소 및 빈조로 발생한 사고에 대하여 이용자에게 중과실이 있는 경우를 제외하고 금융회사에게 책임을 지운다. 전자금융사고의 대다수가 공인인증서의 발급 및 재발급에서 발생한다는 사실을 감안할 때 금융회사 및 공인인증기관에게 공인인증서의 발급 및 재발급 절차에 상당한 주의의무와 그 해태에 따른 책임을 부과해야 한다. 이용자는 공인인증서를 포함한 접근매체의 관리에 중과실이 있는 경우에 공인인증서의 오용으로 인한 법적 책임을 진다.

3. 사이버머니에 의한 결제

거래에서 흔히 사용하는 '사이버머니'라는 용어는 전자상거래에서 사용되는 전자적 결제수단을 가리키는 말이다. 해마다 사이버머니의 종류가 다양해지고 그 사용빈도도 급속히 증가하고 있다. 도토리, 포인트, 캐쉬 백 등 사이버머니에 의한 상품대금결제 및 타인에게의 사이버머니의 양도가 빈번히 이용되고 있다. 법적 측면에서 사이버머니가 정확히 어떠한 결제수단을 의미하는지, 그리고 그 결제수단은 화폐와 유사하게 그 유통성을 보장받는 것인지 등 구체적인 내용은 국가의 화폐정책과 관련이 된다.

전자금융거래법(2006년 제정)은 전자상거래에 이용되는 사이버머니에 관련된 규율을 하고 있다. 전자금융거래법에서는 전자지급수단과 관련하여 "전자자금이체, 직불전자지급수단, 선불전자지급수단, 전자화폐, 신용카드, 전자채권 그 밖에 전자적 방법에 따른 지급수단을 말한다."고 규정한다(전자금융거래법 제2조 제11호). 여기의 전자지급수단에는 현재 통용되거나 개발 중이어서 장래 사용될 여러 가지 형태의 지급수단이 포함될 것으로 예상된다. 실제로 자주 통용되는 사이버머니에는 직불전자지급수단, 선불전자지급수단, 전자화폐, 전자채권 등이 있다.

유럽연합의 사이버머니에 관한 법제를 살펴보면 우리와 그 운영방식에 차이를 보이고 있는데, 가장 중요한 차이는 '화폐로의 환금의무'의 유무이다.[23] 유럽연합은 사이버머니의 환금의무를 허용할 것인가에 관하여 그 화폐정책에 비추어 독자적으로 결정하고 있는데, 사이버머니를 현금과 가까운 결제수단으로 받아들인다.[24] 우리나라는 유럽연합보다 화폐로의 환금의무를 약하게 요구하는 입장을 취하고 있다. 전자금융거래법은 전자지급수단에 직불전자지급수단, 선불전자지급수단 등 다양한 지급수단이 포함됨을 규정하여 화폐보다 제한된 통용가능성을 갖는 결제수단을 인정하고 있다. 다만 전자화폐에 대해서는 현금이나 예금과 동일한 가치로 교환될 것을 보장하고 있다.

사이버머니가 선불지급수단인 경우에 그 지급수단의 발행은 은행에 한정할 필요가 없으며 일반 사업자도 발행할 수 있도록 넓게 허용된다. 선불전자지급수단은 이전 가능한 금전적 가치가 전자적 방법으로 저장되어 발행된 증표 또는 그 증표에 관한 정보로서 발행인 외의 제3자로부터 재화 또는 용역을 구입하고 그 대가를 지급하는 데 사용되고, 구입할 수 있는 재화(또는 용역)의 범위가 두 개 업종 이상인 것을 말한다(전자금융거래법 제2조 제14호). 이와 달리 직불전자지급수단은 이용자와 가맹점 간에 전자적 방법에 따라 금융회사의 계좌에서 자금을 이체하는 등의 방법으로 재화 또는 용역의 제공과 그 대가의 지급을 동시에 이행할 수 있도록 금융회사 또는 전자금융업자가 발행한 증표 또는 그 증표에 관한 정보를 말한다(전자금융거래법 제2조 제13호).

환금 가능한 사이버머니는 실제 예금과 유사한 기능을 가지며,

---

23) 윤태영, "사이버머니에 대한 금전적 가치 부여에 관한 소고," 한국소비자법학회 2014년 6월 20일 주제발표문 3면.

24) European Monetary Institute, Report to the Council of the European Monetary Institute, on Prepaid Card, 1994. S. 5; 윤태영, 앞의 논문, 11면에서 재인용.

전자상거래의 대금결제에서 현금이나 예금을 대체하는 화폐로서의
기능을 담당하게 된다. 그러므로 자유로운 환금이 가능한 사이버머
니에 대해서는 예금과 동일한 정도의 행정적 규제가 필요하다. 유럽
연합에서는 선불전자지급수단에 대해서 환금해 줄 의무를 지운 후
'E-머니'로 인정하고, 국가가 E-머니를 발행하는 자에 대하여 은행에
준하는 규제를 하고 있다. 한국에서도 환금성을 갖는 전자화폐 등
사이버머니는 유가증권과 같이 그 유형을 한정하고 엄격한 법적 규
제를 가한다. 전자금융거래법상 전자화폐는 2개 이상의 광역단체 및
500개 이상의 가맹점에서 이용되고, 발행인 외의 제3자로부터 재화
또는 용역을 구입하고 그 대가를 지급하는 데 사용되고, 구입할 수
있는 재화 또는 용역의 범위가 5개 이상의 업종이고, 현금 또는 예금
과 동일한 가치로 교환되어 발행되며, 발행자에 의하여 현금 또는 예
금으로 교환이 보장되어야 한다(전자금융거래법 제2조 제15호).[25] 현
재 사이버머니와 관련한 소비자피해가 빈번히 발생하고 있으므로
사이버머니 제도에 관한 점검이 필요하다. 전자거래 시대에 사이버
머니의 활용은 필수적으로 요구되는 것이므로 그 미비점을 보완하
여 사이버머니 이용이 안전하게 환경을 조성하여야 한다. 사업자로
하여금 엄격한 요건 하에 사이버머니를 발행하도록 허용하고, 소비
자에게 사이버머니에 대한 환금가능성을 보장해 주는 것이 바람직
하다.

---

25) 우리나라 법은 전자화폐를 발행할 수 있는 기관에 대해서는 그다지 엄격하
게 규율하지 않는 반면 오히려 사용범위에 대해서는 엄격한 규제를 하고 있
다. 이것은 EU의 규제와는 차이가 있고, 규정의 엄격성으로 인하여 환금성이
보장되지 못하는 결과로 된다는 비판이 있다. 윤태영, 앞의 논문, 12-13면.

IV. 전자상거래를 통한 해외직접구매와 소비자법

1. 인터넷 해외직접구매계약의 의의

소비자가 인터넷 쇼핑몰을 운영하는 외국사업자로부터 상품을 구매하여 국제운송수단을 통해 한국으로 배송받는 경우를 가리켜 흔히 '인터넷 해외직접구매계약'(약칭 해외직구)라고 말한다.[26] 해외직접구매계약은 소비자가 직접 쇼핑몰사업자와 계약을 체결하는 매매계약의 경우와 소비자가 구매대행사업자와 계약을 체결하고 쇼핑몰사업자로부터 상품을 배송받는 매매대행계약의 경우로 나뉘는데 양자는 그 법률관계에 상당한 차이를 보인다. 그리고 소비자에게 국내사업자의 배송대행 서비스만이 제공되는 경우에, 소비자는 그 배송업자와 어떤 계약을 체결하는 것이 아니라 인터넷쇼핑몰 사업자와 배송업자 사이의 운송계약에 따라 배송 서비스를 받는 것에 그치는 경우가 많다.[27]

소비자가 직접 외국에 가서 구입하는 경우와는 달리 온라인을 통하여 구입하는 경우에는 전자상거래에서 소비자가 입는 일반적 피해가 발생하는 외에 국제매매계약에 따른 준거법의 선택이나 해외사업자에 대한 소송의 제기 및 강제집행이 사실상 매우 곤란하기 때문에 소비자가 불이익을 감수해야 하는 경우가 많다.

---

26) 이병준, "해외직접 구매대행서비스와 소비자법 및 국제사법상의 쟁점," 한국소비자법학회 2014년 8월 21일 주제발표문 3면 이하.

27) 이병준, 앞의 논문, 2면에서는, 소비자가 대행서비스를 전혀 이용하지 않고 직접 해외 사이트와 매매계약을 체결하여 배송받는 경우를 "직접구매"라 칭하고 대행서비스를 이용하는 경우 배송대행 서비스만을 이용하는 때에는 "배송대행" 그리고 구매대행 서비스까지 이용하는 때에는 "구매대행"이라고 칭한다.

2. 매매계약이 체결된 경우

소비자와 해외판매업자 사이에 전자상거래를 통하여 직접 매매계약이 체결된 경우에, 소비자는 한국의 전자상거래소비자보호법이나 기타 소비자 관련 법률들에 의한 보호를 받을 수 있다. 국제사법은 소비자가 직업 또는 영업활동 외의 목적으로 체결하는 계약이 다음 셋 중 어느 하나에 해당하는 경우에는 당사자가 준거법을 선택하더라도 소비자의 상거소가 있는 국가의 강행규정에 의하여 소비자에게 부여되는 보호를 박탈할 수 없도록 한다. 소비자의 상대방이 계약체결에 앞서 그 국가에서 광고에 의한 거래의 권유 등 직업 또는 영업활동을 행하거나 그 국가 외의 지역에서 그 국가로 광고에 의한 거래의 권유 등 직업 또는 영업활동을 행하고, 소비자가 그 국가에서 계약체결에 필요한 행위를 한 경우, 소비자의 상대방이 그 국가에서 소비자의 주문을 받은 경우, 소비자의 상대방이 소비자로 하여금 외국에 가서 주문을 하도록 유도한 경우가 이에 해당한다(국제사법 제27조 제1항).[28] 소비자가 해외사업자와 국제매매계약이나 국제운송계약을 체결한 경우에는 국제사법에 의해 한국의 소비자관련법에 의한 청약철회권 등의 소비자보호규정의 적용이 배제되지 않는다.

국제사법 제27조에 따라 준거법이 결정되기 위한 요건으로서 그 계약이 소비자계약에 해당할 것이 요구된다. 소비자계약이라고 하기 위해서는 우선 계약의 일방당사자가 소비자이어야 하는데 자연인에 한정된다고 보는 견해[29]와 자연인은 물론 법인도 포함된다

---

[28] 국제사법 제17조 제3항에서는 "당사자가 계약체결 시 서로 다른 국가에 있는 때에는 그 국가 중 어느 한 국가의 법이 정한 법률행위의 방식에 의할 수 있다"고 하는 원칙을 규정하고 있는데, 제27조는 소비자계약에 관해 특칙을 인정하는 것이다.

[29] 자연인에 한정하는 견해: 김인호, "국제계약에서 강행규정에 의한 당사자자치의 제한," 선진상사법률연구 제60호, 2012, 121면.

는 견해[30] 등 학설이 대립하고 있다.[31] 이 경우 소비자의 개념은 한국 소비자기본법에 따라 '사업자가 제공하는 물품 또는 용역을 소비생활을 위하여 사용하는 자 또는 생산활동을 위하여 사용하는 자로서 대통령령이 정하는 자'를 말한다고 해석함이 타당하다. 따라서 자연인뿐 아니라 법인도 소비자에 해당할 수 있다. 그리고 국제사법 제27조에서는 소비자계약의 당사자를 소비자와 소비자의 상대방으로 규정하며, 그 소비자의 상대방에 대하여 구체적으로 명시하고 있지 않기 때문에 사업자에 한정되는지 아니면 사업자가 아닌 일반 개인도 포함되는지의 논란이 제기될 수 있다. 소비자기본법은 소비자의 거래상대방을 사업자라고 부르며 '물품을 제조(가공·포장 포함)·수입·판매하거나 용역을 제공하는 자'라고 한다. 국제사법에서 소비자계약에 대한 특칙을 신설한 이유가 상대적 약자인 소비자를 보호하기 위함이기 때문에 계약당사자간 불평등의 관계를 요구하는데 상대방이 일반인인 경우에는 이러한 불평등의 관계가 존재하지 않기 때문에 동 규정의 대상이 되지 않는다고 보아야 한다. 따라서 국제사법에서 말하는 소비자의 상대방은 소비자기본법에서와 마찬가지로 사업자만을 의미한다고 해석된다.

인터넷 거래에서 해외 사업자가 우리나라 소비자를 대상으로 물건을 파는 쇼핑몰을 구성한 경우는 국제사법에서 말하는 소비자의 상대방이 계약체결에 앞서 그 국가에서 광고에 의한 거래의 권유

---

30) 국제사법의 조문상 명확하지 않다는 점을 근거로 자연인에 한정되는지에 대하여 명확하게 말할 수 없다는 견해로는 손경한·석광현·노태악·이규호·장준혁·한애라, 국제사법 개정방안 연구, 법무부, 2014, 358면.

31) 유럽연합 소비자권리지침(DIRECTIVE 2011/83/EU OF THE EUROPEAN PARLIAMENT AND OF THE COUNCIL of 25 October 2011 on consumer rights, amending Council Directive 93/13/EEC and Directive 1999/44/EC of the European Parliament and of the Council and repealing Council Directive 85/577/EEC and Directive 97/7/EC of the European Parliament and of the Council)은 소비자를 자연인으로 한정하고 있다(동 지침 제2조 제1호).

등 직업 또는 영업활동을 행하거나 그 국가 외의 지역에서 그 국가로 광고에 의한 거래의 권유 등 직업 또는 영업활동을 행한 경우에 해당하므로 한국의 소비자관련법이 적용된다. 소비자가 해외 사업자의 한국어로 된 사이트에서 구매한 경우 해외 사업자는 한국 소비자와 계약체결을 한다는 사실을 인식하고 거래의 권유를 한 것이므로 한국법의 적용을 주장할 수 있다.[32] 비록 외국어로 된 해외 인터넷쇼핑몰에서 구입한 경우라도 그 사업자가 상품 배송지가 한국이라는 사실을 알면서 계약을 체결하였다면 '소비자의 상대방이 소비자로 하여금 외국에 가서 주문을 하도록 유도한 경우'에 해당하여 한국법이 적용될 수 있다. 그러나 한국 소비자가 외국어로 된 해외 인터넷쇼핑몰을 방문하여 그 나라의 친구주소지로 배송을 의뢰한 경우에는 해외사업자의 한국소비자에 대한 권유행위 등이 없었다고 판단되므로 한국 소비자 관련법의 보호를 주장하지 못한다.[33] 한국 소비자법에 의한 보호를 받는 소비자와 거래한다는 사실을 인식하지 못하는 해외 사업자에게 한국법을 적용하는 것은 옳지 못하다.[34]

3. 구매대행계약이 체결된 경우

소비자가 구매대행 및 배송대행 서비스를 제공하는 국내사업자

---

32) 같은 취지; 장준혁 외 6인, 「전자상거래상의 국제사법적 법률문제 연구」, 정보통신정책연구원, 2002, 64면; 이정기 · 박종삼, "전자상거래에서 준거법 적용상 논점," 대한경영학회지 제18권 제2호, 2005, 726-727면.

33) 소비자가 해외사업자의 권유 없이 인터넷 쇼핑몰을 방문하여 계약을 체결하였다면 소비자계약이지만, 국제사법 제27조 제1항에서 규정하는 요건을 충족하지 못하였기 때문에 동법 제27조가 아닌 제25조 또는 제26조에 의해 준거법이 결정된다.

34) 특히 사업자가 한국으로 팔지 않겠다는 제한조치를 한 경우, 이를 우회하기 위한 방편으로 소비자가 배송대행서비스를 이용하여 해외 현지로 배송지를 기재하였다면 국제사법 제27조의 적용을 통한 한국 소비자법에 의한 보호를 주장하지 못한다.

와 계약을 체결한 경우에, 청약철회권의 행사 및 계약불이행에 따른
책임추궁은 계약 당사자인 구매대행자와의 사이에서 해결되어야 한
다. 구매대행의 경우 구매대행 서비스 사업자가 대리인으로서 본인
을 위해 계약을 체결하는 경우와 위탁매수인으로 자신이 직접 계약
의 당사자로 계약을 체결하는 경우를 나눌 수 있다.

첫째, 구매대행자가 민법상의 대리인으로서 소비자 본인의 이
름으로 해외 판매업자와의 사이에 매매계약을 체결해 주는 경우에
는 소비자는 매매계약상의 권리를 주장할 수 있다. 이 경우에는 국
제사법 제27조에서 정하는 해외구매권유 또는 해외구매인식 등의
요건을 갖춘 때에는 소비자계약에 해당하여 한국 소비자법이 적용
될 수 있다.

둘째, 소비자가 구매대행 서비스 제공자에게 매매계약체결을
간접대리로서 위탁한 경우에 소비자는 매매계약상의 소비자로서의
지위를 갖지 않는다.35) 구매대행 서비스 중 서비스 제공자가 위탁매
수인으로서 간접대리권을 갖고 매매계약을 체결하는 경우에는 대행
서비스 제공자가 계약의 당사자가 되며, 이 경우에는 사업자 대 사
업자 사이에 매매계약관계가 성립한다. 따라서 소비자가 구매대행
을 서비스 제공자에게 위탁하는 경우에는 소비자는 매매계약의 당
사자로서 갖는 권리를 행사하지 못한다. 구매대행사업자가 간접대
리의 방식으로 해외사업자와 계약을 체결한 경우, 이는 구매대행사
업자의 영업활동의 일환으로 체결하는 계약이기 때문에 국제사법상
소비자계약으로 인정되지 않는다.36)

---

35) 같은 취지; 이병준, "해외직접 구매대행 서비스와 소비자법 및 국제사법상
   의 쟁점," 해외 사업자로부터 직접구매와 소비자보호, 한국소비자원/한국소
   비자법학회, 2014.
36) 국제사법 제25조 또는 제26조에 따라 준거법이 결정되며, 약관 등을 통하여
   준거법에 대한 합의가 있으면 그 국가의 법이 준거법으로 결정된다. 만일 준
   거법에 대한 합의가 없으면 당해 계약과 가장 밀접한 국가의 법이 준거법이
   되지만, 직업 또는 영업활동으로 체결된 경우이기 때문에 해외사업자 국의

해외구매의 경우 배송대행 내지 구매대행 서비스를 이용하는 소비자는 저렴한 가격으로 구매할 수 있는 반면 법적 안전장치가 마련되어 있지 않다는 불이익을 받게 된다. 대행서비스를 이용하면 대개의 경우 한국 소비자기본법 및 전자상거래소비자보호법의 권리를 주장할 수 없다. 이 경우 소비자의 보호를 위한 별도의 법적 장치가 필요하다. 최소한 해외상품구입 대행서비스 사업자로 하여금 소비자에게 법적 불이익을 계약체결 전에 알려줄 고지의무를 부과할 필요가 있다. 그 밖에도 소비자가 대행서비스를 이용하는 경우에도 대행 서비스 업자가 판매업자의 지위에서 책임을 짐으로써 청약철회권 등 한국 소비자기본법의 권리를 향유할 수 있는 입법적 방안을 강구해야 할 것이다.

4. 전자상거래에 관한 온라인 분쟁조정

온라인분쟁해결(ODR, Online Dispute Resolution)은 소비자와 사업자의 분쟁을 온라인에서 소송 외의 방법으로 간편하고 신속하게 해결하려는 제도이다. 최근 세계적인 자유무역 추세에 상응하여 국제 소비자거래가 증가함에 따라 국제 소비자분쟁을 위한 온라인분쟁조정 절차에 대한 필요성이 높아졌다.

온라인분쟁해결의 기본구조는 화해를 위한 협상(negotiation), 조정(mediation), 중재(arbitration)의 세 단계로 구성된다. 우선 당사자 사이에서 화해교섭이 진행되고, 이 과정에서 화해가 성립되지 못하면 중립자(neutral)를 선정하여 분쟁을 해결하도록 시도한다. 중립자의 시도가 실패하는 경우에 최종적으로 중재판단이 이루어진다. 대다수의 분쟁은 화해과정에서 해결되지만, 조정단계와 중재단계로 넘어가서도 해결되지 않는 경우가 꽤 있다.

법이 준거법으로 결정된다.

국제적 소비자거래에서 온라인 분쟁조정이 이루어지기 위해서는 전자상거래가 이루어지는 국가들이 참여하는 온라인 분쟁조정을 위한 기구가 설치되어야 하는데 이 분쟁조정기구의 설치에 적극적인 나라도 있고 소극적인 나라도 있어서 기구의 설치가 원활하지 않다. 소비자 중재제도 설치에 소극적인 국가들은 자국의 사회질서와 선량한 풍속에 어긋나는 판단이 행해지지 않을까 또는 자국의 재판청구권을 방해하게 되지는 않을까 하는 우려를 하고 있다.37) 만약 중재합의가 약소국 소비자에게 불리한 형태로 나올 경우에, 그 소비자가 자신의 권리를 궁극적으로 소송을 통해서 달성해야 할 필요성이 무시될 우려가 있다.38) 이러한 우려를 감안하여 중재기구를 두 가지 단계의 절차로 구성하고 소비자문제의 중재에 회의적인 태도를 취하는 국가들에게는 우선 약한 단계의 절차를 승인하도록 유도하려는 시도가 행해지고 있다.

국내 소비자거래와 관련하여 한국소비자원은 준사법적 기관의 성격을 띠고 소비자분쟁을 행정형 온라인 분쟁조정체계를 취하고 독자적인 소비자분쟁해결기준을 만들어 해결해 왔다. 전자상거래 과정에서 발생하는 분쟁해결은 거래방식 및 유통구조의 특성의 반영이 낮은 품목별 소비자분쟁해결을 토대로 공공기관에 의한 정보제공과 조정으로 해결해 왔다. 그러나 국제 소비자분쟁은 국내 전자

---

37) UNCITRAL ODR 절차규칙 논의에서 쟁점이 되고 있는 것은 소비자와 사업자 사이에서의 분쟁을 중재에 의하여 해결할 수 있는가의 문제이다. 소비자 보호관점에서 소비자와 사업자 사이의 분쟁을 제소할 수 있는 것은 기본적인 권리이기 때문에, 이를 방해하는 중재합의는 분쟁 발생 전에 체결된다면 무효이거나 소비자의 해제권을 인정하는 국가가 있다. EU의 지침, 일본 중재법 부칙 제3조, 한국 약관규제법 제14조가 이러한 문제에 맞닥뜨린다. 조수혜, "온라인 분쟁해결절차의 공정성에 관한 연구: UDRP에 대한 실증적 분석을 중심으로," 비교사법 제18권 제3호, 한국비교사법학회, 2011 참고.

38) 이병준(2012), "국제전자상거래로 인한 분쟁과 ODR를 통한 분쟁해결─유엔상거래법위원회에서의 논의 배경 및 기본적 시각을 중심으로─," 중재연구 제22권 제2호, 한국중재학회, 87면 이하.

상거래 분쟁해결과 전혀 다른 환경에서 이루어질 수밖에 없는 실정이다.[39]

장래 해외직구에서 국내 소비자를 보호하기 위한 수단으로 온라인 분쟁조정을 적극적으로 수용하고 최근 국제적 논의의 변화사항을 수용할 필요가 있다. 국경을 넘는 소비자거래에 관해서 소비자의 불만이 생긴 경우에, 그 소비자는 국외에 소재하는 사업자에 대하여 소송을 제기해야 한다. 그러나 실제로 한국 소비자가 소액의 분쟁을 위해 법원에 국제소송을 제기하는 것은 비용이나 절차 면에서 무리이므로 포기하게 된다. 현재 여러 경로를 통해 온라인으로 협상 및 조정 등이 이루어지고 있지만, 종국적으로는 당사자 사이에 화해가 없다면 소비자 분쟁은 해결되지 못한다. 그러나 온라인 중재절차가 도입되면 화해에 이르지 못하는 경우에도 종국적인 해결과 구제를 도모할 수 있다. 한국은 장래 국제소비자거래를 위한 온라인 분쟁해결시스템을 도입하여 운영하는 방안에 대하여 적극적인 입장에서 제도를 마련해 가야 한다.[40]

V. 맺음말

전자상거래의 규모가 증가하고 그 거래유형도 다양해짐에 따라 소비자기본법, 전자상거래소비자보호법 등 현행법으로 규율되지 않는 사각지대가 확장되어 가고 있다. 새로운 법률문제가 발생할 때마다 부딪치는 문제이지만 어디까지 현행법의 확장해석이나 유추해석

---

39) 국제 소비자거래의 시대에 접어들어 한국소비자원은 소비자에 의한 주도적 분쟁해결이 촉진될 수 있는 정책과 제도마련 및 전문화가 필요하다고 지적되었다. 김도년, "해외 직접구매 소비자분쟁해결방법으로서 ODR", 2014년 8월 21일 주제발표문, 23면 이하.
40) 같은 취지; 김도년, 앞의 논문, 38면.

으로 문제를 해결해 갈 것인지 언제부터 새로운 입법에 관한 준비를 해 나갈 것인지 하는 문제가 대두된다. 전자상거래에서 생기는 분쟁을 신속히 해결하여 소비자가 안심하고 쇼핑을 할 수 있게 하기 위해서는 미리 새로운 입법사항을 연구해 두었다가 문제가 심각해지기 전에 신속하게 입법적 조치를 취하는 것이 좋다고 생각된다.

이 글에서는 최근 자주 분쟁이 발생하는 전자상거래의 법적 과제를 검토해 보고 다음과 같은 입법적 조치를 촉구하였다.

첫째, 전자상거래를 통해 디지털콘텐츠를 구입한 경우에 소비자가 시용 디지털콘텐츠를 인도받아 시용한 이후에 청약철회권을 인정하는 것이 부당한 것으로 밝혀졌다. 따라서 디지털콘텐츠를 구입한 소비자가 콘텐츠를 이용한 후 철회기간 내에 반품하는 경우의 청약철회권을 박탈할 것을 입법을 통해 해결해야 한다. 유형의 저장매체 없이 다운로드 되는 디지털상품의 경우에 사업자가 적합한 시용상품을 미리 제공한 경우 또는 사업자가 청약철회권 행사에 관하여 미리 다른 의사표시를 한 경우에, 소비자의 디지털콘텐츠 구입계약 청약철회권은 배제된다는 명문의 규정을 둘 필요가 있다.

둘째, 전자상거래 시대에 사이버머니의 활용은 필수적으로 요구되는 것이므로 그 미비점을 보완하여 사이버머니 이용이 안전하도록 환경을 조성하여야 한다. 사업자로 하여금 엄격한 요건 하에 사이버머니를 발행하도록 허용하고, 소비자에게 사이버머니에 대한 환금가능성을 보장해 줌으로서 편리하고 안전한 사이버머니의 활용을 촉진하는 것이 세계적 추세에 맞는다고 생각한다.

셋째, 해외구매의 경우 배송대행 내지 구매대행 서비스를 이용하는 소비자는 저렴한 가격으로 구매할 수 있는 반면 법적 안전장치가 마련되어 있지 않다는 불이익을 받게 된다. 대행서비스를 이용하면 대개의 경우 한국 소비자기본법 및 전자상거래소비자보호법의 권리를 주장할 수 없다. 이 경우 소비자의 보호를 위한 별도의 법적 장치가 필요하다. 최소한 해외상품구입 대행서비스 사업자로 하여

금 소비자에게 법적 불이익을 계약체결 전에 알려줄 고지의무를 부과할 필요가 있다. 그 밖에도 소비자가 대행서비스를 이용하는 경우에도 대행 서비스 업자가 판매업자의 지위에서 책임을 짐으로써 청약철회권 등 한국 소비자기본법의 권리를 향유할 수 있는 입법적 방안을 강구해야 할 것이다.

2002년 제정된「전자상거래 등에서의 소비자보호에 관한 법률」은 전자상거래를 하는 소비자의 청약철회권을 인정하는 소비자의 권익을 보호해 주기 위한 법률이다. 이 법은 소비자피해를 예방하기 위한 조치를 강구하고 소비자가 입은 불이익을 구제해 주기 위한 장치를 마련하고 있다. 그러나 전자상거래가 다양하게 변화하고 있는 시점에 현행법으로는 소비자보호에 충분치 않으며 외국의 법제에 비교하여 뒤떨어진 부분이 있는 것을 알 수 있다. 2014년 유럽의회를 통과한 유럽연합의 보통유럽매매법(Common European Sales Law, Gemeinsames Europäisches Kaufrecht)은 전자상거래에 관하여 최근의 변화를 고려해 획기적인 조치들을 도입하고 있다. 한국이 전자상거래의 강국인 만큼 우리의 전자상거래법도 외국의 입법동향에 맞추어 개선해 나가야 할 것이다.

색인어

소비자법, 소비자보호, 전자상거래, 공인인증서, 해외직접구입, 분쟁조정

참 고 문 헌

고형석, "사이버머니의 환급에 관한 연구," 선진상사법률연구 통권 제63호, 2013.

고형석, "유럽연합 소비자권리지침상 청약철회권에 관한 연구,"「법학논총」제 29집 제4호, 2012.

고형석, "전자상거래를 통한 콘텐츠거래에 있어서 이용자보호에 관한 연구,"「한 양법학」제34집, 2011.

고형석, "유럽연합 소비자권리 지침상 청약철회권에 관한 연구-우리 법과의 비 교법적 고찰을 중심으로-," 법학논총 제29집 제4호.

고형석, "전자소비자계약에 있어서 결제대금예치제도에 관한 연구," 정보화정책 제14권 제2호, 한국전산원, 2007.6.

구병문, "개정 온라인 디지털콘텐츠산업 발전법의 의의와 입법과제," 디지털재 산법연구 제5권 제2호, 2006.

구병문, "디지털콘텐츠 이용자의 청약철회와 그 제한규정의 문제점과 해결방 안," 홍익법학 제10권 제1호, 홍익대학교, 2009.2.

김기창, "공인인증서 의무사용 중단 및 향후 전망", KISO저널 제15호(2014.7).

김도년, "중국 개정 소비자권익보호법에 대한 소고," 글로벌 소비자법제 동향 제 1권 제4호, 2014.

김두환, 2013년도 전자상거래 소비자피해 동향 조사, 한국소비자원, 2014.

김재두, "전자화폐의 법적 문제," 경영법률 제18집 제3호, 2008.

류창호, "전자상거래소비자법에 관한 연구-전자상거래·소비자·사업자의 개 념과 범위를 중심으로,"「외법논집」제12집, 2002.

박영복, "EU 집행위원회에 의해 제안된 유럽 공통매매법에 관한 규칙," 외법논 집 제37권 제3호, 2013.

박희호, "유럽공통매매법(CESL) 상의 소비자철회권에 관한 연구," 민사법학 제 66호, 2014.

배윤성, "해외직구 이용실태 및 개선방안," 해외 사업자로부터 직접구매와 소비 자보호, 한국소비자원/한국소비자법학회, 2014.8.21 주제발표문.

백경일, "유럽공통매매법안(CESL)에서의 계약체결규정에 관한 비교법적 검토," 비교사법 제20권 제2호, 2013.

백경일, "보통유럽매매법(CESL)에서의 의사표시 하자규정에 관한 비교법적 검 토," 비교사법 제21권 제1호, 2014.

손진화,「전자금융거래법」, 법문사, 2008.

서희석, "DCFR상 소비자·사업자의 정의,"「외법논집」제36권 제2호, 2012.

서희석, "전자금융거래법상 '이용자의 중과실'의 판단기준—대법원 2014.1.29. 선고 2013다86489 판결의 비판적 고찰—," 비교사법 제21권 2호(2014.5).

석광현, 「국제사법 해설」, 박영사, 2013.

신창선, "전자상거래에 있어서의 국제재판관할과 준거법—스위스와 미국의 경우를 중심으로—," 「법학논총」 제25집, 2005.

신창섭, 「국제사법」 제2판, 세창출판사, 2011.

오병철, "전자상거래소비자보호법 제17조 제2항 제4호의 청약철회권 배제조항의 문제점," 민사법학 제39-1호, 한국민사법학회, 2007.12.

이기헌/장은경/이상정, 디지털콘텐츠 소비자보호방안 연구, 한국소프트웨어진흥원, 2002.

이병준, "해외직접 구매대행 서비스와 소비자법 및 국제사법상의 쟁점," 해외 사업자로부터 직접구매와 소비자보호, 한국소비자원/한국소비자법학회, 2014.

이병준, "보통 유럽매매법 초안의 국제사법적 · 소비자법적 함의," 재산법연구 제30권 제4호, 2014.

이병준, "온라인디지털콘텐츠 이용계약과 소비자보호," 스포츠와 법 제9권, 한국스포츠엔터테인먼트법학회, 2006.10.

이정현, "2006년 시행 전자서명법의 개정내용과 향후 과제," 정보보호 정책동향(한국정보보호진흥원)(2006년).

이종인, 전자상거래 소비자보호제도의 실효성 확보를 위한 연구, 한국소비자보호원, 2006.

이종인, 「국제 전자상거래 소비자 피해구제 방안 연구」, 한국소비자원, 2005.

장준혁 외 6인, 「전자상거래상의 국제사법적 법률문제 연구」, 정보통신정책연구원, 2002.

정경영, 「전자금융거래와 법」, 박영사, 2007.

정완용, 전자상거래법[개정판], 법영사(2005).

정진명, 전자화폐의 실용화를 위한 법적 기반 연구, 한국법제연구원, 2002.

정진명, "온라인디지털콘텐츠 이용과 소비자보호—온라인디지털콘텐츠산업발전법 개정의견을 중심으로—," 재산법연구 제26권 제3호, 2010.

하경효 외 공역, 보통유럽매매법, 2013.

디지털콘텐츠 이용과 소비자보호*

정 진 명**

Ⅰ. 머리말

오늘날 디지털콘텐츠 거래가 비약적으로 증가하고 있음에도 불구하고 디지털콘텐츠 거래에 관한 법적 규율의 미비로 인하여 거래 당사자간 분쟁이 빈번하게 발생하고 있다. 그 이유로는, 첫째 디지털콘텐츠 거래는 주로 온라인에서 비대면적으로 이루어지고 있어

---

　* 이 글은 "온라인디지털콘텐츠 이용과 소비자보호: '온라인디지털콘텐츠산업
　　발전법' 개정의견을 중심으로,"「재산법연구」제26권 제3호(2010.2)에 게재
　　된 것을 수정·보완한 것이다.
　** 단국대학교 법과대학 교수.

거래 이후 사업자에 대한 연락불가, 콘텐츠제공 사이트의 폐쇄 등
비대면거래에서 발생하기 쉬운 특성을 가지고 있다. 둘째, 디지털콘
텐츠 거래는 거래객체가 무형적이고 복제가 용이하여 거래의 성립
여부나 콘텐츠의 품질을 확인하기 어려울 뿐만 아니라 타인에 의한
이용의 가능성이 높아 이용자보호에 어려움이 있다. 셋째, 디지털콘
텐츠는 종래에는 주로 CD나 DVD 등 유통매체에 담겨져 하나의 물
품으로 거래되었지만, 오늘날에는 다양한 서비스와 결합되어 다양
한 방식으로 거래되고 있다. 이에 따라 일방적인 서비스 자동연장
및 유로서비스로 전환, 과다요금 청구 및 사용하지 않은 요금 청구,
위약금 과다 청구, 중도해지 거절 및 해지 후 환불거부 등이 자주 발
생하고 있다. 그 결과 디지털콘텐츠 거래는 일반 재화의 거래와 다
르게 규율할 필요가 있게 되었다.

　　2002년 정부는 전기통신관련 각종 규제를 정비함으로써 전기
통신의 건전한 발전을 도모하기 위하여 「온라인디지털콘텐츠산업
발전법」[1]을 제정하였다. 그러나 디지털콘텐츠 거래가 활발해지면
서 콘텐츠제작자 보호뿐만 아니라 이용자를 보호하여야 할 필요성
이 제기되어 청약철회 제한 조치, 이용자보호지침의 제정, 이용표준
약관과 표준계약서의 제정 등 거래법적 요소를 도입하기 위한 일부
개정[2]이 있었다.[3] 이에 근거하여 정부는 이용자보호지침과 이용표
준약관을 제정하였다.[4] 그러나 정부가 제정한 이용표준약관은 디지

---

1) 2002.1.14. 제정(법률 제6603호).
2) 2005.12.30. 일부개정(법률 제7818호).
3) 이에 대하여는 고형석, "디지털콘텐츠거래에 있어서 소비자의 청약철회권에
　관한 연구," 「서강법학연구」 제12권 제1호(2010.6), 331면; 구병문, "개정 '온
　라인디지털콘텐츠산업발전법'의 의의와 입법과제," 「디지털재산법연구」 제5
　권 제2호(2006.12), 26면 이하(이하 '논문(a)'로 표시한다); 이병준, "온라인디
　지털콘텐츠 이용계약과 소비자보호," 「스포츠와 법」 제9권(2006.10), 129면
　이하(이하 '논문(a)'로 표시한다); 정완용, "디지털콘텐츠 이용과 소비자보호,"
　「인터넷법연구」 제3권 제2호(2004), 93면 이하; 한국콘텐츠진흥원, "콘텐츠
　이용자보호를 위한 법제 개선 방향," 「KOCCA 연구보고서 10-45」, 2010.12.

털콘텐츠 전 부분을 포괄하는 일반성을 갖고 있어 각 산업영역의 콘텐츠 및 그에 적합한 기술적 특성을 규정하고 있지 못하다는 비판이 제기되었다. 또한 디지털콘텐츠를 직접적으로 규율하는「온라인디지털콘텐츠산업발전법」은 관련 산업의 발전을 목적으로 하고 있으므로 소비자 권익을 보호할 수 있는 구체적인 방안을 마련할 필요성이 있다는 지적도 제기되었다.[5] 그리하여 2010년 정부는 변화된 콘텐츠산업 환경에 따라 현행「온라인디지털콘텐츠산업발전법」의 명칭을「콘텐츠산업진흥법」[6]으로 변경하는 한편, 콘텐츠이용자의 이용편익과 유통의 활성화 및 투명성을 보장하기 위한 콘텐츠서비스 품질인증 제도 등을 정비하였다.

그러므로 이 글에서는 디지털콘텐츠 거래질서 확립과 이용자보호를 위하여 디지털콘텐츠 이용자보호 제도를 살펴보고 그 개선방안을 제시하여 보기로 한다. 이를 위해서는 현행 법제하에서의 이용자보호 제도의 한계를 검토하고, 이용자 보호를 위한 법제정의 필요성을 검토한다. 다만, 디지털콘텐츠는 그 개념과 형식이 다양하여 일률적으로 기술하기에 적합하지 않으므로 디지털콘텐츠 거래와 관련된 소비자 피해를 분석하고, 이를 바탕으로「콘텐츠산업진흥법」의 이용자보호 규정에 대한 개선방안을 제시하여 보기로 한다.

---

4) 이에 대하여는 컴퓨터프로그램보호위원회, "DC 부문별 표준약관 제정방안에 관한 연구,"「조사연구 2007-08」, 2007.10; 한국콘텐츠진흥원, "디지털콘텐츠 부문별 표준약관 · 표준계약서 제정에 관한 연구,"「연구보고서 2009」, 2009.6.

5) 소비자 피해실태 및 개선방안에 대하여는 한국소프트웨어진흥원, "온라인디지털콘텐츠 소비자 피해실태 및 개선방안 연구," 2007.12.

6) 2010.6.10. 전부개정(법률 제10369호).

II. 디지털콘텐츠 관련 피해 현황 및 이용자보호 필요성

1. 디지털콘텐츠 관련 피해 현황

(1) 전자상거래 관련 소비자피해 현황

전기통신기술의 발전과 함께 이를 활용한 온라인 구매의 편리성, 상품의 다양성, 가격상의 장점 등으로 인하여 전자상거래 시장은 지속적으로 성장하고 있다. 그러나 전자상거래의 비대면적 특성으로 인하여 기망적인 거래 유도, 부실한 상품정보, 배송 지연, 결함 시 환불처리 지연 등의 소비자 피해도 지속적으로 증가하고 있다. 전자상거래와 관련하여 2013년 한국소비자원에 접수된 전자상거래 관련 소비자피해 접수건수는 4,561건이며, 이는 한국소비자원에 접수된 전체 피해구제 건수의 16.3%를 차지한다. 이는 2011년에는 4,291건으로 15.3%, 2012년에는 4,467건으로 15.1%를 차지하며, 매년 증가 추세를 보이고 있다.

〈표1〉 전자상거래 관련 소비자피해 접수 현황

2011년			2012년			2013년		
피해 구제 건수	전년 대비 증가	피해 구제 비중	피해 구제 건수	전년 대비 증가	피해 구제 비중	피해 구제 건수	전년 대비 증가	피해 구제 비중
4,291	5.3%	15.3%	4,467	4.1%	15.1%	4,561	2.1%	16.3%

* 출처: 한국소비자원 피해구제 통계자료(소비넷)

(2) 전자상거래 피해건수 중 정보통신서비스 분야

2013년 전자상거래 피해구제 접수건수 4,561건 중에서 정보통

신서비스 관련 처리건수는 594건으로 13%의 높은 비중을 차지하고
있다. 이는 의류·섬유 신변용품 1,462건(32.1%)에 이어 2위를 차지
하고 있으며, 피해 내용은 '부당행위·약관' 관련 피해가 61%로 가
장 많고, '계약' 관련 피해가 23.6%, '가격·요금' 관련 피해가 10.1%
를 차지하고 있다. 세부품목 중에서는 '모바일·기타정보이용서비
스'의 계약관련 피해가 30.2%로 상대적으로 높으며, '계약관련' 피해
는 주로 청약철회, 위약금, 계약불이행, 기타 단순 계약해제·해지
등이다.

〈표2〉 전자상거래 피해건수 중 정보통신서비스 피해유형

구 분		계약관련	품질 A/S	부당행위	가격요금	기타	계
정보이용	인터넷정보이용서비스	72 (20.1)	2 (0.6)	234 (65.4)	49 (13.7)	1 (0.3)	358 (100)
	인터넷게임서비스	28 (20.3)	5 (3.6)	91 (65.9)	4 (2.9)	10 (7.2)	138 (100)
	모바일·기타정보이용서비스	13 (30.2)	2 (4.7)	22 (51.2)	5 (11.6)	1 (2.3)	43 (100)
	계	113 (21.0)	9 (1.7)	347 (64.4)	58 (10.8)	12 (2.2)	539 (100)
이동통신		23 (54.8)	3 (7.1)	14 (33.3)	2 (4.8)	-	42 (100)
인터넷서비스		2 (25.0)	1 (25.0)	4 (50.0)	-	-	8 (100)
기타서비스		2 (40.0)	1 (20.0)	1 (20.0)	-	1 (20.0)	5 (100)
합 계		140 (23.6)	15 (2.5)	366 (61.6)	60 (10.1)	13 (2.2)	594 (100)

* 출처: 한국소비자원 피해구제 통계자료(소비넷)

(3) 콘텐츠분쟁 사건유형

2013년 콘텐츠분쟁조정위원회는 총 5,210건의 조정사건을 접수하였으며, 이는 2012년도의 3,445건에 비해 약 51% 늘어난 것이다. 콘텐츠분쟁조정위원회에 가장 많이 접수된 분쟁 유형은 '미성년자 결제'건으로 총 2,424건이며, 전년대비 69% 증가했다. 다음으로는 무료 이벤트 등의 자동 계약연장, 본인의 동의없는 정회원 전환 등 '부당한 요금 청구'건이 총 653건으로 13%를 기록하였으며, 전년대비 98% 증가했다. 이는 스마트폰에서의 게임이용이 활성화되고 인앱(In-App)결제가 보편화되고 있는 반면, 결제절차 등은 기존 전자상거래에서의 소액결제와 달리 이용자 편의를 고려해 지나치게 간편화되어 있어 이와 관련된 분쟁이 끊이지 않고 있기 때문이다.

〈표3〉 콘텐츠분쟁 조정신청 및 사건유형(2012-2013)

구 분	2012		2013		전년대비 증감
	건수	비중	건수	비중	
미성년자 결제	1,437	42%	2,424	47%	69%
부당한 요금청구	330	10%	653	13%	98%
콘텐츠 및 서비스 하자	266	8%	404	8%	52%
결제취소/해지/해제	438	13%	367	7%	-16%
사용자의 이용제한	311	9%	365	7%	17%
아이템/캐쉬의 거래/이용 피해	342	10%	218	4%	-36%
약관 운영정책	40	1%	200	4%	400%
콘텐츠 제작/계약 미이행	37	1%	107	2%	189%
기술적 보호조치 미비	125	4%	74	1%	-41%
허위, 과장 광고	28	1%	67	1%	139%
정보제공 요청 등	7	0%	21	0%	200%
기타	84	2%	310	6%	269%
합 계	3,445	100%	5,210	100%	51%

* 출처: 2014 콘텐츠분쟁조정사례집, 콘텐츠분쟁조정위원회, 2014

2. 디지털콘텐츠 이용자보호의 필요성

디지털콘텐츠 거래는 기존의 아날로그재화에 비하여 재화의 형태 및 거래방식 등에 있어서 많은 차이를 보이고 있다.[7]

첫째, 디지털콘텐츠 거래는 주로 온라인에서 비대면적으로 이루어지고 있으므로 기존의 전자상거래가 가지고 있는 단점을 그대로 가지고 있다. 즉 온라인거래는 비대면적으로 이루어져 상대방에 대한 신뢰성을 확보할 수 없으므로 거래 이후 사업자에 대한 연락불가, 콘텐츠제공 사이트의 폐쇄, 부모 동의 없는 미성년자와의 거래 등의 문제가 발생하고 있다. 또한 계약체결에서 그 이행까지 온라인으로 단시간 내에 이루어지기 때문에 거래과정에서 착오, 충동적인 선택 등 거래에 대한 이용자의 판단에 오류가 발생할 가능성이 크다.

둘째, 디지털콘텐츠는 무형적이고 복제가 용이하며, OSMU(one source multi use)의 성질을 갖고 있으므로 이용자가 디지털콘텐츠의 부실, 품질 불량 등을 확인하기 어렵다.

셋째, 디지털콘텐츠 거래는 이용자의 요구(needs)에 따라 다양한 서비스와 결합되어 제공되고, 또한 인앱구매(In-App purchase)가 보편화되면서 일방적인 서비스 자동연장 및 유료서비스로 전환, 과다요금 청구 및 사용하지 않은 요금 청구, 위약금 과다 청구, 중도해지 거절 및 해지 후 환불거부 등의 피해가 자주 발생하고 있다.

III. 디지털콘텐츠 이용자보호 제도의 법적 기초

1. 서

디지털콘텐츠 거래에서 이용자보호에 관한 현행 법제로는 거래

---

7) 이에 대하여는 한국콘텐츠진흥원(2010), 앞의 논문, 5면.

일반에 관한 법과 디지털콘텐츠의 특성을 고려한 법으로 구분되며, 후자는 다시 디지털콘텐츠 전반에 있어서 이용자보호에 관한 법과 개별콘텐츠 이용자보호에 관한 법으로 구분할 수 있다.

디지털콘텐츠 거래 일반에 관한 법률로는 콘텐츠사업자와 이용자 간의 법률관계를 규율하는 민법이 있으며, 콘텐츠사업자는 콘텐츠거래를 업으로 하는 자이므로 상법의 적용을 받는다(제5조). 콘텐츠사업자는 이용자와의 계약 체결을 목적으로 디지털콘텐츠를 표시·광고하므로「표시·광고의 공정화에 관한 법률」(이하 "표시광고법"이라 한다)의 적용을 받으며, 만일 콘텐츠사업자의 부당한 표시·광고로 인하여 이용자가 손해를 받은 경우에 콘텐츠사업자는 이용자에게 무과실책임을 진다(제10조). 또한 콘텐츠사업자가 이용자와 디지털콘텐츠 거래를 체결함에 있어 사전에 작성한 약관을 사용한 경우「약관규제에 관한 법률」(이하 '약관법'이라 한다)이 적용되며, 디지털콘텐츠 거래는 주로 온라인으로 이루어지므로「전자문서 및 전자거래 기본법」(이하 '전자문서법'이라 한다),「전자상거래 등에서의 소비자보호에 관한 법률」(이하 '전자상거래법'이라 한다)이 적용된다.[8]

디지털콘텐츠 전반에 이용자보호를 규율하는 법률로는「콘텐츠산업진흥법」이 있으며,[9] 개별콘텐츠 이용자보호를 규율하는 법률로는 게임콘텐츠에 대하여는「게임산업진흥에 관한 법률」(이하 '게임산업법'이라 한다), 음악콘텐츠에 대하여는「음악산업진흥에 관한 법률」(이하 '음악산업법'이라 한다), 영상콘텐츠에 대하여는「영상진흥법」및「영화 및 비디오물의 진흥에 관한 법률」(이하 '영화비디오

---

8) 이 외에도「전자서명법」,「전기통신사업법」,「부정경쟁방지 및 영업비밀보호에 관한 법률」등이 있다.

9) 개별적인 콘텐츠를 규율하는 법률로는 "문화콘텐츠"의 규율에 관한「문화산업진흥기본법」, "인터넷멀티미디어방송콘텐츠"의 규율에 관한「인터넷멀티미디어방송사업법」이 있다.

법'이라 한다), 이러닝콘텐츠에 대하여는 「이러닝(전자학습)산업 발전 및 이러닝 활용 촉진에 관한 법률」(이하 '이러닝산업법'이라 한다) 및 「평생교육법」, 포털콘텐츠에 대하여는 「정보통신망 이용촉진 및 정보보호 등에 관한 법률」(이하 '정보통신망법'이라 한다) 등이 있다.

이와 같이 디지털콘텐츠 거래와 관련하여 다양한 법이 존재하지만, 디지털콘텐츠 거래를 규율할 수 있는 가장 중요한 법률로는 「콘텐츠산업진흥법」과 전자상거래법이 있다. 특히 「콘텐츠산업진흥법」은 콘텐츠제작자 보호뿐만 아니라 콘텐츠이용자 보호를 위한 법적 장치도 마련하고 있으므로 콘텐츠 제공 및 유통 활성화를 위한 기본법으로서의 위상을 가지고 있다.

2. 콘텐츠산업진흥법

(1) 개 요

국내 디지털콘텐츠 산업을 범정부적인 차원에서 종합적이며, 체계적으로 육성하기 위하여 2002년에 제정한 「온라인디지털콘텐츠산업발전법」은 온라인디지털콘텐츠산업발전 추진체계, 온라인콘텐츠산업의 기반조성, 온라인콘텐츠제작자의 보호로 구성되어 있다. 그러나 「온라인디지털콘텐츠산업발전법」은 소비자보호에 대하여는 선언적 규정(제16조)만을 두고 있어 온라인콘텐츠제작자와 이용자 간의 균형 있는 규제가 이루어지지 못하는 문제가 있다. 그리하여 2005년 「온라인디지털콘텐츠산업발전법」은 디지털콘텐츠의 건전한 거래질서 확립 및 소비자보호를 위하여 청약철회 제한에 대한 조치, 이용자보호지침의 제정 등에 관한 규정을 새로이 신설하였다(제16조의2 내지 제16조의4). 「온라인디지털콘텐츠산업발전법」의 개정이유는,[10] 첫째로 온라인디지털콘텐츠를 이용하는 이용자는 전

---

10) 「온라인디지털콘텐츠산업발전법」 일부개정법률안(2005.9.20) 제안이유, 2면.

자상거래법에 의하여 그 권익을 보호받을 수 있으나 온라인디지털
콘텐츠의 거래 활성화에 따른 소비자 피해가 증가함에 따라 이용자
의 권익을 보다 적극적으로 보호할 필요가 있으며, 둘째로 이용자의
권익을 보호하기 위하여 소비자보호 규정을 두고 있지만 이는 다분
히 선언적 규정에 지나지 않으므로 소비자보호지침 등의 제정을 통
해 보다 구체적이고 명확한 이용자보호의 법적 근거를 마련하기 위
한 것이다.

2010년 정부는 콘텐츠산업 환경의 변화에 대응하기 위하여 현
행「온라인디지털콘텐츠산업발전법」의 명칭을「콘텐츠산업진흥법」
으로 변경하는 한편, 디지털콘텐츠를 포괄하는 콘텐츠의 개념과 융
합콘텐츠 등 새롭게 등장한 분야를 포함하는 콘텐츠산업의 개념을
재정립하였다. 또한 콘텐츠이용자의 이용편익과 유통의 활성화 및
투명성을 보장하기 위하여 콘텐츠서비스 품질인증 제도 등을 정비
하고(제22조), 이용자의 권익을 보호하기 위한 제도를 마련하고(제26
조 내지 제28조), 콘텐츠를 둘러싼 분쟁을 조정하기 위하여 콘텐츠분
쟁조정위원회를 설치하였다(제29조 내지 제36조).

(2) 디지털콘텐츠의 개념

디지털콘텐츠 산업의 비약적인 발전으로 인하여 디지털콘텐츠
거래가 급증하면서 디지털콘텐츠의 특성에 맞는 법적 규율의 필요
성이 제기되었다. 이에 따라 2005년「온라인디지털콘텐츠산업발전
법」은 온라인디지털콘텐츠와 관련된 다양한 개념을 정의하였다. 이
법에서는 "디지털콘텐츠"를 "부호·음성·음향·이미지 또는 영상
등으로 표현된 자료 또는 정보로서 그 보존 및 이용에 있어서 효용
을 높일 수 있도록 전자적 형태로 제작 또는 처리된 것"이라고 하고
(제2조 제1호), "온라인디지털콘텐츠"는 "정보통신망 이용촉진 및 정
보보호 등에 관한 법률 제2조 제1항 제1호의 규정에 의한 정보통신
망(이하 "정보통신망"이라 한다)에서 사용되는 디지털콘텐츠"라고 정

의하였다(제2조 제2호). 이 법은 디지털콘텐츠를 '자료' 또는 '정보'가 본질이고 그것을 전자적 형태로 만드는 이유가 디지털콘텐츠의 보존 및 이용에서 효용을 높일 수 있도록 하기 위한 것이라는 점을 명확히 하였다.

이에 대해 2010년 「콘텐츠산업진흥법」은 디지털콘텐츠를 포괄하는 콘텐츠 개념과 융합콘텐츠 등 새롭게 등장한 분야를 포함하는 콘텐츠산업의 개념을 재정립하였다. 즉 이 법에서는 "콘텐츠"란 "부호·문자·도형·색채·음성·음향·이미지 및 영상 등(이들의 복합체를 포함한다)의 자료 또는 정보를 말한다."고 하고(제2조 제1호), "콘텐츠산업"을 "경제적 부가가치를 창출하는 콘텐츠 또는 이를 제공하는 서비스(이들의 복합체를 포함한다)의 제작·유통·이용 등과 관련한 산업을 말한다."고 정의하고 있다(제2조 제2호). 그러므로 디지털콘텐츠는 기존의 자료 또는 정보로서 전자적 형태로 제작 또는 처리된 경우를 포함하며, 저작물 또는 비저작물을 불문한다고 볼 수 있다. 또한 디지털콘텐츠는 출판, 음악, 영화 등의 영상, 사진 등의 화상, 게임뿐만 아니라 이들의 복합체도 포함한다고 할 수 있다.

(3) 디지털콘텐츠의 유형

디지털콘텐츠는 다양한 내용이 다양한 방식으로 제공되며, 디지털콘텐츠 이용에 따른 이용자보호 문제는 주로 디지털콘텐츠의 유통과 거래단계에서 발생하고 있다. 그러므로 이용자보호와 관련하여서는 디지털콘텐츠의 유형 및 거래방식에 의한 분류가 의미가 있다.

첫째, 디지털콘텐츠를 유형별로 분류하면 크게 인터넷 영화, 인터넷 음악, 인터넷 포털, 온라인 게임, 온라인 교육으로 구분할 수 있다. 이러한 구분은 콘텐츠의 내용뿐만 아니라 이용방식에서 나타나고 있으며, 구체적으로는 이용약관에 차이가 있다.

둘째, 디지털콘텐츠를 제공방식에 따라 분류하면 다운로드방식과 스트리밍방식으로 구분할 수 있다. 다운로드방식은 디지털콘텐츠를 이용자의 컴퓨터로 다운로드 받아서 이용하는 것으로, 게임, 영상, 음반, 교육 등의 분야를 들 수 있다. 스트리밍방식은 이용자가 인터넷 네트워크를 통하여 사업자가 운영하는 서버에 접속하는 등의 방법으로 디지털콘텐츠를 이용하는 것으로, 게임, 포털 등을 들 수 있다. 이러한 구분은 청약철회의 경우에 의미가 있는데, 스트리밍방식으로 제공되는 디지털콘텐츠의 경우에는 이용자의 청약철회가 가능하지만, 다운로드방식으로 제공되는 디지털콘텐츠의 경우에는 이용자가 청약철회를 하게 되면 여러 가지의 법적 문제가 발생될수 있다.

3. 콘텐츠이용자보호지침

정부는 「콘텐츠산업진흥법」 제28조 제1항에 따라 콘텐츠이용자보호 관련 법령의 내용을 구체화하고자 2012년 「콘텐츠이용자보호지침」[11]을 고시로 정하였다. 이 지침은 「콘텐츠산업진흥법」 제28조 제1항에 따라 법과 시행령 등 콘텐츠이용자보호 관련 법령의 내용을 보다 구체화함으로써 콘텐츠의 건전한 거래 및 유통질서를 확립하고, 이용자를 보호하기 위한 것이다. 이 지침은 「콘텐츠산업진흥법」 제27조 및 제28조에 따라 이 법 위반행위를 방지하고, 이용자를 보호하고 피해를 예방하기 위하여 사업자가 준수하여야 할 사항을 제시하는 부분인 "일반사항", 「콘텐츠산업진흥법」 제28조 제2항 및 동 시행령 제30조에 따라 사업자가 약관을 정함에 있어 일반사항 이외에 이용자의 보호를 위하여 포함시켜야 할 사항을 제시함으로써 사업자의 자율적 준수를 유도하기 위한 사항으로 구성된 "권고사항"으로 이루어져 있다. 특히 일반사항은 「콘텐츠산업진흥법」

---

11) 문화체육관광부 고시 제2012-10호, 2012.3.26 시행.

뿐만 아니라 표시·광고법, 전자상거래법, 약관법 등 관계 법령의 위반여부를 판단하는 기준이 된다(같은 지침 제3조). 이 지침에는 과오금의 환불방법 및 절차, 청약철회 및 콘텐츠 이용계약의 해지·해제의 방법과 그 효과, 콘텐츠 결함 등에 따른 이용자 피해보상의 기준·범위·방법 및 절차, 분쟁해결 방법 및 절차, 기타 콘텐츠 거래 시 이용자보호를 위해 필요한 사항이 포함될 수 있다. 콘텐츠사업자는 그가 사용하는 약관이 이용자보호지침의 내용보다 이용자에게 불리한 경우에는 이용자보호지침과 다르게 정한 약관의 내용을 이용자가 알기 쉽게 표시하거나 고지하여야 한다(같은 법 제27조 제3항). 이 지침은 전자상거래 또는 통신판매(전자상거래법 제2조 제1호 또는 제2호)를 통하여 이루어지는 콘텐츠거래에 대하여 적용된다(같은 지침 제5조).[12]

IV. 디지털콘텐츠 이용자보호 제도의 문제점

1. 콘텐츠산업진흥법의 규율체계 및 적용범위

(1) 콘텐츠산업진흥법의 규율체계

「콘텐츠산업진흥법」은 콘텐츠산업의 발전추진체계 마련 및 콘텐츠산업 발전을 위하여 필요한 사항과 콘텐츠이용자의 이용편익 보호 및 콘텐츠 유통 활성화와 투명성을 보장하기 위한 사항을 함께 규정하고 있다. 그러나 「콘텐츠산업진흥법」의 입법목적의 하나인 콘텐츠산업의 육성은 정부의 역할과 제도적 지원을 보장하기 위한 정책적 측면이 강한 반면, 콘텐츠이용자의 이용편익 보호는 보호대

---

12) 그 밖에도 「전자상거래 등에서의 소비자보호 지침」, 「개인정보보호지침」 및 「인터넷콘텐츠업 소비자 피해보상기준」이 콘텐츠이용자 보호에 대한 법적 기준으로 적용된다.

상 이외에 규제를 전제로 한 의무적·강제적 성격이 강하므로 하나의 법률에서 두 가지의 사항을 규율하는 것은 바람직하지 않다. 특히 「콘텐츠산업진흥법」은 2010년 개정을 통해 이용자보호에 관한 규정을 추가하였고, 기타 콘텐츠 거래에 관한 규정들도 일부 보완하였지만 「콘텐츠산업진흥법」의 입법목적이나 규율체계와는 맞지 않는다. 그 이유는 「콘텐츠산업진흥법」은 다양한 콘텐츠 거래를 어떻게 규율할 것인지에 대한 법체계적 고민 없이 콘텐츠이용자 보호를 위하여 전자상거래법의 청약철회 조항을 선택적으로 옮겨 규정하고 있기 때문이다. 그 결과 「콘텐츠산업진흥법」은 보호주체, 대상, 그리고 효과에 대하여 의문이 제기되고 있다.

(2) 콘텐츠산업진흥법의 적용범위

「콘텐츠산업진흥법」 제2조 제1호는 "콘텐츠"란 "부호·문자·도형·색채·음성·음향·이미지 및 영상 등(이들의 복합체를 포함한다)의 자료 또는 정보"라고 정의하고 있다. 이에 따라 종래의 「온라인디지털콘텐츠산업발전법」은 원칙적으로 디지털콘텐츠 가운데 온라인으로 유통되는 디지털콘텐츠에만 적용되고, 이용자가 소프트웨어CD나 게임DVD를 일반매장에서 구입하여 온라인으로 접속하여 이용하는 경우에는 예외적으로 적용되던 문제점13)이 해결되었다. 즉 「온라인디지털콘텐츠산업발전법」에서는 온라인으로 계약이 체결되었다고 하더라도 온라인으로 이용이 불가능한 소프트웨어CD나

---

13) 이러한 문제점에 대하여는 구병문, "디지털콘텐츠 이용자의 청약철회와 그 제한규정의 문제점과 해결방안," 「홍익법학」 제10권 제1호(2009.2), 434-5면 (이하 '논문(b)'라고 한다). 이에 대하여 「온라인디지털콘텐츠산업발전법」의 적용대상은 온라인상 체결된 계약에 한정되므로 일반매장에서 구매하여 온라인으로 이용이 가능한 디지털콘텐츠에 대하여는 「온라인디지털콘텐츠산업발전법」의 청약철회가 적용되지 않는다는 견해가 있다[이병준, "온라인디지털콘텐츠 이용계약에서의 계약해소," 「남강 서광민교수 정년기념논문집」, 2007, 227면(이하 '논문(b)'라고 한다)].

게임DVD 등에 대하여는 청약철회가 인정되지 않는 반면, 일반매장에서 구매하여 온라인으로 이용하는 경우에는 청약철회가 인정된다.[14] 이에 반해 「콘텐츠산업진흥법」은 콘텐츠가 온라인으로 유통되어야 하는지의 여부에 대하여 규정하고 있지 않으므로 소프트웨어 CD나 게임DVD와 같이 오프라인으로 콘텐츠를 이용하는 이용자가 보호되지 못하는 문제가 해결되었다. 그러나 「콘텐츠산업진흥법」은 제4조 제1항에서 "콘텐츠산업 진흥에 관하여 「문화산업진흥기본법」에 우선하여 적용한다."고 하고, 제2항에서 "콘텐츠제작자가 「저작권법」의 보호를 받는 경우에는 같은 법을 이 법에 우선하여 적용한다."고 규정하고 있지만 콘텐츠거래와 관련된 이용자보호에 대하여는 별도의 규정을 두고 있지 않다. 오늘날 콘텐츠는 다양한 방식으로 거래되고 있으며, 그중에서 디지털콘텐츠는 온라인으로 거래되는 과정에서 특유한 문제가 발생하므로 이에 대한 규정을 둘 필요가 있다.

(3) 콘텐츠산업진흥법상 이용자의 법적 성격

종래의 「온라인디지털콘텐츠산업발전법」은 '온라인디지털콘텐츠사업자'와 '온라인디지털콘텐츠제작자'라는 개념정의를 두고 있었지만 '이용자'에 대하여는 별도의 개념정의를 두고 있지 않았다.[15] 특히 이 법 제16조의2는 '소비자'라고 규정하고 있는 반면, 제16조의3 및 제16조의4는 '이용자'라고 규정하고 있어 이용자의 법적 성격이 문제되었다. 그리하여 「콘텐츠산업진흥법」은 '이용자'란 "콘텐츠사업자가 제공하는 콘텐츠를 이용하는 자"를 말한다고 새로이 개념정의하고(제2조 제6호), 제27조 제2항에서는 청약철회와 계약의 해제에 관하여 전자상거래법을 준용하는 경우 이 법의 '소비자'는

---

14) 구병문, 앞의 논문(b), 435면.
15) 디지털콘텐츠 거래를 규율하는 전자상거래법, 전자문서법, 방문판매법은 계약의 일방당사자를 소비자라고 하고 있다.

'이용자'로 본다고 하여 이용자의 개념을 소비자 개념으로 대체하고 있다. 그러나 전자상거래법이 상정하고 있는 소비는 "쓰고 없어진다"는 의미를 가지고 있는 반면, 「콘텐츠산업진흥법」상 콘텐츠는 자료 또는 정보로서 이용의 대상이 될 뿐이지 소비되는 재화가 아니므로 양자의 개념을 동일하게 볼 수 있는지의 여부가 문제된다. 나아가 「콘텐츠산업진흥법」의 이용자 개념에는 이용 목적에 대한 제한이 없는 반면, 표준약관상의 이용자는 전자상거래법의 소비자 및 상행위를 목적으로 디지털콘텐츠를 이용하는 자를 모두 포함하고 있어 이를 명확히 규정할 필요가 있다.

2. 청약철회

(1) 청약철회 제한

「콘텐츠산업진흥법」은 콘텐츠이용자의 청약철회에 대하여 전자상거래법의 관련 규정을 준용하는 형식을 취하고 있다. 즉 「콘텐츠산업진흥법」은 청약철회를 제한하기 위한 요건으로 콘텐츠제작자가 청약철회 및 계약해제가 불가능하다는 사실을 콘텐츠나 그 포장에 표시하거나 또는 시용상품을 제공하거나, 당해 콘텐츠를 한시적 또는 일부 이용이 가능하도록 하는 등의 방법으로 청약철회를 제한할 수 있다. 그러나 전자상거래법은 기본적으로 일반 재화를 중심으로 청약철회의 요건이나 제한을 규정하고 있는 반면, 「콘텐츠산업진흥법」은 일반 재화와 달리 콘텐츠를 규율하는 법률이므로 전자상거래법의 준용이 적합하지 않은 경우가 생긴다.[16]

1) 철회권 제한 조항

「콘텐츠산업진흥법」 제27조 제1항은 "콘텐츠제작자는 「전자상거래 등에서의 소비자보호에 관한 법률」 제17조 제2항(같은 항 각 호

---

16) 한국콘텐츠진흥원(2010), 앞의 논문, 25면.

외의 부분 단서를 제외한다)에 따라 청약철회 및 계약의 해제가 불가
능한 콘텐츠의 경우에는 그 사실을 콘텐츠 또는 그 포장에 표시하거
나 시용(試用)상품을 제공하거나 콘텐츠의 한시적 또는 일부 이용이
가능하도록 하는 등의 방법으로 청약철회 및 계약의 해제의 권리 행
사가 방해받지 아니하도록 조치하여야 한다. 다만, 그 조치를 하지
아니한 경우에는 이용자의 청약철회 및 계약의 해제는 제한되지 아
니한다."고 규정하고 있다. 이는 전자상거래법 제17조 제6항을 모범
으로 한 것이지만 제17조 제6항은 동조 제2항[17])의 철회권 배제사실
을 알리기 위한 조치에 불과하므로 「콘텐츠산업진흥법」 제27조 제1
항은 전자상거래법 제17조 제2항의 철회권 배제사유를 대체하는 조
항이 아니다.[18] 또한 「콘텐츠산업진흥법」의 철회권이 배제될 수 있
는 경우는 아주 제한적일 뿐만 아니라 디지털콘텐츠가 전자상거래
의 대상이 되는 범위 내에서 「콘텐츠산업진흥법」 제27조는 전자상
거래법과 중복되어 규정의 의미가 없게 된다. 나아가 「콘텐츠산업
진흥법」 제27조 제2항은 전자상거래법 제17조를 준용하고 있는데,
전자상거래법의 청약철회에 관한 규정은 「콘텐츠산업진흥법」의 준
용규정이 없더라도 디지털콘텐츠가 온라인으로 제공되는 경우에는
그대로 적용된다. 그리고 이러한 규율체계는 청약철회권을 배제할
수 있는 디지털콘텐츠의 범위를 넓게 인정하고 있는 이용자보호지
침과도 부합하지 않는 문제가 있다.[19]

---

17) 전자상거래법 제17조 제2항 "소비자는 다음 각 호의 어느 하나에 해당하는
    경우에는 통신판매업자의 의사에 반하여 제1항의 규정에 의한 청약철회 등
    을 할 수 없다. 다만, 통신판매업자가 제6항의 규정에 따른 조치를 하지 아니
    하는 때에는 제2호 내지 제4호에 해당하는 경우에도 청약철회 등을 할 수 있
    다."
18) 국회, 온라인디지털콘텐츠산업발전법 일부개정법률안 검토보고서(2005.
    11), 4면 이하.
19) 이러한 취지로는 이병준, 앞의 논문(a), 151면; 한국콘텐츠진흥원(2010), 앞
    의 논문, 32-3면.

2) 철회권 제한사유

전자상거래법 제17조 제2항 제1호는 소비자가 청약철회를 할 수 없는 제한사유로 "소비자에게 책임이 있는 사유로 재화 등이 멸실되거나 또는 훼손된 경우"를 들고 있으며, 제1호 단서는 다시 "재화 등의 내용을 확인하기 위하여 포장 등을 훼손한 경우는 제외한다."고 제1호의 예외를 규정하고 있다. 그러나 「콘텐츠산업진흥법」 제27조 제1항은 전자상거래법과 달리 제1호의 경우를 제외하지 않고 있으며, 다만 제1호의 단서만을 제외하고 있다. 그러므로 「콘텐츠산업진흥법」에 따르면 디지털콘텐츠제작자는 제1호의 경우에도 소비자의 청약철회를 제한하기 위해서 추가적인 조치, 즉 청약철회 및 계약의 해제가 불가능한 사실을 콘텐츠 또는 그 포장에 표시하거나, 시용상품을 제공하거나, 콘텐츠를 한시적 또는 일시적 이용이 가능하도록 조치하여야 한다.

한편 전자상거래법 제17조 제2항은 소비자가 청약철회를 할 수 없는 제한사유로 "소비자의 사용 또는 일부 소비로 재화 등의 가치가 현저히 감소한 경우"(제2호), "시간이 지나 다시 판매하기 곤란할 정도로 재화 등의 가치가 현저히 감소한 경우"(제3호), "복제가 가능한 재화 등의 포장을 훼손한 경우"(제4호)를 규정하고 있고, 「콘텐츠산업진흥법」 제27조 제1항은 이러한 경우에 콘텐츠제작자에게 청약철회 및 계약의 해제가 불가능한 사실을 고지하도록 하는 전자상거래법 제17조 제2항을 준용하고 있다. 그러나 디지털콘텐츠는 무한복제가 가능한 속성으로 인하여 이용자가 이를 사용하더라도 그 가치가 현저하게 감소하지 않으며, 디지털콘텐츠는 무형의 형태로 존재하는 자료 또는 정보이므로 시간이 지나 다시 판매하기 곤란할 정도로 그 가치가 현저하게 감소하지 않으며, 디지털콘텐츠는 주로 온라인으로 이행되므로 포장이라는 것이 존재하지 않는다. 이와 같이 전기통신수단 등을 통하여 비대면적으로 체결되는 계약을 전제로 하는 전자상거래법의 철회권 배제사유는 디지털콘텐츠 거래에 적용하는 데 한계가 있으므로 「콘텐츠산업진흥법」과 전자상거래법의 철회권 배제사유에 대한 통일적인 기준제시가 필요하다.[20]

3) 철회의 상대방

이용자가 디지털콘텐츠 이용을 위하여 계약을 체결하는 경우에 계약당사자는 주로 디지털콘텐츠사업자이며, 예외적으로 디지털콘텐츠제작자도 당사자가 될 수 있다. 그러나 「콘텐츠산업진흥법」제27조 제1항 본문은 디지털콘텐츠제작자에게 청약철회 등의 권리행사가 방해받지 않도록 조치할 의무를 부과하고, 단서에서 "그 조치를 하지 아니한 경우에는 이용자의 청약철회는 제한되지 아니한다."고 규정하고 있다. 그 결과 이용자가 디지털콘텐츠사업자와 디지털콘텐츠이용계약을 체결하고 디지털콘텐츠제작자는 단지 디지털콘텐츠만 제공하는 경우에 이용자는 조치의무를 위반한 디지털콘텐츠제작자가 아니라 이용계약을 체결한 디지털콘텐츠사업자에게만 이용계약을 철회하여야 하는 문제가 생긴다. 이에 대하여 「콘텐츠산업진흥법」제2조 제6항은 '콘텐츠제작자'를 콘텐츠의 제작에 있어서 그 과정의 전체를 기획하고 책임을 지는 자뿐만 아니라 이 자로부터 적법하게 그 지위를 양수한 자까지 포함하고 있으므로 콘텐츠제작자로부터 복제권, 전송권 등을 양수하여 디지털콘텐츠서비스를 제공하는 사업자까지 '콘텐츠제작자'에 포함되는 것으로 보아 문제가 없다고 한다.[21] 그러나 청약철회 및 계약해제의 제한은 이용자와 콘텐츠사업자의 이용계약의 문제이므로 디지털콘텐츠 이용자 보호를 위해서 이러한 조치의무는 이용자의 계약상대방인 콘텐츠사업자에게 부과하는 것이 타당하다. 또한 거래현실에서 콘텐츠제작자가 이러한 조치의무를 이행하지 않았다고 하더라도 이용자는 콘텐츠제작자에게 아무런 관심이 없을 뿐만 아니라 법적 권리의무관계도 가지

---

20) 구병문, 앞의 논문(b), 436면.
21) 국회, 온라인디지털콘텐츠산업발전법 일부개정법률안 검토보고서(2005. 11), 22면.

고 있지 않다. 그러므로 콘텐츠제작자에게 청약철회 등의 권리행사
가 방해받지 않도록 조치할 의무를 부과한 실효성을 담보하기 어렵
다. 또한 「콘텐츠산업진흥법」 제28조 제1항은 이용자보호를 위하여
콘텐츠사업자가 자율적으로 '콘텐츠이용자보호지침'을 정하여 이를
준수하도록 하고 있는데, 이는 콘텐츠사업자를 수범자로 규정하고
있으므로 제27조 제1항과 부합하지 않는 문제가 생긴다.

(2) 청약철회의 효과

전자상거래법 제18조 제1항은 소비자는 "청약철회 등을 한 경
우에는 이미 공급받은 재화 등을 반환하여야 한다."고 규정하고, 「콘
텐츠산업진흥법」 제27조 제2항은 이를 준용하고 있다. 따라서 이용
자가 청약을 철회하거나 계약을 해제한 경우에 반환하여야 할 대상
이 재화인 때에는 그 재화를 반환하면 되지만 디지털콘텐츠의 경우
에는 반환이 불가능한 경우가 많다. 또한 이용자가 디지털콘텐츠를
다운로드 받은 경우 디지털콘텐츠의 복제전송이 가능하므로 이용자
가 디지털콘텐츠를 자발적으로 삭제 내지 폐기하지 않는 한 디지털
콘텐츠의 반환을 담보하기 어렵다. 이와 같이 디지털콘텐츠의 반환
이 불가능하거나 또는 담보되지 않는 경우에 디지털콘텐츠의 반환
여부나 반환의 실효성을 담보할 수 있는 구체적 수단이 강구되어야
함에도 불구하고 「콘텐츠산업진흥법」은 이에 대한 규정을 두고 있
지 않다.

3. 기만적 방법에 의한 청약의 유인 내지 계약체결

전자상거래법은 소비자보호를 위하여 제21조 제1항 제1호에서
"거짓 또는 과장된 사실을 알리거나 기만적 방법을 사용하여 소비자
를 유인 또는 소비자와 거래하거나 청약철회 등 또는 계약의 해지를
방해하는 행위"를 금지하고 있다. 그럼에도 불구하고 디지털콘텐츠

이용계약의 경우에 콘텐츠사업자가 이용자에게 허위 또는 과장광고에 의한 청약의 유인을 하거나 유료임을 표시하지 않고 무료로 가장한 청약의 유인을 하기도 한다. 또한 사업자가 시용상품의 제공을 가장하여 이용자를 유인하여 계약을 체결하거나 또는 이용자에게 우선적으로 '일정기간 무료이용'을 내세워 이용자를 유인한 다음 무료이용기간이 경과하기 이전에 이용자가 해지의 의사표시를 하지 않은 점을 이용하여 유료서비스로 전환하여 이용요금을 청구하는 행위가 빈번하게 일어나고 있다. 이 경우 공정거래위원회는 사업자에게 시정조치를 명할 수 있으며(전자상거래법 제32조 제1항 제2호), 이러한 시정조치명령에도 불구하고 위반행위가 반복되거나, 시정조치명령에 따른 이행을 하지 아니하거나, 시정조치만으로는 소비자 피해의 방지가 현저히 곤란하다고 판단되는 경우에는 영업의 전부 또는 일부의 정지를 명할 수 있다(전자상거래법 제32조 제4항). 그러나 사업자의 기만적 방법에 의한 청약의 유인과 계약체결의 경우에 사업자에 대한 행정적 규제와 형사법적 처벌은 가능하지만 이용자가 받은 피해는 별도의 민사소송을 제기하지 않으면 구제받지 못한다. 그러므로 디지털콘텐츠이용자 보호를 위해서는 「콘텐츠산업진흥법」에 구체적인 피해배상 규정을 두는 것이 필요하다.

한편 「콘텐츠산업진흥법」 제22조 제1항은 "정부는 콘텐츠의 유통을 촉진하기 위하여 대통령령으로 정하는 운영기준에 따라 콘텐츠사업자 등이 이용자가 콘텐츠를 용이하게 구매·사용할 수 있도록 제공하는 서비스(이하 "콘텐츠제공서비스"라 한다)의 품질을 인증하는 사업을 할 수 있다."고 콘텐츠제공서비스의 품질인증 제도를 규정하고 있다. 이는 콘텐츠이용자의 편익과 유통 활성화 및 신뢰성을 보장하기 위하여 콘텐츠이용자가 콘텐츠를 용이하게 구매·사용할 수 있도록 제공하는 콘텐츠제공서비스의 품질을 인증하는 제도이다. 이러한 품질인증 제도의 시행으로 인하여 콘텐츠사업자의 기만적 방법에 의한 청약의 유인 내지 계약체결은 감소할 것이다.

4. 디지털콘텐츠의 하자

「콘텐츠산업진흥법」 제28조 제2항은 "콘텐츠사업자는 콘텐츠를 거래할 때 이용자를 보호하기 위하여 대통령령으로 정하는 바에 따라 과오금의 환불, 콘텐츠이용계약의 해제·해지의 권리, 콘텐츠 결함 등으로 발생하는 이용자의 피해에 대한 보상 등의 내용이 포함된 약관을 마련하여 이용자에게 알려야 한다."고 규정하고 있다. 그러므로 디지털콘텐츠사업자의 책임 있는 사유로 인하여 다운로드를 받던 콘텐츠가 소실되거나, 제한된 시간동안만 서비스가 제공되는 스트리밍방식의 거래에서 서버다운 등으로 인하여 콘텐츠 제공이 중단되거나, 이용자에게 제공된 콘텐츠에 하자가 있는 경우에 이에 대한 입증책임과 피해보상 등의 문제가 발생한다. 예컨대 온라인게임의 경우 정보통신망의 문제로 인하여 백업되어진 DB와 현재의 DB 사이의 공백시간 중에 롤백(roll-back)이 실행되는 때에는 이용자는 롤백이 되는 시간만큼 이용자가 운용했던 캐릭터의 경험치 상실, 아이템 증발 및 손실 등의 문제가 발생한다. 이에 따라 디지털콘텐츠 하자의 경우에 콘텐츠의 특성에 적합한 보상기준을 이용표준약관에 마련할 필요가 있다.

한편 디지털콘텐츠 거래에서 이용자는 디지털콘텐츠 거래내역에 관한 정보나 거래사실을 증명할 수 없고, 또한 디지털콘텐츠사업자 및 디지털콘텐츠의 진정성과 위·변조 사실을 확인할 수 없어 거래에 장애가 되고 있다. 그리하여 「콘텐츠산업진흥법」 제21조 제1항은 "정부는 온라인으로 유통되는 콘텐츠 거래의 투명성·공정성·효율성을 확보하고 우수 콘텐츠의 유통을 촉진하기 위하여 콘텐츠 거래사실에 관한 자료를 보관하고 거래사실을 확인·증명하는 콘텐츠 거래사실의 인증사업을 실시할 수 있다."고 온라인으로 유통되는 디지털콘텐츠 거래인증(Digital Contents Transaction Certification) 제도를 규정하고 있다. 이는 투명하고 신뢰성 있는 온라인디지털콘텐츠

유통 인프라를 구축하고 디지털콘텐츠사업자로부터 구매자인 소비자의 권익을 보호하며, 또한 불공정 판매자로부터 디지털콘텐츠공급자(Contents Provider)의 수익을 보호할 목적을 가지고 있다. 즉 디지털콘텐츠사업자와 구매자간의 온라인상의 거래내역과 거래사실을 공신력 있는 제3의 거래인증기관이 확인·증명해 줌으로써 궁극적으로 온라인으로 유통되는 디지털콘텐츠 거래를 촉진하려는 것이다. 이에 따라 디지털콘텐츠 이용자는 디지털콘텐츠의 결함 등으로 인하여 발생한 피해에 대한 보상을 쉽게 받을 수 있게 되었다.

5. 미성년자 가입문제

게임산업법 제21조 제1항 본문은 "게임물을 유통시키거나 이용에 제공하게 할 목적으로 게임물을 제작 또는 배급하고자 하는 자는 당해 게임물을 제작 또는 배급하기 전에 위원회로부터 당해 게임물의 내용에 관하여 등급분류를 받아야 한다."고 규정하고 있다. 이에 따라 게임물의 등급은 전체이용가(누구나 이용할 수 있는 게임물), 12세이용가(12세 미만은 이용할 수 없는 게임물), 15세이용가(15세 미만은 이용할 수 없는 게임물), 청소년이용불가(청소년은 이용할 수 없는 게임물)로 구분하되(제2항), 청소년게임제공업과 일반게임제공업에 제공되는 게임물은 전체이용가와 청소년이용불가 게임물로 분류하도록 하고 있다(제3항). 그리하여 게임물관련 사업자는 부모 등 법정대리인의 동의에 대한 확인절차를 거치지 않은 14세 미만 이용자에 대하여는 가입을 취소 또는 불허한다는 이용약관을 사용하고 있다. 이는 콘텐츠로서 영상물의 이용을 간접적으로 규율하고 있는 영화비디오법 제53조 제3항과 동일하다. 이와 같이 디지털콘텐츠 거래의 경우에 미성년자가 디지털콘텐츠 이용계약을 체결하기 위해서는 원칙적으로 법정대리인의 동의를 얻어야 하지만 미성년자는 비대면거래의 특성을 이용하여 성년자로 사칭하거나 또는 법정대리인의 동의가 있는 것으로 사술을 쓰는 경우가 많다. 미성년자의 계약체결이나 결제는 원칙적으로 민법에 의하여 해결하는 것이 바람직하지만 전자상거래가 이미 보편적 서비스로 자리 잡고 있으므로 미성년자 보호의 실효성을 확보하기 위하여 디지털콘텐츠사업자에게 별도의 조치의무를 부과하거나 주의의무를 강화할 필요가 있다.

V. 디지털콘텐츠 이용자보호 제도의 개선방안

1. 콘텐츠산업진흥법의 규율체계 및 적용범위 개선

(1) 콘텐츠산업진흥법의 규율체계 정비

「콘텐츠산업진흥법」은 기본적으로 콘텐츠산업 발전을 위한 법이다. 그러나 디지털콘텐츠는 일반 재화와 달리 무형적이며 복제가 가능하고 주로 온라인으로 제공되는 특성에 비추어 콘텐츠제작자 및 이용자를 보호하기 위한 다양한 입법방식이 고려될 수 있다.

첫째, 「콘텐츠산업진흥법」의 입법목적을 산업발전 및 이용활성화를 위한 법률로 그 성격을 수정하는 방안이다. 이 방안은 현행 「콘텐츠산업진흥법」이 취하고 있는 입법방향과 부합하지만 종래 「온라인디지털콘텐츠산업발전법」에서 규율하고자 하였던 디지털콘텐츠 이용자보호 제도의 입법취지에는 미치지 못한다.[22] 또한 「콘텐츠산업진흥법」상 콘텐츠는 아날로그콘텐츠와 디지털콘텐츠를 모두 포함하는 개념이므로 디지털콘텐츠 이용자를 보호하기 위한 입법체계 및 이용자보호 제도와의 정합성이 문제된다.

---

22) 종래의 「온라인디지털콘텐츠산업발전법」은 온라인디지털콘텐츠산업을 「정보통신망 이용촉진 및 정보보호 등에 관한 법률」에 의한 정보통신망에서 사용되는 디지털콘텐츠를 수집, 가공, 제작, 저장, 검색, 송신 등과 이와 관련된 서비스를 행하는 산업으로 정의하였다.

둘째, 콘텐츠에 관한 입법사항의 성격이나 행위주체를 고려하여 콘텐츠산업 발전은 현행 「콘텐츠산업진흥법」에서 규정하고, 디지털콘텐츠에 대한 콘텐츠제작자 및 이용자의 권리 보호는 가칭 "디지털콘텐츠보호법"으로 구분하여 규율하는 방안이다.[23] 이 방안은 다양한 디지털콘텐츠와 그 거래방법에 대하여 구체적으로 규율하는 것이 가능하지만 이 경우에도 무엇을 어떻게 규율할 것인지에 대한 입법적 문제는 여전히 남는다.

셋째, 「콘텐츠산업진흥법」에는 콘텐츠산업 발전의 성격을 그대로 남겨둔 채 이용자보호는 「콘텐츠산업진흥법」에서 분리하여 전자상거래법에서 구체적으로 규율하는 방안이다. 이 방안은 전자상거래법은 본래 비대면적으로 이루어지는 전자상거래를 대상으로 하고, 거래 객체인 '재화'에는 디지털콘텐츠가 포함되며,[24] 또한 소비자보호에 관한 구체적인 규정을 가지고 있으므로 전자상거래법에 디지털콘텐츠 이용자보호 규정을 두는 것이 바람직하다. 그러나 디지털콘텐츠는 일반 재화와 달리 사전에 그 내용을 확인하기 어렵고, 또한 복제가 용이할 뿐만 아니라 타인에 의한 이용가능성이 높으므로 전자상거래에서 별도로 규율하기 어려운 문제가 있다.

생각건대 콘텐츠산업은 콘텐츠를 창작·기획·개발·생산하는 "콘텐츠제작자", 콘텐츠의 제작·유통 등과 관련된 경제활동을 영위하는 "콘텐츠사업자", 그리고 콘텐츠사업자가 제공하는 콘텐츠를 이용하는 "이용자"로 구성되며, 여기서 콘텐츠사업자와 이용자 사이에는 거래법적 요소가 강하다. 그러므로 「콘텐츠산업진흥법」은 콘텐츠제작자와 콘텐츠사업자 사이의 법률관계를 주로 규율하고, 콘텐츠의 유통과정에서 발생하는 이용자보호 문제는 전자상거

---

23) 이러한 사례로 소프트웨어산업의 진흥은 「소프트웨어산업진흥법」에서 규율하고, 제작자의 권리보호는 「컴퓨터프로그램보호법」에서 각각 규율하고 있다.

24) 한국콘텐츠진흥원(2010), 앞의 논문, 22면.

래법의 적용범위를 확장하여 디지털콘텐츠 거래를 그 대상에 포함시키는 방안이다. 다만, 이 경우에도 개별 디지털콘텐츠에 대한 규율은 전자상거래법에서 규율하는 데 한계가 있으므로 디지털콘텐츠 이용자보호지침 등을 통하여 해결하는 것이 타당할 것이다.

(2) 콘텐츠산업진흥법의 적용범위 확장

종래의 「온라인디지털콘텐츠산업발전법」은 온라인으로 이용이 가능한 디지털콘텐츠만을 적용대상으로 하였으므로 일반매장을 통해 디지털콘텐츠를 구입한 경우 또는 온라인으로 이용이 불가능한 소프트웨어CD나 게임DVD 등을 온라인으로 구매한 경우에는 청약철회가 인정되지 않았다. 그러나 디지털콘텐츠는 일반매장을 통해 구매하는 경우에도 일반 재화와 달리 그 내용을 사전에 확인할 수 없으므로 청약철회의 원인이 존재한다. 또한 온라인으로 이용이 불가능한 소프트웨어CD나 게임DVD도 파일변환을 통하여 온라인으로 전송이 가능한 경우에는 청약철회가 인정될 필요가 있다. 이와 같이 종래의 법제도는 동일한 디지털콘텐츠가 거래방식에 따라 적용법규가 달라질 수 있으므로 이용자보호에 적합하지 않은 요소를 가지고 있었다.[25] 그리하여 「콘텐츠산업진흥법」은 적용대상을 디지털콘텐츠에 한정하지 않고 모든 콘텐츠를 포함하는 개념으로 규정함으로써 종래의 「온라인디지털콘텐츠산업발전법」이 가지고 있던 문제를 해결하였다.

그러나 「콘텐츠산업진흥법」은 콘텐츠의 거래방법에 대하여 아무런 규정을 두고 있지 않으므로 거래방법에서 발생하는 이용자보호에는 한계가 있다. 즉 오프라인에서 거래되는 아날로그콘텐츠에 대하여는 민법 또는 방문판매법 등이 적용되며, 온라인으로 거래되

---

[25] 이러한 이유로 「온라인디지털콘텐츠산업발전법」의 적용범위를 온라인상에서 이용 가능한 디지털콘텐츠를 오프라인에서 구매한 경우까지 확장할 필요가 있다는 견해가 있었다[구병문, 앞의 논문(b), 439면].

는 디지털콘텐츠에 대하여는 전자상거래법이 적용된다. 그러나 「콘
텐츠산업진흥법」상 콘텐츠는 일반 재화와 다른 특성을 가지고 있으
므로 민법이나 방문판매법을 적용하기에는 한계가 있으며, 디지털
콘텐츠도 전형적인 재화나 서비스로 보기 어려우므로 전자상거래법
으로 규율하기에 적합하지 않은 측면이 있다.[26] 특히 전자상거래법
은 온라인으로 체결되는 계약을 대상으로 하므로 온라인으로 이행
되는 디지털콘텐츠 거래에 대하여는 충분히 규정하고 있지 못하다.
따라서 「콘텐츠산업진흥법」은 아날로그콘텐츠와 디지털콘텐츠의
거래 특성을 고려하여 이용자보호를 보다 구체적으로 규율할 필요
가 있다. 예컨대 콘텐츠를 유통하는 콘텐츠사업자에 대하여는 전자
상거래법 제21조에서 규정하고 있는 전자상거래업자의 금지행위와
같이 일정한 행위를 금지하는 규정 등을 보완함으로써 디지털콘텐
츠 이용자에 대한 실질적인 보호가 이루어지도록 하여야 할 것이다.

(3) 콘텐츠이용자의 소비자성

　　종래의 「온라인디지털콘텐츠산업발전법」은 '온라인디지털콘텐
츠이용자'에 대하여 별도로 개념정의를 하지 않았기 때문에 온라인
디지털콘텐츠이용자는 온라인디지털콘텐츠사업자 또는 제작자가
제시한 일정한 조건과 범위 안에서 서비스를 제공받는 회원 또는 비
회원으로 이해하였다. 그리하여 「온라인디지털콘텐츠산업발전법」
에도 '온라인디지털콘텐츠이용자' 개념을 신설하여 이용자의 법적
성격을 명확히 할 필요가 있다는 주장들이 제기되었다.[27] 이에 따

---

26) 한국콘텐츠진흥원(2010), 앞의 논문, 22면.
27) 전자상거래법은 일반 재화 중심으로 되어 있고, '소비자' 개념은 '이용자' 개
　　념과 큰 차이가 있으므로 '이용자' 개념을 확대하거나 「온라인디지털콘텐츠
　　산업발전법」에 별도로 신설할 필요가 있다는 견해가 있다(구병문, 앞의 논문
　　(b), 443면). 또한 「온라인디지털콘텐츠산업발전법」상 이용자는 최종 이용을
　　하는 자를 말하며, 소비자 개념에는 이미 재화의 이용을 포함하고 있으므로
　　소비자라는 용어로 통일하자는 견해도 있다(고형석, 앞의 논문, 345-6면).

라 「콘텐츠산업진흥법」은 '이용자' 개념을 신설하고(제2조 제1항 제6호), 전자상거래법이 준용되는 경우에는 이 법의 '소비자'를 '이용자'로 본다고 개정하였다(제27조 제2항 제2문). 그러나 「콘텐츠산업진흥법」은 '이용자' 개념을 "콘텐츠사업자가 제공하는 콘텐츠를 이용하는 자"로 규정함으로써 콘텐츠를 이용할 수 있는 권리만을 부여받는 자에 한정하고 있다. 그러나 콘텐츠 거래는 콘텐츠를 이용하는 자와 최종소비자의 개념이 반드시 명확하게 구별되지 않는 경우가 있으며,[28] 거래 현실도 최종사용자로서 '소비자'라는 용어보다 단순히 콘텐츠를 이용하는 자로서 '이용자'라는 용어를 사용하는 경우가 많다.[29] 그러므로 「콘텐츠산업진흥법」의 '이용자' 개념은 전자상거래법의 '소비자' 개념보다 한정, 축소하여 해석하여야 할 것이다.

　한편 전자상거래법은 '소비자'를 "사업자가 제공하는 재화 등을 소비생활을 위하여 사용(이용을 포함한다. 이하 같다)하는 자"와 "위의 자 외의 자로서 사실상 위의 자와 동일한 지위 및 거래조건으로 거래하는 자 등 대통령령이 정하는 자"로 정의하고 있다(제2조 제5호). 여기서 '소비자' 개념은 사업자라 하더라도 사실상 소비자와 같은 지위와 조건에서 거래하는 경우에는 소비자로 본다. 이는 전자상거래에 있어 재화의 생산 및 유통에 종사하는 자라고 하더라도 소비자의 지위에서 거래하는 경우가 많으므로 생산자와 소비자의 경계가 없어지고 생산자인 동시에 소비자의 지위를 갖는 환경의 변화를 수용한 것으로 볼 수 있다.[30] 그러나 「콘텐츠산업진흥법」은 '콘텐츠제작자', '콘텐츠사업자' 그리고 '이용자'로 구분하고 있으므로 콘텐츠제작자나 콘텐츠사업자는 이용자에 포함되지 않으며, 또한 제27조 제

---

28) 구병문, 앞의 논문(b), 433면; 정완용, 앞의 논문, 100-1면.
29) 이러한 사례로 「정보통신망 이용촉진 및 정보보호 등에 관한 법률」은 '정보통신서비스제공자'와 '정보통신서비스이용자'라는 개념을 사용하고 있다.
30) 이기헌 외, "디지털콘텐츠 소비자보호방안에 관한 연구", 한국소프트웨어진흥원, 2002, 53면.

2항에 따른 청약철회의 경우에만 이용자를 소비자로 본다. 이와 같이 「콘텐츠산업진흥법」은 '이용자' 개념을 '소비자' 개념보다 좁게 규정하고 있으며, 또한 상행위를 목적으로 하여 디지털콘텐츠를 구입하는 사업자는 소비자가 아닌 이용자로 된다. 그러므로 「콘텐츠산업진흥법」은 '이용자'의 개념정의에서 '소비생활을 위하여' 디지털콘텐츠를 사용하는 '이용자'와 그렇지 않은 이용자를 구분하여 규정할 필요가 있다.

2. 청약철회 규정의 개선

(1) 청약철회의 제한

디지털콘텐츠는 무형의 형태로 존재하며 무한복제가 가능하다. 그러나 이용자가 철회기간 중에 디지털콘텐츠의 실행을 개시하는 것을 콘텐츠사업자가 동의하지 않는 한도에서 이용자의 청약철회권이 배제되어서는 안 된다. 또한 이 경우 콘텐츠사업자는 이용자에게 일정한 요건 하에서 철회권이 배제될 수 있다는 사실을 고지하여야 한다. 나아가 콘텐츠사업자는 이용자에게 콘텐츠에 적합한 호환가능성 있는 DRM(digital rights management)이나 운용코드와 같은 콘텐츠제공서비스시스템에 대한 정보를 제공하여야 한다.[31)]

「콘텐츠산업진흥법」 제27조 제1항은 그 대상이 콘텐츠라는 점을 제외하고는 전자상거래법 제17조 제6항과 동일하다. 이러한 법률 규정의 중복을 회피하기 위한 방법으로는, 첫째 「콘텐츠산업진흥법」 제27조 제2항이 청약철회 및 계약의 해제에 관하여는 전자상거래법 제17조를 준용하고 있으므로 「콘텐츠산업진흥법」 제17조 제1항을 삭제하는 방안이다. 이 경우 「콘텐츠산업진흥법」 제27조 제2항 2문이 청약철회 및 계약의 해제와 관련하여 '통신판매업자'를

---

31) 한국콘텐츠진흥원(2010), 앞의 논문, 24면.

'콘텐츠사업자'로 간주하는 규정을 두고 있으므로 법률의 내재적 흠결 문제는 발생하지 않는다. 다만, 「콘텐츠산업진흥법」의 모태인 「온라인디지털콘텐츠산업발전법」의 개정이유로 제시되었던 온라인디지털콘텐츠의 특성을 법률에서 어떻게 구현하여야 할 것인지의 문제는 여전히 남게 된다. 둘째, 「콘텐츠산업진흥법」에 청약철회의 규정을 그대로 두면서 그 제한에 대해서만 구체적으로 규정하고, 나머지는 전자상거래법을 준용하는 방안이다. 즉 「콘텐츠산업진흥법」에 청약철회에 관한 기본내용을 규정하고, 제한규정 등을 포함한 기타 관련 규정을 준용하는 방식이다. 이 경우 법규의 체계와 내용이 간명해지는 장점이 있지만 그 내용이 중복되고, 또한 제한규정의 중요성에 대한 판단에 어려움이 있다. 셋째, 전자상거래법 제2조 제2호의 통신판매의 대상에 "재화, 용역 또는 디지털콘텐츠"로 규정하여 디지털콘텐츠를 추가하는 것이다. 이 경우 온라인으로 제공되는 디지털콘텐츠의 특성을 부각하기 어려울 뿐만 아니라 부문별 디지털콘텐츠를 모두 포섭하기도 쉽지 않다. 그러나 전자상거래법은 전자상거래 또는 통신판매에서의 소비자보호에 관하여 전자상거래법과 다른 법률의 규정이 경합하는 경우에는 전자상거래법이 우선 적용되므로(제4조) 전자상거래법을 적용하는 것이 이용자보호에 유리하다.

생각건대 전자상거래에서 디지털콘텐츠의 거래 비중이 높아지고 있고, 전자상거래법은 전자상거래 또는 통신판매에서의 소비자보호에 대하여 기본법적 지위를 가지고 있으며, 디지털콘텐츠 이용계약의 청약철회는 계약법적 성질을 가지고 있으므로 디지털콘텐츠산업 발전에 필요한 사항을 정하고 있는 「콘텐츠산업진흥법」의 입법목적과 부합하지 않는다. 따라서 디지털콘텐츠 관련 이용자보호는 전자상거래법을 보완하는 방식이 합리적이라고 생각한다. 다만, 전자상거래법의 청약철회에 대한 제한은 일반 재화의 거래에서 사업자보다 열악한 지위에 있는 소비자를 보호하기 위한 것이지만 일반 재화와 다른 디지털콘텐츠 거래에 있어서는 그 특성상 소비자에게 지나치게 유리한 결과를 초래할 수도 있다. 그러므로 「콘텐츠산업진흥법」의 청약철회에 대한 제한은 그 전제로서 콘텐츠사업자에게 복제방지를 위한 기술적 보호조치 의무를 부과하고, 청약철회의 인정기준은 디지털콘텐츠의 복제 여부가 아닌 다른 기준으로 정하여야 한다. 또한 디지털콘텐츠의 이용에 있어서 별도의 라이선스계약에 의한 동의나 관리자 서버에의 등록 또는 인증 등 추가적인 요건이 필요한 경우에 이용자가 이러한 요건에 해당하는 행위를 한 때에만 청약철회가 제한될 수 있다.[32] 이와 같이 디지털콘텐츠 이용계약에서 청약철회의 제한은 디지털콘텐츠의 특성을 고려하여 디지털콘텐츠의 고유한 청약철회 제한요건을 정하는 것이 필요하다고 생각한다.

(2) 청약철회의 효과

전자상거래법에서 청약철회가 인정되는 이유는 소비자가 사전에 상품을 확인할 수 없을 뿐만 아니라 충동구매의 가능성이 높으므로 소비자를 보호하기 위한 데 있다. 그러나 「콘텐츠산업진흥법」의 청약철회가 인정되면 청약철회의 효과로서 원상회복이 어렵기 때문에 이용자에게 유리한 경우가 발생할 수 있다. 그러므로 디지털콘텐츠 거래의 경우에는 디지털콘텐츠 특성에 맞게 청약철회의 요건을 구체화하는 작업이 필요하다.

디지털콘텐츠가 다운로드 방식으로 제공되는 경우에 이용자가 콘텐츠사업자에게 청약철회를 한다고 하더라도 이미 0 또는 1이라는 전자적 신호로 디지털화된 콘텐츠는 복제전송이라는 방식으로 이전되므로 현재의 기술방식으로는 이미 이행된 디지털콘텐츠의 반환이 불가능하다. 그러므로 이용자가 해당 디지털콘텐츠를 삭제 내

지 폐기할 것이 요구되는데, 이 경우 콘텐츠사업자는 이용자가 이를 완전히 삭제 내지 폐기하였는지의 여부를 확인하기 어렵다.[33] 그러므로 콘텐츠사업자는 이용자에게 디지털콘텐츠의 잔존가치를 가액으로 배상할 것을 청구할 수 있다. 그러나 이용자가 청약철회를 한 디지털콘텐츠의 잔존가치를 배상하도록 하는 것은 청약철회를 인정한 전자상거래법의 입법취지에 맞지 않으며, 또한 잔존가치의 판단도 쉽지 않다. 나아가 이용자가 청약철회를 하였다고 하여 디지털콘텐츠의 가치가 감소하는 것도 아니다. 그러므로 디지털콘텐츠가 다운로드 방식으로 제공되는 경우에 이용자가 디지털콘텐츠를 더 이상 이용하지 않는다는 것을 정지조건으로 하여 이용자의 원상회복의무를 면제시키는 방안이 타당하다고 생각한다.

디지털콘텐츠가 스트리밍 방식으로 제공되는 경우에도 이용자의 청약철회는 가능하다. 그러나 스트리밍 방식으로 제공되는 디지털콘텐츠는 이용자가 전부 또는 일부를 이용함으로써 디지털콘텐츠의 이용가치가 현저히 감소되는 경우가 있을 수 있지만 이 경우에도 현실적으로 그 반환은 불가능하다. 또한 스트리밍 방식은 다운로드 방식과 달리 디지털콘텐츠가 사업자의 서버에서 제어되기 때문에 원상회복의 대상이 전혀 존재하지 않는다. 그러므로 「콘텐츠산업진흥법」은 이용자가 청약철회를 한 경우에 디지털콘텐츠 제공방식에 따라 디지털콘텐츠 반환에 관한 일정기준을 마련할 필요가 있다.

3. 사업자의 금지행위 규정 신설

「콘텐츠산업진흥법」은 콘텐츠사업자의 기만적 방법에 의한 청약의 유인이나 계약체결에 대하여 명문의 규정을 두고 있지 않으므로 「콘텐츠산업진흥법」, 콘텐츠이용자보호지침 및 이용표준약관에

---

33) 이병준, 앞의 논문(a), 152면.

이에 대한 규정을 둘 필요가 있다.

첫째, 「콘텐츠산업진흥법」에 기만적 방법에 의한 청약의 유인이나 계약체결에 대한 규정을 신설하는 방법이다. 즉 디지털콘텐츠이용자의 피해를 사전에 예방하고 그리고 피해가 발생한 경우에 피해자가 실제적인 구제를 받을 수 있도록 전자상거래법에 사업자에게 손해배상책임을 부담시키는 규정을 신설하고, 이를 「콘텐츠산업진흥법」 제27조 제2항을 통하여 디지털콘텐츠 거래에 적용하는 방법이다.[34] 이 경우 전자상거래법 제21조 제1항에 규정된 금지행위중 디지털콘텐츠 거래에서 발생할 수 있는 행위에 대한 선택적인 준용이 필요하다.

둘째, 콘텐츠사업자가 준수하여야 할 내용을 콘텐츠이용자보호지침에 구체적으로 명시하는 방법이다. 즉 전자상거래법 제21조 제1항 제1호에 규정된 기만적 방법에 의한 계약체결 및 자동계약 연장금지 의무를 예시하고, 이를 위반한 행위에 대한 법률효과를 규정하는 방법이다. 콘텐츠사업자가 일정기간 무료이용 광고로 이용자의청약을 유인한 후 무료이용기간 경과 후 유료로 전환하여 이용자에게 대금을 청구하는 경우, 다른 특약이 없는 한, 이용자는 디지털콘텐츠 이용계약을 해제하고 이미 지급한 대금의 반환을 청구할 수 있다. 또한 자동계약 연장의 경우에도 이용자는 계약을 취소하고 대금의 반환을 청구할 수 있다. 왜냐하면 계약의 연장은 명시적 또는 묵시적으로 할 수 있지만, 디지털콘텐츠 이용계약의 경우 소비자인 이용자를 보호하기 위하여 이용자에게 불리한 내용은 이용자의 명시적인 의사표시에 의해서만 효력이 발생하는 것으로 보아야 하기 때

---

34) 이와 별도로 사업자가 청약의 유인을 위하여 한 행위가 「표시·광고의 공정화에 관한 법률」 제3조 제1항 제1호의 "허위·과장의 표시·광고"에 해당하거나 또는 제2호의 "기만적인 표시·광고"에 해당하는 경우에 이러한 부당한 표시·광고행위로 인하여 피해를 입은 이용자는 사업자에게 손해배상책임을 물을 수 있다. 이 경우 손해배상책임을 지는 사업자 등은 그 피해자에 대하여 고의 또는 과실이 없음을 들어 그 책임을 면할 수 없다(제10조).

문이다. 만일 콘텐츠사업자가 이를 표시하지 않거나 또는 이용자가 알기 어려운 매우 작은 표시 등을 통해 계약을 자동 연장하는 경우에도 동일하게 취급하여야 할 것이다. 왜냐하면 이러한 전자약관은 약관법 제6조 제2항 제2호에 위반되어 그 효력이 없기 때문이다.

셋째, 디지털콘텐츠 이용약관에 기만적 방법에 의한 계약체결 및 자동계약 연장은 효력이 없으므로 사전에 이용자의 동의를 얻도록 규정하고, 만일 콘텐츠사업자가 이용자의 동의를 얻지 않은 경우에는 이용자가 이용계약을 해지할 수 있도록 하는 방법이다. 이 경우 콘텐츠사업자가 이용자의 동의를 얻지 않고 디지털콘텐츠 이용행위를 유료로 전환하여 부당하게 이용대금을 수령한 경우에는 이를 이용자에게 환급하도록 하여야 할 것이다.

4. 피해보상 규정의 개선

디지털콘텐츠 거래에 있어 콘텐츠의 하자로 인하여 이용자가 피해를 입는 경우가 다수 발생하고 있으며, 이에 대하여는 다양한 해결방안이 고려된다.

첫째, 디지털콘텐츠의 기술적 오류는 현재의 기술 수준에 따라 필수적으로 존재한다. 그러나 이용자는 온라인으로 디지털콘텐츠를 이용하고 난 다음 그 오류를 알 수 있고, 콘텐츠사업자는 이용자에게 그러한 기술적 오류나 한계에 대해 명시적으로 설명하지 않는다. 그리하여 「콘텐츠산업진흥법」은 콘텐츠 거래의 투명성, 공정성, 효율성을 확보하기 위하여 온라인으로 유통되는 디지털콘텐츠에 대한 거래인증 제도를 도입하고 있다. 이에 따라 콘텐츠사업자에게 이용자의 계정관련 정보를 일정기간 보관하고, 이용자가 피해사실 및 보상범위의 입증과 관련하여 관련 정보의 공개를 요청할 경우에는 이를 해당 이용자에게 제공하도록 하여야 할 의무를 부과할 필요가 있다. 또한 콘텐츠사업자의 서비스 중단이나 시스템 오류로 인하여 피해가 발생한 경우에 서비스 중단 이전에 이용자에게 그 사실을 알리는 이용자 보호절차를 마련하고, 서비스 중단 또는 시스템 오류로 인해 이용자에게 피해가 발생한 경우에 대하여는 콘텐츠사업자의 책임과 면책사유를 명확히 규정할 필요가 있다.

둘째, 콘텐츠사업자의 책임 있는 사유로 인하여 온라인으로 제공되는 콘텐츠제공서비스가 다운되거나 불안전한 서비스 제공으로 인하여 이용자의 아이템, 캐릭터, 경험치 등이 소실된 경우에 콘텐츠사업자는 이용자에게 이로 인하여 입은 손해를 배상할 의무가 있다. 왜냐하면 콘텐츠사업자는 디지털콘텐츠서비스 제공에 사용되는 정보통신망의 안정성 및 정보의 신뢰성을 확보하기 위한 보호조치를 위반하였기 때문이다(정보통신망법 제45조 제1항). 또한 정보통신망법 제45조 제3항 제3호는 사업자에게 "정보통신망의 지속적인 이용이 가능한 상태를 확보하기 위한 기술적·물리적 보호조치"(제3호)를 취할 것을 요구하고 있다. 따라서 콘텐츠이용자보호지침에도 정보통신망법에 근거한 정보보호지침과 동일하게 콘텐츠사업자에게 정보통신망의 안정성 유지의무를 부과할 필요가 있다.

셋째, 콘텐츠사업자의 책임 있는 사유로 인하여 디지털콘텐츠 자체에 이용 장애가 발생한 경우에 콘텐츠사업자는 이를 원상회복하여야 한다. 이는 다시 이용장애 기록 자체의 확인이 전부 불가능한 경우와 이용장애 기록은 확인이 가능하지만 그 대상자와 확인할 기록이 너무 많아 물리적으로 복구할 수 없는 경우로 구분된다. 전자의 예로는 캐쉬서버 및 로그DB서버의 문제 등으로 처음부터 로그기록 자체가 쌓이지 않거나 확인할 수 없는 경우이고, 후자의 예로는 강제 롤백과 같이 로그기록은 있지만 게임DB가 과거의 특정 상태로 적용되어 모든 대상자에 대해 하나씩 로그를 확인해 가면서 수동으로 복구하여야 하는 경우이다. 이 경우 콘텐츠사업자에게 동급의 동종 또는 유사한 종류의 디지털콘텐츠를 제공하도록 하면 콘텐츠사업자에게 과도한 책임을 지우는 것이 된다. 그러므로 이용표준약관에 '기술상 이용자의 소실 내용이 기록상으로 확인 불가능한 경우' 콘텐츠사업자는 원상회복의무를 면하도록 하고, 다만 이에 대한 입증은 사업자가 부담하도록 하는 것이 타당하다고 생각한다. 그리고 콘텐츠사업자가 동급의 동종 또는 유사한 종류의 디지털콘텐츠를 다시 제공하는 것이 가능하지 않은 경우에는 금전으로 반환하도록 하여야 할 것이다. 그 이유는 콘텐츠사업자가 디지털콘텐츠를 원상회복할 수 없는 경우에도 자신의 책임 있는 사유로 인하여 이용자에게 피해를 발생시킨 때에는 이를 배상하여야 하고, 또한 이용자가 디지털콘텐츠로 제공받는 것보다 금전으로 회복하기를 원하는 경우도 있을 수 있으므로 이를 고려할 필요가 있기 때문이다.

5. 미성년자의 가입요건 및 서비스 등급적용 명확화

민법상 행위무능력자 제도는 사적 자치의 원칙이라는 민법의 기본이념, 특히 자기책임 원칙의 구현을 가능케 하는 도구로서 인정되는 것이고, 거래의 안전을 희생시키더라도 행위무능력자를 보호하는 데 근본적인 입법목적이 있다. 또한 미성년자의 법률행위에 법정대리인의 동의를 필요로 하는 것은 강행규정이므로 콘텐츠사업자는 게임콘텐츠 내지 영상콘텐츠 이용계약 체결시 미성년자가 반드시 법정대리인의 동의를 얻도록 하여야 한다. 이 경우 법정대리인의 동의는 단순히 동의 여부에 대하여 가입자에게 확인하는 것으로 그칠 것이 아니라 그러한 동의가 제대로 이뤄졌는지에 대하여 가입자의 구체적인 확인절차가 요구된다. 예컨대 미성년자가 유료서비스를 이용할 경우에 서비스에 대한 결제 전후에 가입 당시 제공된 법정대리인의 연락처로 이용내역을 송신하도록 콘텐츠사업자에게 통지의무를 부과하여 동의 여부를 실질적으로 확인할 필요가 있다. 또한 미성년자의 계약체결이나 결제에 대한 법정대리인의 동의가 어느 범위에서 어느 기간 동안 효력을 갖는지에 대해서도 명확하게 확정하여야 할 것이다. 나아가 콘텐츠사업자는 미성년자가 성년자로 사칭하거나 또는 법정대리인의 동의가 있는 것으로 믿게 하기 위하여 사술을 쓰는 것을 막기 위한 법적·기술적 조치를 마련하여야 하며, 이용자의 나이에 적합한 등급별 게임서비스가 제공되도록 조치할 의무를 규정할 필요가 있다. 이러한 사항은 「콘텐츠산업진흥법」에 규정하기에는 한계가 있으므로 콘텐츠이용자보호지침에 법정대리인의 동의를 얻는 절차 및 방법을 구체적으로 제시하고, 이용약관에서 정한 방법에 따라 동의를 얻도록 하여야 할 것이다.

VI. 맺음말

디지털콘텐츠 산업은 콘텐츠사업자가 독자적으로 주도할 수 있는 분야가 아니라 이용자의 요구를 충분히 반영하여야만 시장에서 생존할 수 있다. 따라서 콘텐츠사업자는 경쟁력 있는 디지털콘텐츠를 제작하여 유통하여야 할 뿐만 아니라 자율적으로 이용자보호를 추진하여야 한다. 그러나 콘텐츠사업자가 스스로 자율규제를 강구하고 있지 않거나 또는 이를 규율하고 있는 법적 규정의 흠결로 인하여 이용자 피해가 발생하고 있다. 그러므로 디지털콘텐츠 거래와 관련하여 이용자보호에 관한 법제를 정비할 필요가 있다.

현행 「콘텐츠산업진흥법」상 디지털콘텐츠 이용자보호를 위하여 채택된 청약철회 제도는 일반 재화 중심의 전자상거래법 규정을 준용하는 형식을 취하고 있으며, 그 내용도 디지털콘텐츠만의 차별화된 규정을 갖고 있지 못하다. 또한 「콘텐츠산업진흥법」은 콘텐츠산업 발전이라는 정책적 목표를 가지고 있어 청약철회와 같은 거래법적 요소가 온전하게 활용되기 어려운 측면이 있다. 특히 디지털콘텐츠를 매체유통형, 다운로드형, 스트리밍형으로 구분하는 경우에 매체유통형 디지털콘텐츠는 라이선스 계약이 별도로 존재하므로 법

적용에 한계가 있다. 그리고 다운로드형 디지털콘텐츠는 '이용'이라는 개념이 전제되지 않았지만 복제의 위험에 노출되어 있으며, 스트리밍형 디지털콘텐츠는 그 자체의 특성에 비추어 청약철회 제도에 적합하지 않다. 그러므로 「콘텐츠산업진흥법」은 청약철회 제도의 규정 및 운영, 디지털콘텐츠의 유형별 차이점 등을 고려하여 디지털콘텐츠 거래를 포괄하는 기본법으로서의 지위를 가질 수 있도록 입법적 개선이 필요하다. 나아가 디지털콘텐츠의 합리적인 유통 및 거래의 투명화, 그리고 이용자보호를 위하여 디지털콘텐츠의 부문별 특성을 고려한 이용자보호지침 및 이용표준약관의 개선에 대한 노력도 필요하다고 할 것이다.

색인어

디지털콘텐츠, 콘텐츠산업진흥법, 전자상거래, 청약유인, 청약철회, 미성년자가입, 소비자보호, 이용자보호

참 고 문 헌

고형석, "디지털콘텐츠거래에 있어서 소비자의 청약철회권에 관한 연구", 「서강
　　법학연구」 제12권 제1호(2010.6).
구병문, "개정 "온라인 디지털콘텐츠산업 발전법"의 의의와 입법과제", 「디지털
　　재산법연구」 제5권 제2호(2006.12).
＿＿＿, "디지털콘텐츠 이용자의 청약철회와 그 제한규정의 문제점과 해결방
　　안", 「홍익법학」 제10권 제1호(2009.2).
이기헌, "온라인 디지털콘텐츠 이용자 피해현황 및 문제점 연구", 「디지털재산
　　법연구」 제8권(2010.1).
이기헌 외, "디지털콘텐츠 소비자보호방안에 관한 연구", 한국소프트웨어진흥
　　원, 2002.
이병준, "온라인디지털콘텐츠 이용계약과 소비자보호", 「스포츠와 법」 제9권
　　(2006.10).
＿＿＿, "온라인디지털콘텐츠 이용계약에서의 계약해소", 「남강 서광민교수 정
　　년기념논문집」, 2007.
정완용, "디지털콘텐츠 이용과 소비자보호", 「인터넷법연구」 제3권 제2호
　　(2004).
컴퓨터프로그램보호위원회, "DC 부문별 표준약관 제정방안에 관한 연구", 「조
　　사연구 2007-08」, 2007.10.
한국소프트웨어진흥원, "온라인디지털콘텐츠 소비자 피해실태 및 개선방안 연
　　구", 2007.12.
한국콘텐츠진흥원, "디지털콘텐츠 부문별 표준약관·표준계약서 제정에 관한
　　연구", 「연구보고서 2009」, 2009.6.
＿＿＿, "콘텐츠 이용자보호를 위한 법제 개선 방향", 「KOCCA 연구보고서 10-
　　45」, 2010.12.

전자상거래를 통한 콘텐츠거래에 있어서 이용자보호에 관한 연구*

고 형 석**

Ⅰ. 서 론

과학기술의 발전은 인간의 활동영역을 현실공간에서 가상공간 (cyber space)까지 확대하였다. 이러한 가상공간의 등장은 인간에게 무한의 편리성을 제공하였지만, 지금까지 경험하지 못한 새로운 형태의 법적 문제점도 함께 제공하고 있다. 이를 사법적인 측면 중 계약에 국한하여 제시하면, 계약체결의 방식에 있어서 기존은 대면계약 또는 서면을 통한 계약(격지자 간)이었지만, 비대면계약과 자동화된 계약체결방식으로 바뀌고 있다. 이의 예가 바로 전자상거래이다.

---

* 이 글은 「한양법학」 제34호(2011.5)에 게재된 논문이다.
** 선문대학교 법학과 교수.

초기 전자상거래는 계약체결의 온라인화였기에 채무의 이행은 주로 오프라인으로 이루어졌다. 그러나 온라인디지털콘텐츠의 급격한 발전으로 인하여 현재에는 채무의 이행까지 온라인을 통하여 이루어지는 전자상거래의 비중이 높아지고 있다. 특히, 인터넷기능이 가미된 휴대폰의 등장으로 인하여 계약체결과 이행은 시간과 장소의 제한없이 이루어지고 있다. 즉, 초기 전자상거래의 환경은 유선인터넷을 전제로 하였지만, 현재는 유·무선인터넷을 전제로 하고 있기 때문에 전자상거래가 이루어지는 온라인으로의 접속은 이용자의 장소를 불문하고 어디에서든지 가능하게 되었다.

이러한 인터넷환경의 변화는 전자상거래를 통하여 재화를 구매하는 이용자에게 많은 편의를 제공하고 있지만, 이로 인한 소비자문제 역시 급증하고 있다. 이는 기본적으로 전자상거래가 비대면으로 체결되기 때문이다. 즉, 현실공간의 대면거래와 달리 전자상거래는 당사자가 대면하지 않고 계약을 체결하며, 재화의 내용을 직접 확인하지 않기 때문에 사기범죄의 수단으로 이용되거나 예상과 다른 재화가 배송될 수 있다. 특히, 콘텐츠의 경우 다른 재화와 달리 쉽게 그 내용을 파악할 수 없다는 단점이 존재한다. 또한 소비자의 특성상 계약을 체결함에 있어서 신중을 기하지 않고 사업자의 광고 등을 통하여 충동적으로 구매의사를 결정하여 계약을 체결하는 경우가 많다.

이에 전자상거래를 통하여 재화를 구매하는 소비자를 보호하기 위하여 2002년 전자상거래 등에서의 소비자보호에 관한 법률[1](이하 '전소법')이 제정되었으며, 온라인디지털콘텐츠의 이용자를 보호하기 위하여 온라인디지털콘텐츠산업발전법(이하 '온디콘법')을 2005년 12

---

1) 동법은 전자상거래의 활성화에 따라 舊 방문판매법법상 통신판매에 관한 규정만으로 충분하게 소비자를 보호하지 못한다는 점을 고려하여 2002년 통신판매와 전자상거래 분야에서 소비자를 보호하기 위하여 제정되었다. 그러나 법명과 달리 동법의 주된 내용은 통신판매만을 대상으로 하고 있어 법명과 내용간 불일치의 문제가 발생하고 있다.

월에 개정하여 이용자보호에 관한 규정을 추가하였으며,[2] 2010년 동법을 콘텐츠산업진흥법(이하 '콘진법')으로 개정하여 보호대상을 모든 콘텐츠의 이용자로 확대하였다.

이와 같이 전자상거래를 통하여 콘텐츠를 구입한 이용자는 전소법과 콘진법의 적용을 통하여 보호받을 수 있지만, 과연 양법의 적용을 통한 보호가 충실한 것인가에서부터 시작하여 이의 보호가 적절한 것인가에 대한 검토가 콘텐츠에 대한 거래가 확대되고 있는 현 시점에서 필요하다.

본 논문에서는 전자상거래를 통하여 콘텐츠를 구입한 이용자를 보호하고 있는 전소법과 콘진법의 내용을 각 계약의 단계별로 살펴보고, 이용자보호에 보다 적합한 방향으로 나아갈 수 있는 발전방안에 대하여 검토하고자 한다. 구체적으로 누구를 보호할 것인가인 보호대상의 문제에서 무엇을 규율함으로써 보호할 것인가인 규율대상의 문제 및 어떻게 보호할 것인가인 보호방안의 문제로 구분할 수 있다.

II. 전소법 및 콘진법의 적용범위

1. 보호대상으로서 이용자와 소비자

전소법의 보호대상은 소비자이지만, 콘진법상 보호대상은 이용

---

2) 디지털콘텐츠처럼 복제가 가능한 재화의 경우 온라인디지털콘텐츠제작자는 사전에 청약철회 등이 제한되는 사실을 명시하거나 시용상품을 제공하는 등의 방법으로 디지털콘텐츠를 이용하는 이용자가 불이익을 받지 않도록 조치를 취하도록 하는 한편, 정보통신부장관은 디지털콘텐츠의 건전한 거래질서의 확립 및 소비자의 보호를 위하여 사업자의 자율적 준수를 유도하는 지침을 관련 분야 당사자의 의견을 들어 정할 수 있도록 하기 위하여 舊 온디콘법은 개정되었다.

자이다. 따라서 양법상 용어의 차이가 있지만, 실질적으로 동일한 의미를 갖는다면 양법을 동시에 적용하는 것에 있어서 문제가 없지만, 상이하다면 어느 범위내에서 양법이 적용될 수 있는가의 문제가 제기된다. 이를 위하여 각각의 법에서 정하고 있는 소비자와 이용자의 개념을 분석할 필요가 있다.

(1) 전소법상 소비자

전소법상 소비자는 본질적 의미의 소비자와 정책적 의미의 소비자로 구분된다. 본질적 의미의 소비자는 사업자가 제공하는 재화 등을 소비생활을 위하여 사용하는 자를 말한다(동법 제2조 제5호 가목). 즉, 구입한 재화를 상행위를 목적으로 이용하지 아니하고 개인적인 용도로 사용하는 자를 의미한다. 반면에 정책적 의미의 소비자는 사업자임에도 불구하고 정책적 차원에서 소비자로 인정하는 자를 말한다. 이에 해당하는 자로는 첫째, 재화 등을 원재료(중간재를 포함한다) 및 자본재로 사용하는 자를 제외하고 재화 등을 최종적으로 사용하거나 이용하는 자이다. 둘째, 사실상 소비자와 같은 지위에서 다른 소비자와 같은 거래조건으로 거래하는 사업자로서 재화 등을 구매하는 자이다. 셋째, 다단계판매원이 되고자 다단계판매업자로부터 재화 등을 최초로 구매하는 자이다. 마지막으로 재화 등을 농·축산업 및 어업활동을 위하여 구입한 자로서 축산법 제21조 제1항의 규정에 의하여 농림수산식품부령이 정하는 사육규모 이상의 축산업을 영위하는 자 외의 자[3] 및 원양산업발전법 제6조 제1항에 따라 농림수산식품부장관의 허가를 받은 원양어업자 외의 자이다(동 시행령 제2조).

---

3) 舊 축산법 제27조에 따라 구 독점규제 및 공정거래에 관한 법률 제14조 제1항에 따른 출자총액제한기업집단에 속하는 회사의 경우 모돈 500두 이상의 양돈업 또는 닭 5만 수 이상의 양계업을 영위할 수 없었지만, 2010년 축산법 개정에 따라 이를 제한하는 규정이 삭제되었다. 따라서 모든 양계업 또는 양돈업자도 소비자로 인정된다.

이와 같이 동법상 소비자에는 대다수의 사업자가 포함되며, 상행위를 목적으로 구입하더라도 소비자와 동일한 지위에서 동일한 조건으로 계약을 체결하였다면 소비자로 인정되어 보호를 받는다. 특히, 사이버몰을 통한 전자상거래의 경우 자동화된 프로그램에 의하여 계약이 체결되기 때문에 대기업이라 할지라도 소비자와 동일한 지위와 조건에서 계약을 체결한다. 그 결과 대기업도 소비자로서 보호를 받게 되는 결과가 되며, 이는 동법에서 경제적 약자인 소비자를 보호하고자 하는 입법취지와 상반되는 결과가 발생하게 된다. 따라서 동법상 소비자의 범주에서 사업자는 배제할 필요가 있다.[4]

(2) 콘진법상 이용자

콘진법상 이용자는 콘텐츠사업자가 제공하는 콘텐츠를 이용하는 자를 말한다(동법 제2조 제1항 제6호). 즉, 동법상 이용자를 정의함에 있어서 콘텐츠의 이용목적을 고려하지 않고 이용행위에 중점을 두어 개념정의를 하고 있다. 그 결과 콘텐츠거래에서 일방당사자가 콘텐츠사업자인 경우 상대방은 콘텐츠의 이용목적과 관계없이 콘텐츠를 이용하고자 한다면 모두 이용자에 해당하게 된다.[5] 즉, 개인적인 용도로 사용하는 자 뿐만 아니라 상행위를 목적으로 콘텐츠를 이용하는 자 역시 이용자에 해당하게 된다.

(3) 소 결

이와 같이 전소법과 콘진법상 보호대상을 소비자와 이용자로

---

4) 고형석, "소비자계약의 성립요건에 관한 연구," 저스티스 제112호, 한국법학원, 2009.8, 109면.

5) 舊 온디콘법에서는 보호대상을 소비자(제16조)와 이용자(제16조의2 내지 제16조의4) 두 개의 용어를 사용하고 있었지만, 이에 대한 정의규정을 두고 있지 않다. 그러나 이용자를 소비자와 동일한 개념으로 파악하였다(문화체육관광부/컴퓨터프로그램보호위원회, 콘텐츠 사업자 교육교재, 컴퓨터프로그램보호위원회, 2008, 104-106면).

규정하고 있다. 그럼 양자는 용어만 상이할 뿐 실질적으로 동일한 개념인가의 문제가 제기된다.

전소법상 소비자는 본질적 의미의 소비자뿐만 아니라 상행위를 목적으로 구입한 사업자까지도 포함된다. 다만, 상행위를 목적으로 구입한 사업자가 소비자가 되기 위하여는 소비자와 동일한 지위에서 동일한 조건으로 구입하여야 한다. 반면에 콘진법상 이용자는 이러한 제한조건이 없으므로 상행위를 목적으로 일반 소비자보다 유리한 조건으로 콘텐츠를 구매하였다고 하더라도 이용자에 포함된다. 따라서 양자의 보호대상은 차이가 있으며, 콘진법상 이용자가 전소법상 소비자보다 더 광범위하다.

그럼 소비자가 아닌 상행위를 목적으로 구입하는 자까지 보호하는 콘진법이 적합한 것인가의 문제가 제기된다. 물론 콘텐츠거래에 있어서 이용목적에 구분하지 않고 모든 거래의 상대방을 보호하여야 할 분야 역시 존재한다. 즉, 콘진법상 콘텐츠 거래사실의 인증과 콘텐츠제공서비스의 품질인증에 있어서 이용자는 단지 소비자에 해당하는 이용자에게만 국한되는 것이 아닌 모든 콘텐츠거래의 상대방에게 적용되어야 할 규정이다. 따라서 이러한 분야에 대하여는 단지 소비자가 아닌 모든 콘텐츠의 이용자를 보호대상으로 하여야 한다. 그러나 콘진법상 이용자보호에 있어서 핵심인 청약철회권에 관하여는 모든 이용자가 아닌 소비자에 해당하는 이용자로 한정할 필요가 있다. 즉, 동법상 콘텐츠를 거래한 모든 이용자는 일정기간 내에 청약철회권을 행사하여 콘텐츠거래를 해소할 수 있다. 물론 청약철회권이 인정되는 콘텐츠거래를 전소법의 적용대상인 통신판매로 한정할 경우 콘진법상 청약철회권이 인정되는 분야는 축소된다. 그러나 계약의 일반법인 민법에서는 청약철회권을 부정하고 있으며, 예외적으로 특수거래에 있어서 소비자보호를 목적으로 하는 특별법에서만 청약철회권을 인정하고 있다. 즉, 모든 소비자거래에 대하여 청약철회권이 인정되는 것이 아닌 소비자거래 중 할부거래, 방문판매, 전화권유판매, 다단계판매 및 통신판매에 대하여만 인정되고 있다. 이와 같이 특별법에서 청약철회권을 부여하는 이유는 약자인 소비자의 보호와 특수거래방식이라는 요소가 함께 고려되었기 때문이다. 그럼에도 불구하고 지위적 격차가 없는 상인에게까지 청약철회권을 부여하는 것은 청약철회권의 근본적인 취지와 적합하지 않다. 따라서 청약철회권 부분에 있어서 보호의 대상자는 소비자인 이용자로 한정할 필요가 있다. 반면에 약관의 규제를 규정하고 있는 동법 제28조는 단지 소비자를 대상으로 하기에는 곤란하다. 즉, 약관에 대한 규제의 필요성은 단지 소비자보호에만 국한되지 않는다. 즉, 계약내용은 당사자가 합의를 통하여 정하는 것이 원칙이지만, 절차 및 시간 등을 고려하여 일방이 정한 계약의 내용을 상대방의 동의하에 편입시키는 것이 약관이다. 따라서 대등당사자라 할지라도 약관의 작성에 참여하지 못한 자가 약관으로 인한 피해를 입지 않도록 보호할 필요성이 있으며, 약관의 규제에 관한 법률에서도 보호 대상을 소비자로 한정하는 것이 아닌 고객으로 규정하여 모든 거래의 상대방을 보호하고 있다. 따라서 이 분야에서 보호대상자는 소비자가 아닌 이용자로 정하는 것이 타당하다.

이러한 점에 비추어 볼 때, 보호대상자를 일률적으로 이용자로 정하는 것은 보호의 필요성을 초월한 보호를 부여하는 것이기 때문에 적합하지 않으므로 보호의 필요성에 따라 보호대상자를 이용자 또는 소비자로 개별화하여야 할 것이며, 이는 단지 콘진법의 해석을 통하여 이를 세분하는 것은 불가능하기 때문에 동법의 개정을 통하여 해결하여야 할 것이다.

2. 규율대상으로서 거래방식과 급부의 목적물

전소법은 기본적으로 소비자보호를 목적으로 하지만, 전자상거래 또는 통신판매의 방식으로 계약을 체결한 소비자만을 보호한다.

따라서 급부의 목적물에 대하여는 제한이 없다.[6] 또한 이행의 방식과도 무관계하다. 즉, 전자상거래 또는 통신판매의 방식으로 계약을 체결하고, 그 이행은 오프라인으로 이루어지거나 온라인으로 이루어지더라도 모두 동법의 적용대상이 된다.

콘진법은 거래방식에 따라 보호대상을 결정하는 것이 아니라 급부의 목적물에 따라 보호대상을 결정한다. 즉, 계약의 체결이 온라인을 통하여 이루어지거나 오프라인에서 이루어지거나 관계없이 콘텐츠[7]에 대한 거래일 경우 모두 적용대상이 된다. 다만, 구 온디콘법에서는 온라인디지털콘텐츠[8]에 관한 거래에서의 이용자만을 보호하였지만, 콘진법은 콘텐츠의 종류와 관계없이 보호한다는 점에서 차이가 있다. 즉, 구 온디콘법은 온라인디지털콘텐츠 또는 디지털콘텐츠만을 규율대상으로 하였기에 이에 해당하지 않은 콘텐츠는 규율대상이 되지 않으며, 그 결과 온라인디지털콘텐츠가 아닌 일반 콘텐츠를 이용하는 이용자보호의 문제 역시 제기되지 않는다. 그러나 콘진법은 모든 콘텐츠를 대상으로 하기 때문에 온라인디지털콘텐츠를 비롯하여 모든 형태의 콘텐츠가 적용대상에 포함되며, 이용자보호의 대상 역시 모든 콘텐츠로 확대되었다. 즉, 舊 온디콘법

---

6) 동법상 급부의 목적물에 대하여 재화 또는 용역(일정한 시설물을 이용하거나 용역의 제공을 받을 수 있는 권리를 포함한다)으로 규정하고 있다(동법 제2조 제2호). 따라서 디지털콘텐츠가 동법상 재화에 포함될 수 있는가의 문제가 제기되며, 학설은 이를 긍정하고 있다(류창호, "전자상거래소비자법에 관한 연구," 외법논집 제12집, 한국외국어대학교, 2002.8, 289면; 고형석, 전게논문, 117면). 즉, 동법 제13조 제2항에서의 전자매체로 공급이 가능한 재화, 제24조 제3항의 정보통신망에 의하여 전송되는 재화 등의 규정을 살펴볼 때 동법상 재화는 디지털콘텐츠를 포함하고 있음을 나타낸다.

7) 콘텐츠라 함은 부호·문자·도형·색채·음성·음향·이미지 및 영상 등(이들의 복합체를 포함한다)의 자료 또는 정보를 말한다(콘진법 제2조 제1항 제1호).

8) 온라인디지털콘텐츠라 함은 정보통신망이용촉진 및 정보보호 등에 관한 법률 제2조 제1항 제1호의 규정에 의한 정보통신망에서 사용되는 디지털콘텐츠를 말한다(舊 온디콘법 제2조 제2호).

과 콘진법의 구체적인 동이(同異)를 살펴보면 다음과 같다. 먼저 동일한 점으로는 온라인디지털콘텐츠(음악·영상 등에 관한 파일의 다운로드 또는 아바타·아이템 등의 스트리밍방식의 온라인 이용 등)에 대하여는 양법 모두 적용대상으로 한다. 차이점으로는 오프라인으로 배송받는 CD, DVD, 도서, 그림 등의 콘텐츠(온라인 이용이 불가능한 콘텐츠에 한함)에 대하여 舊 온디콘법의 적용을 받지 않지만, 콘진법의 적용대상에 포함된다.[9]

3. 양법의 적용순위

상기와 같이 전자상거래소보지보호법과 콘진법의 적용대상은 상이하다. 그러나 양법이 동시에 적용될 수 있는 여지가 매우 많다. 즉, 소비자에 해당하는 이용자가 전자상거래 또는 통신판매의 방식으로 콘텐츠를 구입할 경우 계약체결의 방식에 따라 전소법이 적용되며, 급부의 목적물이 콘텐츠이기 때문에 콘진법의 적용을 받게 된다. 그럼 어느 법이 우선하여 적용되는가?

법 적용의 일반원칙인 특별법 우선적용의 원칙에 따른다면 전소법은 객체와 관계없이 모든 전자상거래에 적용되며, 콘진법은 콘텐츠거래만을 규율대상으로 하기 때문에 콘진법이 전소법의 특별법이라고 할 수 있다. 물론 거래방식을 기준으로 한다면 콘진법은 모

---

9) 온라인디지털콘텐츠는 정보통신망에서 사용되는 콘텐츠를 의미한다. 그러나 반드시 온라인을 통하여 전송되는 콘텐츠만을 의미하는 것이 아니라 오프라인을 통하여 배송되더라도 온라인에서 이용되는 콘텐츠도 이에 포함된다. 예를 들어, 온라인접속을 통하여 이용할 수 있는 게임CD를 구입한 경우 CD에 내장된 콘텐츠는 온라인디지털콘텐츠에 해당하기 때문에 동법의 적용대상이 된다. 이를 구체적으로 나타내고 있는 것이 디지털콘텐츠 이용자 보호지침이다. 즉, 동 지침 III. 예시사항 1. 청약철회가 불가능한 온라인콘텐츠라는 표제하에 복제가 가능한 온라인콘텐츠의 포장을 개봉 또는 훼손한 경우를 제시하고 이에 해당하는 구체적인 사례로 오프라인에서 유통되는 온라인콘텐츠 CD, DVD를 제시하고 있다.

든 거래형태를 포함하고 있지만, 진소법은 전자상거래 또는 통신판매만을 대상으로 하기 때문에 후자가 특별법이라고 할 수 있다. 따라서 객체를 기준으로 하면 콘진법이 우선하여 적용된다고 할 수 있지만, 거래방식을 기준으로 하면 전소법이 우선 적용된다. 그러나 전소법 제4조로 인하여 이러한 특별법 우선적용의 원칙은 이 경우에 적용되지 않는다. 즉, 전소법 제4조에서는 다른 법과의 관계를 규정하고 있으며, 그 내용은 다음과 같다. 먼저, 전자상거래 또는 통신판매에서의 소비자보호는 동법이 우선 적용되지만, 다른 법을 적용하는 것이 소비자에게 유리한 경우 다른 법의 우선 적용을 인정하고 있다. 따라서 법의 적용순위를 결정함에 있어서 특별법우선적용의 원칙에 따라 결정되는 것이 아니라 어느 법이 소비자에게 유리한 것인가에 따라 결정된다. 그 결과 일률적으로 어느 법이 우선 적용된다고 단정할 수 없으며, 구체적인 법의 내용에 따라 적용의 우선 순위가 결정된다.

Ⅲ. 거래단계별 이용자보호(구체적 보호방안)

1. 계약체결 전단계에서의 이용자보호

(1) 정보제공의무

온라인을 통한 거래인 전자상거래는 비대면거래이다. 이는 당사자가 대면하지 않는 것뿐만 아니라 콘텐츠에 대하여도 실물로 확인할 수 없다는 것을 의미한다. 특히, 온라인을 통하여 전송되는 디지털콘텐츠의 경우 유체물이 아니기 때문에 더욱더 실물확인은 곤란하다. 따라서 이용자가 정확한 구매의사를 결정하기 위하여 이에 관한 정보를 가지고 있는 사업자가 제공하여야 한다. 이러한 정보제공의무에 대하여 계약의 일반법인 민법에서 명문으로 규정하고 있지 않다. 반면에 전소법에서는 사업자의 정보제공의무에 대하여 명시적으로 규정을 두고 있으며, 콘진법에서는 이용자보호와 관련한 정보제공의무(표시의무)를 규정하고 있지 않다. 즉, 舊 온디콘법에서는 온라인콘텐츠 또는 포장에 일정한 사항을 표시하도록 규정하고 있었지만, 개정법인 콘진법에서는 이를 삭제하였다. 또한 표시광고의 공정화에 관한 법률(이하 '표시광고법')에서도 콘텐츠거래와 관련하여 사업자가 제공하여야 할 정보에 대하여 규정을 두고 있다.

1) 전소법상 정보제공의무

동법상 사업자가 계약을 체결하기 전 이용자에게 제공하여야 할 정보는 다음과 같다. 상호 및 대표자 성명, 주소 · 전화번호 · 전자우편주소, 공정거래위원회나 시 · 도지사에게 한 신고번호 · 신고기관 등 신고를 확인할 수 있는 사항, 재화 등의 명칭 · 종류 및 내용, 재화 등의 가격과 그 지급 방법 및 시기, 재화 등의 공급 방법 및 시기, 청약철회 등의 기한 · 행사방법 및 효과에 관한 사항, 재화 등의 교환 · 반품 · 보증과 그 대금 환불의 조건 및 절차, 전자매체로 공급이 가능한 재화 등의 전송 · 설치 등과 관련하여 요구되는 기술적 사항,[10] 소비자피해보상, 재화 등에 대한 불만 및 소비자와 사업자 간 분쟁처리에 관한 사항, 거래에 관한 약관, 결제대금예치 등에 관한 사항,[11] 재화 등의 가격 외에 소비자가 추가로 부담하여야 할

---

10) 일본 특정상거래법(特定商取引に關する法律)의 적용대상인 통신판매는 전자상거래를 포함하며, 동법상 정보제공사항 중 '상품 또는 용역을 이용하기 위하여 필요한 전자계산기의 종류 및 성능 기타 필요한 조건'을 포함하고 있으며, 이의 구체적인 사항으로 소프트웨어를 이용하기 위하여 필요한 전자계산기의 동작환경으로써 OS의 종류, CPU의 종류, 메모리의 용량, 하드디스크의 요양 등을 제시하고 있다(圓山茂夫, 特定商取引法の理論と實務, 民事法硏究會, 2010, 300면).

11) 동법상 사업자가 제공하여야 할 정보 중 하나가 선불식 통신판매의 경우 결제대금예치(Escrow) 등에 관한 정보이다. 이는 전자상거래가 동시이행이 아닌 소비자의 선이행(대금지급)으로 이루어지며, 이후 사업자가 재화를 배송하지 않거나 다른 재화를 배송함으로써 발생하는 피해를 예방하기 위하여

사항이 있는 경우 그 내용과 금액 및 판매일시·판매지역·판매수량·인도지역 등 판매조건과 관련하여 제한이 있는 경우 그 내용이다(동법 제13조 제1항, 제2항, 동 시행령 제20조).

2) 舊 온디콘법상 표시사항

온라인콘텐츠제작자는 다음의 사항을 이용자가 알기 쉽도록 온라인콘텐츠의 이용초기 화면이나 그 포장에 표시하여야 한다(동법 제17조, 동 시행령 제22조). 이의 사항으로 온라인콘텐츠의 제작 및 표시 연월일, 온라인콘텐츠의 명칭 또는 제호, 온라인콘텐츠 제작자의 성명(법인인 경우에는 법인의 명칭) 및 온라인콘텐츠의 이용조건이다. 다만, 이용조건은 전소법에 의한 거래조건의 표시방법에 따라서 표시하여야 한다. 또한 청약철회가 불가능한 온라인콘텐츠의 경우 그 사실을 표시사항에 포함하여야 한다(동법 제16조의2, 콘진법 제27조 제1항).

이와 같이 舊 온디콘법에서는 온라인콘텐츠제작자에게 일정한

2005년 동법의 개정을 통하여 도입된 제도이다. 이러한 결제대금예치제도 역시 전자상거래를 통한 콘텐츠거래에 적용되지만, 온라인을 통하여 이행되는 온라인디지털콘텐츠의 경우에는 적용이 배제된다(동법 제24조 제3항 제3호). 즉, 소비자가 콘텐츠를 다운로드하였음에도 불구하고 이를 부정하여 대금환급을 요구할 경우 이를 제3자가 확인할 수 없다는 점에 근거한다. 그러나 온라인을 통한 이행 역시 쉽게 확인할 수 있으며, 특히 콘진법에서는 콘텐츠 거래사실 인증사업을 신설하였다(동법 제21조). 따라서 디지털콘텐츠의 온라인 이행 역시 제3자가 이를 확인할 수 있기 때문에 이를 결제대금예치제도의 배제사유로 인정하는 것은 타당하지 않다. 또한 일반적으로 구매하는 콘텐츠의 가격은 소액이다. 따라서 결제대금예치제도의 적용을 받지 못한다(동법 제24조 제3항 제2호). 즉, 결제대금예치제도 등은 5만원 미만의 거래에는 적용되지 않기 때문에 일반적으로 소액에 해당하는 디지털콘텐츠거래에는 적용되지 않는다(동 시행령 제28조의2). 그 결과 소액다수라는 소비자 피해구제방안으로 결제대금예치제도는 한계가 존재한다. 따라서 금액에 따른 제한을 폐지하거나 그 이하로 낮출 필요가 있다(이종인, 전자상거래 소비자보호제도의 실효성 확보를 위한 연구, 한국소비자보호원, 2006, 154면; 고형석, "전자소비자계약에 있어서 결제대금예치제도에 관한 연구", 정보화정책, 제14권 제2호, 한국전산원, 2007.6, 69-70면).

사항을 표시할 의무를 부과하고 있으며, 이의 주된 목적은 콘텐츠제
작자의 권리보호이다. 즉, 상기의 사항이 표시된 온라인콘텐츠를 무
단으로 복제 또는 전송하는 행위를 금지하고 있기 때문에 이의 사항
이 표시되지 않은 온라인콘텐츠의 경우 적용대상에서 배제된다(동
법 제18조 제1항).[12] 따라서 舊 온디콘법상 표시의 기본적인 목적은
온라인콘텐츠 제작자를 보호하기 위함이지만, 이용조건 및 청약철
회불가사실의 표시는 이용자의 보호에 관한 사항이다.

　　그러나 개정된 콘진법에서는 표시사항에 관한 조항을 삭제하였
다. 물론 콘진법 제37조 제1항에서 규정하고 있는 금지사항에 舊 온
디콘법 제17조에서 규정하였던 표시사항을 규정하고 있지만, 콘텐
츠의 이용조건은 삭제하였다. 그 결과 콘진법에서는 동법 제27조상
청약철회불가사실의 표시를 제외하고 이용자의 합리적인 선택권의
행사를 위한 표시의무는 존재하지 않는다. 그러나 표시사항은 소비
자기본법 제4조 제2호에서 규정하고 있는 소비자의 정보를 제공받

---

12) 문화체육관광부/컴퓨터프로그램보호위원회, 전게서, 88면. 문화체육관광
　　부는 표시의 기능이 이용자에게 일정사항을 알리기 위함이며, 부차적으로 제
　　작자 보호라고 하고 있으나, 표시사항 및 구 온디콘법 제18조의 내용을 고려
　　할 때 후자가 기본적인 기능이다. 즉, 이러한 표시를 한 온라인콘텐츠에 대하
　　여 침해금지의무를 부과하고 있다. 따라서 이러한 표시의무를 이행하지 않은
　　온라인콘텐츠는 보호대상에서 배제된다. 판례 역시 "온디콘법 제18조 제1항,
　　부칙(2002.1.14) 제1항, 제2항 등의 규정에 의하면 위 법이 보호하려는 온라
　　인콘텐츠는 정보통신망에서 유통되고 있는 모든 온라인콘텐츠가 아니라 타
　　인이 상당한 노력으로 제작하여 표시한 온라인콘텐츠 중 위 법 시행(2002.
　　7.15) 후 최초로 제작된 것으로서 최초로 제작하여 표시한 날부터 5년이 경
　　과되지 아니한 것만을 그 보호의 대상으로 하고 있다 할 것이고, 온라인콘텐
　　츠가 위 법 제18조 제1항에 의하여 보호를 받으려면 같은 법 제17조 제1항
　　소정의 표시를 하여야 하며, 온라인콘텐츠의 제작 및 표시 연월일에 대한 표
　　시를 생략한 채 온라인콘텐츠의 원저작물 출판일을 표시한 것만으로는 그에
　　대한 온라인콘텐츠가 위 법 시행 이후에 제작되었는지, 언제 그 보호기간이
　　만료되는 것인지를 알 수 없으므로 위 법 제17조 제1항에 의한 표시를 하였
　　다고 할 수 없다 할 것이니, 위 법 제18조 제1항에 의하여 보호를 받는 온라
　　인콘텐츠라고 할 수 없다"고 판시하였다(대판 2006.2.10, 2004도9073).

을 권리를 보장하기 위함이라는 점을 감안할 때 삭제할 것이 아니라 舊 온디콘법보다 더 보완할 필요가 있다.

3) 표시광고법상 정보제공의무

공정거래위원회는 상품 등이나 거래분야의 성질에 비추어 소비자의 보호 또는 공정한 거래질서의 유지를 위하여 필요한 사항으로서 표시·광고를 하지 아니하여 소비자의 피해가 자주 발생하고 있는 사항 또는 표시·광고를 하지 아니할 경우에 소비자가 상품 등의 중대한 결함 또는 기능상의 한계 등을 정확히 알지 못하여 소비자의 구매선택에 결정적인 영향을 미치게 되는 경우, 소비자의 생명·신체상의 위해가 발생할 가능성이 있는 경우 또는 그 밖에 소비자의 합리적인 선택을 현저히 그르칠 가능성이 있거나 공정한 거래질서를 현저히 저해하는 경우가 생길 우려가 있는 사항인 경우에는 사업자 등이 표시·광고에 포함하여야 하는 사항과 표시·광고의 방법을 고시할 수 있다(동법 제4조 제1항). 사업자가 표시·광고행위를 하는 경우에는 고시된 중요정보를 표시·광고하여야 한다(동조 제5항).

콘텐츠와 관련하여 동법의 중요한 표시광고 고시[13]에 규정된 것으로는 다음과 같다. 먼저, 전화정보서비스의 경우 광고시 정보제공자명·정보제공자의 주소(홈페이지 주소도 가능) 및 전화번호, 제공하는 정보의 내용, 통화료 외에 정보이용료가 부과된다는 사실 및 정보이용료를 포함하여야 한다. 학습교재의 경우 표시 또는 광고시 구입 후의 철회 가능 여부와 철회의 방법, 파손 등 피해 발생시 보상기준 및 교재 사용 연령(아동용 학습교재에 한하여 적용한다)을 제품 자체, 포장용기(다만 제품이 보이지 않을 경우 포장용기에 표시) 중 한 곳에 표시하여야 하며, 통신판매를 통해 판매하는 경우 해당 매체에도 표시하여야 한다.

---

13) 중요한 표시·광고사항 고시(개정 2009.4.28, 공정거래위원회 고시 제 2009-8호).

4) 소 결

상기와 같이 해당 법에서는 콘텐츠에 대한 소비자의 합리적인 선택권을 보장하기 위하여 사업자에게 일정한 정보제공의무를 부여하고 있다. 그러나 가장 포괄적으로 정보제공의무를 규정하고 있는 전소법상 표시광고의 대상정보는 기본적으로 콘텐츠(특히, 온라인콘텐츠)거래와 적합하지 않다. 물론 전자매체로 공급이 가능한 재화 등의 전송·설치 등과 관련하여 요구되는 기술적 사항을 표시광고 사항에 포함하고 있지만, 매우 막연하고 일반적으로 규정하고 있어 사업자가 구체적으로 어떠한 사항을 표시광고하여야 하는가에 대한 기준을 제시하고 있지 않다. 물론 동 규정이 사법적 효과만을 부여한다면 해석을 통하여 해결할 수 있지만, 이의 위반시 공법적 규제가 부과되며, 500만원 이하의 과태료 부과대상이라는 점을 감안한다면 구체적인 기준을 제시할 필요가 있다. 또한 온라인 이행이 아닌 오프라인 이행을 하는 콘텐츠에 적합한 표시의무는 동법에서도 규정하고 있지 않다. 즉, CD 등을 통하여 이행받은 콘텐츠의 사용을 위하여 필요한 매체정보 및 프로그램 등에 대한 정보가 제공되어야 함에도 불구하고 이에 관한 정보제공의무는 존재하지 않는다. 물론 동법은 모든 재화를 대상으로 하기 때문에 각 재화가 가지고 있는 특성을 모두 반영하여 규정할 수 없다는 점을 고려하여 이와 같이 일반론적으로 규정하였다고 할 수 있다. 그렇다고 한다면 개별법률, 즉 콘진법 등에서는 이의 표시사항을 구체적으로 규정하여 이용자의 합리적인 선택권을 보장하여야 할 것이다. 그러나 개정된 콘진법에서는 舊 온디콘법상의 이용조건마저도 삭제하였기에 정보제공의무의 부과를 통한 이용자의 선택권 보장은 사실상 달성할 수 없게되었다. 따라서 이용자보호를 위하여 콘진법에 사업자의 표시의무를 신설하여야 할 것이며, 표시사항에 대하여 구체적으로 규정할 필요가 있다.[14]

(2) 부당한 표시광고의 금지

전소법 및 콘진법은 이용자보호를 위하여 일정한 정보제공의무를 규정하고 있다. 이러한 정보제공의 일반적인 방식은 표시광고이다. 따라서 사업자가 콘텐츠거래에 관한 표시광고를 함에 있어서 상기에서 언급한 정보를 제공하여야 한다. 이는 기본적으로 소비자의 선택권을 보장하기 위함이다. 그러나 사업자가 상기의 정보를 제공함에 있어서 부당한 표시광고를 할 경우 소비자는 오류의 선택을 할 수 밖에 없고 그 결과 소비자의 선택권보장은 달성할 수 없게 된다. 따라서 소비자의 선택권을 보장하기 위하여는 정보제공의무와 더불어 부당한 표시광고행위의 금지가 필요하다. 이에 관하여는 표시광고법 및 전소법에서 규정하고 있다.

1) 표시광고법상 부당한 표시광고행위의 금지

사업자는 이용자를 속이거나 이용자로 하여금 잘못 알게 할 우려가 있는 표시·광고행위로서 공정한 거래질서를 저해할 우려가 있는 허위·과장의 표시·광고, 기만적인 표시·광고, 부당하게 비교하는 표시·광고, 비방적인 표시·광고행위를 하여서는 아니 된다(동법 제3조 제1항). 이러한 부당한 표시광고행위를 한 사업자는 시정조치, 과징금, 형벌 등 공법적 규제를 받게 된다(동법 제7조, 제9조, 제17조 제1호). 또한 이러한 부당한 표시광고로 인하여 피해를 입은

---

14) 디지털콘텐츠이용자보호지침 중 권고사항에서 온라인콘텐츠이용에 필요한 기술사양에 관한 정보를 구체적으로 제시하고 있다. 즉, 온라인콘텐츠 이용에 필요한 최소한의 기술 사양에 관한 정보로 컴퓨터 등 정보처리장치의 중앙처리장치(CPU) 속도, 운영체제(OS) 등 시스템 소프트웨어(SW) 사양, 온라인콘텐츠 구동에 필수적인 소프트웨어(SW), 램(RAM) 용량, 하드드라이브 등 온라인콘텐츠 저장장치의 유효용량, 화소 등 구동화면 사양, 기타 온라인콘텐츠 구동에 필수적인 하드웨어 장치, 정보통신망 필수 전송속도 및 온라인콘텐츠 전송량, 기술적 보호조치(DRM)에 관한 사항을 예시하고 있으며, 모바일콘텐츠의 이용에 적합한 모바일 기기의 종류 등에 관한 정보로 모바일 기기의 제조사, 모델명, 기기에 사용된 펌웨어 버전, 이동통신서비스 업체명, 기술적 보호조치(DRM)에 관한 사항 등을 예시하고 있다.

이용자는 손해배상을 청구할 수 있으며, 이 경우 사업자는 무과실책임을 진다. 다만, 이를 재판상 청구함에 있어 공정위의 시정조치가 확정되어야 한다(동법 제10조 제11조).

2) 전소법상 부당한 표시광고행위의 금지

사업자는 허위 또는 과장된 사실을 알리거나 기만적 방법을 사용하여 소비자를 유인 또는 거래하거나 청약철회 등 또는 계약의 해지를 방해하는 행위를 하여서는 아니 된다(동법 제21조 제1항 제1호). 이를 위반한 사업자에 대하여는 공정위의 시정조치, 과징금 및 1천만원 이하의 과태료가 부과된다(동법 제31조, 제32조, 제34조, 제45조 제1항 제2호).

3) 소 결

이용자의 합리적인 선택권을 보장하기 위하여 사업자는 정확한 정보를 제공하여야 한다. 따라서 사업자가 부당하게 정보를 제공한 경우 이용자의 선택권은 왜곡될 수밖에 없다. 이러한 점을 감안하여 표시광고법과 전소법에서는 사업자의 부당한 표시광고행위 등을 금지하고 있다. 그러나 표시광고법상 부당한 표시광고행위로 인한 손해배상을 청구함에 있어서 공정위의 시정조치를 요구하는 것은 적합하지 않다. 즉, 공정위의 시정조치는 사업자의 위법행위로 인한 이용자의 피해를 예방 또는 확대방지를 위함이지만, 손해배상책임은 사업자의 위법행위로 인하여 발생한 피해의 구제이다. 따라서 양자의 목적이 상이하다. 또한 과거의 부당한 표시광고행위로 인한 손해에 대하여는 동법에 따라 청구할 수 없다. 즉, 공정위의 시정조치는 현재의 위법한 행위를 대상으로 하기 때문에 과거의 위법한 행위에 대하여는 시정조치를 부과할 수 없다.[15] 그 결과 사업자에게 무과실책임을 부과하여 이용자가 용이하게 피해구제를 받을 수 있도록 하고자 하는 입법목적을 달성할 수 없게 된다. 또한 공정위의 시

---

15) 대판 2010.9.30, 2008두16377.

정조치요건으로 인하여 이용자가 손해배상을 받을 수 없게 되는 문제도 발생할 수 있다. 즉, 피해를 입은 이용자가 동법상 손해배상청구권을 행사하기 위하여 공정위의 시정조치의 확정을 기다렸지만, 행정소송에서 공정위가 패소한 경우 패소 시점이 손해가 발생한 날로부터 3년이 경과하였다면 민법상 소멸시효에 의하여 이용자는 손해배상을 청구할 수 없게 된다(민법 제766조). 따라서 이러한 문제를 야기시키지 않기 위하여 동법상 손해배상청구의 요건으로 공정위의 시정조치의 확정을 삭제[16]하여야 할 것이다.[17]

2. 계약체결단계에서의 이용자보호

(1) 청약확인에 필요한 조치의무

사업자는 계약을 체결하기 전에 이용자가 청약의 내용을 확인하고 정정 또는 취소할 수 있도록 적절한 조치를 강구하여야 하며, 콘텐츠에 대한 이용자의 청약을 받은 경우 이의 수신확인 및 판매가능 여부에 관한 정보를 신속하게 통지하여야 한다(전소법 제14조).

---

16) 정진명, "전자거래에서의 표시·광고의 법적 문제", 인터넷법률 제21호, 법무부, 2004.1, 101면; 고형석, "가상공간에서의 부당한 광고행위와 소비자보호," 법학연구 제21권 제2호, 충북대학교, 2010.8, 21면.

17) 표시광고법상 사업자가 부당한 표시광고를 하거나 중요정보제공의무를 이행하지 않았을 경우에 주로 공법적 규제가 부과되며, 사법적 효과는 부당한 표시광고로 인한 손해배상청구권만을 규정하고 있다. 그 결과 부당한 표시광고 또는 중요정보제공의무의 미이행으로 인하여 체결된 계약은 민법상 사기 또는 착오의 요건에 해당하지 않는 한 유효하게 된다. 그러나 부당한 표시광고 또는 중요정보제공의무의 미이행은 소비자의 합리적인 판단을 저해하는 것이며, 이로 인하여 체결된 계약의 효력을 인정하는 것은 타당하지 않다. 일본의 경우 소비자계약법(消費者契約法)에서 사업자의 부당한 권유 또는 중요정보를 제공하지 않았을 경우 민법상 취소권과 별도의 소비자취소권을 부여하고 있다(동법 제4조 내지 제6조). 日本辯護士連合會 消費者問題對策委員會, コンメンタール消費者契約法, 商事法務, 2010, 55-95면; 内閣府國民生活局 消費者企劃課, 消費者契約法, 商事法務, 2007, 91-137면.

이러한 사업자의 조치의무는 전자상거래의 특성으로 인하여 발생하는 이용자의 착오를 방지하기 위함이다. 즉, 전자상거래는 비대면거래이며, 계약체결이 자동화된 시스템에 의하여 이루어지기 때문에 이용자의 의사와 다른 청약이 이루어질 수 있다. 구체적으로 다른 콘텐츠의 선택 또는 수량 등의 오표시의 문제가 쉽게 발생할 수 있으며, 추후 착오로 인한 취소문제가 발생하게 된다. 따라서 이러한 문제를 야기시키지 않기 위하여 사업자에게 계약이 체결되기 전에 이용자가 표시한 구매의사를 재차 확인할 수 있는 절차를 마련하도록 요구하는 것이다. 이러한 청약확인에 필요한 조치의 강구는 단지 이용자의 착오방지를 위한 절차일 뿐만 아니라 사업자보호수단으로 작용한다. 즉, 이러한 절차를 강구하였음에도 불구하고 이용자가 착오로 청약을 한 경우 이용자는 착오를 이유로 취소할 수 없게 된다. 즉, 착오를 이유로 취소하기 위하여는 중요부분에 대한 착오일 뿐만 아니라 중대한 과실이 없어야 한다(민법 제109조). 그러나 이러한 청약확인조치를 취한 경우 이용자의 중대한 과실이 존재한다고 할 수 있으므로 취소할 수 없게 된다.[18]

(2) 계약서 작성의무

계약의 자유 중 방식의 자유가 인정되기 때문에 구두에 의한 계약 역시 유효하다. 그러나 구두에 의한 계약체결은 당사자가 경솔하게 계약을 체결할 수 있으며, 추후 분쟁이 발생할 경우 입증의 곤란성을 야기할 수 있다. 따라서 예외적으로 이러한 방식의 자유를 제한하여 서면에 의한 계약체결을 요구하고 있다.[19]

---

18) 이 경우 이용자는 후술하는 청약철회권을 행사하여 당해 계약을 해소할 수 있다(서희석, "전자거래에서의 착오의 문제 서설," 재산법연구 제24권 제2호, 한국재산법학회, 2007, 32면; 고형석, "전자상거래에 있어서 착오에 관한 연구," 비교사법 제11권 제3호, 한국비교사법학회, 2004.9, 123면).

19) 서면에 의한 계약체결을 요구하고, 이의 위반시 당해 계약의 성립을 인정하지 않은 경우로는 국가와 체결한 계약이다. 즉, 국가를 당사자로 하는 계약에

전소법 및 콘진법에서는 콘텐츠거래를 체결함에 있어 서면에 의한 체결을 요구하고 있지 않다. 다만, 이용자가 대금지급을 2개월 이상 기간을 정하여 3회 이상 분납하고, 대금의 완납이전에 콘텐츠를 공급받기로 약정한 경우 할부거래법상 할부거래에 해당한다. 할부거래법상 할부계약은 서면으로 체결하여야 한다(동법 제6조 제1항). 그럼 이러한 계약을 서면으로 체결하지 않은 경우 당해 계약의 효력은 무효인가의 문제가 제기된다. 물론 방식의 자유를 제한한 취지를 그대로 적용한다면 할부거래법 제6조 제1항에 위반하여 체결된 할부계약[20]은 무효라고 할 수 있다.[21] 그렇다고 한다면 정기적으로 할부금을 납입하고 재화를 인도받아 사용하고 있는 이용자는 소유권을 취득하지 못한 자이기 때문에 사업자가 소유권에 기한 반환청구권을 행사할 경우 반환하여야 한다는 문제가 발생한다. 이는 소유권 유보에 관한 합의가 없는 한 재화의 인도로 인하여 소유권을 취득하였다고 생각하는 이용자의 기대와 일치하지 않는다. 또한 소유권이 유보된 경우라 할지라도 할부계약이 해제되지 않는 한 재화의 반환을 청구할 수 없다는 할부거래법 제11조 제3항의 규정과도 일치하지 않는다. 따라서 서면에 의한 계약체결을 요구하고 있는 할부거래법 제6조 제1항은 단속규정에 해당하며, 사법상의 효력에는 영향을 미치지 않는 것으로 해석하여야 할 것이다.[22]

관한 법률에서 예외적인 경우를 제외하고 국가와 계약을 체결하고자 할 때에는 계약의 목적·계약금액·이행기간·계약보증금·위험부담·지체상금 기타 필요한 사항을 명백히 기재한 계약서를 작성하여야 하며, 담당공무원과 계약상대자가 계약서에 기명·날인 또는 서명함으로써 계약이 확정된다고 규정하고 있다(동법 제11조).

20) 할부거래법 제6조 제1항에서는 단지 서면에 의한 계약체결뿐만 아니라 필수기재사항을 기재한 서면으로 계약을 체결할 것을 요구할 수 있다. 따라서 구두에 의한 할부계약의 체결뿐만 아니라 필수기재사항이 기재되지 않은 서면에 의한 계약체결 역시 금지된다.

21) 김상용, 채권각론, 법문사, 2003, 18면.

22) 곽윤직, 채권각론, 박영사, 2007, 166면; 지원림, 민법강의, 홍문사, 2010,

(3) 계약서 교부의무

전자상거래를 통하여 콘텐츠거래에 관한 계약을 체결한 사업자는 계약이 체결된 이후 재화가 공급될 때까지 이용자에게 교부하여야 한다(전소법 제13조 제2항). 이는 기본적으로 당사자 간 분쟁이 발생할 경우 이의 책임관계를 명확하게 함으로써 분쟁을 용이하게 해결하기 위함이다. 또한 후술하는 청약철회권의 행사기간의 기산점을 정하기 위함이다. 계약서에는 상기에서 언급한 계약체결 전 제공하여야 할 정보가 모두 기재되어 있어야 한다.

그럼 사업자는 어떠한 방식으로 계약서를 교부하여야 하는가? 종이문서의 형태로 제공하여야 하는가 아니면 전자우편을 통한 전자문서로도 가능한 것인가의 문제와 반드시 이용자의 전자우편주소로 전송하여야 하는가 아니면 이용자의 계정으로도 이를 행할 수 있는가의 문제가 제기된다. 첫 번째 문제와 관련하여 전자거래기본법상 전자문서는 종이문서와 동일한 효력을 갖지만(동법 제4조 제1항), 전소법에서는 이를 제한하여 사전에 전자문서로 거래할 것에 대한 이용자와의 합의가 존재하고, 지정한 전자우편주소로 전송한 경우에만 전자문서상의 권리를 주장할 수 있도록 규정하고 있다(동법 제5조 제1항). 따라서 사업자와 이용자 간에 합의가 존재하였다면 전자우편을 통한 전자문서로도 계약서 교부의무의 이행을 인정할 수 있다. 두 번째, 전자우편주소는 이용자가 회원가입시 기재한 전자우편이 일반적이다. 따라서 이러한 전자우편주소가 아닌 회원의 게임계정에서 게임아이템 등의 거래내역을 확인할 수 있는 절차만을 마련한 경우 계약서교부의무의 이행으로 인정할 수 없다. 또한 게임계정은 전자우편주소가 아니기 때문에 전소법 제5조 제1항 단서에도 해당하지 않는다. 그러나 이를 부정할 것인가의 문제가 발생한다. 전

1312면; 신종철, "할부거래의 법적 구성 및 할부매매의 특성," 해법통상법 제 7권 제1호, 한국해사법학회, 1995.8, 148면; 고형석, "할부거래와 소비자보호," 상사법연구 제22권 제5호, 한국상사법학회, 2004.2, 349-350면 등.

소법상 계약서 교부의무는 이용자가 계약내용을 재차 확인할 수 있도록 함과 더불어 추후 분쟁이 발생한 경우 입증자료를 확보하기 위함이다. 즉, 계약의 효력과는 무관하다. 또한 동법상 규정은 오프라인 이행 또는 일회성 온라인 이행에 있어서는 적합할지라도 온라인 게임 등과 같이 계속적 온라인 이행에 있어서는 충분하지 못한 점이 존재한다. 따라서 계약서 교부의무의 본질을 충족할 수 있는 방법으로 이행한 경우, 예를 들어 이용자의 전자우편주소로 전송하거나 이용자의 계정에서 이를 확인할 수 있는 조치(인쇄 또는 다운로드가 가능한 경우에 한함)를 한 경우에도 계약서 교부의무를 이행한 것으로 인정하여야 할 것이다.

3. 계약체결 이후단계에서의 이용자보호

(1) 콘텐츠의 공급과 대금의 지급

상기와 같이 콘텐츠에 관한 계약이 체결된 경우 사업자는 콘텐츠를 이용자에게 공급하여야 한다. 그 이행시기는 언제인가? 전자상거래 역시 쌍무계약이기 때문에 당사자가 별도의 합의가 없으면 동시이행관계에 있다. 그러나 일반적인 전자상거래는 이용자가 계약체결과정에서 대금을 먼저 지급한다. 따라서 사업자의 콘텐츠 공급의무만이 남게 된다. 이러한 사업자의 콘텐츠의 공급방식은 온라인 방식과 오프라인 방식으로 구분되며, 전자는 다운로드 방식과 스트리밍 방식으로 구분된다. 먼저, 오프라인 방식인 경우 사업자는 별도의 합의가 없는 한 이용자로부터 대금을 받은 날로부터 3영업일 이내에 공급에 필요한 조치를 취하여야 한다. 여기에서 말하는 공급에 필요한 조치는 배송업자에게 배송을 의뢰하거나 주문제작의 경우에 제작을 의뢰하는 것을 말한다. 온라인 공급의 경우는 사업자가 이용자에게 콘텐츠를 제공하는 방식과 이용자가 직접 다운로드를 받거나 이용하는 방식으로 구분된다. 전자의 경우 사업자는 대금을 받은 날로부터 3영업일 이내에 콘텐츠를 전송하여야 한다. 반면에 후자의 경우에는 3영업일 이내에 이용자가 다운로드를 할 수 있도록 또는 이용할 수 있는 조치를 취하여야 한다. 이와 같이 사업자의 공급의무의 이행시기에 대하여 일괄적으로 3영업일 이내로 정하고 있으나, 이는 온라인을 통한 공급방식에는 적합하지 않다. 특히, 이용자가 직접 다운로드를 하거나 이용하는 콘텐츠의 경우에는 즉시 사업자의 채무가 이행되어야 한다. 그러나 동법은 모든 재화를 대상으로 하기 때문에 이러한 3영업일이라는 기간을 둔 것이지만, 이는 콘텐츠거래에는 적합하지 않다. 따라서 이용자가 다운로드를 할 수 있는 콘텐츠 또는 바로 이용하여야 하는 콘텐츠의 경우 즉시 이행하도록 보완할 필요가 있다.

(2) 청약철회권

이용자가 전자상거래를 통하여 콘텐츠를 구입한 경우 충동적으로 구매의사를 결정하여 계약을 체결하거나 실물을 보지 않고 구입하였기에 예상과 다른 재화가 배송될 수 있다. 이러한 경우 계약의 일반법인 민법에 의하여 이용자가 구제받을 수 없거나 쉽지 않다. 따라서 전소법에서는 이용자를 보호하기 위하여 계약을 체결한 이후 자신의 구매의사를 재판단할 수 있는 기회를 부여하고, 구매의사가 변경된 경우 간편하게 당해 계약을 해소할 수 있는 청약철회권을 이용자에게 부여하고 있다.[23] 또한 콘진법 역시 청약철회권을 인정

---

23) 유럽연합에서는 소비자를 보호하기 위하여 청약철회권(the right of withdrawal)을 부여하고 있지만, 청약철회권에 관한 일반지침이 아닌 개별 거래형태별 입법지침(directive)에서 규정하고 있다. 이에 관한 지침으로는 Directive 85/577/EEC of 20 December 1985 to protect the consumer in respect of contracts negotiated away from business premises, Directive 2008/122/EC of the European Parliament and of the Council of 14 January 2009 on the protection of consumers in respect of certain aspects of timeshare, long-term holiday product, resale and exchange contracts, Directive 97/7/EC of the European Parliament and of the Council of 20

하고 있지만, 전소법의 규정을 대부분 준용하고 있다. 따라서 이하
에서는 전소법상 청약철회권에 관한 내용을 기술하고, 콘진법과의
차이점에 대하여는 해당 부분에서 설명한다.

1) 발생요건

전소법상 청약철회권의 발생요건은 크게 두 가지로 구분된다
(동법 제17조 제1항, 제3항). 하나는 이용자의 단순구매의사변경에 따
른 청약철회권이며, 다른 하나는 사업자의 채무불이행에 따른 청약
철회권이다.[24] 즉, 전자의 경우 발생요건에 대하여 제한이 없지만,
후자는 표시광고된 내용과 다른 콘텐츠가 배송되거나 계약내용과

May 1997 on the protection of consumers in respect of distance contracts,
Directive 2002/65/EC of the European Parliament and of the Council of 23
September 2002 concerning the distance marketing of consumer financial
services and amending Council Directive 90/619/EEC and Directives
97/7/EC and 98/27/EC, Directive 2008/19/EC of the European Parliament
and of the Council of 11 March 2008 amending Directive 2002/83/EC
concerning life assurance, Directive 2008/48/EC of the European
Parliament and of the Council of 23 April 2008 on credit agreements for
consumers and repealing Council Directive 87/102/EEC이 있으며, 이러한
개별지침의 내용을 통일화하기 위하여 소비자권리에 관한 입법지침 초안[the
Proposal for a Directive of the European Parliament and of the Council on
consumer rights COM(2008) 614]을 2008년에 제안하였다(Reiner Schulze,
The right of withdrawal, Perspectives for European Consumer Law,
sellier. european law publishers, 2010, pp.13-14).

24) 전소법과 콘진법상 소비자가 간단하게 당해 계약관계를 해소할 수 있는 권
리에 대하여 청약철회권만을 규정하고 있는 것이 아니라 계약해제권도 부여
하고 있으며, 양자의 요건 및 효과에 대하여 달리 정하고 있는 것이 아니라
동일하게 규정하고 있다. 따라서 동일한 기능을 담당하는 두 개의 권리를 부
여할 필요가 없기 때문에 청약철회권으로 단일화하여야 한다(고형석, "전자
상거래와 해제," 정보화정책 제11권 제1호, 한국전산원, 2004.3, 91면). 반면
에 계약의 성립이전단계에서는 청약의 철회이며, 계약의 성립이후단계에서
는 계약의 해제로 보아야 한다는 견해도 있다(大村敦志, 消費者法, 有斐閣,
2007, 84면). 또한 소비자보호법상 청약철회권은 특수한 계약해제권으로 파
악하는 견해도 있다(김도년, "소비자보호철회권의 민사법적 지위," 박사학위
논문, 부산대학교, 2009, 45면 등).

다르게 이행된 경우에만 행사할 수 있다는 점에서 차이가 있다. 또한 사업자의 채무불이행에 따른 청약철회권은 아래에서 서술하는 단순구매의사변경에 따른 청약철회권의 배제사유에 해당할지라도 행사할 수 있다.

2) 단순구매의사변경에 따른 청약철회권의 배제사유

단순구매의사변경에 따른 청약철회권은 콘텐츠의 내용을 확인하기 위하여 포장 등을 훼손한 경우를 제외하고, 이용자에게 책임있는 사유로 콘텐츠가 멸실 또는 훼손된 경우, 이용자의 사용 또는 일부 소비에 의하여 콘텐츠의 가치가 현저히 감소한 경우, 시간의 경과에 의하여 재판매가 곤란할 정도로 콘텐츠의 가치가 현저히 감소한 경우, 복제가 가능한 콘텐츠의 포장을 훼손한 경우 및 소비자의 주문에 의하여 개별적으로 생산되는 콘텐츠 등 청약철회 등을 인정하는 경우 통신판매업자에게 회복할 수 없는 중대한 피해가 예상되는 경우로서 사전에 당해 거래에 대하여 별도로 그 사실을 고지하고 이용자의 서면에 의한 동의를 얻은 경우에는 사업자의 의사에 반하여 행사할 수 없다(동법 제17조 제2항, 동 시행령 제21조). 다만, 상기의 2번째에서 4번째에 해당하는 사유로 이용자의 청약철회권을 배제하기 위하여 사업자는 청약철회가 불가능하다는 사실을 콘텐츠의 포장 기타 이용자가 쉽게 알 수 있는 곳에 명기하거나 시용(試用)상품을 제공하는 등의 방법으로 청약철회의 권리 행사가 방해받지 아니하도록 조치하여야 한다(동법 제17조 제6항).

콘진법 역시 전소법의 청약철회권에 관한 규정을 준용하여 이용자의 청약철회권을 규정하고 있지만(동법 제27조), 이용자의 단순구매의사변경에 따른 청약철회권을 배제하기 위한 사업자(콘텐츠제작자)의 조치의무를 추가하여 규정하고 있다.[25] 즉, 동법 제27조 제1

---

25) 舊 온디콘법 제16조의2에서는 '전소법 제17조 제2항 본문의 규정에 따라'로 규정하고 있지만, 개정된 콘진법 제27조 제1항에서는 '전소법 제17조 제2항 (같은 항 각 호 외의 부분 단서를 제외한다)'로 규정하고 있다.

힝에서는 이용자의 청약철회권을 배제하기 위한 조치의무와 이의 의무자(콘텐츠제작자)를 규정하고 있으며, 동조 제2항에서는 청약철회권의 요건 및 효과 등에 관하여 전소법을 준용하고 있다.

이와 같이 전소법과 콘진법에서는 이용자의 청약철회권과 이의 배제사유 등을 규정하고 있지만, 전적으로 동일하지 않다. 따라서 이러한 차이점은 어떠한 의미를 갖는가의 문제와 함께, 콘텐츠가 이러한 배제사유에 해당하는가의 문제가 발생한다.

㈎ 양법의 규정상 차이의 의미

전소법과 콘진법상의 차이점은 이용자의 단순구매의사변경에 따른 청약철회를 배제하기 위한 사업자의 조치의무에 있다. 즉, 전소법에 따르면, 제17조 제2항 제1호와 제5호에서 규정하고 있는 사유에 대하여 사업자는 동조 제6항에서 규정하고 있는 조치의무를 취할 필요가 없다. 물론 제5호의 사유에 대하여 이를 구체화하고 있는 시행령에서 이용자에게 청약철회가 불가능하다는 사실의 고지와 함께 서면에 의한 동의를 받도록 규정하고 있다. 따라서 사실상 이러한 조치의무를 취하지 않아도 되는 사유는 제1호에 한정된다. 그러나 콘진법에 따르면 제1호 및 제5호에 대하여도 콘텐츠제작자는 조치의무를 취하여야만이 이용자의 청약철회를 배제할 수 있게 된다(콘진법 제27조 제1항). 그 결과 제5호의 사유에 대하여 2중적 조치의무를 취하여야 하는가의 문제가 발생한다. 즉, 제5호를 구체화하고 있는 시행령에서 이미 이에 대한 고지와 함께 서면에 의한 동의를 요구하고 있음에도 불구하고 콘진법 제27조 제1항에서 콘텐츠제작자의 조치의무를 부과하고 있기 때문이다. 그러나 양자는 모두 동일한 기능을 담당하기 때문에 이용자에게 이의 사실을 고지하고 서면에 의한 동의를 받았다고 한다면 콘진법 제27조 제1항에 따른 조치의무를 다 이행한 것으로 보아야 할 것이다. 콘진법 제27조 제1항에 따라 이러한 조치의무를 취하여야 할 자는 콘텐츠사업자가 아닌 콘텐츠제작자이다. 반면에 콘텐츠사업자에 대하여는 콘진법 제27조

제2항이 적용되며, 동항에서는 전소법 제17조와 제18조를 준용하고 있다.[26)]

문제는 콘텐츠거래에 있어서 이용자의 청약철회권을 배제하기 위한 요건으로 동법 제27조 제1항이 적용되는가 아니면 제2항까지도 적용되는가이다. 먼저, 동법 제27조 제2항에서 준용하고 있는 전소법 제17조 중 제2항을 배제한 나머지 조항만을 준용한 것으로 해석하여야 하는지의 문제가 해결되어야 한다. 즉, 동조 제1항에서 전소법 제17조 제2항에 대하여 별도의 규정을 두고 있기 때문에 동조 제2항에서 이를 배제한 나머지 조항만을 준용한 것으로 보아야 할 것인지 아니면 주체가 상이하기 때문에 전소법 제17조 전체를 준용한 것으로 보아야 할 것인가이다. 그러나 콘진법 제27조에 대한 해석상 후자로 해석하여야 할 것이다. 즉, 콘진법 제27조 제1항에서의 조치의무자는 콘텐츠제작자이며, 제2항에서의 조치의무자는 콘텐츠사업자이다. 따라서 의무이행자가 상이함에도 불구하고 콘진법 제27조 제2항에서 준용하고 있는 전소법 제17조에서 제2항을 배제하여 준용한 것으로 해석할 수 없다. 이와 같이 해석한다면 콘진법 제27조에 따라 이용자의 청약철회권을 배제하기 위하여 2중의 조치를 취하여야 한다. 즉, 콘텐츠제작자는 동법 제27조 제1항에 따라 청약의 철회가 불가능하다는 사실을 콘텐츠 또는 포장에 표시하거나 시용상품을 제공하거나 콘텐츠의 한시적 또는 일부 이용이 가능하도록 조치를 취하여야 하며, 사업자는 동조 제2항에 따라 청약의 철회가 불가능하다는 사실을 콘텐츠의 포장 기타 이용자가 쉽게 알 수 있는 곳에 명기하거나 시용상품을 제공하여야 한다. 따라서 콘텐츠제작자 또는 사업자가 이러한 의무를 이행하지 않은 경우 하기에

---

26) 콘진법에서는 전소법 제17조와 제18조만 준용하는 것이 아닌 제31조, 제32조, 제40조, 제41조 및 제44조를 준용하고 있지만, 청약철회와 관련하여 본질적인 내용은 제17조와 제18조이기 때문에 여기에서는 두 조문만을 대상으로 한다.

서 설명하는 청약철회의 배제사유에 해당하더라도 이용자는 청약을 철회할 수 있다.

그럼 이러한 이중적 조치의무를 부과하는 것이 타당한 것인가? 물론 콘텐츠에 대하여 청약의 철회가 불가능하다는 사실의 표기 또는 시용상품의 제작 등은 콘텐츠제작자가 용이하게 할 수 있다는 점을 고려할 수 있지만, 청약의 철회는 계약의 일방당사자가 상대방에게 행사하는 것이다. 즉, 계약의 당사자 간에서만 문제가 될 뿐이지 계약관계에 없는 자에게는 이러한 문제가 발생하지 않아야 한다. 그럼에도 불구하고 이용자와 계약관계에 있지 않은 자인 콘텐츠제작자에게 이러한 조치의무를 부과한 것은 타당하지 않다. 물론, 콘텐츠거래에 있어서 콘텐츠제작자가 사업자의 지위를 가질 수 있기 때문에 이를 규정한 것으로 볼 수 있지만, 이 경우 콘텐츠제작자는 사업자의 지위를 가지기 때문에 동조 제2항에 따라 이용자의 청약철회권을 배제하기 위하여 조치의무를 이행하여야 한다. 또한 양자의 조치의무가 상이하다면 어느 정도 타당성을 갖는다고 할 수 있지만, 그 내용은 거의 동일하다. 이러한 점을 볼 때, 콘텐츠제작자에게 조치의무를 부과한 것은 타당하지 않기 때문에 콘진법 제27조 제1항은 삭제하여야 할 것이다.

㈏ 콘텐츠에 대한 배제사유의 적용가능성

이용자의 단순구매의사변경에 따른 청약철회권이 배제되기 위하여는 기본적으로 전소법 제17조 제2항 각호에서 정하고 있는 요건에 해당하여야 한다. 따라서 이의 요건에 해당하지 않으면 사업자가 조치의무를 이행하였다고 하더라도 이용자는 당연히 청약철회권을 행사할 수 있다. 그럼 상기의 배제사유가 콘텐츠에도 그대로 적용될 수 있는가?[27]

---

27) 공정위는 2009년 11월 아이템 또는 아바타를 구입한 이용자의 청약철회권을 인정하지 않은 10개의 온라인 게임업체의 약관에 대하여 불공정 약관으로 인정하고 이의 시정을 요구하였다(공정거래위원회, "보도자료: 온라인게임

전소법상 청약철회권의 배제사유는 기본적으로 유체물을 전제로 하고 있다. 즉, 이용자가 청약을 철회한 후 반환한 재화를 사업자가 재판매할 수 있는 가능성이 있는 경우에만 청약철회권을 인정한 것이다. 따라서 재화가 멸실 또는 훼손되거나 사용에 의하여 그 자치가 현저히 감소하거나 시간의 경과에 의하여 재판매가 곤란할 정도로 가치가 현저히 감소한 경우 및 개별 주문에 의하여 제작한 재화라는 요건은 모두 이용자에게 청약철회권을 인정할 경우 사업자는 반환받은 재화를 재판매할 수 없어 피해를 입게 되므로 청약철회권을 부정한 것이다. 또한 복제가 가능한 재화의 포장을 개봉한 경우에 이용자가 구매한 것은 CD 등 그 자체가 아닌 그 안에 내재된 콘텐츠이다. 따라서 개봉을 하였다면 그 안에 내장된 콘텐츠를 복사하고 CD를 반환한다면 이용자는 구매목적을 달성하였음에도 불구하고 대금을 환급받게 되는 불합리한 결과가 발생하기 때문에 이를 배제한 것이다.

그럼 콘텐츠의 경우 전면적으로 청약철회의 배제사유에 해당하는 재화인가? 이를 일률적으로 판단할 수 없다. 따라서 콘텐츠 및 각 배제사유별로 구분하여 살펴보아야 한다.

먼저 이행방식에 따라 오프라인으로 배송되는 콘텐츠(CD, DVD 등)와 온라인으로 배송되는 콘텐츠로 구분할 수 있다. 전자는 유체물인 콘텐츠에 해당하며, 청약철회권의 배제사유(복제가 가능한 재화 등의 포장을 개봉한 경우)에 해당한다.[28] 다만, 사업자가 복제방지를 위한 기술적 조치를 취한 콘텐츠의 경우에는 포장을 훼손하였다고

상위 10개 사업자의 불공정약관 시정조치", 2009.11.20, 2-3면).

28) 격지계약에서의 소비자보호에 관한 지침(Directive of the European Parliament and of the Council on the Protection of Consumers in Respect of Distance Contracts)에서도 음악 또는 영상기록물 및 컴퓨터 소프트웨어를 소비자가 개봉한 경우 청약철회의 배제사유로 인정하고 있다(Steve Hedley, The Law of Electronic Commerce and the Internet in the UK and Ireland, Cavendish Publishing, 2006, p.264).

하더라도 복제할 수 없기에 청약철회권은 부정되지 않는다고 할 것이다. 후자의 경우는 다운로드 방식과 스트리밍 방식으로 구분된다. 다운로드 방식의 콘텐츠는 유체물과 달리 시간의 경과 또는 사용에 의하여 그 가치가 감소되지 않는다. 이러한 점은 스트리밍 방식의 콘텐츠(아바타 또는 아이템 등)도 동일하며, 다운로드 방식과 달리 복제가 불가능하다. 이와 달리 복제가 가능한 콘텐츠를 다운받은 경우에 전소법 제17조 제2항 제4호의 복제가 가능한 재화 등의 포장을 개봉한 경우에 해당하는가의 문제가 제기된다.[29] 그러나 여기에서의 포장은 유체물에 대한 포장을 의미한다. 즉, 포장을 개봉하지 않으면 내용물을 확인할 수 없고, 이를 사용하기 위하여 포장을 개봉하여야 하는 경우를 말한다. 반면에 온라인으로 디지털콘텐츠를 다운받은 경우, 설령 포장되어 있다고 할지라도 미개봉된 상태에서 복제가 가능하기 때문에 복제하기 위하여 개봉을 할 필요가 없다. 그 결과 미개봉상태에서 복제한 후에 포장을 개봉하지 않았음을 이유로 청약철회권을 행사하고, 복제한 콘텐츠를 사용하는 것 역시 가능하다.[30] 마지막으로 동조 제2항 제5호에서는 '거래의 안전을 위하여

---

[29] 2005년 舊 온디콘법의 개정을 통하여 이용자의 청약철회권에 관한 규정을 신설하였다. 동법 개정취지로 디지털콘텐츠처럼 복제가 가능한 재화의 경우 온라인디지털콘텐츠제작자는 사전에 청약철회 등이 제한되는 사실을 명시하거나 시용상품을 제공하는 등의 방법으로 디지털콘텐츠를 이용하는 이용자가 불이익을 받지 않도록 조치를 취하도록 하기 위함으로 밝히고 있지만, 개정취지와 달리 다운로드한 디지털콘텐츠는 포장 그 자체가 없기 때문에 청약철회권의 배제사유에 해당하지 않는다.

[30] 온라인 디지털콘텐츠의 경우 포장 그 자체가 없기 때문에 개봉이 있을 수 없기 때문에 청약철회권이 배제되지 않는다는 견해(이병준, "온라인디지털콘텐츠 이용계약과 소비자보호," 스포츠와 법 제9권, 한국스포츠엔터테인먼트법학회, 2006.10, 150-151면; 구병문, "디지털콘텐츠 이용자의 청약철회와 그 제한규정의 문제점과 해결방안," 홍익법학 제10권 제1호, 홍익대학교, 2009.2, 437면)가 있는 반면에 이러한 경우 청약철회가 부정된다고 하는 견해도 있다(이기헌/장은경/이상정, 디지털콘텐츠 소비자보호방안 연구, 한국소프트웨어진흥원, 2002, 59면). 입법론적으로 사업자가 이의 표시 또는 시용상품 등의 제공 등의 청약철회제한조치와 더불어 "유형의 저장매체 없이

대통령령으로 정하는 경우'를 규정하고 있으며, 동 시행령 제21조에
서는 '소비자의 주문에 의하여 개별적으로 생산되는 재화 등에 청약
철회 등을 인정하는 경우 통신판매업자에게 회복할 수 없는 중대한
피해가 예상되는 경우'로 규정하고 있다. 따라서 동 시행령상 배제
사유는 소비자의 주문에 의하여 개별적으로 생산되는 재화의 경우
와 그 이외에 청약철회 등을 인정하는 경우 통신판매업자에게 회복
할 수 없는 중대한 피해가 예상되는 경우로 구분된다. 전자에 해당
하는 경우로는 소비자의 주문에 따라 제작한 홈페이지 등을 제시할
수 있다. 따라서 게임 아이템 등 일반적인 디지털콘텐츠는 이에 해
당하지 않기 때문에 후자의 사유에 해당하는가의 문제가 제기된다.
후자의 사유와 관련하여서는 먼저 입법론적인 문제가 제기된다. 즉,
전소법은 이 분야에 있어서 소비자보호를 위하여 제정된 특별법이
다. 또한 동법 제17조 제1항은 청약철회에 관한 일반규정인 반면에
제2항은 제한규정에 해당한다. 물론 모든 사항을 법률의 차원에서
규정할 수 없기에 이를 시행령에 위임할 수 있지만, 위임입법의 원
칙상 법률에서 구체적인 범위를 정하여 시행령에 위임하여야 한다.
따라서 시행령에서는 법률에서 위임받은 사항에 대하여 구체적으로
규정하여야 한다. 그럼에도 불구하고 동 시행령은 법률에서 위임받
은 사항을 구체적으로 규정하고 있는 것이 아닌 다시 일반규정(청약
철회 등을 인정하는 경우 통신판매업자에게 회복할 수 없는 중대한 피해가
예상되는 경우)을 둠으로 인하여 위임입법의 한계를 벗어나고 있다.
따라서 이와 같이 포괄적 일반규정을 두고 있는 동 시행령 제21조의
내용 중 포괄적 일반규정에 해당하는 부분은 위임입법의 원칙을 위
반한 입법에 해당한다. 둘째, 그럼 동 규정에 대한 해석은 어떠한 방

다운로드 되는 디지털상품의 경우에는 적당한 시용상품을 미리 제공한 때"를
동항 각호에 추가할 필요가 있다고 한다(오병철, "전자상거래소비자보호법
제17조 제2항 제4호의 청약철회권 배제조항의 문제점," 민사법학 제39-1호,
한국민사법학회, 2007.12, 198면).

식으로 하여야 하는가? 법률의 일반규정과 같이 포괄적으로 해석할 수 있는가의 문제이다. 그러나 이에 대하여는 매우 제한적으로 해석하여야 할 것이다. 이는 앞에서 언급한 바와 같이 전소법이 특별법이며, 동법 제17조 제1항이 일반규정이라고 한다면 제2항은 예외규정에 해당하며, 동 시행령은 동법의 하위법이기 때문에 이를 확대해석할 수는 없다고 할 것이다. 그럼 동 시행령 제21조에서의 일반규정은 어떻게 해석하여야 하는가? 상기에서 제시한 바와 같이 위임입법의 한계를 벗어나지 않기 위하여 매우 제한적으로 해석하여야 하며, 그 기준은 동법 제17조 제2항 및 동 시행령 제21조 중 구체적으로 제시한 사유 등을 고려하여야 한다. 따라서 동 시행령 제21조 중 '청약철회 등을 인정하는 경우 통신판매업자에게 회복할 수 없는 중대한 피해가 예상되는 경우'는 소비자의 청약철회를 인정하여 반환된 재화를 사업자가 재판매할 수 없거나 매우 저렴한 가격으로 판매하여야 하기 때문에 이를 인정할 경우 통신판매업자에게 회복할 수 없는 중대한 피해가 발생하는 경우만으로 한정하여 해석하여야 할 것이다. 그럼 일반적인 디지털콘텐츠가 이의 사유에 해당하는가? 물론 청약철회를 인정할 경우 당해 계약의 해소로 인하여 사업자에게 손해가 발생한다고 할 수 있다. 그러나 동 시행령상 제한사유는 반환된 재화를 재판매할 수 없음으로 인하여 사업자에게 중대한 손해가 발생하여야 한다. 그럼 디지털콘텐츠가 반환된 경우 재판매할 수 없는 재화에 해당하는가를 살펴보아야 한다. 그러나 디지털콘텐츠는 일반 유체물과 달리 독립되어 있는 것이 아닌 하나의 콘텐츠를 복제하여 판매하는 것이다. 즉, 사업자가 콘텐츠를 판매하였다고 하여 당해 콘텐츠를 판매할 수 없는 것이 아니라 계속적으로 판매할 수 있기 때문에 디지털콘텐츠는 재판매가 불가능한 재화에 해당하지 않는다. 그러므로 디지털콘텐츠의 경우 동 시행령 제21조에서 규정하고 있는 사유에 해당하지 않는다.

이와 같이 콘텐츠에 대한 전소법 제17조 제2항에서 규정하고 있는 청약철회권의 배제사유에 해당하는지에 대하여 검토하였지만, 온라인을 통하여 다운받거나 스트리밍방식의 디지털콘텐츠는 이의 사유에 해당하지 않는다. 따라서 디지털콘텐츠를 구입한 이용자는 동법 제17조 제1항에 따라 청약철회권을 행사할 수 있다. 물론 이용자가 디지털콘텐츠를 구입후 사용하여 구매목적을 달성하였음에도 불구하고 청약철회권을 인정하는 것은 적당하지 않을지라도 현행법하에서 이를 배제할 사유가 존재하지 않기 때문에 인정될 수 밖에 없다. 그러므로 이의 문제는 입법론적으로 해결하여야 하며, 이에 대하여는 전소법을 개정하여 해결하자는 입장[31]과 콘진법의 개정을 통하여 해결하자는 입장[32]으로 구분되고 있다. 그러나 각각의 입장은 장점과 더불어 단점을 가지고 있다. 즉, 전소법의 개정을 통하여 해결할 경우 동법의 적용대상의 변경이 필요하다. 동법은 급부의 목적물이 아닌 거래방식을 기준으로 소비자보호를 규정하고 있다. 따라서 디지털콘텐츠의 문제를 동법에서 해결할 경우 이와 유사한 문제를 야기시키는 급부의 목적물이 발생할 경우 다시 동법을 개정하여야 하며, 그 결과 동법의 양은 상상을 초월할 수 있다. 반면에 콘진법의 개정을 통하여 해결할 경우 동법의 명칭 및 입법목적을 변경하여야 한다. 즉, 동법은 콘텐츠산업의 진흥을 위한 법이다. 물론 산업진흥을 위한 법의 내용 중 이용자보호에 관한 사항이 전혀 포함되지 못하는 것은 아니지만, 콘텐츠거래분야에서 있어서 이용자보호

---

31) 이병준, 상게논문, 151면; 구재군, "DC서비스 이용계약에 수반되는 법적문제," 비교사법 제10권 제3호, 한국비교사법학회, 2003, 225면. 입법론적으로 게임물의 일시적으로나마 이용한 후 거래여부를 결정하는 것이 일반적인 온라인게임의 성격상 이용자에 대한 청약철회의 범위와 기간을 할부거래나 방문, 통신판매 등에서의 재화에 대한 청약철회와 동일하게 설정하는 것이 타당한 것인가에 대해 별도의 검토가 필요하다고 한다(신영수, "온라인게임 이용자보호와 약관규제," IT와 법연구, 제4집, 경북대학교, 2010.2, 242면).

32) 입법론적으로 舊 온디콘법에서 청약철회에 관한 독자적인 규정을 마련하고, 필요한 사항에 대해서는 전소법을 준용하는 형식을 취하는 것이 바람직하다는 견해도 있다(구병문, 전게논문, 442면).

에 관한 세부적인 규정을 추가할 경우 법의 주된 목적과 일치하지 않은 내용이 다수를 점하게 된다. 따라서 양자의 방식은 각각 단점이 존재하기 때문에 이를 해결할 수 있는 방안으로 신규입법을 통한 해결방안을 제시하고자 한다. 즉, 현행법의 개정을 통하여 해결할 경우 상기에서 제시한 문제점이 제기되기 때문에 새로운 법(가칭 "콘텐츠이용자보호에 관한 법률")을 제정하여 콘텐츠거래분야에 있어서 이용자보호에 관한 사항을 규율하는 것이 바람직할 것이다.

(3) 청약철회권의 행사기간

이용자의 청약철회권의 행사기간은 발생요건에 따라 차이가 있다. 단순구매의사변경에 따른 청약철회권은 계약내용에 관한 서면을 교부받은 날부터 7일 이내에 행사할 수 있다. 그러나 그 서면을 교부받은 때보다 콘텐츠의 공급이 늦게 이루어진 경우에는 콘텐츠의 공급을 받거나 공급이 개시된 날부터 7일 이내이며, 계약내용에 관한 서면을 교부받지 아니한 경우, 사업자의 주소 등이 기재되지 아니한 서면을 교부받은 경우 또는 사업자의 주소 변경 등의 사유로 상기의 기간 이내에 청약철회를 할 수 없는 경우에는 그 주소를 안 날 또는 알 수 있었던 날부터 7일 이내이다(동법 제17조 제1항). 반면에 사업자의 채무불이행에 따른 청약철회권은 콘텐츠를 공급받은 날부터 3월 이내, 그 사실을 안 날 또는 알 수 있었던 날부터 30일 이내에 청약을 철회할 수 있다(동조 제3항).

문제는 제17조 제1항에서 규정하고 있는 청약철회권 행사의 기산점의 문제이다. 즉, 사업자가 계약서를 교부하지 않거나 사업자의 주소 등이 기재되지 않은 계약서를 교부한 경우 이용자는 사업자의 주소 등을 알지 못하여 청약철회권을 행사할 수 없다는 점을 감안하여 그 주소를 안 날 또는 알 수 있었던 날을 기산점으로 정하고 있다. 그러나 이는 청약철회권의 행사기간을 연장시키는 결과를 유발시키지 않는다. 즉, 전자상거래가 이루어지는 사이버몰에는 이미 사업자의 주소가 기재되어 있다. 따라서 이용자는 계약체결시점에 이미 사업자의 주소를 알았거나 알 수 있는 상태에 있게 되므로 청약철회권의 행사기간의 기산점은 동법 제17조 제1항에 따라 콘텐츠가 공급된 시점이 된다. 그 결과 계약서교부의무 또는 계약서에 필수적으로 기재할 사항을 기재한 계약서교부의무를 강조하기 위하여 청약철회권의 행사기간을 연장시키고자 한 입법의도는 사실상 몰각된다. 그러므로 원래의 입법취지에 따라 청약철회권의 행사기간을 연장시키고자 한다면 사업자가 계약서를 교부하지 않거나 필수 기재사항을 기재하지 않은 계약서를 교부한 경우에 필수기재사항이 기재된 계약서가 교부된 시점을 기산점으로 개정하여야 할 것이다.

(4) 청약철회권행사의 효과
1) 콘텐츠의 반환

이용자가 청약철회권을 행사한 경우 당해 계약은 소멸하며, 공급받은 콘텐츠를 반환하여야 한다(전소법 제18조 제1항). 따라서 CD 등을 구입하였지만, 상기와 같이 청약철회권을 배제하기 위한 조치를 취하지 않은 경우 이용자는 청약철회권을 행사할 수 있으므로 CD 등의 포장을 개봉하여 내재된 콘텐츠를 복사하였더라도 CD 등을 반환할 수 있다. 문제는 다운받은 디지털콘텐츠(음악 또는 영상 파일 등) 또는 스트리밍방식으로 이용하는 디지털콘텐츠의 경우 반환이 가능한 것인가이다. 동법에서 의미하는 반환은 점유의 이전을 의미한다. 즉, 콘텐츠에 대한 이용자의 사실상 점유를 사업자에게 이전함으로써 이용자의 사용을 배제함과 더불어 사업자가 점유를 회복하여 이를 재판매할 수 있도록 함이다. 그러나 다운로드 방식의 콘텐츠의 경우 이용자가 이를 반환하더라도 이의 복제품이 그대로 이용자의 컴퓨터 등에 남아 있기 때문에 점유상실이라는 반환의 실질적 의미는 달성할 수 없다. 또한 스트리밍 방식의 콘텐츠의 경우 사업자의 지배영역범위 내에서 이용자는 콘텐츠를 이용하기 때문에 반환이 존재하지 않는다.[33] 따라서 디지털콘텐츠의 경우 이용자가 청약을 철회하더라도 반환이 불가능하거나 반환하더라도 복제물이 존재하기 때문에 의미가 없다. 이러한 점은 동법이 유체재화에 대한 거래를 중심으로 규율하고 있기 때문에 무체재화의 특성을 충분하게 반영하고 있지 못한 결과이다. 그럼에도 불구하고 디지털콘텐츠에 대하여 반환의무를 부과할 것인가에 대하여는 전반적인 재검토가 필요하며, 디지털콘텐츠거래에 있어서 반환의무 대신 추가적인 사용금지의무를 부과하는 것이 타당할 것이다.[34]

2) 대금의 환급

사업자는 콘텐츠를 반환받은 날로부터 3영업일 이내에 지급받은 대금을 환급하여야 한다(동조 제2항). 그러나 디지털콘텐츠의 경우 반환이 불가능하거나 의미가 없기 때문에 사업자가 대금을 반환하여야 할 시기는 이용자의 청약철회의 의사표시가 도달한 날로부터 3영업일 이내로 정하여야 할 것이다. 또한 이용자의 청약철회에 따라 사업자가 대금을 환급하였다면 문제가 발생하지 않지만, 대금을 환급하지 않을 경우 소비자피해가 발생하게 된다. 이에 전소법에서는 이러한 경우에 있어서 소비자보호방안(특히, 신용카드거래)을 규정하고 있다. 이는 다시 소비자가 신용카드사에 대금을 지급하기 전과 지급한 후로 구분되며, 전자는 다시 신용카드사가 사업자에게 대금을 지급한 경우와 지급하지 않은 경우로 구분된다. 먼저, 소비자가 대금을 신용카드로 결제하고 아직 신용카드사가 대금을 사업자에게 지급하지 않은 경우 사업자는 지체없이 신용카드사로 하여금 대금의 청구를 정지 또는 취소하도록 요청하여야 한다(동조 제3항 본문). 다만, 신용카드사가 대금을 사업자에게 지급한 경우 지체없이 신용카드사에게 대금을 환급하고 이의 사실을 이용자에게 통지

---

33) 정진명, "온라인디지털콘텐츠의 이용과 소비자보호," 재산법연구 제26권 제3호(하), 한국재산법학회, 2010.2, 230-231면.
34) 정진명, 상계논문, 231면.

하여야 한다(동조 제3항 단서). 만일 이용자가 이미 신용카드사에 대금을 지급한 후 사업자로부터 대금을 환급받은 경우 신용카드사는 지체없이 대금을 환급하거나 환급에 필요한 조치를 취하여야 한다(동조 제4항). 또한 사업자가 신용카드사로부터 지급받은 대금을 환급하지 않은 경우 이용자는 신용카드사에 대하여 사업자에 대한 다른 채무와 상계할 것을 요청할 수 있으며, 신용카드사가 정당한 이유없이 상계하지 않은 경우 이용자는 신용카드사의 결제요청을 거부할 수 있다(동조 제6항, 제7항).

이와 같이 동법에서는 대금환급 또는 대금을 환급하지 않을 경우에 있어서 이용자보호방안을 규정하고 있지만, 이와 관련하여 다음의 문제점이 제기된다.

첫째, 신용카드사에 대금의 청구를 정지 또는 취소를 요청하는 자는 사업자이다. 그러나 상계를 요청하는 자는 이용자이다. 그럼 이용자가 사업자의 대금 미반환 사실을 알게 되는 시점은 신용카드 결제요청서를 받은 시점이다. 이러한 점은 대금환급절차를 복잡하게 하여 실질적으로 이용자의 피해를 발생시키는 결과가 된다. 즉, 청약철회권 행사의 사실을 통지할 의무를 사업자에게 부과한 결과 사업자가 이를 통지하지 않거나 카드단말기를 통한 매출취소를 하지 않은 경우 신용카드사는 대금을 사업자에게 지급할 수밖에 없다. 이후 사업자가 도주하였다면 신용카드사는 상계할 채무가 없기 때문에 이용자에게 대금을 청구하게 된다. 따라서 이용자는 대금결제요청에 거부할 수 없으며, 이로 인한 피해를 부담하게 된다. 물론 일반적으로 사업자가 매출취소한다는 점을 감안하여 이와 같이 규정한 것으로 추정된다. 그러나 상기와 같은 문제점이 발생할 수 있기 때문에 청약철회권의 행사사실에 대한 통지의무를 사업자뿐만 아니라 이용자에게도 부과하여야 할 것이며, 이용자가 이의 사실을 신용카드사에게 통지한 경우 사업자의 대금환급여부와 관계없이 대금결제요청에 거부할 수 있도록 하여야 할 것이다. 즉, 매매계약이 소멸하였음에도 불구하고 대금지급의무만을 부담하도록 하는 것은 타당하지 않다. 이와 같이 규정하고 있는 것이 할부거래법상 청약철회권의 효과이다. 즉, 소비자가 청약철회권을 행사하고, 동 행사기간 내에 이의 사실을 신용카드사에 대하여 통지한 경우 소비자는 신용카드사의 대금결제요청에 대하여 거부할 수 있다. 즉, 사업자가 대금을 신용카드사에 반환하지 않은 경우 소비자가 청약철회 및 재화 등의 반환사실을 신용카드사에게 통지하였다면 대금환급과 관련하여서는 더 이상 소비자는 포함되지 않는다. 또한 동일한 청약철회권을 행사하였음에도 불구하고 할부거래법에서는 당연히 거부할 수 있지만, 전소법에서는 당연히 거부할 수 없고 상계요청 후 거부할 수 있도록 규정하고 있는 것 그 자체가 형평성의 문제를 야기한다. 따라서 대금환급절차를 간소화하며, 이 분야에서 이용자를 보호하기 위하여 할부거래법과 같이 개정할 필요가 있다.[35)]

둘째, 이용자가 신용카드사에게 대금을 지급하였지만, 사업자가 대금을 반환하지 않은 경우에 대하여 전소법에서는 규정을 두고 있지 않다. 이 경우 이용자는 사업자에게 대금의 반환을 청구할 수밖에 없다. 그러나 사업자가 임의적으로 반환하지 않을 경우 소송 등을 통하여 반환받아야 하지만, 일반적으로 반환금액이 소액이라는 점을 감안한다면 소송을 통한 구제는 사실상 불가능하다. 그 결과 이용자는 청약철회권을 행사하였음에도 불구하고 이의 효과를 향유하지 못하는 결과가 발생하게 된다. 따라서 청약철회권을 행사한 이용자가 효과적으로 대금을 환급받을 수 있도록 신용카드사에 대한 상계요청권을 도입할 필요가 있다. 즉, 이용자와 신용카드사는 계속적 계약관계에 있는 자이기 때문에 상대방의 피해를 최소화시킬 신의칙상 의무를 부담한다. 따라서 사업자가 대금을 임의적으로

---

35) 고형석, "소비자계약에 있어서 청약철회권의 적정화에 관한 연구," 소비자문제연구 제38호, 한국소비자원, 2010.10, 89-90면.

환급하지 않은 경우 신용카드사를 통하여 환급받을 수 있는 방안을 마련해 주는 것이다. 구체적으로 사업자가 대금을 환급하지 않을 경우 이용자는 신용카드사에 대하여 사업자에 대한 다른 채무와 상계할 것을 요청하고, 신용카드사가 정당한 사유없이 상계하지 않은 경우 신용카드사에게 대금반환을 청구할 수 있도록 하는 것이다.[36]

3) 사업자가 이용자에게 청구할 수 있는 금액

이용자가 공급받은 콘텐츠를 사용한 이후 청약철회권을 행사하고 이를 반환하였을 경우 사업자는 이용자에 대하여 위약금 또는 손해배상을 청구할 수 없다(전소법 제18조 제9항). 문제는 이용자가 콘텐츠를 반환하기 전까지 사용하여 얻은 이익의 반환을 청구할 수 있는가에 있다. 즉, 전소법상 청약철회의 효과로 이미 재화 등이 일부 사용 또는 소비된 경우 그 사용 또는 소비에 의하여 소비자가 얻은 이익 또는 그 재화 등의 공급에 소요되는 비용에 상당한 금액으로서 대통령령이 정하는 범위의 금액의 지급을 소비자에게 청구할 수 있다고 규정하고 있으며(동법 제18조 제8항), 시행령에서는 이의 금액을 여러 개로 구성된 콘텐츠의 일부가 사용에 의하여 멸실되거나 소모성 부품을 재판매할 수 없는 경우 사업자는 멸실된 부분 또는 소모성 부품을 공급함에 있어서 소요되는 비용으로 정하고 있다(동조 제8항, 동 시행령 24조). 따라서 동 시행령에서 정한 사항은 비용에 한정되기 때문에 사업자는 소비자가 사용으로 인하여 얻은 이익에 대하여 반환을 청구할 수 있다.[37]

이와 같이 이용자는 재화의 사용에 따른 이익을 향유하고, 그로 인한 가치감소에 대하여 사업자가 전적으로 부담하는 것은 타당하지 않다는 점에서 사용에 따른 이익의 반환을 청구할 수 있도록 규정하고 있다.[38] 그러나 이용자는 사용에 따른 이익을 반환하여야 하

---

36) 고형석, 상계논문, 90-91면.
37) 이병준, 전게논문, 153면.
38) 일본 특정상거래법에서는 상품을 사용한 후 청약철회권을 행사하더라도 사

지만, 사업자는 대금의 사용에 따른 이익(이자)을 반환하지 않도록 되어 있어서 기본적으로 양자간의 형평성 문제가 제기된다.[39] 그 결과 이용자만이 사용이익에 대한 반환의무를 부담하도록 한 동법 제18조는 소비자에게 불리한 규정이다. 또한 사용이익반환의무는 단지 단순구매의사변경에 따른 청약철회권뿐만 아니라 채무불이행에 따른 청약철회권의 경우에도 동일하게 적용된다. 그러나 후자의 경우 사업자의 불완전이행을 확인하기 위하여는 공급받은 재화에 대한 사용은 불가피하다. 물론 표시광고된 내용과 상이한 재화의 경우 외관상 확인이 가능한 경우도 있지만, 반드시 외관상 확인이 가능하지만은 않다. 따라서 사업자의 채무불이행을 확인하기 위하여 공급받은 재화를 사용하여야 함에도 불구하고 사용시 이로 인하여 얻은 이익의 반환을 청구하도록 사실상 청약철회권의 행사를 제한하는 결과가 발생하게 된다. 물론 처음 사용시 하자를 발견하였다면 사용이익이 없기 때문에 반환청구가 불가능하지만, 몇 번 사용 도중 숨은 하자로 인하여 사용이 불가능하게 되어 청약철회권을 행사한 경우 사용에 따라 얻은 이익을 반환하여야 한다. 과연 이러한 것이 이용자보호에 합치하는 것인가의 문제가 제기된다. 따라서 상대적 약자인 소비자를 보호하고자 청약철회권을 인정하였다면 행위무능력자의 취소권 행사에 따른 효과와 같이 현존이익만의 반환을 인정하는 것이 바람직할 것이다(민법 제141조 단서).[40] 다만, 소모성 부품

용에 따라 얻은 이익의 반환청구를 금지하고 있다(동법 제9조 제5항). 즉, 상품의 사용후 청약을 철회하였을 경우 소비자가 사용에 따라 얻은 이익을 부당이득으로 청구할 수 있는 문제가 발생함에 따라 2008년 동법을 개정하여 사용이익의 청구를 금지하고 있다(消費者廳取引・物價對策課/經濟産業省 商務情報政策局 消費經濟政策課, 特定商取引に關する法律の解說, 商事法務, 2010, 85면; 日本辯護士連合會, 消費者法講義, 日本評論社, 2009, 161면).

39) 민법상 해제권의 행사시 양 당사자는 원상회복의무를 부담하며, 매도인은 대금을 받은 날로부터 반환시까지의 이자를 더하여 반환하여야 한다(민법 제548조).

40) 청약을 철회할 수 있는 소비자계약을 해제조건부 사용대차계약으로 명명하

또는 가분물의 일부가 사용되어 재판매가 불가능한 경우까지 면책하는 것은 과도한 소비자보호에 해당할 수 있기 때문에 이 부분에 대한 조달비용의 청구는 인정되어야 할 것이다.[41]

4. 계약해소단계에서의 이용자보호

계약해소단계에서 이용자보호의 문제는 사업자의 채무불이행에 따른 이용자의 피해구제방안 역시 고려대상이지만, 주로 이용자의 채무불이행으로 인한 계약의 해제 또는 계속적 계약관계에서 이용자의 해지권에 관한 사항이 논의되고 있다. 따라서 이하에서는 계속적 계약관계와 일회적 계약관계로 구분하여 이용자보호방안을 살펴보며, 전자의 경우는 해지권의 보장 문제와 더불어 손해배상책임제한의 문제를, 후자는 손해배상책임의 범주문제에 대하여 살펴본다.

(1) 계속적 계약관계에서 이용자의 해지권

유료 음악 또는 영상사이트에서 콘텐츠의 이용 또는 이러닝의

고, 청약철회기간 동안 아무런 사용료를 지급할 필요가 없다는 견해 역시 필자와 같다[백경일, "소비자보호법의 존재의의 및 효용성에 대한 비판적 고찰", 법학연구 제49권 제2호, 부산대학교, 2009.2, 273면; Vgl. Münchkomm/Ulmer, BGB Band 2a, 4. Aufl., München, 2003, §312 Rn. 6(백경일, 상게논문, 273면에서 재인용)]. 소비자사법을 민법전으로 편입한 독일민법 역시 소비자의 사용으로 인하여 얻은 이익의 반환이 아닌 사용으로 인하여 발생한 훼손에 대하여만 가액상환을 인정하고 있다(독일민법 제357조 제3항).

41) 유럽사법의 공통참조기준안(DCFR: Draft Common Frame of Reference)상 청약철회의 효과 중 물품이 사용된 경우 사용이익의 반환이 아닌 물품의 가치감소(diminution in the value)에 대한 책임을 규정하고 있다. 그러나 모든 가치감소에 대하여 책임을 지는 것이 아닌 일반적인 사용(normal use)에 의한 가치감소에 대하여만 책임을 진다. 따라서 물품의 시험(testing)이나 검사(inspection)로 인한 가치감소에 대하여는 책임을 지지 않으며, 일반적인 사용에 따른 가치감소 역시 청약철회권에 대한 적절한 고지가 이루어진 경우에 한정된다(Christian von Bar/Eric Cive, Principles, Definitions and Model Rules of European Private Law, OXFORD, 2010, pp.375-376).

경우 일회싱이 아닌 장기간 동안 이루어진다. 이 경우 이용자가 개인적 사유로 인하여 당해 계약관계를 종료하고자 하나 사업자가 이를 인정하지 않거나 과도한 위약금을 부과할 경우 이용자는 이용하지 않음에도 불구하고 이용료를 지급하여야 한다. 따라서 계속적 계약관계에 있는 이용자를 보호하기 위하여 방문판매법 등에서 이용자의 해지권을 부여하고 있다. 이러한 해지권은 민법상 법정해지권과 비교하여 사업자의 채무불이행이 없다고 하더라도 행사할 수 있다는 점에서 차이가 있다.

　1) 방문판매법상 이용자의 해지권 및 손해배상책임의 제한

　㈎ 이용자의 해지권

　방문판매법상 규율대상인 거래형태는 단지 방문판매에 한정되지 않고, 전화권유판매 · 다단계판매 · 계속거래 및 사업권유거래이다. 동법상 계속거래는 1개월 계속하여 재화 등을 공급하는 계약으로서 중도에 해지할 경우 대금환급의 제한 또는 위약금에 관한 약정이 있는 거래를 말한다(동법 제2조 제8호, 동 시행령 제3조). 따라서 1개월 이상 게임, 음악 또는 영상콘텐츠를 계속적으로 이용할 수 있는 계약 또는 이러닝 계약 역시 동법상 계속거래에 해당한다.

　동법에서는 계속거래에서의 이용자를 보호하기 위하여 민법과 달리 이용자에게 무조건적인 해지권을 부여하고 있다. 즉, 이용자가 1개월 미만의 단기계약이 아닌 장기계약을 체결하는 이유 중 하나가 사업자의 대금감액 등의 혜택이 부여되기 때문이다. 예를 들어, 계약기간을 1개월로 할 경우 대금을 전액 지급하여야 하지만, 3개월, 6개월 또는 1년 단위로 계약을 체결할 경우 대금의 일정부분을 할인하여 준다. 이러한 유인요건으로 인하여 이용자는 단기계약이 아닌 장기 계약을 체결하게 되며, 계약기간 도중 이용자의 개인적인 사유로 인하여 계약을 유지할 수 없는 경우가 발생하더라도 중도해지권을 부정하거나 이를 인정하더라도 과다한 위약금조항으로 인하여 사실상 급부를 수령하지 않더라도 대금만 지급하게 되는 결과가

발생한다. 따라서 동법에서는 이용자보호를 위하여 무조건적인 중도해지권을 부여하고 있다. 다만, 이용자의 무조건적인 해지권은 다른 법률에 별도의 규정이 있거나 이용자의 주문에 의하여 개별적으로 생산되는 콘텐츠 등 계약해지를 인정하는 경우 사업자에게 회복할 수 없는 중대한 피해가 예상되는 경우로서 사전에 당해 거래에 대하여 별도로 그 사실을 고지하고 소비자의 서면에 의한 동의를 얻은 경우는 제외된다(동법 제29조, 동 시행령 제39조).

　㈏ 이용자의 손해배상책임의 제한

　상기와 같이 계속적 계약을 체결한 이용자를 보호하기 위하여 방문판매법에서는 무조건적인 해지권을 부여하고 있지만, 이로 인한 손해배상책임까지 면제하고 있지는 않다. 그러나 과도한 위약금 조항이 있는 경우 사실상 해지권의 행사가 곤란하기 때문에 이용자의 해지권의 행사를 보장함과 더불어 중도해지로 인하여 사업자에게 발생한 손해의 구제를 위하여 이용자의 손해배상책임을 인정함과 더불어 이를 제한하고 있다.

　먼저, 사업자는 자신의 고의 또는 과실없이 계약이 해지된 경우 이용자에게 해지로 인해 발생하는 손실을 현저하게 초과하는 위약금을 청구하거나 가입비 그 밖의 명칭여하를 불문하고 실제 공급된 콘텐츠의 대가를 초과하여 수령한 대금의 반환을 부당하게 거부하여서는 아니된다(동법 제30조 제1항). 이러한 위약금을 산정함에 있어 이용자는 반환할 수 있는 콘텐츠를 사업자에게 반환할 수 있으며, 사업자는 반환받은 콘텐츠의 가치에 상당하는 금액을 계약의 해지에 따라 지급하여야 할 환급금에 더하거나 청구할 수 있는 위약금에서 감액하여야 한다(동조 제2항, 동 시행령 제40조 제1항). 반환받은 콘텐츠의 가치에 상당하는 금액을 산정함에 있어서는 콘텐츠의 시장가격이나 감가상각 등을 감안하여야 한다(동 시행령 동조 제3항).

　이와 같이 동법에서는 계속계약의 해지에 따른 이용자의 손해배상책임을 제한하고 있지만, 이와 관련하여 다음과 같은 문제점이 제기된다. 첫째, 법문의 규정상 이용자가 손해배상책임을 지는 경우는 사업자의 귀책사유 없이 계약이 해지된 경우이다. 물론 이용자의 개인적인 사유로 인하여 해지권을 행사한 경우에 이용자에게 귀책사유가 있기 때문에 타당하다고 할 것이나, 법문의 규정상 이용자의 귀책사유뿐만 아니라 제3자의 귀책사유 등으로 인한 해지 역시 이용자가 손해배상책임을 부담하도록 되어 있다. 즉, 법문에서는 "사업자의 귀책사유 없이"라고 규정하고 있기에 이용자의 귀책사유를 포함하여 제3자의 귀책사유 및 불가항력에 의한 해지의 경우에도 이용자에게 위약금을 청구할 수 있도록 되어 있다. 물론 법의 적용상 이용자의 귀책사유가 있는 경우로 한정되겠지만, 상기와 같이 해석할 수 있는 여지를 가지고 있기 때문에 법의 개정을 통하여 이용자의 귀책사유에 의한 경우만으로 한정할 필요가 있다.[42] 둘째, 사업자는 위약금 등을 산정함에 있어서 이용자가 반환한 콘텐츠의 가액을 공제하여야 한다. 이와 관련하여 일정한 가치를 가지고 있지만, 재판매할 수 없는 콘텐츠라 할지라도 반환을 인정하여 위약금을 감액하여야 하는 문제가 발생한다. 그러나 동 규정의 취지상 반환가능한 콘텐츠는 사업자가 이를 다른 이용자에게 중고품이라도 재판매할 수 있는 상품성이 있는 콘텐츠에 한정된다고 해석하는 것이 타당하기 때문에 중고품으로도 상품성이 없는 콘텐츠에 대하여는 반환할 수 없음을 인정하여 위약금을 산정함에 있어서 공제대상에서 배제하여야 할 것이다.

2) 학원법상 이용자의 해지권 및 손해배상책임

학원의 설립 · 운영 및 과외교습에 관한 법률(이하 "학원법")상 학원은 사인이 10인 이상의 학습자에게 30일 이상의 교습과정에 따라 지식 · 기술 · 기능 · 예능을 교습하거나 30일 이상 학습장소로 제공되는 시설을 말한다(동법 제2조 제1호). 그러나 이러닝 서비스를 제

---

42) 고형석, 소비자보호법, 세창출판사, 2008, 283-284면.

공하는 사이버몰은 동법에서 규정하고 있는 학원에 해당하지 않는 다. 즉, 동법상 학원은 현실공간에서 학습장소로 활용되는 건물만을 의미하기 때문에 가상공간의 사이버몰은 동법상 학원에 해당하지 않지만, 이러닝은 방식에 차이가 있을 뿐 교습에 해당한다.43) 따라 서 이러닝에 대하여 동법이 전면적으로 적용되지 않지만, 동법에서 규정하고 있는 사법적 규정은 적용될 수 있다. 즉, 이러닝을 규율하 고 있는 이러닝(전자학습)산업 발전법에서 이용자의 해지권을 명문 으로 규정하고 있지 않지만, 이러닝을 이유로 다른 형태의 학습과 차별하는 것을 금지하고 있다(동법 제3조 제1항). 그러므로 학원법에 서 규정하고 있는 대표적인 사법적 규정인 이용자의 해지권은 이러 닝 분야에도 적용된다고 할 것이다.

학원법에서는 이용자의 임의적인 해지권을 인정하고 있으며, 해지시 반환할 수강료의 범위에 대하여 구체적으로 규정하고 있다 (동법 제18조). 먼저, 수강료의 징수기간이 1개월 이하인 경우 교습이 전에는 전액환불, 총 교습시간의 1/3을 경과하기 전에는 수강료의 2/3, 1/2을 경과하기 전에는 수강료의 1/2, 1/2을 경과한 때에는 환 급하지 않는다. 수강료의 징수기간이 1개월을 초과하는 경우 교습 이전에는 전액을 환불하며, 교습개시 이후에는 반환사유가 발생한 당해 월의 반환 대상 수강료(위의 기준 적용)와 나머지 월의 수강료 전액을 합산한 금액을 반환하여야 한다(동 시행령 별표 3). 그러나 학 원법상의 환불규정이 이러닝분야에 그대로 적용되기 곤란한 분야도 존재한다. 즉, 학원법상 환불규정은 오프라인에서의 교습을 대상으 로 하기 때문에 일일학습을 전제로 한다. 그러나 이러닝의 경우 일 일단위가 아닌 횟차 단위로 운영되는 경우가 있다. 예를 들어, 학원 법상 학습은 주 5일 학습에 매일 일정시간에 교습을 하기 때문에 상

---

43) 이러닝은 전자적 수단, 정보통신 및 전파·방송기술을 활용하여 이루어지 는 학습을 말한다[이러닝(전자학습)산업 발전법 제2조 제1호].

기와 같이 일난위의 환불규정을 정할 수 있지만, 이러닝의 경우 일단위가 아닌 횟차단위, 즉 1개월에 수강할 수 있는 이러닝콘텐츠를 게시하고 당해 기간 동안 무제한적으로 이용할 수 있는 방식을 취하고 있다. 따라서 횟차단위 방식의 수강료에 대하여는 학원법상 환불규정을 그대로 적용하기 곤란하다. 그럼 횟차단위의 이러닝의 경우 기간이 아닌 횟차를 기준으로 환불규정을 정하여야 하는가? 물론 이러한 방식 역시 고려할 수 있지만, 지나친 이용자 편의주의에 해당할 수 있다. 예를 들어, 1개월에 15회를 수강할 수 있는 이러닝 계약을 체결한 후 이용자가 29일까지 전혀 이용하지 않고서 해지 후 전액 환불을 요구할 수 있기 때문이다. 따라서 상기의 요소(기간 및 수강횟차 등)을 고려하여 이러닝분야에 있어서 수강료환불에 관한 규정을 이러닝산업발전법에 신설하여야 할 것이다.

(2) 사업자의 해제권 행사에 따른 손해배상책임의 제한

전소법에서는 이용자의 책임있는 사유로 계약이 해제된 경우 사업자가 이용자에게 청구할 수 있는 손해배상금액에 대하여 제한을 두고 있다(동법 제19조). 이용자의 채무불이행은 일반적으로 대금의 미지급이다. 그러나 초기와 달리 현재의 전자상거래는 이용자의 선이행, 즉 대금을 청약 도중에 지급하기 때문에 대금의 미지급이라는 채무불이행은 발생하지 않는다. 따라서 이용자가 대금을 사후에 지급하기로 약정하였지만, 지급하지 않은 경우에만 해당하게 된다.

이용자의 채무불이행에 따른 손해배상책임은 민법 제393조에 의하여 결정되는 것이 아니라 전소법 제19조에 의하여 결정된다. 이는 다시 공급된 콘텐츠가 반환된 경우와 반환되지 않은 경우로 구분된다. 반환된 경우에는 사업자가 청구할 수 있는 금액은 반환된 콘텐츠의 통상 사용료액 또는 그 사용에 의하여 통상 얻어지는 이익에 상당하는 금액 또는 반환된 콘텐츠의 판매가액에서 그 콘텐츠가 반환된 당시의 가액을 공제한 금액 중 큰 금액과 대금미납에 따른 지연배상금을 합산한 금액을 초과할 수 없다. 반면에 반환되지 않은 경우 콘텐츠의 판매가액에 상당하는 금액과 대금미납에 따른 지연배상금을 합산한 금액을 초과할 수 없다.

　　이와 관련하여 다음의 두 가지 점에서 문제점이 지적된다. 첫째는 이용자의 고의 또는 과실로 계약이 해제되어 사업자에게 손해가 발생한 경우 왜 이용자의 손해배상책임을 제한하여야 하는가의 문제이다. 사업자와 비교하여 경제적 약자이기 때문에 이용자를 보호하기 위함이라고 할 수 있다.[44] 그러나 과연 사업자와 비교하여 약자인 이용자(본질적 의미의 소비자)만이 보호대상인가? 전소법상 소비자는 단지 경제적 약자인 소비자뿐만 아니라 사업자도 소비자로 인정하고 있다. 그럼 이러한 근거는 타당하지 않다. 또한 본질적 의미의 소비자에 대하여 손해배상책임을 제한하여야 하는가? 물론 소비자는 경제적 약자이기 때문에 보호할 필요가 있지만, 무조건적인 보호는 역차별의 문제를 야기한다. 즉, 과도한 보호는 사업자의 피해를 유발하며, 역으로 사업자보호를 주장할 수 있는 여지를 부여한다. 따라서 보호의 필요성이 존재하는 범위 내에서만 보호하여야 한다. 특히, 이용자의 고의 또는 과실로 인한 채무불이행에 있어서 손해배상책임을 제한하는 것은 합리적인 보호의 수준을 넘은 과도한 보호이다. 따라서 이러한 경우까지 보호한다면 무책임한 소비자[45]

---

44) 현행 손해배상책임제한 규정에 대하여 소비자보호측면에서 찬성하면서, 할부거래법과 달리 재화가 인도되기 이전의 손해배상책임을 규정하고 있지 않은 방문판매법과 전소법에 대하여 입법적 불비라고 하면서 이의 보완을 요구하는 견해도 있다(최명구, "소비자계약의 해제시 사업자의 통상의 손해," 민사법학 제44호, 한국민사법학회, 2009.3, 332면).

45) 소비자기본법에서는 소비자의 권리만을 규정하고 있는 것이 아니라 소비자의 책무에 대하여도 규정하고 있다. 즉, 소비자는 사업자 등과 더불어 자유시장경제를 구성하는 주체임을 인식하여 물품 등을 올바르게 선택하고, 소비자의 기본적 권리를 정당하게 행사하여야 하며, 스스로의 권익을 증진하기 위하여 필요한 지식과 정보를 습득하도록 노력하여야 하며, 자주적이고 합리적인 행동과 자원절약적이고 환경친화적인 소비생활을 함으로써 소비생활의

의 양산을 법이 인정하는 결과가 되기 때문에 동법 제19조와 같은 특칙을 두어 이용자를 보호할 필요가 없을 것이다.[46) 둘째, 이러한 규정을 존치하더라도 복제가 가능한 콘텐츠의 경우 반환하더라도 동일한 복제물이 이용자에게 그대로 남아 있기 때문에 반환 그 자체는 의미가 없다. 그럼에도 불구하고 이의 반환시 책임을 제한하는 것은 타당하지 않다. 따라서 복제가 가능한 재화에 대하여 포장을 훼손한 후 당해 계약이 해제된 경우에는 미반환된 경우와 동일하게 취급하여야 할 것이다.

IV. 결 론

과학기술의 발전으로 등장한 전자상거래는 기존 오프라인 이행 방식뿐만 아니라 디지털콘텐츠의 발전에 따라 온라인 이행 역시 증가하고 있다. 특히, 인터넷기능이 가미된 휴대전화의 급속한 보급으로 인하여 디지털콘텐츠거래가 급속도로 확대될 것임을 쉽게 예상할 수 있다. 그러나 디지털콘텐츠 시장의 확대와 더불어 이로 인한 이용자보호문제 역시 매우 중요한 문제로 대두되고 있다. 이러한 이용자보호에 관하여 다양한 법들이 존재하지만, 이의 대표적인 법이 전소법과 콘진법이라고 할 수 있다. 그러나 앞에서 살펴본 바와 같이 전소법은 계약체결방식을 중심으로 이용자보호를 추구하는 법이기 때문에 그 이행까지 온라인으로 이루어지는 디지털콘텐츠거래에서 이용자보호에는 그 한계가 있다. 또한 유체재화를 전제로 한 결과 무체재화인 디지털콘텐츠거래에서 이용자가 과도하게 보호되는 결과(예를 들어, 청약철회 등)가 발생하고 있다. 즉, 이용자보호를 주

향상과 국민경제의 발전에 적극적인 역할을 다하여야 한다(동법 제5조).
46) 고형석, "특수거래법의 민법편입에 관한 연구," 법학연구 제13집 제2호, 인하대학교, 2010.8, 405-406면.

창하더라도 그 보호수준은 합리적인 수준에 한정되어야 할 것이며, 이를 초과한 과도한 보호는 사업자의 막대한 피해와 역차별의 문제를 야기하게 된다. 또한 콘진법은 기본적으로 산업발전법이기 때문에 이용자보호에 관한 규정을 추가적으로 규정할 경우 동법의 주된 입법목적과 상치할 수 있는 단점이 발생하게 된다. 따라서 디지털콘텐츠거래의 특성을 고려하여 적정한 이용자보호방안을 강구하기 위하여는 현행법의 개정방식이 아닌 특별법(가칭 "콘텐츠이용자보호에 관한 법률)의 제정을 통하여 이 분야에 있어서 이용자보호를 추구하는 것이 바람직할 것이다.

색인어

콘텐츠거래, 전자상거래, 이용자보호, 전자상거래 등에서의 소비자보호에 관한 법률, 콘텐츠산업진흥법

참 고 문 헌

고형석, "가상공간에서의 부당한 광고행위와 소비자보호," 법학연구 제21권 제2호, 충북대학교, 2010.8.

고형석, "소비자계약에 있어서 청약철회권의 적정화에 관한 연구," 소비자문제연구 제38호, 한국소비자원, 2010.10.

고형석, "소비자계약의 성립요건에 관한 연구," 저스티스 제112호, 한국법학원, 2009.8.

고형석, "전자상거래에 있어서 착오에 관한 연구," 비교사법 제11권 제3호, 한국비교사법학회, 2004.9.

고형석, "전자상거래와 해제," 정보화정책 제11권 제1호, 한국전산원, 2004.3.

고형석, "전자소비자계약에 있어서 결제대금예치제도에 관한 연구," 정보화정책 제14권 제2호, 한국전산원, 2007.6.

고형석, "특수거래법의 민법편입에 관한 연구," 법학연구 제13집 제2호, 인하대학교, 2010.8.

고형석, "할부거래와 소비자보호," 상사법연구 제22권 제5호, 한국상사법학회, 2004.2.

고형석, 소비자보호법, 세창출판사, 2008.

곽윤직, 채권각론, 박영사, 2007.

구병문, "디지털콘텐츠 이용자의 청약철회와 그 제한규정의 문제점과 해결방안," 홍익법학, 제10권 제1호, 홍익대학교, 2009.2.

구재군, "DC서비스 이용계약에 수반되는 법적문제," 비교사법 제10권 제3호, 한국비교사법학회, 2003.

김도년, "소비자보호철회권의 민사법적 지위," 박사학위논문, 부산대학교, 2009.

김상용, 채권각론, 법문사, 2003.

류창호, "전자상거래소비자법에 관한 연구," 외법논집 제12집, 한국외국어대학교, 2002.8.

문화체육관광부/컴퓨터프로그램보호위원회, 콘텐츠 사업자 교육교재, 컴퓨터프로그램보호위원회, 2008.

백경일, "소비자보호법의 존재의의 및 효용성에 대한 비판적 고찰," 법학연구 제49권 제2호, 부산대학교, 2009.2.

서희석, "전자거래에서의 착오의 문제 서설," 재산법연구 제24권 제2호, 한국재산법학회, 2007.

신영수, "온라인게임 이용자보호와 약관규제," IT와 법연구 제4집, 경북대학교, 2010.2.

신종철, "할부거래의 법적 구성 및 할부매매의 특성," 해법통상법 제7권 제1호, 한국해사법학회, 1995.8.

오병철, "전자상거래소비자보호법 제17조 제2항 제4호의 청약철회권 배제조항의 문제점," 민사법학 제39-1호, 한국민사법학회, 2007.12.

이기헌/장은경/이상정, 디지털콘텐츠 소비자보호방안 연구, 한국소프트웨어진흥원, 2002.

이병준, "온라인디지털콘텐츠 이용계약과 소비자보호," 스포츠와 법 제9권, 한국스포츠엔터테인먼트법학회, 2006.10.

이종인, 전자상거래 소비자보호제도의 실효성 확보를 위한 연구, 한국소비자보호원, 2006.

정진명, "온라인디지털콘텐츠의 이용과 소비자보호," 재산법연구 제26권 제3호(하), 한국재산법학회, 2010.2.

정진명, "전자거래에서의 표시·광고의 법적 문제," 인터넷법률 제21호, 법무부, 2004.1.

지원림, 민법강의, 홍문사, 2010.

최명구, "소비자계약의 해제시 사업자의 통상의 손해," 민사법학 제44호, 한국민사법학회, 2009.3.

Christian von Bar/Eric Cive, Principles, Definitions and Model Rules of European Private Law, oxford, 2010.

Reiner Schulze, *The right of withdrawal*, Perspectives for European Consumer Law, Sellier European Law Publishers, 2010.

Steve Hedley, The Law of Electronic Commerce and the Internet in the UK and Ireland, Cavendish Publishing, 2006.

Vgl. Münchkomm/Ulmer, BGB Band 2a, 4. Aufl., München, 2003.

大村郭志, 消費者法, 有斐閣, 2007.

圓山茂夫, 特定商取引法の理論と實務, 民事法研究會, 2010.

日本辯護士連合會, 消費者法講義, 日本評論社, 2009.

日本辯護士連合會 消費者問題對策委員會, コンメンタール消費者契約法, 商事法務, 2010.

內閣府國民生活局 消費者企劃課, 消費者契約法, 商事法務, 2007.

消費者廳取引·物價對策課/經濟産業省 商務情報政策局 消費經濟政策課, 特定商取引に關する法律の解說, 商事法務, 2010.

공정거래위원회, "보도자료: 온라인게임 상위 10개 사업자의 불공정약관 시정조치," 2009.11.20.

보통유럽매매법에서 디지털 콘텐츠에 대한 규율과 그 시사점*

이 병 준**

I. 들어가며

1. 디지털 콘텐츠 산업의 성장과 사법적 규율의 필요성 대두

인터넷과 모바일 시장의 성장으로 디지털 콘텐츠 산업이 나날이 성장하고 있다. 이에 따라 그 거래규모가 확대되고 관련 법률분쟁이 늘어나면서 디지털 콘텐츠에 대한 법적 규율의 필요성이 제기

---

* 본 논문은 한국소비자법학회와 경북대학교 IT와법연구소가 공동으로 2014년도에 개최한 학술대회에서 발표한 글을 대폭적으로 수정·보안한 것임. 본 논문은 2014년도 한국외국어대학교 교내학술연구비 지원에 의해 이루어진 것임.
** 한국외국어대학교 법학전문대학원 교수.

되고 있는 실정이다. 현재 우리법은 디지털 콘텐츠 거래를 직접적으로 규율하는 법률로서 콘텐츠산업진흥법[1]이 존재하기는 하지만, 거래법적 관점에서 입법화된 규정을 포함하고 있지는 않다. 소비자보호와 관련하여서는 전자상거래소비자보호법[2]이 형식적으로 디지털 콘텐츠 거래를 규율하고 있고 실제로 이렇게 해석하려고 노력하고 있지만, 온라인으로 구매한 후 오프라인으로 배송하는 상품거래를 실질적인 규율대상으로 하고 있기 때문에 디지털 콘텐츠에 관한 직접적이면서 적합한 규정은 없다고 할 수 있다.

우리 법의 해석에 있어서 디지털 콘텐츠가 CD, DVD 등에 담겨서 판매되는 경우에는 이를 기본적으로 상품의 매매로 보기 때문에 특별히 상품매매와 다른 법적 취급을 하고 있지는 않다. 또한 온라인으로 다운로드 되거나 스트리밍 서비스로 이용되는 디지털 콘텐츠에 대한 규율은 존재하지 않는다. 이러한 상황에서 구 온라인디지털콘텐츠 산업진흥법(현재 콘텐츠산업진흥법)이 이용자보호에 관한 규정을 일부 담고 있었고, 동법을 근거로 하여 이용자보호지침 및 표준약관이 제정되면서 실무적으로 의미 있는 규정들이 만들어졌다.[3] 그러한 가운데 콘텐츠산업진흥법상 거래법적 규율 필요성에 대한 논의가 대두되기도 하였지만, 현재는 전자상거래소비자보호법에 디지털 콘텐츠의 특수성을 반영하는 입법적 개정이 이루어지면 되는 것으로 논의가 모아지고 있다.[4]

---

1) 콘텐츠산업 진흥법 [법률 제12591호, 2014.5.20].
2) 전자상거래 등에서의 소비자보호에 관한 법률 [법률 제11841호, 2013.5.28].
3) 이에 관하여 자세한 것은 구병문, "개정 온라인 디지털콘텐츠산업 발전법의 의의와 입법과제", 디지털재산법연구 제5권 제2호, 2006, 26면 이하; 신재호, "온라인디지털산업발전법 개정방안에 대한 검토", 산업재산권 제18권, 2005, 337면 이하; 정진명, "온라인디지털콘텐츠 이용과 소비자보호-온라인디지털콘텐츠산업발전법 개정의견을 중심으로-", 재산법연구 제26권 제3호, 2010, 1면 이하 참조
4) 정진명, 재산법연구 제26권 제3호, 18면; 구병문, "디지털콘텐츠 이용자의 청약철회와 그 제한규정의 문제점과 해결방안", 홍익법학 제10권 제1호,

2. 보통유럽매매법과 디지털 콘텐츠

유럽연합에서는 소비자 관련 입법의 통일을 도모하는 노력을 하다가 점차 거래법을 통일하려는 것을 목적으로 입법 준비를 하고 있는 실정이다. 이러한 노력의 결과물로서 처음으로 나온 것이 바로 보통유럽매매법(Common European Sales Law, Gemeinsames Europäisches Kaufrecht)이다. 유럽위원회를 통해 초안으로 제출된 보통유럽매매법은 2014년 2월 26일 유럽의회를 통과하였고,[5] 아직 EU 회원국가들의 최종적 동의를 필요로 하지만 그 의의는 매우 커서 다양한 관점에서 주목을 끌고 있다.[6]

보통유럽매매법에는 현재 디지털 콘텐츠의 거래를 상품매매와 함께 하나의 축으로 규율을 하고 있다.[7] 여기에는 개념정의, 적용범

2009, 438면.

5) 2011/0284[COD].

6) 이와 관련한 우리 문헌으로 기본적으로 하경효 외 공역, 보통유럽매매법, 2013; 박영복, "EU 집행위원회에 의해 제안된「유럽 공통매매법에 관한 규칙」", 외법논집 제37권 제3호, 2013. 그 밖의 특수 주제에 관하여는 백경일, "유럽공통매매법안(CESL)에서의 계약체결규정에 관한 비교법적 검토", 비교사법 제20권 제2호, 2013; 백경일, "보통유럽매매법(CESL)에서의 의사표시 하자규정에 관한 비교법적 검토", 비교사법 제21권 제1호, 2014; 이병준, "보통유럽매매법 초안의 국제사법적·소비자법적 함의", 재산법연구 제30권 제4호, 2014; 박희호, "유럽공통매매법(CESL) 상의 소비자철회권에 관한 연구", 민사법학 제66호, 2014; 신동현, "유럽공통매매법(CESL)안에서의 약관의 충돌 문제", 민사법학 제66호, 2014 참조.

7) 이를 통해 보통유럽매매법의 적용대상은 상당히 넓어지게 되었다. 보통유럽매매법이 전통적인 생산품으로서의 물품 외에 디지털 콘텐츠까지 규율한 것은 상당한 성장잠재력이 기대되는 디지털 시장에 좀 더 많은 활력을 불어 넣기 위한 EU 위원회의 의도가 바탕을 이루고 있다. 보통유럽매매법 입법이유서 17) 참조[Erwägungsgrund 17 des Vorschlags für eine Verordnung über ein Gemeinsames Europäisches Kaufrecht, KOM(2011) 635 endgültig - 2011/0284(COD) vom 11.10.2011]. 특히 클라우드 컴퓨팅 서비스제공계약의 경우 유럽연합 내 개별국가들의 법질서가 요구하는 것들이 상이했으나, 보통유럽매매법이 디지털 콘텐츠 거래까지 적용되므로 클라우드 컴퓨팅 계

위는 물론 실질법적 규정내용까지 다양하게 담고 있어서 디지털 콘텐츠 관련 거래에 관한 입법을 주목하고 있는 우리나라에서는 보통유럽매매법을 연구하는 것은 매우 중요한 의미가 있는 것이다.

보통유럽매매법의 법형식은 회원국에 직접적으로 효력을 갖는 규칙이며 여기에는 입법취지를 개괄적으로 설명한 전문과 총 16개의 규정으로 기본적인 내용이 담겨 있다. 본래의 실질법적 규정들은 규칙의 부속서 I에 총 186개의 조문으로 담겨져 있다.[8] 본 논문에서 다루는 개념정의와 적용범위는 규칙에 규정되어 있고(II) 실질법적 규정내용은 이러한 부속서 I에 있다. 이 내용을 중심으로 살펴보려고 한다.

II. 개념 정의와 적용범위

1. 개념 정의

(1) 디지털 콘텐츠

보통유럽매매법 규칙에서는 다른 주요 개념과 동일하게 디지털 콘텐츠에 관한 개념정의를 내리고 있다[규칙 제2조 (j)호]. 그에 따르면 디지털 콘텐츠는 "디지털 방식으로 제작되어 공급된 정보"를 말한다.[9] 이 개념정의에 따르면 해당 정보가 저장매체를 통하여 제공

약에 대한 통일적 법적 기초로서 기능할 수 있다는 지적으로 Söbbing, Die Auswirkungen des geplanten EU-Kaufrechts auf IT-Verträge, MR-Int 2012, 56.

8) 자세한 것은 하경효 외 공역, 보통유럽매매법, 5면 이하 참조.

9) 통상 디지털 콘텐츠라 함은 '디지털 형태로 저장된 정보 내지 자료를 총칭하는 것' 내지 '문자 · 소리 · 화상 · 영상 등의 형태가 디지털로 이루어진 정보의 내용물'로 이해되고 있다. 본 개념정의는 "공급"이라는 요소가 들어간 것은 거래의 대상이 된다는 것이 전제되어 있기 때문이다. 우리법상 디지털 콘텐츠의 개념정의에 관하여 자세한 것은 오병철, "디지털콘텐츠의 이용계약에

되는지 여부는 중요하지 않다. 따라서 해당 정보가 CD에 담긴 채로 판매될 수도 있지만, 직접 인터넷으로 다운로드할 수 있는 상태로도 판매될 수 있다. 또한 표준화된 상품은 물론, 맞춤형 소프트웨어처럼 구매자의 요구에 의하여 제작되어 제공되는 정보도 개념정의에 포함시키고 있다.[10)

그리고 완전하지는 않지만 중요 디지털 콘텐츠를 예로서 열거하고 있다. 즉, "매수인의 주문에 의하여 제작되는지의 여부를 불문하고 영상, 음성, 화상 또는 문자 디지털콘텐츠, 디지털 게임, 소프트웨어 또는 기존의 하드웨어 혹은 소프트웨어를 개인화할 수 있도록 하는 디지털 콘텐츠"를 열거하고 있다. 여기에 열거되고 있지 않지만 디지털 콘텐츠 개념에 포함될 수 있는 것으로는 ASP-계약,[11) 스트리밍 서비스로 제공되는 디지털콘텐츠, E-Book 또는 팟캐스트[12) 등이 있다.[13)

관한 법적 문제", 디지털재산법연구 제4권 제1호, 2005, 120면 이하; 허인, "디지털콘텐츠의 법적 보호에 관한 연구", 경영법률 제22권 제1호, 2011, 609면 이하 참조.

10) Wendehorst, in: Schulze(Hrsg.), Common European Sales Law—Comentary—, Art. 5 Rn. 17.

11) ASP[Application Service Provider]: 네트워크를 통해 기업의 핵심 Business Application을 제공하고, 전문 기술 인력이 고객을 대신하여 이를 구축, 관리해주는 새로운 개념의 IT서비스이다. 다시 말해 '기업이나 개인이 소프트웨어를 자체적으로 구입하지 않고 네트워크를 통해 호스팅 서비스업체의 서버를 이용해 원하는 프로그램을 적정한 사용료를 지불하고 사용하는 소프트웨어 임대사업'이라고 정의할 수 있다(중소기업청 전문용어, 중소기업청, 2010).

12) 팟캐스트(pod cast): 오디오 파일 또는 비디오 파일형태로 뉴스나 드라마 등 다양한 콘텐츠를 인터넷망을 통해 제공하는 서비스다. 애플의 아이팟(iPod)과 방송(broadcasting)을 합성한 신조어이다.

13) 보통유럽매매법 외에 유럽 소비자권리 입법지침에서(RL 2011/83/EU) 디지털 콘텐츠가 이미 언급된 바 있다. 다만 보통유럽매매법과 같이 디지털 콘텐츠의 예시를 직접 나열하지 않았고, 입법지침 입법이유서를 통해서 규율대상으로서의 디지털 콘텐츠를 확인할 수 있는데 여기서는 직접 어플리케이션이나 스트리밍도 언급하고 있다(입법이유서 19 참조). 유럽 소비자권리 입법지

다만, 현실적으로 해당 상품이 디지털 방식으로 제작되어 공급되는지의 여부를 판단하기에 곤란한 경우가 존재한다. 전통적인 아날로그 방식으로 제작된 기록과 테이프는 기술적 관점에서 보았을 때에는 디지털 정보는 아니지만, 평균적인 소비자의 입장에서는 테이프와 CD를 구별하기에 어려울 수 있다. 또한 디지털 정보와 마찬가지로 계약을 취소 또는 해제하였을 때 해당 정보를 복사한 상태에서 반환할 수 있다는 문제점은 아날로그로 제작된 테이프의 경우에도 동일하게 존재한다. 하지만 아날로그 방식으로 제작된 테이프와 기록을 포괄하게 되면 책처럼 쉽게 복사할 수 있는 인쇄된 정보도 포함시킬 필요가 있지 않은가 하는 문제점이 또 등장하므로 일단은 디지털 방식으로 제작된 정보로 한정하는 것이 타당할 것이라고 한다.[14]

(2) 적용제외

그리고 개념상 디지털 콘텐츠의 범위에서 제외되는 것으로는 (1) 전자은행거래서비스를 포함하는 금융서비스, (2) 전자방식으로 제공되는 법률 또는 금융자문, (3) 전자적 보건서비스, (4) 전자적 통신서비스와 통신망, 그리고 부속 설비들과 서비스 및 (5) 도박 등이 열거되고 있다.

(1)-(3)에서 적용 제외되는 항목을 살펴보면 보통유럽매매법이 순수한 서비스 제공의 성격을 갖는 계약에는 적용되지 않음을 알 수 있다. 즉 이러한 계약에서는 보통유럽매매법이 전제로 하는 상품 내지 콘텐츠의 교환이 주된 요소가 아닌 것이다.[15] (4)의 적용제외는

침상 디지털 콘텐츠에 대한 구체적인 내용은 Schmidt-Kessel/Young/ Benninghoff/Langhanke/Rus- sek, GPR 2011, 7면 이하 참조.

14) 이러한 문제점을 지적한 문헌으로 Wendehorst, in: Schulze(Hrsg.), Common European Sales Law―Comentary―, Art. 5 Rn. 18.

15) 보통유럽매매법은 이처럼 서비스 영역별로 예외를 인정하고 있으나, 입법 취지를 고려한다면 전자적 수단으로 제공되는 서비스의 경우를 모두 제외시켜야 한다는 견해로 Wendehorst, in: Schulze(Hrsg.), Common European

통신분야 전부를 배제하려는 의도를 갖고 있다. 마지막으로 (5)의 도박영역은 예민한 분야이기 때문에 규율권한을 해당 회원국에게 맡기고 있는 실정이다.[16)

개념정의 상으로 "경우에 따라서는 매수인의 특정을 가능하게 하는" 제작된 디지털 콘텐츠와 "기존의 소프트웨어와 하드웨어를 개인화할 수 있는 디지털 콘텐츠"를 포함시키고 있다. 그에 반하여 "새로운 디지털콘텐츠의 제작과 소비자에 의한 기존의 디지털콘텐츠의 수정 또는 이 밖에 다른 이용자의 창작과의 상호작용"을 제외시키고 있다[규칙 제2조 (j)호 (6)]. 이처럼 디지털콘텐츠의 제작과 변경을 동시에 포함시키고 다시 제외시킬 수는 없는 것이다. 영어본을 보면 소비자를 통하여 제작되거나 변경된 디지털 콘텐츠는 적용범위에서 배제되어야 함이 명백하다. 마찬가지로 소비자와 다른 이용자 사이에 이루어지는 그 밖의 상호작용도 적용범위에서 배제되고 있다. 구체적으로 이는 이용자 상호간의 사적인 상호작용이 배제됨을 의미한다.[17) 예컨대 타인의 사진을 변형하는 것, 개인 홈페이지에서 게시판에 글을 남기는 것, 소셜네트워크서비스(SNS)의 이용을 통하여 제3자의 디지털 콘텐츠가 소비자의 행위를 통하여 변형되거나 소비자가 그 활동을 통하여 직접 내용을 형성하는 경우(예컨대 프로필 생성)는 배제된다.

2. 규칙 제5조에 따른 적용범위

(1) 기본구조

보통유럽매매법의 적용범위는 상당히 제한되어 있다.[18) 사항

Sales Law—Comentary—, Art. 5 Rn. 23.

16) 동일한 예로 서비스 입법지침 제2조 제1항 (h)호, 소비자권리 입법지침 제3조 제3항 (c)호가 있다.

17) 이러한 견해로 Zenefels, K&R 2012, 464.

적으로 보통·유럽매매법이 적용될 수 있는 계약은 ⅰ) 매매계약, ⅱ) 디지털 콘텐츠의 제공을 목적으로 하는 계약 그리고 ⅲ) 이들과 관련된 서비스 제공을 목적으로 제공하는 계약에 한정된다(규칙 제5조). 여기서 매매계약이라 함은 상품의 소유권을 이전하거나 이전할 것을 약정하고 매수인이 대금을 지급하거나 지급할 것을 약정하는 계약을 말하는 것이고, 디지털 콘텐츠가 대상이 되는 계약은 보통유럽매매법상의 매매계약에 포섭되지 않는다[규칙 제2조 (k)호]. 다시 말해 보통유럽매매법은 상품의 매매를 목적으로 하는 계약과 디지털 콘텐츠의 제공을 목적으로 하는 계약을 구분하고, 그 결과 디지털 콘텐츠 제공계약은 (설사 CD 등과 같은 유체물에 저장되어 인도된다 할지라도) 매매계약이 아니라 독자적인 디지털 콘텐츠 제공계약으로 파악된다는 점에 그 특색이 있다. 하지만 상품매매계약과 디지털 콘텐츠 제공계약이 구분되고 있다 할지라도 디지털 콘텐츠 제공계약은 서비스 제공계약보다는 매매계약과 유사한 성격을 갖는다고 보는 것이 타당하다.[19]

　　그 밖에 보통유럽매매법의 문언에 따르면 디지털 콘텐츠가 CD 또는 DVD와 같은 유체적 저장매체를 통하여 제공되는지의 여부 그리고 디지털 콘텐츠 제공에 대해 대가가 지불되는지의 여부는 중요하지 않다. 유체적 저장매체의 존부를 중요시하지 않는 것은 디지털 콘텐츠를 그 양도 방식이 아니라, 그 본질에 기초하여 다루려고 한

---

18) 전반적인 적용범위에 관하여 자세한 것은 박영복, "EU 집행위원회에 의해 제안된 유럽 공통매매법에 관한 규칙", 외법논집 제37권 제3호, 2013, 44면 이하 참조.
19) 이러한 측면에서 디지털 콘텐츠의 매매라고 하는 것이 오히려 타당할 수 있다는 입장이 있다(Wendehorst, Art. 5 Rn. 19). 왜냐하면 매매계약이 인정되기 위해서는 반드시 소유권의 이전이 필요한 것은 아니기 때문에 매매의 성질을 인정할 수 있다고 한다(예컨대 주식의 매매). 디지털 콘텐츠 이용계약의 법적 성질에 관한 우리 문헌상의 논의를 잘 정리하고 있는 문헌으로 박종권, "디지털콘텐츠 이용계약의 법적 성질과 권리·의무에 관한 고찰", 이화여자대학교 법학논집 제14권 제1호, 2009, 204면 이하 참조.

유럽연합 위원회의 의지가 표출된 것이라고 할 수 있다.[20] 이러한 측면에서 유체적 저장매체를 통하여 제공되는 경우에도 이를 상품으로 취급하지 않고 디지털 콘텐츠의 제공으로 보고 있다는 점이 보통유럽매매법의 특징이라고 할 수 있다.[21] 또한 대금의 지급이 고려되지 않기 때문에 유상 또는 무상으로 공급되는, DVD와 같이 유체화된 또는 다운로드 방식과 같이 비유체화된 디지털 콘텐츠 제공계약 모두가 보통유럽매매법의 적용대상이 된다.

(2) 일반적 요건

보통유럽매매법이 적용되기 위해서는 이용자가 디지털 콘텐츠에 대한 저장, 가공 내지 접근가능성을 얻어야 하며 이를 재사용할 수 있어야 한다[규칙 제5조 (b)호]. 첫 번째 경우에는 이용자가 디지털 콘텐츠에 대하여 적어도 일정기간 디지털 콘텐츠에 지배가능성을 얻어서 자유롭게 이용할 수 있어야 한다. 이러한 지배가능성이 발생하는 경우는 디지털 콘텐츠를 다운받거나 CD 등에 저장된 상태로 공급받는 경우를 생각할 수 있다. 두 번째 경우에는 디지털 콘텐츠

---

20) 보통유럽매매법 입법이유서 17) 참조(번역된 내용은 하경효 외 공역, 보통유럽매매법, 99-100면 참조).
21) 저장매체의 존부를 불문하고 "디지털 콘텐츠의 제공"이라는 표현을 사용함으로써 예컨대 소프트웨어가 유체물인지 또는 무체적 재산으로 보아야 하는지의 논쟁과 상관없이 보통유럽매매법이 적용된다. Söbbing, Die Auswirkungen des geplanten EU-Kaufrechts auf IT-Verträge, MR-Int 2012, 56. 그러나 통상적으로 디지털 콘텐츠가 온라인으로 제공되는 경우와는 구분하여 CD 등에 담긴 디지털 콘텐츠를 판매하는 경우는 매매계약으로 구성하고 이를 법적으로 다르게 취급하고 있다. 이와 관련하여 온라인디지털콘텐츠산업발전법의 적용대상을 일반매장에서 구매하여 온라인상으로 이용가능한 디지털 콘텐츠를 포괄할 수 없다는 견해(이병준, "온라인디지털콘텐츠 이용·계약에서의 계약해소—청약철회, 계약해제 · 해지를 중심으로—", 민사법의 현대적 과제와 전망(남강 서광민교수 정년기념논문집), 2007, 227면; 정진명, 재산법연구 제26권 제3호, 11면)와 포괄된다는 견해(구병문, 홍익법학 제10권 제1호, 434-435면)가 대립하고 있었다.

에 대한 접근가능성을 얻어야 하고 이때 그 접근가능성은 반드시 여러 번 보장되어야 하는 것은 아니다. 이는 기본적으로 스트리밍 서비스와 클라우드 컴퓨팅을 고려한 것이다.[22]

이러한 개념 정의가 너무 넓은 것이라는 우려가 있을 수 있다. 왜냐하면 인터넷에서 디지털 콘텐츠를 다운로드 받아서 이를 저장, 접근 내지 재접근을 할 수 있도록 하는 경우를 모두 포괄하고 있기 때문이다. 예컨대 무료로 다양한 콘텐츠를 다운로드 받을 수 있는 사이트의 경우에 사업자가 보통유럽매매법에서 제시하고 있는 다양한 의무를 준수할 수 있는지에 관한 의문이 제기될 수 있다. 이러한 차원에서 모든 디지털 콘텐츠를 포괄할 가능성은 존재하지만, 기본적으로 보통유럽매매법은 당사자가 선택하여 이에 대한 적용을 원하는 경우에만 법의 적용이 가능하게 되므로 본 실질법상 정해진 다양한 권리와 의무가 당연하게 인정되는 것이 아니다.[23] 이러한 측면을 고려한다면 이러한 넓은 개념정의는 큰 문제가 없는 것으로 볼 수 있다.[24]

(3) 저장매체에 담긴 디지털 콘텐츠

앞서 살펴본 바와 같이 보통유럽매매법이 적용되는 디지털 콘텐츠 제공 계약은 해당 디지털 콘텐츠가 CD 또는 DVD와 같은 유체적 저장매체를 통하여 제공되는지의 여부를 묻지 않는다[규칙 제5조 (b)호]. 다만 이로부터 보통유럽매매법이 디지털 콘텐츠가 저장되는 저장매체를 어떻게 법적으로 다루고 있는지 정확히 알기란 쉽지 않다. 규칙 제2조 (j)호의 개념정의에 따르면 디지털콘텐츠란 디지털

---

22) Zenefels, K&R 2012, 465.

23) 보통유럽매매법이 갖는 선택적 도구로서의 의미와 내용에 관하여 자세한 것은 이병준, "보통 유럽매매법 초안의 국제사법적, 소비자법적 함의", 재산법연구 제30권 제4호, 217면 및 232면 이하 참조.

24) Wendehorst, in: Schulze(Hrsg.), Common European Sales Law─ Comentary─, Art. 5 Rn. 21.

의 방식으로 생산 및 공급되는 데이터만을 의미하기 때문에, 저장매
체에 담긴 디지털 콘텐츠의 경우 유체물인 저장매체와 데이터로서
의 디지털 콘텐츠를 분리하여 다루는 것으로 해석할 수 있다. 즉 저
장매체 내의 데이터는 디지털 콘텐츠로 존속하고, 저장매체 자체는
유체물인 상품으로서 구분하는 것으로 볼 수 있다. 이렇게 되면 저
장매체에 대하여는 상품매매에 관한 규정을 적용하고 디지털 콘텐
츠에 대하여는 이에 관한 규정을 별도로 적용할 가능성도 존재한다.

　　하지만 저장매체와 이에 저장된 데이터를 분리하여 다루게 되
면 해당 거래에 대한 규율을 매우 복잡하게 만들 것이라는 비판이
있다.25) 예컨대 인도방법에 대해 규정하고 있는 제94조를 적용함에
있어서 혼란을 초래할 수 있다. 동조에 의하면 당사자들이 달리 합
의하지 않는 한, 디지털 콘텐츠 제공계약의 경우 디지털 콘텐츠의
물리적 점유나 관리를 소비자에게 이전할 인도의무를 매도인이 부
담하게 된다[제94조 제1항 (a)호]. 그리고 만약 계약이 운송인에 의한
상품운송을 포함하는 다른 경우에는, 상품을 매수인에게 전달하기
위한 최초의 운송인에게 인도할 의무를 매도인이 부담한다[제94조
제1항 (b)호]. 이러한 법 상황 하에서 저장매체에 대한 매매계약과 디
지털콘텐츠에 대한 계약을 별도로 분리하여 취급하게 되면, 디지털
콘텐츠가 저장된 저장매체가 운송되어야 하는 경우 저장매체 자체
의 인도방법은 최초의 운송인에게의 인도가 되고, 디지털 콘텐츠의
인도방법은 매수인에 대한 공급이 되는 모순이 발생한다.26) 결국에
는 저장매체에 담긴 디지털 콘텐츠의 경우에도 디지털 콘텐츠 제공
계약 하나만 체결되는 것으로 보아야 한다.27)

---

25) Zenefels, K&R 2012, 465.
26) 그 밖에 보통유럽매매법 제101조와 같은 소비자 보호규정들이 저장장치에
　　대해서만 적용가능하고, 디지털 콘텐츠 자체에 대해서는 적용 불가능해진다
　　는 문제점이 발생한다는 지적으로 Zenefels, K&R 2012, 465.
27) 이러한 입장으로 Zenefels, K&R 2012, 465.

(4) 무상으로 제공되는 디지털 콘텐츠

보통유럽매매법은 무상으로 제공되는 디지털 콘텐츠 제공계약
도 포괄하고 있다.[28] 이는 디지털 콘텐츠가 대금을 지급한 대가로
제공되지 않은 경우에는 매수인에게 매매대금의 지급의무가 부과되
지 않는다고 규정하고 있는 제123조 제2항에서 구체화되고 있다.[29]
이처럼 유·무상을 묻지 않는 것은 실무에서 무상으로 디지털 콘텐
츠가 제공되는 예가 많이 존재하기 때문이다. 예컨대 유상으로 제공
된 상품 내지 서비스와 결합하여 무상으로 디지털 콘텐츠가 제공되
기도 하고 개인정보 활용에 대한 동의를 받는 것을 전제로 디지털
콘텐츠가 무상으로 제공되기도 한다. 또한 앞으로 유상으로 디지털
콘텐츠를 제공받을 것이라는 기대 하에서 디지털 콘텐츠를 무상으
로 제공하는 경우(예컨대 무상 제공 이후의 업그레이드는 대금지불이 이
루어져야만 하는 경우)도 있다. 이처럼 무상으로 디지털 콘텐츠를 제
공하는 것은 사업자가 가지고 있는 하나의 판매모델 내지 수익모델
중의 하나를 기초로 하고 있는 것이다. 그런데 이렇게 무상으로 제
공되는 디지털 콘텐츠의 경우에도 소비자 이익을 침해하는 경우가
존재할 수 있으므로 이에 관한 규율 내용을 보통유럽매매법에서는
담으려고 한 것이다.[30] EU 위원회의 입법이유에 의해서도 하자 있
는 디지털콘텐츠가 소비자의 경제적 이해를 훼손시킬 수 있다는 특
수한 사정 및 시장구조를 고려해 보았을 때 해당 디지털 콘텐츠가
유상 또는 무상으로 제공되었는지 여부에 따라 보통유럽매매법의
적용이 좌지우지 되어서는 안 된다고 한다.[31]

---

28) 보통유럽매매법 입법이유서 25) 참조.
29) 당사자의 합의에 따라서 보통유럽매매법 제123조 제2항을 디지털 콘텐츠가
　　아닌 대상에 대해서도 적용하도록 할 수 있는지 여부에 대해서 Zenefels,
　　K&R 2012, 466; 보통유럽매매법 입법이유서 16) 참조.
30) Wendehorst, Art. 5 Rn. 24.
31) 보통유럽매매법 입법이유서 25).

III. 보통유럽매매법상 디지털 콘텐츠에 관한 실질법적 규정내용

보통유럽매매법은 실질법적 규정내용을 입법함에 있어서 디지털 콘텐츠 거래에 대한 독자적인 장을 두고 있지는 않고, 상품매매를 기본모델로 하면서 디지털 콘텐츠에 대한 규율을 추가하는 방식을 취하고 있다. 이러한 규율방식은 몇몇 규정에서 디지털 콘텐츠에 대한 독자적 특별규율을 하고 있는 경우를 제외하고,[32] 대개 디지털 콘텐츠를 유체물인 상품과 동일하게 취급하는 형태로 나타난다. 그 밖에 구체적 규정 내용에 있어서 유체적 저장장치에 저장되었는지의 여부 및 유상계약인지의 여부 등을 기준으로 하여 다른 규율내용을 가지고 있는 조항들이 있다.[33]

1. 청약철회권에서 특별 규정내용

(1) 청약철회권의 배제사유

보통유럽매매법에서의 청약철회권은 원격판매계약과 방문판매계약의 경우 소비자에게 인정된다. 우리법에서와 마찬가지로 청약철회권의 배제사유를 인정하고 있는데, 이러한 배제사유를 제40조 제2항과 제3항에서 나누어 규정하고 있다는 데 특징이 있다. 이처럼 배제사유를 두 개의 조항으로 나누어 규정하고 있는 이유는 청약철회권이 항상 배제되는 경우(제2항)와 그렇지 않은 경우(제3항)를

---

32) 예컨대 디지털 콘텐츠의 계약 적합성에 관한 제103조 내지 제105조 제4항은 디지털 콘텐츠만을 위한 특별규정이다.

33) 무상으로 제공되는 디지털 콘텐츠에 대한 제123조 제2항, 저장매체를 통해 유체화되지 않은 디지털 콘텐츠에 대한 제40조 제3항 (d)호가 대표적 예이다.

구분하기 위해서이다.

디지털 콘텐츠와 관련하여 첫 번째 청약철회권 배제사유는 우리법에서도 인정하고 있는 것으로서 소비자의 주문에 의하여 제작된 디지털 콘텐츠인 경우이다[제40조 제2항 (d)].[34] 이 경우는 청약철회 시 재판매가 쉽게 이루어지지 않기 때문에 사업자가 손해를 입을 가능성이 크다는 이유로 청약철회권의 배제를 인정하고 있는 것이다.[35] 그 외에 디지털 콘텐츠와 관련된 두 번째 청약철회권 배제사유도 우리법에 동일한 규정이 있는데, 유체적 저장매체에 담긴 음향녹음, 영상녹화물 또는 컴퓨터 소프트웨어가 인도된 후 그 포장이 개봉된 경우이다[제40조 제3항 (c)]. 이 경우에는 포장을 뜯는 경우[36] 소비자가 해당 디지털 콘텐츠를 복사할 가능성이 크기 때문에 그 반환이 의미가 없다는 이유로 청약철회권을 배제하고 있는 것이다.[37]

현재 우리나라에서도 논의가 많이 되고 있는 쟁점은 저장매체에 담기지 않은 디지털 콘텐츠, 즉 온라인으로 이용하는 디지털 콘텐츠 거래에서 청약철회권을 소비자에게 인정할 것인지 여부이다. 이와 관련하여 보통유럽매매법은 우선 절차적 요건으로 청약철회권이 배제된다는 사실을 알리고 이를 인식한 상태에서 소비자가 디지털 콘텐츠 제공에 대해 동의했어야 함을 요구하고, 이러한 절차적 요건이 충족된 경우 디지털 콘텐츠의 제공이 시작되었다면 청약철회권이 배제됨을 규정하고 있다[제40조 제3항 (d)].[38] 청약철회권이

---

34) 이와 유사하게 사업자를 보호하는 규정으로 독일민법 제312조d 제4항 제1문, 원격판매지침(RL 97/7/EG) 제6조 제3항이 있다.

35) Schulze, in: Schulze(Hrsg.), Common European Sales Law—Comentary—, Art. 40 Rn. 23.

36) 여기서 포장은 슈링크랩 방식의 계약이 체결되는 포장인 CD를 담고 있는 플라스틱 케이스의 비닐포장을 말한다(이러한 동일한 입장으로 오병철, 디지털재산법연구 제4권 제1호, 128면).

37) Schulze, in: Schulze(Hrsg.), Common European Sales Law—Comentary—, Art. 40 Rn. 24.

38) 이러한 배제사유의 설정은 이미 유럽연합에서 디지털 콘텐츠를 규율하는

배제되는 디지털 콘텐츠 제공 '시작 시점'은 다운로드 또는 스트리밍 서비스가 개시되는 순간이 될 것이다. 결국 보통유럽매매법에 따르면 서비스 도중에 스트리밍 서비스에 대한 계약을 철회하는 것은 불가능해진다.[39]

우리나라의 경우 아직도 입법적으로 명시적인 규정을 두고 있지 않다.[40] 그러나 콘텐츠 이용자보호지침과 이러닝 이용자보호지침에서는 시용상품의 제공을 하고 소비자가 이러한 시용상품을 다운로드하거나 스트리밍으로 이용한 경우에 배제된다는 모델을 취하고 있다.[41] 여기에는 기본적으로 청약철회권을 바라보는 입법적 모델의 시각이 다르게 작용하고 있다고 생각된다. 즉, 유럽연합의 입법자는 디지털 콘텐츠의 반환이 불가능하다는 입장에서 그 이행이 시작되면 더 이상 청약철회권을 인정하지 않으려고 하는 것이다. 그에 반하여 우리나라에서 시용상품의 제공을 제시하고 있는 모델은 기본적으로 전자상거래에서 배송상품의 경우에는 해당 물건을 배송된 후 직접 보고 계약의 존속여부를 결정하라는 입법취지에 맞추어서 디지털 콘텐츠의 경우에는 온라인으로 충분히 해당 콘텐츠를 시용상품을 통하여 누릴 수 있기 때문에 이러한 시용상품이 제공된다면 청약철회권을 부여할 필요가 없다는 시각이 깔려 있는 것이다.

경우 기본적 모델로 자리를 잡았다. 예컨대 소비자권리 입법지침 제16조 참조(이에 관하여 자세한 것은 고형석, "유럽연합 소비자권리지침상 청약철회권에 관한 연구—우리 법과의 비교법적 고찰을 중심으로—", 법학논총 제29집 제4호, 267면 이하 참조).
39) Loos/Helberger/Guibault/Mak, ERPL 2011, 729, 738 이하 참조.
40) 전자상거래소비자보호법의 규정에도 불구하고 법률이 예측하지 못한 상황이라는 견해로 구재군, "디지털콘텐츠서비스 이용계약에 수반되는 법적문제", 비교사법 제10권 제3호, 2003, 225면.
41) 동일한 시각으로 오병철, "디지털콘텐츠의 이용계약에 관한 법적 문제", 디지털재산법연구 제4권 제1호, 128면.

(2) 청약철회권 행사기간의 기산점

청약철회권 행사기간은 상품의 경우에는 소비자가 상품을 수령한 날로부터 기산한다[제42조 제1항 (a)].[42] 이와 마찬가지로 유체적 저장장치로 제공되는 디지털 콘텐츠의 경우에는 유체적 저장장치를 수령한 날로부터 기산한다[제42조 제1항 (f)]. 반면에 유체적 저장장치로 제공되지 않은 디지털 콘텐츠의 경우에는 대개 계약체결 후 곧바로 계약의 이행이 이루어지는 것이 통상적이므로 계약이 체결된 날이 기산점이 되는 것으로 규정하고 있다[제42조 제1항 (g)].[43]

(3) 반환비용과 관련된 특별규정

보통-유럽매매법상 원칙적으로 청약철회권 행사에 따른 상품반송 비용은 직접 소비자가 부담해야 한다(제45조 제2항). 이와 관련하여 유체적 저장장치를 통해 제공되지 않은 디지털 콘텐츠가 전체적으로 또는 부분적으로 제공된 경우 특정한 요건 하에 일정한 예외를 규정하여 소비자의 비용부담을 부정하고 있다[제45조 제6항 (b)]. 즉, 소비자가 청약철회기간의 만료 전에 디지털 콘텐츠의 제공이 시작되도록 사전에 명시적으로 동의하지 않았거나, 소비자가 그 동의 시에 철회권을 상실하게 됨에 대해 인지하지 않았을 때 또는 사업자가 보통-유럽매매법상의 정보제공에 따른 확인을 받지 않은 경우에 소비자가 비용을 지급할 의무가 없다.[44]

---

42) 제42조 제1항은 기산점을 규정하고 있는 것처럼 되어 있지만, 오히려 이 규정은 철회권 행사기간의 종료시점을 정하고 있는 것이다. 왜냐하면 본 규정에 의하여 행사기간의 기산 전에 소비자 철회권을 행사할 수 있는 기한과 동일하지 않기 때문이다[Schulze, in: Schulze(Hrsg.), Common European Sales Law—Comentary—, Art. 42. Rn. 8].

43) 우리법상으로는 이러한 기산점의 구분이 없는데, 그것은 기본적으로 우리법이 물품을 상정하고 입법을 하였기 때문이다. 이처럼 용역의 경우에 청약철회권 행사기간을 계약체결일로 정한 것은 타당하다는 입장으로 고형석, 법학논총 제29집 제4호, 278면.

44) 유럽연합 소비자권리 입법지침이 국내법으로 전환된 2014년 개정 독일 민

2. 디지털 콘텐츠의 계약적합성

(1) 계약적합성의 판단기준

보통유럽매매법은 상품 내지 디지털 콘텐츠의 계약적합성을 판단함에 있어서 다양한 기준을 설정하고 있다(제100조). 여기서 기본적으로 상품 내지 디지털 콘텐츠가 가져야 할 객관적인 계약적합성과 매수인이 기대한 계약적합성이 있다.[45] 그런데 디지털 콘텐츠에서 계약적합성을 판단함에 있어서는 기본적으로 해당 콘텐츠를 무상 또는 유상으로 거래하였는지가 판단요소가 된다[제100조 (g)]. 아무래도 무상으로 취득한 데모버전일 경우에는 기대할 수 있는 적합성의 정도가 유상으로 취득한 정식 버전의 경우보다 적을 것이기 때문이다. 하지만 무상으로 제공되었다고 하더라도 그 대가로 지급된 것이 전혀 없는 것이 아니라, 개인정보처럼 다른 것의 급부가 제공되었다면 반드시 계약적합성에 대한 기준을 내릴 필요는 없을 것이다.[46]

(2) 디지털 콘텐츠의 적합성 제한

제103조는 디지털 콘텐츠에 있어서 계약적합성이라는 개념을 제한하여 그 결과 하자담보책임을 제한하는 역할을 한다. 이 예외규정은 같은 표시의 디지털 콘텐츠가 통상적으로 이용되는 목적에 적합해야 한다는 제100조 (b)호와 연결되는 것이다. 이에 따라 본 규

법에 의해서도 청약철회권 행사 이후 반환비용은 원칙적으로 소비자가 부담해야 한다(독일 민법 제357조 제6항). 다만 소비자 부담원칙을 원용하기 위해서는 사업자가 소비자에게 반환비용부담의무에 대한 적합한 통지를 사전에 했어야 하고, 이에 대한 증명책임은 사업자가 부담한다(Palandt/Grüneberg, § 357 nF, Rn. 7.).

45) 유사한 기준을 설정하고 있는 입장으로 오병철, 디지털재산법연구 제4권 제1호, 135면. 이 견해는 현재의 기술적 수준, 가격 그리고 이용자의 주관적 기대 등을 기준으로 제시하고 있다.

46) Zoll, in: Schulze(Hrsg.), Common European Sales Law—Comentary—, Art. 101 Rn. 16.

정은 업데이트 된 디지털 콘텐츠가 계약체결 이후에 사용 가능해진 경우 이를 하자로 보지 않음으로써 담보책임을 제한하고 있다(제103조). 즉, 계약체결 후에 최신의 디지털 콘텐츠가 이용가능하다는 사유만으로 디지털 콘텐츠가 계약에 부적합한 것은 아니라고 규정함으로써 디지털 콘텐츠의 계약적합성을 제한하고 있다. 이 규정이 없다면 계약적합성의 판단시점은 위험이전 시가 될 것이지만, 이 규정을 통하여 계약체결 시가 된다.[47] 이에 따라 본 규정은 계약체결 후 업데이트 된 디지털 콘텐츠가 제공되는 경우에 이를 하자로 보지 않음으로써 담보책임을 제한하고 있다(제103조).[48]

(3) 계약적합성의 판단시점

매수인이 계약에 적합하게 이행하지 않았다는 이유로 매도인에게 각종의 구제수단을 청구하기 위한 판단시점은 기본적으로 위험이전 시이다(제105조 제1항). 즉 보통유럽매매법에서는 위험이전 시에 계약적합성의 결여에 대한 판단이 이루어진다. 다만 설치가 이루어진 경우와 디지털 콘텐츠에 대하여 업데이트 의무가 있는 경우에는 예외가 인정된다(제105조 제3항, 제4항). 왜냐하면 이 두 경우는 위험이전 시가 계약적합성 결여를 판단하는 시점으로는 적당하지 않기 때문이다. 제105조 제3항에 따라서 디지털 콘텐츠가 매도인에 의해 직접 설치되었거나 매도인의 책임 하에 설치된 경우 설치가 완성된 시기에 매수인에게 위험이 이전된다.

디지털 콘텐츠에 대하여 업데이트가 계속 이루어져야 하는 것

---

47) Zoll, in: Schulze(Grsg.), Common European Sales Law−Comentary−, Art. 103 Rn. 1.

48) 이와 같은 업데이트는 오히려 디지털 콘텐츠의 본질상 필요한 것이다(이를 지적하는 문헌으로 오병철, 디지털재산법연구 제4권 제1호, 138면). 하지만 이를 넘어서 변경권을 유보한 경우에는 약관규제법 제10조 제1호의 위반여부가 문제된다(이에 관하여 자세한 것은 구재군, 비교사법 제10권 제3호, 229면 이하 참조).

으로 합의한 경우에는 계약의 존속기간 동안 계속하여 계약 적합성
이 존재하여야 한다(제105조 제4항). 따라서 예컨대 바이러스 프로그
램 또는 네비게이션 소프트웨어의 경우 계약의 적합성은 계속하여
판단하여야 하기 때문에 계약이 존재하는 동안에는 계속하여 업데
이트가 제공되어야 한다.

(4) 무상계약의 특칙

보통유럽매매법은 무상계약에 대한 특칙을 규정하고 있다. 즉
무상으로 제공받은 디지털 콘텐츠의 경우에는 구제수단이 손해배상
으로 제한되며 또한 이 경우 손해배상은 디지털 콘텐츠의 하자로 인
하여 하드웨어, 소프트웨어 및 데이터 등 매수인의 소유권에 야기된
손해에 한정되며, 이행이익은 청구하지 못한다(제107조).[49]

본 규정상 적용되는 무상계약은 금전의 대가를 지급받지 않은
것으로 보기 때문에 형식적으로는 사업자가 다양한 목적으로 금전
의 대가를 지급받지 않고 디지털 콘텐츠를 공급하는 계약들을 포괄
한다. 즉 순수한 무상계약(gratuitous contract)뿐만 아니라, 단지 대가
가 금전으로 지급되지 않은 비무상계약(non-gratuitous contract)도 포
함된다.[50] 하지만 매수인이 대가로 금전을 지급하지 않았다고 하여
다른 대가적 의무를 매수인이 부담하고 있다면 보통유럽매매법상
인정되고 있는 다양한 구제수단을 배제하고 손해배상의 내용도 제
한하는 것이 입법론적으로 타당한지는 의문이 존재할 수 있다. 왜냐
하면 현재 인터넷에서 실제 존재하는 다양한 계약유형을 살펴보면
금전의 대가가 지급되지 않았지만, 많은 경우에는 사업자에 의한 매

---

49) 또한 공급된 디지털 콘텐츠 자체의 하자로 인한 손해도 여기에 포함되지 않
  는다고 보는 견해로 Zoll, in: Schulze(Hrsg.), Common European Sales Law
  —Comentary—, Art. 107 Rn. 8.

50) Zoll, in: Schulze(Hrsg.), Common European Sales Law—Comentary—,
  Art. 107 Rn. 2.

수인의 개인정보 내지 저작물의 활용을 디지털 콘텐츠 제공의 대가로 인정하는 경우가 흔히 있기 때문이다. 이러한 대가가 지급된 경우 단지 금전이 아니라는 이유만으로 다양한 구제수단과 손해배상의 내용을 제한하는 것은 타당하지 않을 수 있다. 따라서 제107조의 적용범위를 제한하려는 견해가 주장되고 있다.[51] 즉 비록 대가가 금전이 아니더라도 다른 형태로 제공되고 있다면 무상계약으로 보지 않아서 제107조를 적용하지 말아야 한다는 것이다. 그렇다면 제107조의 의미는 기본적으로 금전의 대가를 지급하지 않은 계약은 무상계약으로 보고 본조상의 구제수단의 제한을 받지만, 불만사항이 발생한 매수인은 대가로 지급된 것이 있다는 것을 입증하여 본조상의 제한으로부터 벗어날 수 있는 것으로 해석하는 것이 타당할 것이다.

3. 계약이행 시의 기타 의무

(1) 매수인의 주된 의무

보통유럽매매법에서는 매수인의 주된 의무로 유상인 경우 대금지급의무 외에 수령의무를 인정하고 있다. 그에 따라 디지털 콘텐츠의 경우에도 매수인은 수령을 할 의무를 부담하고 계약상 요구되는 경우에는 관련 문서도 수령해야 한다[제123조 제1항 (b), (c)].

저장매체를 통하여 디지털 콘텐츠가 제공되는 경우에는 상품의 수령과 동일하게 이해하면 되므로 큰 문제가 없을 것이다. 하지만 저장매체에 담기지 않은 상태에서 디지털 콘텐츠가 제공되는 경우에는 수령(take dilivery)이라는 개념을 파악하는 것이 그리 쉬운 것만은 아니다. 예컨대 디지털 콘텐츠를 다운받는 경우에 단지 해당 콘텐츠를 받는다고 되는 것이 아니라, 소프트웨어를 매수인이 자신의

---

51) Zoll, in: Schulze(Hrsg.), Common European Sales Law—Comentary—, Art. 107 Rn. 3.

컴퓨디에 디지털 콘텐츠 다운로드와 동시에 또는 그 이전에 설치해야 하는 경우가 있다. 또한 매도인 측에서 아무런 행위를 하지 않은 상태에서 수령이 이루어지는 경우에도 언제 수령이 이루어진 것으로 볼 수 있는지를 명확히 확정하는 것도 어렵다. 예컨대 디지털 콘텐츠의 제공이 이메일을 통하여 이루어지거나 클라우드 컴퓨팅 시스템을 통하여 추가적인 소프트웨어의 설치 없이 이루어지는 경우가 있을 것이다. 이러한 측면에서 입법정책상으로 문제가 있으므로 이 규정을 제한적으로 해석하는 것이 타당하다는 주장[52]은 설득력이 있다고 생각된다.

(2) 기한전 인도와 잘못된 양의 인도

보통유럽매매법은 기한 전의 인도와 잘못된 양의 인도에 관한 특별규정(제130조)을 두고 있다. 이 규정은 기본적으로 매수인의 정당한 이익을 해치지 않은 한도 내에서는 이행기 전의 인도나 합의한 양에 미치지 않는 인도의 경우에도 매수인이 이를 수령하여야 한다고 보고 있다(동조 제1항 및 제2항). 그러나 초과수량을 인도받은 경우에는 그 비율에 따라 추가수량에 대한 대금지급을 할지 여부를 선택할 수 있도록 규정하고 있다(동조 제3항-제5항).

이 규정은 무상의 디지털 콘텐츠 제공계약에는 적용되지 않는다(제130조 제6항). 따라서 무상인 경우에는 기한 전의 인도 및 잘못된 양의 인도가 이루어지더라도 매수인은 일반원칙에 따라 수령할 의무가 있고 이를 수령거절할 수 있는 권한은 없다.

---

52) Dannemann, in: Schulze(Hrsg.), Common European Sales Law— Comentary—, Art. 123 Nr. 11.

4. 위험이전

위험이전과 관련하여 보통·유럽매매법은 기본적으로 디지털 콘텐츠가 유체적 저장장치로 제공되는지의 여부에 따라 나누고 있다. 유체적 저장장치로 제공된 경우에는 점유이전 시점에 위험이 이전된다(제142조 제1항). 오히려 유체적 저장장치로 제공되지 않는 경우에 관하여 보통유럽매매법은 특별한 내용을 담고 있다. 즉 소비자계약에 있어 디지털 콘텐츠가 유체적 저장매체에 저장되지 않은 상태로 제공된 경우에는 소비자 또는 제3자가 디지털 콘텐츠에 대한 통제(control)를 획득한 시점에 위험이 이전되는 것으로 규정하고 있다(제142조 제2항).

구체적으로 위험이전에 있어 통제라는 개념을 어떻게 이해할 것인지는 현재 견해가 나뉘는 것으로 보인다. 첫째 견해는 통제라는 개념을 이용가능성의 존재로 해석하고 있다.[53] 즉 이 견해에서는 통제의 문언적 의미는 물건에 대한 지배를 말하는 것인데, 유체적 저장장치에 담겨져 있지 않은 디지털 콘텐츠의 경우에 물리적 지배라는 것을 상정하기 힘들다고 한다. 하지만 규정의 입법목적을 고려한다면 소비자가 해당 디지털 콘텐츠를 이용할 수 있는 가능성이 존재해야 하므로 기술적으로 보았을 때에는 디지털 콘텐츠를 소비자가 가지고 있는 기기를 통하여 이용할 수 있어야 한다는 것을 의미한다고 한다. 즉 컴퓨터 또는 다른 단말기를 통하여 해당 디지털 콘텐츠를 완전히 계약의 내용에 따라 재생하거나 이용할 수 있어야 하는 것으로 보는 것이다. 따라서 법문언상으로도 "디지털 콘텐츠에 대한 통제를 획득한 시점"이라는 표현보다 "디지털 콘텐츠 이용이 가능한 시점"이 좀 더 적합할 것이라고 한다. 두 번째 견해는 통제라는 개념을 완전한 통제(full control)로 이해하고 있다.[54] 예컨대 디지털 콘텐

---

53) Zenefels, K&R 2012, 468.
54) Zoll/Watson, in: Schulze(Hrsg.), Common European Sales Law—

츠를 다운로드 하는 동안에는 소비자가 디지털 콘텐츠를 이용하지 못하므로 완전히 다운로드가 된 경우에 통제가 인정되고 이 시점에 위험이전이 있는 것으로 보아야 한다는 것이다. 그러나 이러한 위험 이전은 매매계약과 유사한 성질을 가진 디지털 콘텐츠 공급에만 적용될 수 있고 디지털 콘텐츠에 접근하여 이용해야 하는 계약에서는 이러한 통제가 아직 판매자에게 남아 있으므로 위험이전을 생각할 수 없다고 한다.

다만 통제가 인정된다 할지라도 해당 디지털콘텐츠가 계약에 따라 공급되어야만 하는 디지털콘텐츠와 명백히 합치할 때까지 위험은 매수인에게 위험이 이전되지 않는다(제141조). 계약상 공급되어야 하는 디지털콘텐츠의 모습은 우선 계약 당사자들의 본래의 합의를 통하여 정해질 수 있는데 이는 특정물채권의 경우를 고려한 것이다.[55] 그 밖에 매수인에 대한 통지 또는 기타 방식으로 정할 수 있다.

5. 원상회복

(1) 가액반환의 원칙

디지털 콘텐츠 제공계약에서 원상회복은 항상 가액반환을 통하여 이루어지는 것으로 규정하고 있다. 즉 유체적 저장장치에 디지털 콘텐츠가 저장되었는지의 여부와 상관없이 디지털 콘텐츠의 경우에는 가액을 반환하도록 규정하고 있다(제173조 제1항). 유체적 저장장치를 통해 디지털 콘텐츠가 공급되는 경우 원물반환이 가능하므로 가액반환은 배제된다고 생각할 수 있으나, 디지털 콘텐츠가 이미 설치되거나 복제가 이루어진 이후에 반환이 이루어지면 사실상 반환이 의미 없는 것이 되기 때문에 보통유럽매매법이 디지털 콘텐츠의 경우 가액반환을 하도록 규정하고 있는 것은 정당하다고 할 수 있

Comentary-, Art. 142 Rn. 7.

55) Lorenz, AcP 2012, 828.

다.[56] 그러나 디지털 콘텐츠가 포장을 통해 봉인이 되어 인도된 경우에는 다른 판단의 여지가 있을 수 있다. 앞서 살펴본 바와 같이 보통유럽매매법 제40조 제3항 (c)는 인도 후 포장이 개봉된 경우에 한해 청약철회권을 배제하고 있다. 따라서 취소나 해제의 경우에도 청약철회권에서와 유사하게 포장이 개봉되지 않았다면 원물반환의무가 존재해야 한다고 생각할 수 있다.[57] 아직 포장을 뜯지 않은 경우에는 설치 내지 복제의 위험성이 없음에도 불구하고 포장에 의해 봉인되지 않은 디지털 콘텐츠와 동일하게 취급한다는 측면에서 의문을 제기할 수 있을 것이다.[58]

(2) 이용을 통하여 절약한 금액의 반환

가액 반환해야 할 내용은 소비자가 디지털 콘텐츠의 이용을 통하여 절약한 금액으로 규정하고 있다(제173조 제4항).[59] 그런데 본 규정은 상대방의 이행으로 "수령"한 것에 의하여 수령인이 절약한 이익을 기준으로 하지 않고, 그 대신 수령 후 "이용"함으로써 절약한 이익을 기준으로 삼고 있다. 이처럼 이용을 통하여 누리는 이익을 반환하는 것이 명백히 공평에 반한다는 비판이 있다.[60] 물론 이러한

---

56) Lehmann, in: Schulze(Hrsg.), Common European Sales Law—Comentary—, Art. 173 Rn. 24; Zenefels, K&R 2012, 468. 이러한 측면에서 반환이 불가능하다는 측면을 생각해보면 삭제의무를 부과하는 것은 아무런 효과가 없는 것이라고 생각된다(이러한 취지로 구재군, 비교사법 제10권 제3호, 240면). 하지만 디지털 콘텐츠의 삭제의무를 부과하는 입법론을 제시하는 견해로 고형석, 법학논총 제29집 제4호, 290면.

57) 이와 같은 견해로 Looschelders, AcP 2012, 679.

58) 이러한 지적으로 Lehmann, in: Schulze(Hrsg.), Common European Sales Law—Comentary—, Art. 173 Rn. 24.

59) 보통유럽매매법 제173조 제3항이 고객(Customer)이 절약한 금액을 고려하고 있음에 반해, 제173조 제4항은 오직 소비자(Consumer)가 절약한 금액이라고 표현하고 있는 것에 대한 문제 제기로 Looschelders, AcP 2012, 680. 이는 입법에 있어서 개념 혼동에 기인한 실수일 가능성이 있다고 지적하고 있다.

이용이익 반환의 한도를 디지털 콘텐츠의 가격으로 그 상한을 정하여 제한할 수는 있을 것이다. 그렇다고 하더라도 상품의 경우와 다른 기준으로 이용이익의 반환을 설정한 것은 타당하지 않다고 한다.

이와 달리 디지털 콘텐츠의 이용을 통해서 절약한 금액을 반환하도록 한 유럽보통매매법의 특별규정은 유체화되지 않은 디지털 콘텐츠를 수령한 자에게 지나친 특혜를 주는 것이기 때문에 설득력이 없을 수 있다는 비판이 있다.[61] 예컨대 DCFR에서는 저장장치에 유체화되지 않은 디지털 콘텐츠의 공급의 경우 이득자는 그 디지털 콘텐츠의 가액을 반환해야 하나, 이득자가 그 이득에 대해 동의하지 않았거나(강요된 이득) 선의였다면 반환의 범위가 절약된 것으로 제한된다(Art. Ⅶ.-5:102 DCFR). 이는 저장매체를 통하지 않은 디지털 콘텐츠를 책임 없이 수령한 자를 보호하기 위한 것이다. 즉 유체화된 디지털 콘텐츠를 수령한 자는 수령한 물건을 다시 돌려주는 것으로 충분하지만, 유체화되지 않은 디지털 콘텐츠를 수령한 자는 가액반환을 해야 하는데 그 이득이 이득자에게 강요되었거나 수령에 있어 이득자가 선의였던 경우에는 부당한 결과가 초래됨을 근거로 하고 있다.[62] 그러나 보통유럽매매법의 경우 수령자에게 이득이 강요되었거나 그가 수령에 있어 선의이어야 한다는 것을 더 이상 요건으로 요구하지 않고, 이용을 통해 절약한 것을 반환하면 되는 것으로 일반화한다는 점을 비판하고 있는 것이다.

그 밖에 실제로 소비자가 디지털 콘텐츠의 이용을 통해 절약한 금액을 알아내기가 상당히 힘들기 때문에, 이의 반환을 규정하고 있는 보통유럽매매법은 법적 안정성 측면에서 문제가 있다는 비판적

---

60) Lehmann, in: Schulze(Hrsg.), Common European Sales Law—Comentary —, Art. 173 Rn. 50.

61) Looschelders, AcP 2012, 680.

62) von Bar/Clive, Principles, Definitions and Model Rules of European Private Law Draft Common Frame of Reference, 4121.

견해도 있다.[63] 따라서 통상 소비자가 절약한 것은 객관적인 급부의 시장가치와 일치하는 것으로 봐야 한다고 한다.

(3) 무상계약의 특칙

무상으로 디지털 콘텐츠가 제공된 경우에는 원상회복이 전혀 일어나지 않는다(제173조 제6항). 이 또한 디지털 콘텐츠가 이전되고 저장되는 특성을 고려한 것이다.

본 규정에서 무상이라고 하기 위해서는 디지털 콘텐츠 제공의 반대급부로 금전의 지급이 이루어지지 않아야 한다고 본다. 그런데 이러한 금전지급의 유무는 결국에는 당사자의 합의를 기준으로 정해야 할 것이다.[64] 따라서 당사자들은 명시적 또는 묵시적으로 대가의 지급 없이 디지털 콘텐츠 제공이 이루어질 것을 합의할 수 있다. 무상여부를 금전 지급이 반대급부로 행해지는지 여부로 결정하기 때문에, 금전 지급은 이루어지지 않았으나 개인정보의 수집 또는 배너광고를 통한 수입을 통해서 디지털 콘텐츠 공급이 이루어지는 경우가 문제될 수 있다. 이 경우 가액반환을 통한 원상회복은 실제에 있어서 적합하지 않을 것이지만, 취득한 것의 적절한 가치산정을 통해서 이미 해결될 수 있지 않은지를 생각해 볼 수는 있다는 견해가 있다.[65]

IV. 나가며

보통유럽매매법은 현재 전자상거래를 그 중심 거래영역으로 하

---

63) Looschelders, AcP 2012, 681.

64) Lehmann, in: Schulze(Hrsg.), Common European Sales Law—Comentary
　—, Art. 173 Rn. 62.

65) Looschelders, AcP 2012, 681.

여 법적 규범력이 있는 입법으로 통과될 예정에 있다. 그리고 현재 전자상거래에서 상품의 거래와 디지털 콘텐츠의 제공이 양대 축을 형성하고 있다는 점을 감안하여 이 두 가지 영역에 대한 규율을 마련하고 있다. 이러한 측면에서 디지털 콘텐츠에 관한 보통유럽매매법의 규율내용은 많은 시사점을 안겨주고 있다.

보통유럽매매법은 상품거래에 대한 매매계약과 대비하여 디지털 콘텐츠 제공계약이라는 하나의 독자적인 계약유형을 제시하고 있다. 그리고 디지털 콘텐츠가 어떻게 제공되는지와 상관없이 통일적으로 모두 디지털 콘텐츠 제공계약이라는 하나의 계약유형을 통하여 포섭하는 규율방식이 특징적이다. 즉 현재 대부분의 국가에서는 디지털 콘텐츠가 CD 등 유체적 저장매체에 담겨져 있는 경우 이를 유체적 저장매체의 매매계약으로 이론구성을 하고 있으나, 보통유럽매매법은 유체적 저장매체에 담기지 않은 경우는 물론, 담긴 경우도 이를 디지털 콘텐츠 제공계약으로 보고 있다.

하지만 보통유럽매매법은 기본적으로 매매를 기초로 한 입법이기 때문에 디지털 콘텐츠 제공계약을 매매계약과 유사한 계약형태로 보고 있다. 따라서 기본적으로 매매계약에 관한 규율이 적용되고 그 특성에 맞추어 필요한 규율을 하고 있는 방식이다. 더 나아가 디지털 콘텐츠의 제공방식을 유형적 매체에 저장되어 있는지의 여부 및 대가를 지급받고 제공하는지의 여부로 나누어서 필요한 한도에서 특별규정을 두고 있는 것도 보통유럽매매법의 특징이라고 할 수 있다. 특히 무상으로 제공되고 있는 디지털 콘텐츠가 현재 많다는 측면에서 이러한 형태의 계약유형도 포섭하고 있다는 측면에서 큰 의미가 있다.

하지만 보통유럽매매법이 해당 계약에 적용되기 위해서는 당사자의 선택이 있어야 한다는 측면에서는 유럽 내 체결되는 모든 디지털 콘텐츠 계약에 대하여 해당 규범이 적용되지 않을 것이다. 특히 무상으로 제공되고 있는 디지털 콘텐츠 경우 사업자가 보통유럽매

매법에서 제시하고 있는 다양한 의무를 부담하려고 하지 않을 것이
기 때문에 과연 이러한 경우 사업자가 보통유럽매매법의 적용에 대
한 선택을 제시할지는 의문이다. 또한 구체적 규율내용에 있어서도
아쉬움을 주는 부분이 부분적으로 존재한다. 첫째, 유상과 무상을
구분함에 있어서 아직도 전통적인 대가의 지급을 기준으로 하고 있
다는 측면이다. 현재 무상으로 디지털 콘텐츠를 제공하는 사업자들
은 개인정보 내지 광고의 활용을 통하여 수익모델을 만들고 있으므
로 이러한 경우 순수한 무상계약으로 취급하는 것은 문제가 있다.
또한 반환과 관련하여 보통유럽매매법은 새로운 모델을 도입하였으
나, 그 설득력 또한 떨어진다고 할 수 있다. 보통유럽매매법은 강점
과 단점을 안고 있지만 디지털 콘텐츠에 관한 법적 효력 있는 입법
이 될 것이라는 측면에서는 큰 의미가 있을 것이다.

색인어

보통유럽매매법, 디지털 콘텐츠, 유체적 저장장치, 무상계약, 철회권

참 고 문 헌

1. 국내문헌

고형석, "유럽연합 소비자권리지침상 청약철회권에 관한 연구―우리 법과의 비교법적 고찰을 중심으로―," 법학논총 제29집 제4호.

구병문, "개정 온라인 디지털콘텐츠산업 발전법의 의의와 입법과제," 디지털재산법연구 제5권 제2호, 2006.

구병문, "디지털콘텐츠 이용자의 청약철회와 그 제한규정의 문제점과 해결방안," 홍익법학 제10권 제1호, 2009.

구재군, "디지털콘텐츠서비스 이용계약에 수반되는 법적문제," 비교사법 제10권 제3호, 2003.

박영복, "EU 집행위원회에 의해 제안된 유럽 공통매매법에 관한 규칙," 외법논집 제37권 제3호, 2013.

박종권, "디지털콘텐츠 이용계약의 법적 성질과 권리 · 의무에 관한 고찰," 이화여자대학교 법학논집 제14권 제1호, 2009.

박희호, "유럽공통매매법(CESL) 상의 소비자철회권에 관한 연구," 민사법학 제66호, 2014.

백경일, "유럽공통매매법안(CESL)에서의 계약체결규정에 관한 비교법적 검토," 비교사법 제20권 제2호, 2013.

백경일, "보통유럽매매법(CESL)에서의 의사표시 하자규정에 관한 비교법적 검토," 비교사법 제21권 제1호, 2014.

신동현, "유럽공통매매법(CESL) 안에서의 약관의 충돌 문제," 민사법학 제66호, 2014.

신재호, "온라인디지털산업발전법 개정방안에 대한 검토," 산업재산권 제18권, 2005.

오병철, "디지털콘텐츠의 이용계약에 관한 법적 문제," 디지털재산법연구 제4권 제1호, 2005.

이병준, "온라인디지털콘텐츠 이용계약에서의 계약해소―청약철회, 계약해제 · 해지를 중심으로―," 민사법의 현대적 과제와 전망(남강 서광민교수 정년기념논문집), 2007.

이병준, "보통유럽매매법 초안의 국제사법적 · 소비자법적 함의," 재산법연구 제30권 제4호, 2014.

정진명, "온라인디지털콘텐츠 이용과 소비자보호―온라인디지털콘텐츠산업발전법 개정의견을 중심으로―," 재산법연구 제26권 제3호, 2010.

하경효 외 공역, 보통유럽매매법, 2013.

허인, "디지털콘텐츠의 법적 보호에 관한 연구," 경영법률 제22권 제1호, 2011.

2. 외국문헌

Ayad/Schnell, Gemeinsames Europäisches Kaufrecht—für Unternehmen attraktiv?, BB 2012, 1487-1495.

Haug, Gemeinsames Europäisches Kaufrecht - Neue Chancen für Mittelstand und E-Commerce, K&R 2012, 1-5.

Heinig, Verbraucherschutz—Schwerpunkte der EU-Verbraucherrechte-Richtlinie, MDR 2012, 323-327.

Köhler, Die Haftung für Sachmängel im Vorschlag zu einem Gemeinsamen Europäischen Kaufrecht, GewArch Beilage WiVerw Nr. 03/2012, 135-139.

Kropf, Der Verordnungsvorschlag für ein Gemeinsames Europäisches Kaufrecht - Teil I -, WM 2012, 1268.

Loos, Scope and Application of the Optional Instrument, Amsterdam Law School Research Paper No. 2011-14.

Looschelders, Das allgemeine Vertragsrecht des Common European Sales Law, AcP 212, 581-693.

Lorenz, Das Kaufrecht und die damit verbundenen Dienstverträge im Common European Sales Law, AcP 212, 702-847.

Mansel, Der Verordnungsvorschlag für ein Gemeinsames Europäisches Kaufrecht - Teil I -, WM 2012, 1253.

Moser, Der Kommissionsvorschlag für eine Verordnung über ein Gemeinsames Europäisches Kaufrecht, GewArch Beilage WiVerw Nr. 03/2012, 124-134.

Palandt, Bürgerliches Gesetzbuch, 73. Aufl., 2014

Söbbing, Die Auswirkungen des geplanten EU-Kaufrechts auf IT-Verträge, MR-Int 2012, 55-60.

Zenefels, Die digitalen Inhalte im neuen Gemeinsamen Europäischen Kaufrecht, K&R 2012, 463-469.

제2편 | 온라인 결제환경과 소비자보호

- 전자금융거래에서 공인인증서의 발급 및 관리책임
- 사이버머니의 법적 성격과 화폐가치 부여 가능성

전자금융거래에서 공인인증서의 발급 및 관리책임*

서 희 석**

I. 서 론

본고의 목적은 전자상거래 및 전자금융거래에서 공인인증서가 본인확인(인증)을 위한 중요한 수단으로 활용되고 있는 상황임을 고려하여, 현행법상 그 의의를 분명히 하고 공인인증서의 발급 및 관리를 둘러싼 법적 책임이라는 관점에서 현행법의 해석론을 전개하는 데에 있다. 본고를 준비하게 된 데에는 이 점에 관한 해석론이 충분하지 않다는 인식 외에도 다음과 같은 두 가지 배경이 존재한다.

---

* 본고는 한국소비자법학회 제18회 학술대회(한국외국어대학교, 2014.6.20)에서 사용한 발표원고에 수정 가필한 것으로, 선진상사법률연구 제68호(2014.10) 181면 이하에 수록된 것이다.
** 부산대학교 법학전문대학원 부교수.

첫째, 전자결제 및 전자금융거래에서 공인인증서의 폐지를 둘러싼 최근의 논의이다. 전자결제의 경우 최근에 한류 드라마 열풍을 타고 촉발된 해외 구매자의 전자상거래 직접구매에서 30만원 이상 결제시 공인인증서 의무사용이라는 정책의 문제점이 지적되어 결국 동 정책이 폐지되기에 이르렀다(2014.5.20).[1] 따라서 이후 다양한 인증수단 및 보안수단의 개발이 기대되고 있는 상황이지만, 법적으로는 현재 이 부분에 대해 특별히 논의할 사항은 많지 않아 보인다. 그러나 전자결제에서와는 달리 전자금융거래에서는 여전히 공인인증서의 사용이 정책적으로 강제되고 있는데, 이에 대해서는 공인인증서의 의무사용 정책이 인증기술의 자유로운 경쟁을 통한 금융소비자보호에 역행한다는 관점에서 이를 폐지하여야 한다는 주장이 실무계와 일부 학계 및 정계를 중심으로 유력하게 전개되고 있는 상황이다.[2] 이 입장에서는 "공인인증서제도가 도입된 15년 동안 보이스피싱의 천국이 되고 말았다"[3]는 슬로건에서 알 수 있는 바와 같이 현재 사회문제화되고 있는 보이스피싱 등에 의한 전자금융사기의 원인과 해결책을 공인인증서에서 구하고 있다고 할 것이다. 전자금융거래에서 공인인증서 의무사용 정책을 폐지하여야 할 것인가 유지하여야 할 것인가를 둘러싼 논의는 향후에도 지속될 것으로 전망되는바, 본고의 목적의 하나는 이 점과 관련한 필자의 사견을 개진하는 데에 있다.

둘째, 최근에 보이스피싱에 의한 전자금융사기에 대한 금융회사의 책임을 둘러싼 최초의 대법원판결이 등장하였는데,[4] 이 판결

---

1) "전자금융감독규정 시행세칙" 개정안의 시행에 의한다.
2) 예컨대, 김기창, "공인인증서 의무사용 중단 및 향후 전망", KISO저널 제15호(2014.7); 최재천 의원 대표발의 "전자서명법 전부개정법률안"(2013.5.28. 제안) 등.
3) 안상욱, "공인인증 15년이 보이스피싱 천국 만들었다", bloter.net, 2014.2.28.자 기사, (http://www.bloter.net /archives/183014/print)
4) 대법원 2014.1.29. 선고 2013다86489 판결.

에서는 보이스피싱을 통하여 개인정보 및 금융거래정보가 노출되었고 이를 통하여 공인인증서가 재발급되어 결국 전자금융거래 이용자가 피해를 본 사안에서 전자금융거래법상 금융회사의 면책여부가 문제되었다. 이 점에 관하여 대법원은 보이스피싱에 의하여 개인정보 등을 노출한 이용자의 행위를 중과실로 판단하여 전자금융거래법상 금융회사의 면책을 인정하고 있다. 그런데 대법원은 이 사안에서 개인정보 등을 입수한 제3자가 어떻게 피해자의 공인인증서를 재발급 받을 수 있었는가(그것은 금융회사의 정보보안과 관련한 문제이다)라는 근본적인 문제에 대해서는 전혀 판단하지 않은 채 오로지 개인정보 등의 노출에 초점을 맞추어 이용자의 중과실을 인정하고 있다는 점에 주의할 필요가 있다.[5] 따라서 공인인증서의 재발급이 법적으로 어떠한 의미가 있는지에 관하여 현행법의 해석론을 통한 논구(論究)가 필요하다. 이것은 시스템거래로서의 전자금융거래에서 공인인증서의 법적 함의에 대한 이론적 고찰을 의미하는 것으로, 이점을 누락시킨 채로는 전자금융거래에서의 금융회사와 이용자의 법적 책임의 소재를 파악하는 것은 피상적인 형식논리로 흐를 가능성이 크기 때문이다.

본고는 이와 같은 두 가지 배경에서 준비된 것이나, 첫 번째 배경과 두 번째 배경은 공인인증서를 둘러싼 두 가지 극단적인 생각의 일단을 보여주는 것이다. 즉, 공인인증서가 자유로운 인증기술의 발전에 방해가 되는 것이기 때문에 그 의무사용 정책을 폐지하여야 한다는 생각과, 공인인증서의 발급 및 관리에 관한 현행 실무에는 정보보안상 문제가 없기 때문에 기본적으로 제3자에 의한 무단발급의 경우에도 금융회사가 책임질 일은 없다는 생각은, 공인인증서를 둘

---

5) 이 점에 대하여는 졸고, "전자금융거래법상 '이용자의 중과실'의 판단기준―대법원 2014.1.29. 선고 2013다86489 판결의 비판적 고찰―," 비교사법 제21권 2호(2014.5), 781면 이하를 참조.

러싼 여러 가지 생각의 스펙트럼에서는 양 극단의 끝을 보여주는 것이기 때문이다.

이하에서는 이와 같은 점을 배경으로 하여 우선 현행법상 공인인증서의 의의를 분명히 한 후(II), 그 발급(III) 및 관리(IV)를 둘러싼 법적 책임의 소재를 어떻게 가릴 것인가에 대하여 시론을 전개해 보고자 한다. 이를 통하여 공인인증서를 둘러싼 문제의 핵심이 어디에 있는지가 명백해질 것이고, 양 극단의 논의가 아닌 현행법에 입각한 보다 실천가능한 대안을 모색할 수 있을 것이라 생각한다.

II. 공인인증서의 의의

"공인인증서"의 문언적 의미는 어떠한 사실을 공적인 기관이 인증해주는 증서라는 것일 터이므로 그 의미하는 바는 상당히 넓은 것이다. 그런데 전자거래의 세계에서 공인인증서는 전자문서에 대한 전자서명이 서명자의 것이라는 사실을 공적으로 인증해주는 증서라는 의미로 사용된다. 마치 종이문서에서 인감을 날인한 경우 그것이 본인의 것임을 확인하기 위해 인감증명서가 사용되는 것과 같은 이치이다. 따라서 공인인증서의 의의를 밝히기 위해서는 전자서명법상의 전자서명에 대한 이해가 필수적이다.

한편 전자금융거래법은 공인인증서를 이른바 "접근매체"의 일유형으로 정의하면서, 접근매체의 위조 및 변조로 발생한 사고에 대하여는 이용자에게 중과실이 있는 경우를 제외하고 금융회사에게 책임을 지우고 있다. 여기서 접근매체란 전자금융거래 시스템에의 접근을 허용하는 매체라는 의미이고 시스템에의 접근을 통하여야 전자금융거래가 가능하기 때문에, 접근매체로서의 공인인증서는 전자금융사고에 대한 책임의 소재를 가리는 대단히 중요한 개념이라 할 것이다. 따라서 접근매체로서의 공인인증서의 개념에 대한 정확한 이해가 필수적이다.

공인인증서의 의의를 분명히 하기 위해서 이하에서는 전자서명
법과 전자금융거래법상의 공인인증서의 개념이 무엇인지를 정의규
정을 통하여 분석하고, 이들 법률에 의해 공인인증서가 어떠한 법적
효력을 갖는지를 검토하기로 한다.

1. 전자서명법 - 공인전자서명의 수단으로서의 공인인증서

(1) 전자서명법의 입법 및 그 특징
1) 1999년 전자서명법—디지털서명법

전자거래에서 전자서명은 전자문서를 작성한 자의 신원을 확인
하고 당해 전자문서의 내용이 변경되지 않았다는 점을 확인하기 위
해 필요한 것으로, 전자문서의 사용이 증가함에 따라 전자서명의 필
요성도 증가하게 된다. 우리나라의 전자서명법제는 전자데이터교환
(EDI)에 관한 개별입법[6]에서 이미 도입되어 있었다. 그러나 이들 개
별입법상의 전자서명은 폐쇄적인 EDI통신망에서 당해 개별입법에
서 예정하는 특별목적을 달성하기 위한 것으로, 예컨대 스캐닝한 서
명이미지도 포함되는 등 현재 전자서명으로서 널리 이용되고 있는
'비대칭 공개키 암호화방식'의 이른바 '디지털서명'에 한정되는 것은
아니었다.[7]

그러나 인터넷의 보급에 따라 전자문서의 안전성과 신뢰성을
확보하기 위한 포괄적인 전자서명법제가 필요하다는 점이 지적되었
고, 그와 같은 필요성에서 「전자거래기본법」[8]과 거의 같은 시기

---

6) 무역업무자동화촉진에 관한 법률(1991), 화물유통촉진법(1995년 개정), 공
   업 및 에너지기술기반조성에 관한 법률(1994) 등.
7) 정완용, 전자상거래법, 법영사(2002), 267면.
8) 2012년 6월 동법의 개정으로 「전자문서 및 전자거래 기본법」으로 개칭되었
   다.

(1999년 2월)에 「전자서명법」이 제정되었다(이하 "1999년 전자서명법"이라 한다). 전자거래기본법이 전자문서(전자적 형태의 정보)의 사법상 효력에 관한 룰을 정하고 전자거래의 기반조성을 위한 정부의 책무 등을 규정하는 것이 주된 목적이었다면, 전자서명법은 비대면거래로서의 전자거래의 특성을 감안하여 전자문서가 그 작성자에 의해 작성되었다는 점과 그 전자문서가 (전송 등의 과정에서) 변경되지 않았다는 점을 확인하기 위한 절차에 관한 기본적인 룰을 정하는 것이 그 주된 목적이었다고 할 것이다. 그런데 당시 이러한 요청에 부합하는 전자서명의 기술이 바로 비대칭 암호화방식에 의한 이른바 '디지털서명'이었다. 따라서 1999년 전자서명법에서는 전자서명의 방식을 비대칭 암호화방식에 의한 디지털서명에 한정하는 입법을 단행하였다.

이 법에 따르면 전자서명이란, "전자문서를 작성한 자의 신원과 전자문서의 변경 여부를 확인할 수 있도록 비대칭 암호화방식을 이용하여 전자서명생성키로 생성한 정보로서 당해 전자문서에 고유한 것"으로 정의되었다(제2조 제2호). 여기서 비대칭 암호화방식이란 암호기술을 이용하여 전자문서에 전자서명을 생성하고, 당해 전자문서를 수신받은 측에서 암호화된 전자서명을 복호화하여 전자서명을 검증하는 과정을 통하여 전자문서 작성자의 신원의 동일성과 전자문서가 송수신 도중에 위조·변조되지 않았음을 확인할 수 있도록 하는 기술이었다. 여기서는 전자문서의 작성자 측에서 전자서명을 암호화하여 전자문서에 논리적으로 결합(첨부)하기 위하여 "전자서명생성키"(전자서명을 생성하기 위하여 이용하는 전자적 정보)(제2조 제3호)가 필요하고, 수신자 측에서 이를 복호화하기 위하여 "전자서명검증키"(전자서명을 검증하기 위하여 이용하는 전자적 정보)(제2조 제4호)를 필요로 한다. 이와 같이 "전자서명검증키가 자연인 또는 법인이 소유하는 전자서명생성키에 합치한다는 사실을 확인·증명하는 행위"를 인증이라 하고(제2조 제6호), 그와 같은 인증을 하기 위한 전

자적 정보를 "인증서"라고 한다(제2조 제7호). 인증서는 인증기관
(1999년 전자서명법상으로는 '공인인증기관'이라 하였다)을 통하여 전자
문서의 작성자 즉 서명자가 미리 발급받아 둘 필요가 있는데, 기술
적으로는 이 인증서를 통하여 전자서명이 생성되도록 하고 인증서
를 수신자에게 발송함으로써 수신자 측에서 전자서명검증키를 추출
하여 인증이 이루어지도록 한다. 전자서명이나 인증서는 모두 전자
적 형태의 정보이기 때문에 기술적으로 양자를 통합한 이와 같은 운
용이 가능한 것이다.

이와 같이 1999년 전자서명법에서 전자서명은 이른바 디지털
서명을 의미하는 것이었는데 그 법적 효력에 관하여는 두 가지가 명
시되었다. 즉 공인인증기관에 의해 인증된 전자서명은, ① 법령에서
정한 서명이나 기명날인으로서의 효력과, ② 추정적 효력을 갖는다
(3조). 여기서 추정적 효력이란 전자서명이 전자문서의 명의자의 서
명 또는 기명날인으로서 추정되며(서명자의 동일성의 추정), 전자문서
가 전자서명된 후 그 내용이 변경되지 아니하였다고 추정되는(전자
문서의 완전성의 추정) 효력을 의미한다.

2) 2001년 전자서명법―2원구조형 입법

1999년 전자서명법은 이와 같이 비대칭 암호화방식의 디지털
서명만을 전자서명으로 인정하는 입법이라는 점에 특징이 있다. 그
런데 동법상의 인증서는 공인인증기관만이 발급할 수 있도록 제도
설계되었기 때문에(15조 참조) 동법상의 전자서명은 사실상 공인인
증기관에 의해 인증되는 이른바 공인전자서명을 의미하는 것이었다
고 할 것이다. 그런데 이와 같은 의미의 '기술특정성'에 입각한 입법
은 그 후 제정된 EU의 전자서명지침(1999),[9] 미국 연방전자서명법
(2000),[10] 일본의 전자서명법(2000),[11] UNCITRAL 전자서명모델법

---

9) Directive 1999/93/EC of the European Parliament and of the Council of
  13 December 1999 on a Community framework for electronic signatures.
10) Electronic Signatures in Global and National Commerce Act(June 30,

(2001)[12] 등 이른바 '기술중립성'에 입각한 전자서명법제가 차례로 제정되면서 비판에 직면하게 되었고, 입법 후 얼마 지나지 않아 다양한 전자서명 기술을 수용할 수 있도록 기술중립성에 입각한 입법으로 개정되기에 이르렀다(2001년 12월. 이하 "2001년 전자서명법"이라한다).

2001년 전자서명법은 전자서명과 공인전자서명을 구분하는 2원적인 구조의 입법이다. 1999년 전자서명법상의 '전자서명'(디지털서명)은 2001년 전자서명법에서는 '공인전자서명'으로 대체되었고, '전자서명'은 보다 포괄적으로 정의되었다. 즉, 2001년 전자서명법에 의하면 전자서명이란, "서명자를 확인하고 서명자가 당해 전자문서에 서명을 하였음을 나타내는데 이용하기 위하여 당해 전자문서에 첨부되거나 논리적으로 결합된 전자적 형태의 정보"를 말하고(제2조 제2호), 공인전자서명이란, 공인인증서에 기초한 전자서명으로서 (후술하는 바와 같이) 4가지 요건을 갖춘 전자서명을 의미하는바(제2조 제3호), 이것은 전술한 1999년 전자서명법상의 '전자서명'의 정의를 UNCITRAL 전자서명모델법 등을 참조하여 보다 명확히 한 것이다.

이와 같이 2001년 전자서명법은 '전자서명'을 보다 포괄적으로 정의한 위에 '공인전자서명'을 전자서명의 특수한 유형으로 정의하는 이원구조의 입법이라는 점에 특징이 있다. 그런데 이와 같은 이원구조는 우리나라에 고유한 것은 아니다. 즉, EU전자서명지침과 UNCITRAL전자서명모델법이 이원구조의 입법이다.

먼저, EU 전자서명지침(1999)은, "전자서명(electronic signature)"과 "상급전자서명(advanced electronic signature)"을 구분한 위에, 전자는 "다른 전자데이터(전자문서)에 부가되거나 논리적으로 결합된 전자적 형태의 데이터로서, 인증(authentication)의 수단으로서 이용

2000)(15 USC 7001).

11) 電子署名及び認証業務に関する法律(2000).

12) Uncitral Model Law on Electronic Signatures(2001).

되는 것"으로 정의하고(제2조 제1호), 후자는 "전자서명 중에서 4가지
요건 — ① 오로지 서명자에게 속할 것, ② 서명자의 동일성확인이
가능할 것, ③ 서명자가 자신이 유일하게 통제할 수 있는 수단에 의
해 생성될 것, ④ 사후적으로 데이터의 변경을 인식할 수 있도록 그
관련하는 데이터에 링크되어 있을 것— 을 갖춘 것"으로 정의한다
(제2조 제2호).[13] 이와 같이 전자서명은 널리 인증수단의 하나로서
폭넓게 정의되어 있는바, 이 정의에 따르면 패스워드나 생태인증 등
도 전자서명에 포함된다고 할 것이다. 이와 같이 정의되는 전자서명
은, 그것이 전자적 형태라는 이유 또는 적격인증서에 의한 것이 아
니라는 이유로, 또는 적격인증서비스제공자에 의해 발행된 적격인
증서에 기초한 것이 아니라거나 안전서명생성장치에 의해 생성된
것이 아니라는 이유로, 법적 효과나 소송절차에서 증거로서의 효력
이 부정되어서는 안 된다(제5조 제2항). 한편 상급전자서명은 이른바
디지털서명을 염두에 둔 전자서명으로서, 그와 같은 상급전자서명
이 '적격인증서(qualified certificate)'[14]에 기초하여 '안전서명생성장
치(secure- signature-creation divice)'[15]에 의해 생성되었을 경우에 한

---

13) 이원구조는 전자서명과 상급전자서명 외에도 서명생성장치(제2조 제5호)
   와 안전서명생성장치(제2조 제6호, 부속서Ⅲ), 인증서(제2조 제9호)와 적격
   인증서(제2조 제10호), 인증서비스제공자(제2조 제11호)와 적격인증서비스
   제공자(부속서Ⅱ), 서명검증(제2조 제7호·제8호)과 안전서명검증(부속서Ⅳ
   추천사항)의 관계에서도 나타나는바, 보다 높은 기술을 요구하는 후자의 경
   우에는 부속서(Annex)에 의해 보다 상세한 요건이 설정되어 있다. 이와 같
   이 EU전자서명지침은 철저한 이원구조의 형태라고 할 것이다.
14) 부속서Ⅰ의 요건(서명자의 성명 및 특수한 속성에 관한 사항, 유효기간, 서
   명자의 지배하에 있는 서명생성데이터에 대응하는 서명검증데이터 등)을 충
   족하는 인증서(어떤 자의 서명검증데이터에 링크되어 그 자의 동일성을 확
   인하는 전자적 증명서)로서, 적격인증서비스제공자에 의해 발행된 것을 말한
   다(제2조 제10호).
15) 부속서Ⅲ의 요건을 충족하는 서명생성장치를 말한다(제2조 제6호). 여기서
   "서명생성장치"란, 서명생성데이터(signature-creation data: 서명자에 의해
   전자서명을 작성하기 위해 이용되는 코드 또는 비밀키와 같이 유일한 데이
   터)를 구현하기 위하여 이용되는 설정된 소프트웨어 또는 하드웨어를 말하

하여 종이문서에서의 서명과 동등한 법적효력이 인정되며, 아울러 소송절차에서 증거로서의 효력이 인정된다[제5조 제1항(a)(b)].

한편 **UNCITRAL 전자서명모델법**(2001)은, UNCITRAL전자상거래모델법(1996)상의 서명요건(제7조 제1항)16)을 보다 구체화하여 "전자서명"과 "신뢰할 수 있는 전자서명"을 구분하여 정의하고 있다. 즉, 전자서명(electronic signature)이란, "데이터메시지[전자문서]에 첨부되거나 논리적으로 결합된 전자적 형태의 데이터로서, 당해 데이터메시지의 서명자를 확인하고, 당해 데이터메시지에 포함된 정보가 서명자가 승인한 것임을 나타내기 위하여 이용되는 것"을 말한다 [2조(a)]. 한편 "신뢰할 수 있는 전자서명(reliabel electronic signature)" 이란 다음의 요건을 갖춘 전자서명을 말한다(제3조 제3항). 즉, (a) 전자서명생성정보가 그 사용되는 콘텐츠[전자문서]에서 오로지 서명자에 속할 것, (b) 전자서명생성정보가 서명 당시, 서명자만에 의해 지배되고 있을 것, (c) 전자서명 후에 전자서명에 대한 변경의 유무를 확인할 수 있을 것, (d) 서명의 법적 요구가 정보의 완전성의 보장에 있는 경우에 서명후에 그 정보의 완전성의 유무를 확인할 수 있을 것. 여기서 네 가지 요건은 모두 기술적 신뢰성에 관한 객관적 기준을 정한 것으로 이른바 디지털서명을 염두에 둔 요건이다. (a)(b)에 의하면 전자서명을 생성하기 위한 정보는 오로지 서명자에게 속하여야 하며, 서명 당시 그 정보는 서명자만에 의해 지배될 것임을 요한다. 따라서 서명 당시 서명자 이외의 자가 당해 전자서명생성정보

며(제2조 제5호), 부속서III의 요건은 서명생성데이터의 안전성(위조, 타인사용의 방지 등) 확보를 위해 서명생성장치가 갖추어야 할 기술적 요건을 말한다.

16) "어느 법제가 人의 서명을 요구하는 경우에 그 요건은 데이터메시지(DM)와 관련하여서는 다음의 경우에 충족된다. (a) 그 人을 특정하고(identify), 그 DM에 포함되는 정보에 대한 그 자의 승인(approval)을 나타내는 수단이 사용되고, (b) 그 수단이 당사자 간의 관련합의를 포함한 모든 사정에 비추어 DM이 생성되거나 송수신된 목적에 비추어 신뢰할 수 있고(reliable) 적절한 (appropriate) 경우".

를 지배(control)할 수 있는 상황이라면 당해 전자서명은 신뢰할 수 있는 전자서명이라고 할 수 없게 된다.17) 한편 (c)(d)는 전자서명과 전자서명된 정보(전자문서)의 완전성에 관한 것으로 디지털서명의 암호화기술을 염두에 둔 요건이다. 이와 같은 4가지 요건을 갖춘 전자서명(=신뢰할 수 있는 전자서명)은 종이문서에서의 서명의 사용과 동등한 법적 효과를 갖게 된다(UNCITRAL 전자상거래모델법 제7조 제1항). 그러나 이러한 4가지 요건을 갖추지 못한 보통의 '전자서명'의 법적 효과에 관하여는 별도의 규정이 존재하지 않는다.

이와 같이 EU전자서명지침 및 UNCITRAL 전자서명모델법은 전자서명의 유형 및 효력을 이원적으로 구성하는 이원구조의 입법을 취하고 있는데, 우리나라의 2001년 전자서명법은 이와 같은 입법을 참고하여 전자서명과 공인전자서명을 정의하고 그 법적 효력에 있어서도 차등을 둔 것으로 이해할 것이다. 한편 2001년 전자서명법에서는 이와 같은 의미의 이원구조와 함께 공인인증서제도를 실효성있는 것으로 정비하기 위한 개정도 함께 이루어졌다. 기술중립성에 입각하여 전자서명을 정의하였으나, 실무상으로는 공인인증서에 기초한 공인전자서명에 중점을 두었기 때문이다.

(2) 전자서명의 정의
1) 전자서명
"전자서명"이라 함은 "서명자를 확인하고 서명자가 당해 전자문서에 서명을 하였음을 나타내는 데 이용하기 위하여 당해 전자문서에 첨부되거나 논리적으로 결합된 전자적 형태의 정보"를 말한다(제2조 제2호). 이것은 이른바 기술중립성을 반영한 전자서명의 정의로서, UNCITRAL 전자서명모델법의 정의 등을 참조한 것이다.

---

17) Guide to Enactment of the UNCITRAL Model Law on Electronic Signatures (2001), para.122.

2) 공인전자서명

"공인전자서명"이라 함은 공인인증기관에 의해 인증을 받은 전자서명을 의미하는 것으로, 전자서명법상으로는 다음과 같이 정의된다. 즉, 공인전자서명이란 "다음 각목의 요건을 갖추고 공인인증서에 기초한 전자서명을 말한다(제2조 제3호).

가. 전자서명생성정보(전자서명을 생성하기 위하여 이용하는 전자적 정보)가 가입자(공인인증기관으로부터 전자서명생성정보를 인증받은 자)에게 유일하게 속할 것

나. 서명 당시 가입자가 전자서명생성정보를 지배·관리하고 있을 것

다. 전자서명이 있은 후에 당해 전자서명에 대한 변경여부를 확인할 수 있을 것

라. 전자서명이 있은 후에 당해 전자문서의 변경여부를 확인할 수 있을 것"

이 정의는 전술한 UNCITRAL 전자서명모델법상의 "신뢰할 수 있는 전자서명"의 정의를 거의 그대로 받아들인 것으로, 이른바 디지털서명을 염두에 둔 정의이다. 따라서 전자서명된 전자문서의 수신자 측에서 암호화된 전자서명을 전자문서검증정보(이른바 공개키)를 이용하여 복호화하는 절차가 필요한바, 이를 통하여 전자문서가 송수신 도중에 변경되지 않았음(완전성, 무결성)을 확인할 수 있게 된다.18)

3) 공인전자서명과 공인인증서의 관계

한편 동법에서는 "전자서명생성정보가 가입자에게 유일하게 속

---

18) 전자서명검증정보를 이용하여 얻은 해시값과 전자문서 원본에서 얻은 해시값을 비교하여 두 해시값이 동일한 경우에는 전자서명의 검증이 이루어지고, 이로써 전자문서가 도중에 변경되지 않았음을 확인할 수 있게 된다[정완용, 전자상거래법[개정판], 법영사(2005), 114면].

한다는 사실을 확인하고 이를 증명하는 행위"를 "인증"이라고 정의하고(제2조 제6호), 이와 같은 인증을 위하여 필요한 전자적 정보를 "인증서"로 정의한다(제2조 제7호). 이와 같은 인증서가 공인인증기관에 의해 발급된 경우 이를 "공인인증서"라 한다(제2조 제8호). 동법에서는 위와 같은 4가지 요건을 갖추고 전자서명이 공인인증서에 기초한 경우를 공인전자서명이라 정의한다. 여기서 공인인증서와 공인전자서명의 관계가 문제되는데, 양자는 종이문서에서의 인감과 인감증명서와 같이 두 개의 서로 다른 실체인 것일까?

"공인인증서에 기초한 전자서명"의 의미와 관련하여 실무에서는 공인인증서에 전자서명생성정보와 전자서명검증정보를 수록(탑재)한 형태, 즉 공인인증서와 전자서명이 통합된 형태의 제도(이하 이를 "공인인증서제도"라 칭하기로 한다)가 운용되고 있다. 전자(電子)적인 세계에서는 전자서명도 인증서도 모두 전자적 형태의 정보(전자문서)이기 때문에 양자를 통합하는 것이 논리적으로 가능하기 때문이다.

실무상 공인인증서제도는 다음과 같이 운용된다.[19] ① 먼저 공인인증기관은 이용자(가입자)의 신청에 의해 이용자의 신원을 확인한 후, 이용자에 관한 정보, 전자서명검증정보, 전자서명의 방식, 공인인증서에 관한 정보(일련번호, 유효기간, 이용범위 내지 용도 등) 등이 포함된 공인인증서를 발급한다(제15조 제1항·제2항). 이로써 전자서명생성정보가 가입자에게 유일하게 속한다는 사실이 확인·증명(=인증)되는 셈이다. ② 이용자는 당해 공인인증서를 기록매체(컴퓨터 하드디스크, USB 등)에 저장해 두고, 전자금융거래 등에서 공인전자서명으로서 이용하게 되는데, 이용자가 공인인증서를 전자문서에 첨부하여 상대방에게 송신하면 상대방은 공인인증기관에 대하여 가입자의 공인인증서의 확인을 요청하고 공인인증기관은 가입자의 공

---

19) 정완용, 앞의 책(각주18), 123면 이하 등을 참조하였다.

인인증서가 유효하다는 확인을 하여 준다. 전자문서에 공인인증서를 첨부하는 절차가 말하자면 공인전자서명에 해당하는 셈이다. ③ 상대방은 공인인증서에 포함된 전자서명검증정보(공개키)를 이용하여 가입자의 전자서명을 복호화함으로써 전자서명이 검증되고 이로써 전자문서의 완전성(무결성)을 신뢰할 수 있게 된다. 전자서명검증정보에 의해 전자서명이 검증되면, (①에 의해 인증된) 서명자의 동일성이 (다시 한 번) 확인되며,[20] 아울러 전자서명된 전자문서가 송수신과정에서 변경되지 않았다는 점(완전성)이 기술적으로 확인된다.

4) 본인확인수단으로서의 공인인증서

이와 같이 공인인증서는 전자서명과 결부될 것을 논리적 전제로 하는 것이다. 그런데 2001년 전자서명법에서는 전자서명과 결부되지 않고도 공인인증서에 일정한 기능이 인정된다는 점이 신설되었다. 즉, "다른 법률에서 공인인증서를 이용하여 본인임을 확인하는 것을 제한 또는 배제하고 있지 아니한 경우에는 이 법의 규정에 따라 공인인증기관이 발급한 공인인증서에 의하여 본인임을 확인할 수 있다"(제18조의2). 다시 말하면 공인인증서에 본인확인의 기능이 있다는 것인데, 이것은 전자서명과는 무관하게 특히 일정한 전자적 시스템에 접근할 때에 공인인증서가 본인확인의 수단으로서 활용될 수 있음을 의미하는 것이다. 이러한 기능을 인정한 이유는 공인인증서는 "전자서명생성정보가 가입자에게 유일하게 속한다는 사실을 확인하고 이를 증명하는 전자적 정보로서 공인인증기관이 발급하는 것"이기 때문에 이를 통해 본인확인이 이루어진다면 전자적 시스템에의 접근권한을 부여하는 것이 보다 용이해지기 때문이다.

---

20) 이것은 이미 발급받은 인감증명서를 상대방에게 제출하는 행위에 비견된다.

(3) 전자서명의 효력

전자서명에 관하여 이원구조를 취하는 우리법제에서는 전자서명의 효력에 관하여도 이원적인 구조를 취하고 있다.

1) 전자서명

공인전자서명 외의 전자서명은 당사자간의 약정에 따른 서명, 서명날인 또는 기명날인으로서의 효력을 가진다(제3조 제3항). 이 조항은 2원구조형 입법인 2001년 전자서명법에서 전자서명의 정의를 신설하면서 이에 대응하여 새롭게 추가된 것이다. 그러나 당사자가 합의에 따라 일정한 전자서명의 효력을 정하는 것은 사적 자치의 원칙상 얼마든지 가능하기 때문에 이 조항이 특별히 의미를 갖는 것은 아니다.

2) 공인전자서명

공인전자서명에 대하여는 다음의 두 가지 효력이 부여된다(1999년 전자서명법상 '전자서명'의 효력과 기본적으로 같다). ① 우선, 다른 법령에서 문서 또는 서면에 서명, 서명날인 또는 기명날인을 요하는 경우 전자문서에 공인전자서명이 있는 때에는 이를 충족한 것으로 본다(법률상 서명으로서의 효력, 제3조 제1항). 그런데 법률행위의 방식은 원칙적으로 자유이기 때문에 문서에 의하지 않더라도 의사표시의 효력이 부정되는 것은 아니므로, 이 추정효가 일반 민사법상 의미를 가지는 경우는 그리 많지 않을 것이다.[21] ② 다음으로, 공인전자서명이 있는 경우에는 당해 전자서명이 서명자의 서명, 서명날인 또는 기명날인이고, 당해 전자문서가 전자서명된 후 그 내용이

---

21) 다른 법령에서 문서에 서명 등을 요구하는 경우로서 예컨대, 법인을 설립할 경우 정관작성시의 기명날인(민법 제40조, 제43조), 지시채권을 배서할 경우 배서인의 서명 또는 기명날인(민법 제510조), 부동산등기 신청시의 신청인의 기명날인(부동산등기법 제41조 제1항), 변론조서 등의 기명날인(민사소송법 제142조, 제150조, 제151조) 등이 있고, 그밖에 상법에서는 서명 등을 요구하는 다수의 규정이 있다. 한편 행정행위의 발령은 원칙상 문서에 의하도록 하고 있기 때문에(행정절차법 제23조 제1항), 처분관청의 서명 등이 필요하다.

변경되지 아니하였다고 추정한다(제3조 제2항). 이것은 공인전자서명에 의해 서명자의 동일성이 추정되고(서명자의 동일성의 추정효), 아울러 전자문서의 완전성이 추정됨을 의미하는 것이다(전자문서의 완전성의 추정효). 이와 같은 추정효는 전술한 공인전자서명의 기술적 특성을 반영한 효력이라고 할 것이다. 공인전자서명은 서명자의 신원을 확인하고 전자문서의 송수신 과정에서의 변경여부를 확인하기 위한 기술적 요건을 갖춘 경우로 정의되어 있기 때문이다. 다만 이와 같은 효력은 추정될 뿐이기 때문에(이른바 법률상의 추정), 반증에 의하여 그러한 추정효를 뒤집을 수 있다. 그러나 공인인증서에 의해 전자서명된 공인전자서명의 위와 같은 추정효를 뒤집는 것은, 공인전자서명의 기술적 요건이 모두 충족되어 있는 한 현실적으로는 상당히 곤란할 것으로 생각된다.

한편 학설상은 공인전자서명의 이와 같은 효력에 더하여 이른바 "**부인방지**(non-repudiation)**효**"를 인정하는 견해가 있다.[22) 부인방지효란 전자문서의 송신자가 전자문서의 송신 사실 또는 그 수신자에게 도달한 전자문서의 내용을 차후에 임의로 부인할 수 없다는 효력을 의미한다. 또한 수신자도 전자문서의 수신사실을 부인할 수 없다고 한다. 공인전자서명된 전자문서는 송신자가 전자서명생성정보(비밀키)를 상실하지 않는 한 위조될 수 없고, 수신자도 그 문서를 위조할 수 없기 때문이다. 생각건대 이와 같은 효력은 법적으로 인정되는 것은 아니기 때문에 공인전자서명의 사실상 효력 내지 기능이라고 이해할 것이다. 법적으로 부인방지효는 공인전자서명된 전자문서에 포함된 의사표시의 효력이 본인에게 귀속되는 효과('본인효과귀속성')의 형태로 나타난다(후술).

그런데 공인전자서명의 이와 같은 효력은 공인인증서를 통하여 전자서명이 이루어져야 비로소 발생하는 것이기 때문에 사실상 **공**

<hr />

22) 예컨대 정완용, 앞의 책(각주7), 276면.

인인증서의 효력(또는 기능)이라고 보아도 무방할 것이다.

2. 전자금융거래법 ― 접근매체로서의 공인인증서

이와 같이 전자서명법상의 공인인증서제도는, 공인인증기관으로부터 공인인증서를 발급받은 이용자(가입자)가 전자문서에 공인인증서를 첨부하는 형태로 전자서명을 하면 서명자의 신원의 동일성과 전자문서의 완전성이 확보되고 이로써 비대면거래로서의 전자거래의 안전성과 신뢰성이 확보된다는 생각에 기초해 있다.

그런데 공인인증서의 기능 내지 효력은 전자금융거래법에서는 더욱더 확장되기에 이르렀다. 즉 공인인증서가 이른바 전자금융거래 시스템에 접근하여 거래지시를 할 수 있는 "접근매체"의 일종으로 정의되었다는 사실이다. 이것은 시스템거래로서의 전자금융거래의 기술적 특성에 맞춘 제도설계이다.

(1) 시스템거래로서의 전자금융거래[23]

'전자금융거래'는 금융상품 및 서비스가 제공되는 전자적 장치를 통하여 비대면의 자동화된 방식에 의해 이루어지는 거래로 정의된다(전자금융거래법[24] 제2조 제1호 참조). 여기서 금융상품 등이 제공되는 '전자적 장치'란 "전자금융거래정보를 전자적 방법으로 전송하거나 처리하는 데 이용되는 장치"로서 현금자동지급기(CD), 자동입출금기(ATM), 지급용단말기, 컴퓨터, 전화기 등이 포함된다(법 제2조 제8호). 이 전자적 장치가 곧 '전자금융거래 시스템'이라 할 수 있다.

---

23) 이하의 내용은 졸고, 앞의 논문(각주5), 794~795면을 정리한 것이다. 한편 '시스템거래' 및 '접근매체'에 관한 기본적 생각은, 徐熙錫「電子金融取引の民事法理(3・完)―韓国電子金融取引法の考察―」一橋法学第6巻第3号(2007.11) 196頁 以下에 의한다.

24) 이하 전자금융거래법의 경우 단지 "법"이라고 약칭한다.

그런데 이와 같은 전자적 장치는 통신회선(망)에 의해 네트워크화될 때 비로소 전자금융거래정보의 전자적 전송이 가능해지고 격지자 간의 전자금융거래가 성립한다. 따라서 전자금융거래 시스템이란 위와 같은 의미의 전자적 장치와 통신회선(망)을 포괄하며, 또한 이른바 하드웨어뿐만 아니라 정보처리 등을 가능하게 하는 소프트웨어를 아우르는 개념이다. 그렇다면 전자금융거래는 이와 같은 의미의 '시스템'에 의한 거래라는 의미에서 '시스템거래'라 할 수 있다.

개별적인 전자금융거래는 전자금융거래를 위한 시스템(전자금융거래 시스템)에의 접근으로부터 시작된다. 전자금융거래의 발달단계에서 볼 때 그 초기에는 금융회사만이 시스템에 접근할 수 있었으나,[25] 기술의 발달로 이용자가 직접 시스템에 접근하여 전자금융거래를 할 수 있는 시대가 도래하였다(ATM, 인터넷뱅킹 등). 이용자가 시스템에의 접근을 위하여 필요한 것이 '접근매체'이다. 예를 들면, ATM에 의한 예금인출거래를 위해서는 현금카드와 비밀번호가 필요하며, 인터넷뱅킹에 의한 자금이체거래를 위해서는 이용자ID와 비밀번호 또는 공인인증서와 비밀번호가 필요하다. 여기서 현금카드, 비밀번호, 이용자ID, 공인인증서 등이 이른바 접근매체에 해당하는 것인데, 이들 접근매체에 의하여 이용자는 전자금융거래 시스템(이하 단순히 '시스템'이라고도 한다)에 접근하는 것이 허용되는 것이다(접근권한의 부여). 접근매체의 삽입(카드나 USB 등)과 입력(정보) 등에 의해 시스템에의 접근이 허용된(접근권한을 부여받은) 이용자는 예금인출이나 자금이체를 위한 거래지시를 입력하고 이를 전송함으로써 거래가 완성된다.[26] 그렇다면 우리법상 접근매체는 어떻게 정의되

---

25) 예컨대 은행 간의 자금이체거래에서 초기에는 은행 직원만이 시스템(은행 간 자금이체시스템)에의 접근이 허용되었다.
26) 법적으로는 인터넷뱅킹에서의 거래지시(정보)의 도달(수취인 은행의 입금기록)이나 ATM에서의 수취인의 현금 수령 시점에 지급으로서의 효력이 발생한다(법 제13조).

고 그 종류에는 무엇이 있는가?

(2) 접근매체의 定義

전자금융거래법상 접근매체는 "전자금융거래에 있어서 거래지
시를 하거나 이용자 및 거래내용의 진실성과 정확성을 확보하기 위
하여 사용되는 수단 또는 정보"로 정의된다(법 제2조 제10호 참조).

전술한 바와 같이 접근매체는 문리적으로는 "(시스템에) 접근하
기 위한 매체"를 의미한다. 시스템에 접근할 수 있다는 것은 시스템
에 접근함으로써 거래지시를 할 수 있다는 의미이다. 따라서 접근매
체는 전자금융거래법에서 최소한 "(시스템에 접근하여) 거래지시를
하기 위한 수단이나 정보"로 정의된다. 그런데 전자금융거래법은 여
기서 더 나아가 "이용자 및 거래내용의 진실성과 정확성을 확보하기
위한 수단 또는 정보"로서도 접근매체를 정의한다. 따라서 전자금융
거래법상의 접근매체는 ① 시스템에 접근하여 거래지시를 하기 위
한 수단 또는 정보(접근매체로서의 기능) 또는 ② 이용자의 진실성과
정확성을 확보하기 위한 수단 또는 정보(본인확인 수단으로서의 기능)
및 ③ 거래내용의 진실성과 정확성을 확보하기 위한 수단 또는 정보
(거래내용 완전성의 확인수단으로서의 기능)로 정의되고 있음을 알 수
있다. 여기에서 ②와 ③은 공인인증서의 본인확인수단으로서의 기
능(전자서명법 제18조의2) 및 공인전자서명의 효력(동 제3조)과 중복
되는 것이다.[27]

전자금융거래법은 접근매체를 위와 같이 정의하면서 이에 해당
하는 매체를 다섯 가지로 한정열거하고 있다(법 제2조 제10호).[28] 한

---

[27] 이상의 내용은 졸고, 앞의 논문(각주5), 795~796면을 정리한 것이다.

[28] 전자금융거래법 제2조 10. "접근매체"라 함은 전자금융거래에 있어서 거래
지시를 하거나 이용자 및 거래내용의 진실성과 정확성을 확보하기 위하여 사
용되는 다음 각 목의 어느 하나에 해당하는 수단 또는 정보를 말한다.
가. 전자식 카드 및 이에 준하는 전자적 정보
나. 「전자서명법」 제2조 제4호의 전자서명생성정보 및 같은 조 제7호의 인

정열거된 다섯 가지 접근매체 중에서 가장 주목되는 것은 "전자서명
법 제2조 제4호의 **전자서명생성정보** 및 같은 조 제7호의 **인증서**"이
다. 전술한 바와 같이 실무에서는 전자서명생성정보가 인증서에 탑
재(수록)되는 형태로 운영되고 있고 이용자는 전자문서에 이 인증서
를 첨부함으로써 전자서명을 한 것으로 인정받게 된다. 그런데 전자
서명생성정보 자체가 이른바 디지털서명을 전제로 한 개념이기 때
문에 여기서의 인증서는 공인인증서를 의미하는 것으로 이해해야
할 것이다. 전자금융거래의 실무에 있어서도 금융감독당국의 정책
에 의하여 전자금융거래를 하기 위해서는 공인인증서가 필요하기
때문에 여기서의 '인증서'는 사실상 공인인증서를 의미하는 것으로
운용되고 있다. 따라서 "전자금융거래법 제2조 제7호의 인증서"는
'공인인증서'를 의미하는 것이고 "(전자서명생성정보가 탑재된) 공인인
증서"가 접근매체의 일종으로 정의되어 있다고 할 것이다.29)

　접근매체로서의 공인인증서는 전술한 세 가지 기능(① 접근매체
로서의 기능, ② 본인확인 수단으로서의 기능, ③ 거래내용 완전성의 확인
수단으로서의 기능) 모두를 포섭하는 접근매체라고 할 것이다. 여기
서 ①은 접근매체로서의 최소한의 기능으로서 전자금융거래법에 의
해 인정되는 것이다. 한편 ②는 전자서명법상 공인인증서의 본인확
인수단으로서의 기능(제18조의2)에 의해 인정되는 것이고, ③은 같
은 법상 공인전자서명의 효력(제3조)에 의해 인정되는 것이다. 공인
전자서명의 효력은 전술한 바와 같이 사실상 공인인증서의 기능이
라고 보아도 무방하기 때문에, ②와 ③은 전자서명법에 의해 공인인
증서에 인정되는 기능이다. 결국 전자금융거래법상 접근매체로서의

증서
　다. 금융회사 또는 전자금융업자에 등록된 이용자번호
　라. 이용자의 생체정보
　마. 가목 또는 나목의 수단이나 정보를 사용하는 데 필요한 비밀번호
29) 이상의 내용은 졸고, 앞의 논문(각주5), 796~797면을 정리한 것이다.

공인인증서는 전자서명법상의 공인인증서의 기능 내지 효력을 통합한 개념이라고 이해할 것이다.

(3) 접근매체에 의한 의사표시의 본인효과귀속성[30]

전술한 바와 같이 접근매체는 전자금융거래를 위한 시스템에의 접근을 위한 수단이나 정보라는 점에 그 실무상 의의가 있으나, 더욱 중요한 것은 전자금융거래에서는 접근매체를 통한 거래지시(의사표시의 일종이다)의 법적 효과가 그 접근매체상의 본인에게 직접 미친다는 점이다(본인효과귀속성). 이것은 네트워크를 통하여 전송된 '전자문서'(정보처리시스템에 의하여 전자적 형태로 작성, 송신·수신 또는 저장된 정보)에 포함된 의사표시의 법적 효과에 관하여 규율하는 「전자문서 및 전자거래기본법」 제7조 제2항에 따른 결과이고, 이 규정은 전자금융거래를 위하여 사용되는 전자문서에 대하여도 그대로 적용되기 때문이다(법 제5조 제1항). 즉, "전자문서의 수신자는 전자문서가 작성자의 것이었는지를 확인하기 위하여 수신자가 미리 작성자와 합의한 절차를 따른 경우 전자문서에 포함된 의사표시를 작성자의 것으로 보아 행위할 수 있다"(전자문서 및 전자거래기본법 제7조 제2항). "접근매체의 이용"은 "(본인확인 등을 위하여) 수신자가 미리 작성자와 합의한 절차"에 해당하므로 접근매체에 의해 시스템에 접근한 후 거래지시로서 전자문서가 송신·수신된 경우 수신자(금융회사)는 당해 의사표시를 접근매체상의 본인(이용자)의 것으로 보고 행위하는 것이 가능하게 된다. 이것은 당해 의사표시의 법적 효과가 접근매체상의 본인(이용자)에게 미치는(또는 효력부정을 방지하는) 근거규정이 된다. 따라서 어느 이용자가 자신의 접근매체를 타인에게 사용하게 한 경우 그 접근매체에 의해 이루어진 전자금융거래는 기본적으로 이용자(접근매체상의 본인)에게 그 효과가 귀속된다

---

30) 이하의 내용은 졸고, 앞의 논문(각주5), 799~800면을 정리한 것이다.

는 점에 주의할 필요가 있다(본인효과귀속성).

요컨대 접근매체는 비대면거래로서의 전자금융거래를 위해서는 없어서는 안 되는 관문과 같은 존재이나, 그 관리가 잘못될 경우에는 그 효과가 본인에게 귀속될 위험성이 존재한다. 따라서 접근매체의 이상과 같은 특성(본인효과귀속성)으로부터 접근매체의 발급자는 그 발급시에 본인확인을 철저히 하여야 하며, 접근매체를 발급받은 이용자는 접근매체에 대하여 관리상의 주의를 다하여야 한다. 전자금융거래법이 후술하는 바와 같이 접근매체에 대하여 발급 및 관리상의 주의의무에 관한 규정을 두고 있는 것은 이와 같은 이유 때문이다.

3. 소 결

공인인증서는 전자서명법상 ① **서명자의 동일성 및** ② **전자문서의 완전성**을 확보하기 위한 기술적 조치로서, 이용자 본인의 신청에 의해 본인확인을 거쳐 공인인증기관이 발급하는 전자적 정보이다. 공인인증서에 의해 전자서명된 전자문서가 있을 경우, 그 서명자의 동일성 및 전자문서의 완전성은 법률상 추정된다(제3조 제1항·제2항). 또한 공인인증서는 전자문서에 논리적으로 결합되거나 첨부되지 않는 경우에도 ③ **본인확인의 수단**으로 활용될 수 있다(제18조의2). 이와 같은 기능은 공인인증서가 전자금융거래법상 접근매체로서 정의되는 것과도 관련된다. 즉 ④ **접근매체로서의 공인인증서**는 (본인임을 확인하고) 이를 통해 전자금융거래 시스템에의 접근이 허용되어 거래지시를 할 수 있는 수단이라는 것을 의미한다(접근권한 + 거래지시). 한편 공인인증서는 전자문서의 수신자가 미리 작성자와 합의한 절차(전자문서 및 전자거래 기본법 제7조 제2항, 전자금융거래법 제5조 제1항)이기 때문에 전자금융거래에서 전자문서에 포함된 의사표시의 법적 효과는 작성자 본인에게 귀속한다(⑤ 본인효과귀속성).

전자서명법 및 전자금융거래법상 공인인증서는 이와 같이 대단히 중
요한 의의를 가지는 것이기 때문에 후술하는 바와 같이 그 발급 및
관리에는 일정한 주의의무와 그 위반에 대한 법적 책임이 부여된다.

III. 공인인증서의 발급책임

1. 시스템의 안전성과 책임의 문제 — 시스템책임론

전자금융거래에서 책임의 문제는 시스템의 안전의 확보에 직결
하는 문제이다. 전자금융거래 자체가 시스템에서 자동화된 방식으
로 처리되는 성질의 것(시스템거래)이기 때문에 시스템의 안전성이
보장되지 않는 한 전자금융거래의 존립의 기반은 확보될 수 없다.
이와 같은 관점에서 전자금융거래법은 전자금융거래의 안전성과
(이를 통한) 신뢰성의 확보를 입법목적에 명시함과 아울러(법 제1조)
시스템의 안전성의 확보를 금융회사의 기본적인 의무로 명시하고
있는 것이다(법 제21조).

여기서 전자금융거래의 '시스템'의 범주가 문제되는데, 이것은
전술한 바와 같이 전자금융거래를 가능하게 하는 전자적 장치와 통
신회선망 등의 하드웨어 및 소프트웨어를 포함하는 개념이다. 그런
데 필자는 여기서 더 나아가 접근매체 또한 (넓은 의미의) 시스템의
범주에 포함되는 것으로 해석하고자 한다. 접근매체는 그 용어의 의
미로부터 알 수 있는 바와 같이 시스템에 접근하기 위한 매체(수단)
이다. 전자금융거래의 처리과정을 생각하면, 전자금융거래는 접근
매체에 의한 시스템에의 접근으로부터 시작하며, 그것이 개별적인
전자금융거래를 성립시키기 위하여 이용자에게 요구되는 최초의 또
한 필수의 절차라는 것을 알 수 있다(접근매체의 발급이나 시스템을 이
용하기 위한 기본계약은 개별적인 전자금융거래 이전에 체결되어 있을 필

요가 있다). 그렇다면 접근매체는 시스템거래로서의 전자금융거래에서 당해 시스템과 일체가 되는 것이라고 이해할 수 있는 것이다(광의의 시스템 개념).

접근매체를 이와 같이 이해한다면 시스템으로서의 접근매체를 발급하거나 사용·관리하는 당사자에게는 시스템으로서의 안전성을 확보·유지할 주의의무가 부여되고, 이 주의의무를 해태한 당사자에게는 그에 상응하는 법적 책임이 부여되어야 한다는 생각이 성립할 수 있다. 즉, 전자금융거래에서 책임의 문제는 접근매체를 포함한 시스템 전체의 안전성의 문제이고, 시스템의 안전성을 확보·유지하기 위한 책임의 총체(시스템의 설계, 유지, 관리 등)를 '**시스템책임**'이라고 할 수 있다. 접근매체의 발급 및 관리책임은 이와 같은 의미의 '시스템책임'의 일종이다. 본고에서는 이와 같은 책임이론을 '**시스템책임론**'이라 부르기로 한다.[31)]

그렇다면 공인인증서를 포함한 접근매체의 발급 및 사용·관리에서의 안전성 확보·유지의무의 구체적 내용은 무엇인가? 전자금융거래에서 접근매체는 시스템에의 접근권한을 부여하는 매체이고, 또한 전술한 바와 같이 접근매체에 의한 의사표시의 법적효과는 접근매체상의 본인에게 귀속하기 때문에(본인효과귀속성), 공인인증서를 포함한 접근매체의 발급은 본인확인절차를 철저히 거친 후에 이

---

31) "시스템책임론"은 이미 일본에서 제창된 적이 있다. 그것은 "시스템을 유기적·통일적인 것으로 종합하는 총괄자를 석출(析出)하고 그 시스템 총괄자에게 책임을 부과하기 위한 이론"으로 설명된다. 이것은 말하자면 이용자와의 거래관계의 접점에 있는 자에게 책임을 집중시키기 위하여 제창된 이른바 "네트워크책임론"의 관점을 보편화한 이론이다 (松本恒雄「システム契約とシステム責任」 北川善太郎編 『コンピュータシステムと取引法ーシステム契約の法政策的検討ー』(三省堂、1987) 168頁. 徐·前提論文(脚註23) 199頁 脚註214에서 재인용). 그렇다면 이것은 필자가 제창하는 시스템책임론과는 그 관점 및 범주가 다른 것이다. 본문의 시스템책임론은 필자가 현행 전자금융거래의 특성 및 우리나라 전자금융거래법의 규율내용으로부터 착안하여 정립한 이론으로서, 용어만을 일본의 이론으로부터 차용한 것이다.

루어져야 한다(그러한 본인확인절차는 기본적으로 '대면'에 의하여야 할
것이다). 또한 한번 발급된 접근매체는 타인에 의해 사용되지 않도록
그 관리에 주의를 다하여야 한다. 이러한 주의의무에 위반한 금융회
사나 공인인증기관 및 이용자는 그로부터 발생한 손해에 대하여 스
스로 책임을 부담하여야 한다.

전자금융거래법은 이 점에 관하여 금융회사에 대하여는 접근매
체의 발급에 관한 주의의무를, 이용자에 대하여는 접근매체의 사용
및 관리에 관한 주의의무를 각각 규정한다. 이하 본 장과 다음 장으
로 나누어 분설한다.

2. 공인인증서의 발급상의 주의의무

(1) 전자금융거래법-금융회사[32]

금융회사가 접근매체를 발급할 때에는 "이용자의 신청이 있는
경우에 한하여 **본인임을 확인한 후에** 발급하여야 한다"(법 제6조 제2
항). 여기서 본인임을 확인하는 방법 및 절차가 문제되는데, 전자금
융거래법에는 이에 관한 명문의 규정이 없다. 생각건대 전자금융거
래에서 접근매체 발급의 중요성으로부터 여기서의 본인확인은 "대
면에 의한 확인"을 의미하는 것으로 해석할 것이다. 이때 보통은 주
민등록증 등 신분확인이 가능한 증표에 의하여 실명 및 본인임을 확
인하여야 할 것인데,[33] 이때 금융회사에 요구되는 주의의무의 정도
는 주민등록증의 진정 여부를 확인함과 동시에 그 사진과 실물을 대

---

32) 이하의 내용은 졸고, 앞의 논문(각주5), 800~802면을 정리한 것이다.

33) 참고적으로 「금융실명거래 및 비밀보장에 관한 법률」에서는 금융거래의 실
   명확인은 기본적으로 주민등록증에 의하여 이루어져야 함을 명시하고 있고
   (제3조 제1항, 시행규칙 제3조 참조), 「전자서명법」에서는 공인인증서 발급
   시의 신원확인 절차로서 직접 대면하여 기본적으로 주민등록증에 의하여 실
   명 및 본인임을 확인하여야 한다는 점을 명시하고 있다(제15조, 시행규칙 제
   13조의2 제2항).

조하는 등 그 직무수행상 요구되는 충분한 주의의무라고 할 것이다
(판례).34) 이와 같이 접근매체는 이용자의 신청이 있는 경우에 한하
여 대면에 의한 본인확인을 철저히 한 후에 발급하는 것이 원칙이
나, ① 선불전자지급수단이나 5만원 이하의 전자화폐의 경우나 ②
접근매체의 갱신이나 대체발급 등을 위하여 대통령령이 정하는 바
에 따라 이용자의 동의를 얻은 경우35)에는 이용자의 신청이나 본인
의 확인이 없는 때에도 접근매체를 발급할 수 있다(법 제6조 제2항 단
서). 이와 같은 예외를 둔 이유는, ①은 선불식 교통카드 등 소액결
제에 주로 사용되는 선불식 전자지급수단으로서 이 경우에는 특히
본인확인이 필요없다고 판단했기 때문이고, ②는 접근매체의 갱신

---

34) 폰뱅킹(phone-banking; telebanking)에 의한 자금이체 사기사건에서 〈대
   법원 1998.11.10. 선고 98다20059 판결〉은 "자금이체신청의 경우에는 은행
   의 창구직원이 직접 손으로 처리하는 경우와는 달리 그에 따른 자금이체가
   기계에 의하여 순간적으로 이루어지지만, 그것이 채권의 준점유자에 대한 변
   제로서 은행에 대하여 요구되는 주의의무를 다하였는지 여부를 판단함에 있
   어서는, 자금이체시의 사정만을 고려할 것이 아니라 그 이전에 행하여진 폰
   뱅킹의 등록을 비롯한 제반 사정을 총체적으로 고려하여야 하며, 은행이 거
   래상대방의 본인 여부를 확인할 필요가 있는 경우에 담당직원으로 하여금 그
   상대방이 거래명의인의 주민등록증을 소지하고 있는지 여부를 확인하는 것
   만으로는 부족하고 그 직무수행상 필요로 하는 충분한 주의를 다하여 주민등
   록증의 진정 여부 등을 확인함과 아울러 그에 부착된 사진과 실물을 대조하
   여야 할 것인바, 만일 실제로 거래행위를 한 상대방이 주민등록상의 본인과
   다른 사람이었음이 사후에 밝혀졌다고 한다면, 특별한 사정이 없는 한, 은행
   으로서는 위와 같은 본인확인의무를 다하지 못한 과실이 있는 것으로 사실상
   추정된다."(하선은 필자)고 하였다. 이 판시는 전자금융거래 전체에 그대로
   타당하다고 생각한다.
35) 시행령 제6조(접근매체의 갱신 또는 대체발급) 1. 갱신 또는 대체발급 예정
   일 전 6월 이내에 사용된 적이 없는 접근매체는 이용자로부터 갱신 또는 대
   체발급에 대하여 서면동의[「전자서명법」 제2조 제3호에 따른 공인전자서명
   (이하 "공인전자서명"이라 한다)이 있는 전자문서에 의한 동의를 포함한다]
   를 얻은 경우
   2. 갱신 또는 대체발급 예정일 전 6월 이내에 사용된 적이 있는 접근매체는
   그 예정일부터 1월 이전에 이용자에게 발급 예정사실을 알린 후 20일 이내에
   이용자로부터 이의 제기가 없는 경우

등에서 미리 이용자의 동의를 받아둔 경우이기 때문으로 이해된다.

금융회사가 (예외사유가 아님에도) 본인확인의무를 이행하지 않고 접근매체를 발급하였다면 어떠한 법적 효과가 발생하는가? 전자금융거래법에 의하면 이 경우 당해 금융회사는 금융감독당국으로부터 행정제재(관련 업무의 전부 또는 일부의 정지)를 받게 된다(법 제43조 제2항). 문제는 그 경우의 사법상 효력인데, 전자금융거래법에는 이에 관한 명문의 규정은 없다. 생각건대 금융회사가 전술한 바와 같은 접근매체 발급상의 주의의무를 해태하여 접근매체를 발급하였고 이로 인하여 전자금융거래가 발생하였다면 그 효과는 본인에게 귀속하지 않는다(금융회사가 책임을 부담한다)고 해석하여야 할 것이다. 전술한 바와 같이 전자금융거래에서 접근매체에 의한 전자금융거래의 법적 효과는 접근매체상의 본인에게 귀속하는 것이 원칙이기 때문에, 본인확인의무를 이행하지 않고 발급된 접근매체를 통하여 전자금융거래가 발생한 경우에는 그와 같은 효과가 발생한다고 해석할 수 없기 때문이다.

(2) 전자서명법-공인인증기관[36]

그런데 접근매체 중 '공인인증서'의 발급에 관하여는 전자서명법에 특칙이 존재한다. 동법에 의하면 공인인증서는 공인인증기관이 발급하며 이 경우에도 공인인증기관은 공인인증서를 발급받고자 하는 자의 신원을 확인하여야 한다(동법 제15조 제1항). 이때 신원확인의 절차 및 방법이 문제되는데, 이에 관하여는 동법 시행규칙에 관련 규정이 존재한다. 즉, 공인인증기관은 공인인증서를 발급받고자 하는 자의 신원을 확인하는 때에는 **직접 대면하여** 주민등록증 등에 의하여 그 자의 실명 및 본인 여부를 확인하여야 한다(동법 시행규칙 제13조의2 제2항). 전자금융거래에서 공인인증서의 중요성(접근매

---

36) 이하의 내용은 졸고, 앞의 논문(각주5), 802~804면을 정리한 것이다.

제보서 ① 본인확인수단, ② 접근권한, ③ 거래지시수단, ④ 본인효과귀속성, ⑤ 공인전자서명=거래내용의 완전성 보장)을 고려할 때에는 본인확인절차를 명확하고 구체적으로 특정할 필요가 있다는 점에서 "대면에 의한 신원(실명 및 본인)확인"이라는 절차를 명시한 것은 바람직한 입법태도라 할 것이다. 이 규정은 2006년 7월 1일부터 시행된 동법 시행규칙의 개정에 의한 것이다(그 이전의 입법에 "직접 대면하여"라는 표현을 추가한 것이다).[37] 문제는 위 시행규칙의 개정 시에 대면에 의한 신원확인이라는 원칙에 대하여 아래와 같이 중요한 예외를 동시에 두었다는 점이다.

전자서명법 제13조의2(신원확인의 기준 및 방법) ④ 공인인증기관은 「금융실명거래 및 비밀보장에 관한 법률」 제2조 제1호 각목에 따른 금융회사에서 실지명의가 확인된 전자금융거래 가입자가 공인인증서를 발급받으려는 경우에는 정보통신망을 통하여 신원을 확인할 수 있다. 이 경우 다음 각 호의 사항을 확인하여야 한다. 〈신설 2006.6.30〉

1. 전자금융거래 가입자의 계정(ID)과 그 비밀번호 또는 계좌번호와 그 비밀번호
2. 전자금융거래 가입자의 주민등록번호
3. 금융회사가 전자금융거래를 위하여 가입자에게 제공한 일회용비밀번호(보안카드의 비밀번호를 포함한다) 또는 가입자 본인만이 알 수 있는 두 가지 이상의 정보

---

37) 이정현, "2006년 시행 전자서명법의 개정내용과 향후 과제", 정보보호 정책동향(한국정보보호진흥원)(2006년), 15면은 종래 공인인증서는 대면확인 후에 발급하는 것을 원칙으로 하고 있었으나 명문 규정이 없어 논란이 되어 왔던 것을 2006년 전자서명법 시행규칙의 개정에서 대면확인의 원칙을 명문화하여 논란을 종식시켰다고 설명하고 있다.

이 규정은 금융회사에서 실명이 확인된 전자금융거래 가입자의 경우 공인인증서의 발급(재발급)시에 대면에 의한 신원확인이 필요하지 않고 "정보통신망을 통하여", 즉 비대면의 방법으로 신원(본인)확인을 할 수 있다는 예외를 규정한 것이다. 이 규정은 전자금융거래법의 시행(2007.1.1.)을 앞두고 전자금융거래의 "편의성을 높이기 위하여"[38] 둔 것이다. 이 예외규정에 의하면 전자금융거래 가입자는 계좌번호와 비밀번호 및 주민등록번호, 보안카드상의 비밀번호(또는 다른 두 가지 본인에 관한 정보)만으로도 공인인증서를 발급받을 수 있게 되기 때문에 전자금융거래의 편의성 향상이라는 입법목적에는 부합된다. 그러나 이 규정은 전자금융거래에서 접근매체의 중요성(본인효과귀속성)을 고려하여 접근매체는 대면에 의한 본인확인절차를 철저히 거친 후에 발급되어야 한다는 대원칙을 생각할 때에는 대단히 위험한 발상에 의한 규정이라고 하지 않을 수 없다. 전자금융사기를 의도한 자는 몇 가지 개인정보나 금융거래정보만 확보하고 있으면 대면에 의한 본인확인을 거치지 않기 때문에 '쉽게' 공인인증서를 취득하여 소기의 목적을 달성할 수 있게 되기 때문이다. 특히 개인정보와 금융거래정보의 유출사고가 사회문제화되고 있는 현 상황에서 이 규정이 개인정보 등의 유출을 조장하고 전자금융사기에 악용될 수 있다는 점에서 더욱 그러하다. 그런데 문제의 심각성은 이와 같은 시행규칙상의 예외규정의 존재 및 그 의의를 전자상거래나 전자금융거래 실무에 종사하는 자나 법률전문가들조차 거의 인식하지 못하고 있으며,[39] 다만 금융회사의 홈페이지만 유심히 살펴보면 공인인증서의 재발급이 정보통신망을 통한 본인확인을 거쳐 쉽게 이루어진다는 점을 확인하기는 어렵지 않다는 점이다.[40] 있어

---

38) 법제처 「전자서명법 시행규칙」(2006.6.30. 개정) 개정이유 참조.
39) 이것은 필자가 주변의 실무가나 법률전문가 수인을 대상으로 직접 확인한 것이다.
40) 실무에서는 공인인증서의 '재발급'에 대하여, 분실이나 컴퓨터 포맷 등의 경

서는 안 될 위험한 규정이 당연한 전제로서 실무에서 활용되고 있는 비정상적인 상황을 어떻게 이해할 것인가? 만일 이와 같은 실무관행에 의해 본인이 아닌 자가 공인인증서를 재발급받아 전자금융거래를 하였다면 그 법적 효과는 본인에게 귀속한다(본인이 책임을 져야 한다)고 하여야 할 것인가?

3. 공인인증서의 발급책임

보이스피싱에 의하여 피해자의 개인정보 및 금융거래정보를 확보받아 공인인증서를 재발급받고 이를 이용하여 전자금융거래(대출거래)로부터 자금을 이체받은 전자금융사기가 문제된 최근의 사안에서 대법원은 금융거래정보를 노출한 이용자에게 중과실을 인정하여 금융회사의 면책의 항변을 전부 받아들였다.[41] 이 대법원판결은

우에 공인인증서를 재차 발급받는 것으로서 기존 인증서의 유효기간은 유지되지만 기존 인증서는 자동 폐기되는 것으로 설명하고 있다(국민은행 홈페이지 등 참조). 따라서 유효기간이 경과되기 전에 공인인증서를 '갱신'(기간 연장)하는 것과는 구별된다. 한편 공인인증서의 발급주체는 공인인증기관이지만 실제로는 금융회사의 창구나 홈페이지에서 발급이 가능하다. 이것은 공인인증기관이 발급한 공인인증서가 금융회사를 통하여 이용자에게 제공되기 때문으로 이해된다. 이 점에서 공인인증서 발급에 있어서 금융회사는 공인인증기관의 이행보조자라 할 것이다.

41) 대법원 2014.1.29. 선고 2013다86489 판결. 대법원은 "전자금융거래법 및 동 시행령이나 전자금융거래 기본약관의 각 조항에서 정하는 '고의 또는 중대한 과실'이 있는지 여부는 접근매체의 위조 등 금융사고가 일어난 구체적인 경위, 그 위조 등 수법의 내용 및 그 수법에 대한 일반인의 인식 정도, 금융거래 이용자의 직업 및 금융거래 이용경력 기타 제반 사정을 고려하여 판단할 것이다."라고 일반론을 전개한 후 이용자의 중과실 인정에 따라 피고 금융회사의 전부 면책 주장을 받아들인 원심의 판단은 정당한 것으로 수긍할 수 있다고 판시하여 피고 금융회사의 전자금융거래법상 손해배상책임을 부정하였다. 한편, 과실에 의한 불법행위의 방조책임의 성립여부에 대하여는 "피고은행에게 공인인증서 재발급시 원고에게 이를 문자메시지 등을 이용하여 통지할 주의의무가 존재한다고 보기 어렵고, 오히려 변론 전체의 취지를 종합하면, 문자메시지 등을 이용한 통지는 피고들이 이용자의 요청에 따라

전자금융거래법상 '접근매체'가 아닌 금융거래정보를 접근매체와 동일시한 후, 금융거래정보의 노출로부터 이용자의 중과실을 이끌어 내었다는 점에서 전자금융거래법의 문리적 해석의 범위를 넘었다는 점 및 제3자의 사기행위에 대한 법적 평가가 아예 고려되지 않거나 지나치게 과소평가되었다는 점에서 문제가 있으나, 무엇보다 금융거래정보 및 보안카드 관련정보의 노출이 어떻게 공인인증서의 재발급으로 연결될 수 있는지에 관하여 아무런 언급이 없고 다만 이를 당연한 전제로 삼고 있다는 점에 문제가 있다.[42] 전술한 바와 같이 시스템거래로서의 전자금융거래에서 접근매체의 중요성으로부터 그 발급은 대면에 의한 본인확인을 거쳐 철저하게 이루어져야 함에도 불구하고 원심 및 대법원의 판결에는 이에 관한 판단이 전혀 없기 때문이다.

　　그러나 전술한 바와 같이 공인인증서의 발급절차로서 정보통신망을 통하여 비대면의 방법으로 본인확인을 거치도록 허용하는 전자서명법 시행규칙의 개정(2006년)에 따라 몇 가지 금융거래정보만으로도 정보통신망 상에서 공인인증서를 쉽게 발급할 수 있게 되었다. 따라서 '금융거래정보'의 노출을 '접근매체'의 노출과 동일시하는 원심 및 대법원의 판단은 이와 같은 입법 및 실무관행을 전제로한 것이라고 선해할 수는 있을 것이다. 문제는 이와 같은 입법 및 실무관행을 전제로 할 경우 전자금융거래의 보안수준에는 심각한 문제가 발생한다는 점이다. 즉 현행 전자금융거래에서 (예금인출거래가 아닌 한) 가장 중요한 접근매체인 공인인증서의 (재)발급이 대면에 의한 본인확인 절차 없이도 정보통신망 상에서 쉽게 이루어지고 따

　　제공하는 서비스로 보이는데 원고는 인터넷뱅킹 신청 당시 보안SMS 신청을 하지 않은 사실이 인정되며, 설령 피고은행에게 그러한 주의의무가 있다고 하더라도 이를 이행하지 않음으로써 이 사건 금융사고가 발생하였다고 단정하기도 어려우므로, 원고의 위 주장은 이유 없다."는 원심의 판단을 정당하다고 판시하여 과실에 의한 불법행위의 방조책임의 성립도 부정하였다.

42) 졸고, 앞의 논문(각주5), 806면 이하를 참조.

라서 이를 악용한 전자금융사기가 발생한다면 그 책임은 누구에게 물어야 할 것인가가 문제되는 것이다.

생각건대 현행 전자서명법 시행규칙 상의 공인인증서 발급절차 대로라면 극단적인 경우 공인인증서는 계좌번호와 비밀번호, 주민등록번호 및 보안카드의 비밀번호(또는 2가지 가입자의 정보)만 알면 재발급이 가능하게 된다. 결국 이들 정보만으로 공인인증서의 재발급이 가능한 상황이라면 (개인정보 및 금융거래정보의 유출이 사회문제화되고 있는 현 상황에서는 더더욱) "보안카드의 비밀번호"가 이용자가 의존할 수 있는 유일한 보안수단이 되는 셈이다.[43] "전자금융거래의 안전성 확보"를 최고의 이념으로 삼는 전자금융거래법의 입법취지(법 제1조 참조)를 고려할 때 이와 같은 사태가 과연 입법자의 의도에 부합하는 것인지 의심하지 않을 수 없다.

그렇다면 이와 같이 전자금융거래의 정보보안 수준이 취약한 상황에서 금융회사는 전자금융거래의 안전성 확보를 위하여 어떠한 주의의무를 부담한다고 해석하여야 할 것인가? 장래적으로 가장 바람직한 것은 대면에 의한 공인인증서의 발급절차에 중요한 예외를 인정한 전자서명법 시행규칙의 관련규정을 삭제하거나 개선하여 공인인증서의 발급이 보다 엄격하게 이루어지도록 하는 것이다. 그러나 그것은 입법자의 몫이기 때문에 그것이 실현되지 않은 현 상황에서 금융회사에게 입법을 촉구하거나 다른 보안수단의 개발을 강요할 수는 없다. 그러나 공인인증서 재발급 절차의 허술함을 알고 있거나 (백보 양보하여) 최소한 알고 있어야 할 금융회사의 입장에서는 이용자에게 공인인증서의 재발급으로 인하여 피해가 발생하는 것은 막아야 할 주의의무가 발생한다고 해석할 수는 있을 것이다. 그 근거는 전자금융거래의 안전성의 확보를 이념으로 하는 전자금융거래

---

43) 최근에 일부 금융회사가 OTP(One Time Password) 등 새로운 보안수단의 발급에 힘을 쏟는 것은 이와 같은 상황을 인식했기 때문으로 이해된다.

법의 입법목적(제1조) 및 이를 명문화한 동법 제21조(안전성의 확보의
무)⁴⁴⁾에서 찾을 수 있을 것이고, 궁극적으로는 신의칙을 근거로 할
수 있을 것이다.

　이와 같이 이해하는 한 위 사안에서 피고은행이 원고에게 공인
인증서 재발급 사실을 통지하여야 할 주의의무가 있다는 원고의 주
장(예비적 청구)에는 설득력이 있다고 할 것이다. 따라서 통지서비스
를 원고가 신청하지 않았기 때문에 통지의무가 발생하지 않는다는
원심과 대법원의 판단은 전술한 바와 같은 공인인증서 발급절차 상
의 문제점을 인식하지 못하고 전자금융거래에서 금융회사의 안전성
확보의무를 지나치게 좁게 해석하였다는 점에서 비판을 면할 수 없
을 것이다. 또한 원심과 대법원은 피고은행에게 통지의무가 있다고
하더라도 이를 이행하지 않음으로써 이 사건 금융사고가 발생하였
다(인과관계가 있다)고 단정하기도 어렵다고 판시하고 있으나 이 점
도 수긍하기 어렵다. 만일 공인인증서 재발급이 이루어진 그 시점에
피고은행이 원고에게 그 사실을 통지하였다면, 원고의 조치에 따라
서는 시간적으로도 그 이후의 금융사고를 막을 개연성은 충분히 있
었다고 판단되기 때문이다(본인이 모르는 공인인증서의 재발급 사실을
알리는 SMS를 은행으로부터 받았다고 생각해보라). 결과적으로 이와 같
은 상황에서 금융회사가 공인인증서의 재발급 사실을 본인에게 통
지하지 아니하였다면 공동불법행위의 방조책임(민법 제760조 제3항)
을 부담한다고 해석하여야 할 것이다.

---

44) 법 제21조(안전성의 확보의무) ① 금융회사·전자금융업자 및 전자금융보
　조업자는 전자금융거래가 안전하게 처리될 수 있도록 선량한 관리자로서의
　주의를 다하여야 한다.

IV. 공인인증서의 관리책임

(공인인증서를 포함한) 접근매체의 관리책임은 주로 접근매체를 발급받은 이용자가 접근매체를 사용하거나 관리하는 데 있어 주의의무를 다하지 않아 제3자가 이를 통하여 (무권한의) 전자금융거래를 한 경우에 문제된다.[45] 접근매체의 관리책임이 문제되는 경우로서 대체로 다음과 같은 4가지를 상정할 수 있다. 즉, ① 이용자가 접근매체의 점유 내지 지배를 제3자에게 이전하거나 제3자에 의한 접근매체의 사용가능성을 제공한 경우, ② 이용자가 접근매체를 분실하거나 도난당한 경우, ③ 제3자에 의해 접근매체가 위조·변조된 경우, ④ 제3자가 전자금융거래를 위한 전자적 장치 또는 정보통신망에 침입하여 접근매체를 부정하게 획득한 경우가 그것이다. 이들 각 경우에 전자금융거래법은 금융회사의 책임에 관한 규정을 두고 있다. 이하 4가지 경우에 대해 분설한다. 이하의 기술은 공인인증서를 포함한 접근매체 모두에 타당한 것이다.

1. 접근매체의 점유·지배의 이전 및 사용가능성의 제공

(1) 접근매체의 점유·지배의 이전

발급된 접근매체에 대하여 이용자는 사용 및 관리상의 주의의무를 부담한다. 이 점에 관하여 전자금융거래는 다음과 같은 규정을 두고 있다. 즉, 이용자는 접근매체를 사용 및 관리함에 있어서 ① 접근매체를 양도하거나 양수하는 행위, ② 대가를 주고 접근매체를 대여받거나 대가를 받고 접근매체를 대여하는 행위, ③ 접근매체를 질

---

45) 금융회사가 이용자의 전자적 정보나 비밀번호 등의 접근매체를 관리하고 있는 경우에는 금융회사도 그 관리상의 주의의무를 부담한다고 해석할 것이다.

권의 목적으로 하는 행위, ④ 이상의 행위를 알선하는 행위를 하여서는 아니 되며(법 제6조 제3항), 이에 위반한 경우 형사벌에 처해진다(법 제49조 제4항).

그렇다면 이와 같은 경우에 발생한 전자금융사기의 법적 효과는 누구에게 귀속하는가? 다시 말하면 누가 그 책임을 부담하여야 하는가? 형사벌의 대상이 되는 위와 같은 행위는 이용자가 경제적 목적 등을 위하여 스스로(알면서) 접근매체의 점유 내지 지배를 이전한 경우이기 때문에 당해 접근매체를 이용한 무권한거래의 효과는 본인에게 귀속한다고 해석하여야 할 것이다(이용자 본인이 책임부담).

(2) 접근매체의 사용가능성의 제공

한편 접근매체를 누설·노출·방치함으로써 사용가능성을 제공하였고, 제3자가 당해 접근매체를 사용하여 무권한거래를 하였다면 그 책임은 누가 부담하는가? 이 경우의 법적 효과는 역시 본인에게 귀속한다고 해석하여야 할 것이다. 시스템책임론의 관점에서 이용자는 (시스템의 일부인) 접근매체의 사용·관리상의 주의의무를 부담한다고 보아야 하고, 접근매체의 사용가능성의 제공은 그와 같은 주의의무를 해태한 결과라고 해석할 수 있기 때문이다. 다만 접근매체의 누설 등이 항상 무권한거래로 연결되는 것은 아니다. 예컨대 이용자가 공인인증서를 노출하였으나 비밀번호는 노출하지 않은 경우와 같다.

(3) 다른 경우와의 경합

위 두 가지 경우에서 만일 접근매체를 이전받거나 사용할 수 있게 된 제3자가 이를 이용하여 접근매체를 위조 또는 변조하거나 정보통신망을 통하여 다른 접근매체를 부정하게 획득한 경우에는 어떻게 될까? 이 경우에는 후술하는 3과 4의 기준에 따라 이용자에게 고의나 중과실이 있었는지의 여부에 따라 책임의 소재를 판단하게 될 것이다.

2. 접근매체의 분실·도난

접근매체를 분실하거나 도난당함으로써 발생한 전자금융거래의 법적 효과는 이용자에게 귀속하는가? 이 경우 우선 접근매체의 관리와 관련하여서 분실과 도난의 법적 평가를 같이 하여야 할 것인가가 문제된다. '분실'은 보통 이용자의 부주의에 의한 것이나, '도난'은 제3자가 관여하는 경우이므로 적어도 분실과는 법적 평가가 달라질 수 있기 때문이다. 그러나 이들 경우에는 제3자에 의한 당해 접근매체의 사용이 예상된다는 점에서는 공통한다. 제3자에 의한 접근매체의 사용은 손해의 발생이나 확대에 직접 연결되기 때문에 될 수 있는 한 빠른 시기에 이를 방지하는 것이 중요하다. 따라서 이와 같은 관점에서 전자금융거래법은 분실과 도난을 같은 평가선상에 놓은 후 다음과 같이 규정한다. 즉 "금융회사는 이용자로부터 접근매체의 분실이나 도난 등의 통지를 받은 때에는 그때부터 제3자가 그 접근매체를 사용함으로 인하여 이용자에게 발생한 손해를 배상할 책임을 진다(제10조 제1항)."[46]

이 규정은 접근매체의 분실이나 도난을 이용자의 과실로 보는 입장에서 분실 등의 통지시점을 기준으로 한 책임분담의 룰을 정한 것으로 설명된다(통지시점 이전의 손해는 이용자 측이 책임부담).[47] 이에 대해 사견(시스템책임론)에 의하면 동조는 접근매체의 관리에 주의의무의 위반이 있는 이용자에 대한 책임부담의 룰을 정한 것으로, 사고통지 이후의 금융회사의 책임부담은 지급정지조치 등 금융회사의 신속한 대응을 촉구하기 위한 정책적인 이유에 의한 것으로 이해

---

46) 다만, 선불전자지급수단이나 전자화폐의 분실 또는 도난 등으로 발생하는 손해로서 대통령령이 정하는 경우에는 그러하지 아니하다(동 단서).

47) 재정경제부, "전자금융거래법안 제정이유서"(2004.10), 98면.

하게 될 것이다. 이외 같이 이해한다면 제3자의 관여에 의한 '도난'의 경우를 '분실'과 같이 평가하는 것은 여전히 납득하기 어려운 점이 있다. 일반 민사이론에 의한다면 통지시점 이전에 발생한 손해에 대하여는 도난에 대한 이용자의 주의의무 위반의 정도에 따라 책임의 범위를 결정하게 될 것이다.[48]

3. 접근매체의 위조 · 변조

전자금융거래법은 접근매체의 위조나 변조로 발생한 사고로 인하여 이용자에게 손해가 발생한 경우 금융회사가 손해를 배상할 책임이 있다는 취지를 규정한다(법 제9조 제1항 제1호). 이 책임의 법적 성질에 대하여 입법기초자는 접근매체가 위조 · 변조된 것을 제3자의 개입에 의한 특수한 경우(쌍방 무과실)로 이해하는 전제에 서서 그와 같은 경우에 금융회사의 무과실책임을 정한 것이라고 설명하고 있다.[49] 결국 금융회사와 이용자 모두에게 과실이 없는 경우에 금융회사가 무과실책임을 부담한다는 것이다.

이에 대해 접근매체를 시스템의 일부로 파악하는 사견의 입장에서는 접근매체의 위조 · 변조는 시스템 자체의 취약성을 나타내는 징표에 다름 아니다. 예컨대 (자기식) 신용카드의 위조가 쉽게 이루어진다면 시스템의 일부로서의 신용카드의 안전성은 확보되었다고 할 수 없다. 따라서 이 경우에는 당해 금융회사가 위조가 어려운 IC 카드로 교체가 가능하였음에도 불구하고 이를 지체하였다면 접근매

---

48) 위조되거나 도난당한 카드(통장)에 의한 기계식예금의 인출 등으로부터 예금자를 보호하기 위한 목적에서 제정된 일본의 「예금자보호법」(2005)에서는 '도난'의 경우는 보호의 대상이지만, '분실'의 경우는 보호의 대상에서 제외되어 있다[이법에 대하여는 졸고, 앞의 논문(각주5), 813면을 참조]. 반면 우리나라의 「여신전문금융업법」(1997)은 신용카드의 분실과 도난에 대해 같은 법적 평가를 하고 있다(제16조).

49) 재정경제부, 앞의 자료(제정이유서), 88면.

체의 위조에 대하여 책임을 부담하여야 할 것이다(과실책임). 전자금융거래법이 접근매체의 위조·변조에 대하여 시스템 제공자인 금융회사 측에 원칙적인 책임이 있음을 규정한 것은 시스템책임론의 관점에서는 당연한 것을 규정한 것에 지나지 않는다.

그러나 시스템의 일부로서의 접근매체는 다른 시스템과는 달리 주로 이용자의 관리영역 하에 있기 때문에 전자금융거래법은 접근매체의 위조나 변조로 발생한 사고에 대하여 금융회사의 책임을 인정하면서도 중대한 예외를 동시에 두고 있다(무과실책임에 대한 예외). 즉, 이용자가 접근매체의 사용 및 관리에 고의 또는 중대한 과실이 있고 이로 인하여 접근매체의 위조나 변조가 발생한 경우 금융회사가 면책되고 이용자가 그 책임을 부담한다는 것이다(법 제9조 제2항). 이때 이용자의 고의나 중대한 과실의 범위를 어떻게 설정할 것인가가 접근매체의 위조나 변조로 발생한 손해에 대한 책임의 소재를 정하는 데에 있어서 중요한 관건이 된다. 이에 관하여는 동법 시행령에서 다음과 같은 기준을 제시하고 있다.

전자금융거래법 시행령 제8조(고의나 중대한 과실의 범위) 법 제9조 제3항에 따른 고의나 중대한 과실의 범위는 다음 각 호와 같다.

1. 이용자가 접근매체를 제3자에게 대여하거나 그 사용을 위임한 경우 또는 양도나 담보의 목적으로 제공한 경우(법 제18조에 따라 선불전자지급수단이나 전자화폐를 양도하거나 담보로 제공한 경우를 제외한다)
2. 제3자가 권한 없이 이용자의 접근매체를 이용하여 전자금융거래를 할 수 있음을 알았거나 쉽게 알 수 있었음에도 불구하고 접근매체를 누설하거나 노출 또는 방치한 경우

여기서 제1호는 이용자가 (경제적 목적 등을 위하여) 스스로 접근

매체의 전유 내지 지배(control)를 제3자에게 이전한 경우로서, (전술한) 형사벌의 대상이 되는 접근매체의 사용 및 관리행위(법 제6조 제3항)와 대체적으로 일치한다. 이러한 경우는 대체적으로 이용자에게 고의가 인정될 것이다. 따라서 이와 같은 경우에는 금융회사는 전자금융거래법 제9조 제2항에 따라 면책되고 접근매체의 대여 등에 의하여 발생한 전자금융거래의 법적 효과는 이용자에게 귀속한다고 할 것이다.

　한편 제2호는 접근매체를 제3자에게 직접 이전한 것은 아니나 제3자에 의한 접근매체의 사용가능성을 제공하였다는 점에서 고의나 중대한 과실로 인정될 수 있는 경우이다. 문제는 "제3자가 권한 없이 이용자의 접근매체를 이용하여 전자금융거래를 할 수 있음을 알았거나 쉽게 알 수 있었음에도 불구하고" 접근매체를 누설 등 하였다는 한정이 붙는다는 점이다. 즉, 그와 같은 경우에 한하여 접근매체의 누설 등의 사용이나 관리행위에 대하여 이용자가 책임을 부담한다는 것이다. 따라서 이용자가 접근매체를 누설 등 하였으나 제3자가 무권한거래를 할 수 있음을 '쉽게' 알 수 없었던 경우에는 금융회사는 면책되지 않는다고 해석할 것이다. 여기서 이용자가 '쉽게 알 수 있었는지의 여부'(이것이 곧 중과실 판단의 핵심적 관건이 될 것이다)는 이용자측 사정(직업이나 금융거래 경력 등)뿐만 아니라 **제3자의 기망행위의 정도** 및 **금융회사의 정보보안 실태** 등을 종합적으로 고려하여 판단하여야 할 것이다. 제3자의 기망행위의 정도가 강하거나 금융회사의 정보보안이 취약한 상황에서라면 이용자에게 책임을 부담시킬 수는 없다고 판단되기 때문이다.[50] 따라서 예컨대 전술한

---

[50] 전술한 대법원판결에서는, "전자금융거래법 및 동 시행령이나 전자금융거래 기본약관의 각 조항에서 정하는 '고의 또는 중대한 과실'이 있는지 여부는 접근매체의 위조 등 금융사고가 일어난 구체적인 경위, 그 위조 등 수법의 내용 및 그 수법에 대한 일반인의 인식 정도, 금융거래 이용자의 직업 및 금융거래 이용경력 기타 제반 사정을 고려하여 판단할 것"이라고 하여 고의 또는 중과실의 판단기준을 제시하고 있다.

바와 같이 공인인증서의 발급이 정보통신망 상에서 쉽게 이루어질 수 있는 상황, 즉 정보보안이 허술한 상황에서라면 이용자의 중과실 판단은 신중하게 이루어져야 할 것이다. 고의나 중과실의 범위에 관한 위 시행령의 규정은 후술하는 접근매체의 부정획득의 경우에도 마찬가지로 적용된다.

이와 같이 이용자에게 중과실이 인정될 경우에는 접근매체의 위조나 변조로 발생한 사고에 대하여 금융회사는 책임을 지지 않고 따라서 이용자에게 그 책임이 귀속된다. 이 책임의 법적 성격에 대하여 입법관여자는 (금융회사의) 무과실책임에 대한 중대한 예외를 규정한 것으로 이해하나, 사견의 입장에서는 접근매체의 관리책임으로 파악하게 된다. 다만 중과실의 경우에만 이용자가 책임을 부담하도록 한 것은, 접근매체의 위조나 변조, 접근매체의 부정한 획득 등(전자금융거래법 제9조 제1항)의 경우는 시스템의 취약성이 현출(顯出)된 것으로 보아야 하기 때문에 이용자측이 책임을 부담하는 주의의무의 정도를 중과실로 높인 것으로 이해할 것이다.

4. 정보통신망을 통한 접근매체의 부정한 획득

"전자금융거래를 위한 전자적 장치 또는 「정보통신망 이용촉진 및 정보보호 등에 관한 법률」에 따른 정보통신망에 침입하여 거짓이나 그 밖의 부정한 방법으로 획득한 접근매체의 이용으로 발생한 사고"에 대하여는 원칙적으로 금융회사가 책임을 부담한다(전자금융거래법 제9조 제1항 제3호). 예컨대 이용자의 개인정보 및 금융거래정보를 이용하여 정보통신망에서 공인인증서를 재발급받은 경우와 같다. 이 책임은 2013년 5월 22일 동법의 개정에 의하여 새롭게 추가된 것으로, 전술한 대법원판결의 사안을 입법화한 것으로 이해된다.

한편 이용자의 고의나 중과실이 인정되는 경우에는 금융회사는 면책된다(동 제2항). 고의나 중과실의 범위는 전술한 접근매체의 위

조나 변조의 경우와 같다. 따라서 책임의 법적 성질에 관한 설명도
마찬가지이다.

V. 결   론

1. 모두에서 기술한 바와 같이 공인인증서에 대하여는 현재 우
리나라에 두 가지 양극단의 생각이 병존하고 있다. 본고는 이와 같
은 두 가지 극단적인 생각은 공인인증서가 현행 전자금융거래에서
차지하는 실무적 중요성에 비추어볼 때 어느 쪽도 현행 공인인증서
가 갖고 있는 문제점의 해결에는 도움을 주지 못한다는 문제의식에
서부터 출발하여 전자금융거래의 발급 및 관리를 둘러싼 법적 책임
의 소재를 분명히 하고자 하였다.

2. 일부 학계의 주장에 의하면 공인인증서는 보안기술 또는 부
인(否認)방지기술에 다름 아니다. 공인인증서의 의무사용정책이 금
융감독당국과 공인인증기관 간의 업계유착관계로 연결되어 보안기
술의 발전에 장애가 되고 있고, 또한 공인인증서에 부인방지효가 인
정되기 때문에 전자금융사기로 인한 이용자의 피해에 대해 금융회
사가 면책을 주장할 수 있다는 것이다. 그러나 이러한 이해에 전부
찬성하기는 힘들다. 부인방지는 비대면거래로서의 전자거래의 활성
화를 방해하는 리스크이기 때문에 세계적으로도 전자거래의 법제화
초기 단계에서부터 그 대응책이 요구되어 왔고 이 점에서는 우리나
라 법제도 예외가 아니다(전자문서 및 전자거래 기본법 제7조 제2항 전
자적 의사표시의 본인효과귀속성). 우리나라에서는 전자금융거래법상
공인인증서에 그와 같은 효과가 부여되고 있는데, 공인인증서가 아
니었더라도 실무에서는 다른 기술적 조치를 통하여 같은 효과의 발
생을 의욕할 것이기 때문에, 부인방지효로부터의 접근이 공인인증
서정책의 변경을 이끌어내는 결정적인 논거가 될 수는 없다.

또한 공인인증서는 보안기술이라기보다는 본문에서 검토한 바와 같이 본인확인과 전자문서의 완전성확인을 위한 전자서명제도에서 유래하는 것이다. 전자서명법은 전자거래의 발전단계에서는 필수적으로 요구되는 입법이었고 2원적 구성을 취하는 우리나라 법제가 외국의 입법과 비교하여 특별히 문제될 것도 없다. 다만 공인전자서명이나 공인인증서에 대하여 사법상의 효력에 차등을 두는 데서 더 나아가 정책적으로 이를 의무화한 것에 대하여는 그 시비를 논할 충분한 소재는 된다고 생각한다. 그러나 이것은 어디까지나 정책적인 판단에 관한 문제이기 때문에 그 판단에 대한 찬반양론이 존재할 수 있는 것이고, 필자가 그러한 판단의 당부를 문제 삼는 것이 아님은 현행법의 해석론을 전개하고자 한 본고의 목적으로부터 볼 때 명백한 것이다. 다만 필자로서는 현행 정책 하에서는 공인인증서와 보안기술은 어느 쪽이 어느 쪽을 대체하는 관계가 아니라 서로 보완하는 관계라고 보는 것이 타당하다고 생각한다. 현행 공인인증 체제 하에서도 추가적인 보안기술의 적용은 얼마든지 가능하기 때문이다.

3. 이와 같이 공인인증서의 의무사용정책을 폐지하자는 주장에 대하여는 그와는 다른 관점에서 위와 같은 비판이 가능하나, 더 큰 문제는 현행 공인인증서제도의 문제점을 인식하지 못하고 있는 금융감독당국과 금융실무 및 이들을 옹호하는 일부 법률가들의 생각이다. 공인인증서는 전자금융거래법 체제 하에서는 접근매체로 정의되어 있는바, 이것은 공인인증서제도는 시스템거래로서의 전자금융거래의 기술적 특성에 입각하여 해석되고 운용되어야 한다는 것을 의미한다. 그렇다면 **시스템의 안전성**이 전자금융거래법 전체의 이념이라는 관점에서 시스템의 일부로서의 접근매체의 발급과 관리에 상당한 정도의 주의의무가 요구된다는 점에 대한 이해가 필수적이다. 시스템거래로서의 전자금융거래가 접근매체의 발급으로부터 시작된다는 점에 대한 인식에서 본다면, 정보통신망에서 일부 개인

성보나 거래정보만으로도 제3자에 의해 접근매체의 재발급을 허용하는 것은 마치 화약을 안고 불길로 뛰어드는 것을 허용하는 것과 마찬가지이다. 이와 같은 관점에서 공인인증서의 재발급을 정보통신망에서 이루어지도록 허용한 전자서명법 시행규칙 제13조의2 제4항은 시급히 폐지되거나 근본적으로 개선되어야 할 것이다.[51]

또한 공인인증서를 포함한 접근매체의 관리책임이 이용자들에게도 주어진다는 점에 주의할 필요가 있다. 그러나 이것은 접근매체의 발급이 엄격하게 이루어졌을 경우를 전제로 하는 것이다. 따라서 접근매체의 발급에 고도의 주의의무를 부과하였을 경우에는 금융회사의 입장에서 접근매체의 관리책임을 이용자에게 묻기가 훨씬 수월해질 것이라는 점을 인식하는 것이 중요하다.

4. 현행 공인인증서는 액티브X 등 기술적인 문제점이 지적되고 있다. 그 개선책을 논의하는 것은 필요하다. 다만 전자금융거래에서 현행 공인인증서제도의 큰 틀을 급격하게 바꾸는 것은 국가 전체적으로 커다란 거래비용을 수반하는 일이다. 따라서 현 상황에서는 그 틀을 유지하면서 전자금융거래의 안전성을 확보하고 기술적 문제점을 개선할 수 있는 방안을 모색하는 것이 실효성 있는 대응책이라고 생각된다. 이를 위해서는 몇 가지 전제가 필요하다. 첫째, 전자서명법의 소관부서는 전술한 문제규정을 하루 속히 개선하여야 할 것이다. 둘째, 금융회사 및 공인인증기관은 전자금융사고의 많은 부분이 공인인증서의 발급 및 재발급에서 발생한다는 사실을 인식하고 발급 및 재발급 절차에 지금보다 더 많은 주의를 기울여야 할 것이다. 셋째, 이용자는 공인인증서를 포함한 접근매체의 관리에 주의하지 않으면 법적 책임을 부담할 수 있다는 점을 인식하여야 할 것이다. 넷째, 보안관련 업계에서는 공인인증서 의무사용 정책의 폐지만을

---

51) 행정안전부는 2012.6.26. 보도자료에서 동 시행규칙의 문제점을 인식하고 그 개정안을 입법예고 하였으나 아직까지 실현되지 않고 있다[졸고, 앞의 논문(각주5), 823면 각주 43)을 참조].

주장할 것이 아니라 이를 전제로 한 보안기술의 개발에 주력하여야 할 것이다.

　전자금융거래에서는 시스템의 안전성이 확보되어야 거래의 신속성도 의미가 있다. 공인인증서의 발급 및 관리책임의 문제도 같은 관점에서 접근하여야 할 것이다. 본고의 검토가 그러한 인식을 환기시키는 데 도움이 된다면 더 없는 기쁨이겠다.

색인어

전자금융거래, 전자서명, 공인전자서명, 공인인증서, 인증서, 접근매체

참고문헌

1. 단행본

손진화, 전자금융거래법[제2판], 법문사(2008).
정경영, 전자금융거래와 법, 박영사(2007).
정완용, 전자상거래법, 법영사(2002).
정완용, 전자상거래법[개정판], 법영사(2005).
Guide to Enactment of the UNCITRAL Model Law on Electronic Signatures
    (2001).

2. 논문 등

김기창, "공인인증서 의무사용 중단 및 향후 전망", KISO저널 제15호(2014.7).
서희석, "전자금융거래법상 '이용자의 중과실'의 판단기준―대법원 2014.1.29.
    선고 2013다86489 판결의 비판적 고찰―," 비교사법 제21권 2호(2014.5).
이정현, "2006년 시행 전자서명법의 개정내용과 향후 과제," 정보보호 정책동향
    (한국정보보호진흥원)(2006).
徐熙錫, 「電子金融取引の民事法理(3・完)―韓国電子金融取引法の考察―」, 一
    橋法学第6巻第3号(2007.11).

사이버머니의 법적 성격과 화폐가치 부여 가능성

윤 태 영*

Ⅰ. 머리말

인터넷이 생활의 필수가 된 오늘날 전 세계적으로 사이버머니로 지칭되는 온라인상에서 통용되는 금전 또는 재화, 채권의 사용이 증가하고 있다. 사이버머니란 온라인에 개설된 사이버몰에서 소비자가 재화 등을 구매함에 있어서 화폐를 대신하여 대금결제수단으로 사용하는 전자지급수단을 말한다.[1] 보통 M포인트, S포인트 등

---

* 아주대학교 법학전문대학원 부교수, 법학박사.

[1] 고형석, "사이버머니의 환급에 관한 연구", 선진상사법률연구 통권 제63호, 2013.7, 114면에서는, 전자화폐가 되기 위해서는 일정한 화폐가치를 나타내는 전자정보로서 일정한 매체에 저장되어 다른 사람에게 이전될 수 있는 전자성, 이를 수취한 사람이 다른 사람에게로 유통할 수 있는 유통성(범용성)

물건을 사거나 신용카드를 쓸 때 받게 되는 포인트는 우리가 흔히 접하는 가장 간단한 사이버머니이다. 그런데 여기에 그치지 않고 결제의 편의성, 신속성, 상품성 등으로 인하여 다양한 사이버머니가 나오고, 그 형태도 다양하게 개발되고 있어 어떻게 발전할지 예측하기 힘들 정도이다. 사이버머니는 실제 화폐는 아니지만 사이버 공간에서 온라인 쇼핑을 하거나 게임을 즐기는데 있어서 실제 화폐처럼 사용할 수 있고 오프라인의 경품으로도 활용된다.[2]

그런데 최근 인터넷이 자본주의 경제의 새로운 수익모델로 부각되면서, 사이버머니는 단순한 온라인상에서의 이용에 그치지 않고 필연적으로 오프라인과의 끝없는 환원, 재환원을 거치게 되었다. 이에 사이버머니와 실제 현금과의 교환에 대한 법률적 논쟁도 부각되고 있다. 최근 차세대를 이끌 사이버머니로 각광받는 비트코인[3]의 경우, 아마존이나 나이키를 비롯해서 수많은 온라인 상점에서 쓸 수 있는데, 급기야 2013년 말 파리바게뜨 인천시청역점은 국내 최초로 비트코인 거래의 문을 연 바 있다. 심지어 지중해 동부에 위치한 키프러스대는 등록금으로 비트코인을 받기 시작했고, 전기자동차 테슬러는 비트코인을 받고 자동차를 팔고 있다.[4]

및 최종소지인이 이를 화폐로 교환할 수 있는 환급성이 있어야 한다고 한다.

2) 대표적인 사이버머니로는 싸이월드에서 사용되고 있는 도토리, 인터넷쇼핑몰에서 사용되는 엽전, 캔디, 고추씨 등이 있다. 싸이월드의 사이버머니인 도토리는 각종 아이템이나 서비스를 이용하는 데 사용되며, 선물이나 기부 또는 후원을 할 때도 실제 돈처럼 사용할 수 있다.

3) 도토리나 사이버머니는 특정 기업에서 한정된 목적으로만 사용하도록 발행하는 화폐이고, 그 기업이 정한 곳에서 지정한 가격으로만 사용할 수 있는 반면, 비트코인은 관리하는 곳이 없어서 유통량을 임의로 조정할 수 없고 가격도 비트코인 사용자들이 거래하는 가격에 따라서 자연스럽게 정해질 뿐만 아니라 비트코인을 사용할 수 있는 프로그램만 있으면 장소와 목적에 상관없이 사용할 수 있다는 점에서 사이버머니와 구별하기도 한다(머니투데이, "비트코인 vs 사이버머니, 뭐가 달라?" 2013.12.4.자 기사 참조 http://www.mt.co.kr/view/mtview.php?type=1&no=2013120416522913698&outlink=1).

4) 김선희, "비트코인도 털린다," 과학동아 337호, 2014. 1, 49면.

포인트에만 국한하는 것이 아니라 온라인게임에서 아이템과 관련한 것도 보통 사이버머니라고 부른다. 그런데 일찍이 글로벌 게임업체인 블리자드는 '디아블로3'를 통해 아이템 현금거래를 직접 하고 있다. 블리자드는 전 세계 시장에서 현금거래를 통해 부가수익을 올리고 있고 사이버머니를 새로운 사업모델로 중요시하고 있다. 최근에는 우리나라에서 아이템베이가 PC방에서 빠르고 편리하게 마일리지를 충전할 수 있는 '터치페이 충전 서비스'와, 지하철 및 편의점 ATM 기기를 통해 마일리지를 즉시 출금할 수 있는 'ATM 출금 서비스'를 시작했다. 온라인 게임에서의 아이템에 대한 법적 논의는 종전에 이것에 대한 현금거래를 인정할 것인가에 국한되었다. 그러나 이제는 아이템의 현금거래를 인정해야 할 것인가 말 것인가의 당위를 펴는 법적 논의를 전개해야 하는 것이 아니라 이러한 아이템 현금거래의 법적 성질을 명확히 하면서 그 부작용을 막는 법리를 전개해야만 하게 되었다.

이렇게 사이버머니가 활성화되고 온라인상에서뿐만 아니라 오프라인상에서도 현금 대신 통용되면서 소비자보호문제가 가시화되었다. 사이버머니와 관련하여 발생하는 대표적인 소비자 피해 문제는 환불에 대한 것인데, 예를 들어 2012년 6월 공정거래위원회가 16개 게임사에 대한 시정조치와 과태료 명령을 내린 것이 이를 반증한다. 즉 해당 게임사는 모바일 게임 내에서 사이버캐시를 판매하면서 자신의 홈페이지, 게임 내 팝업창, 게임 상세설명 등에 환불이 불가하다고 고지하여 소비자의 청약철회를 방해하였는데, 이에 대해 규제 조치가 내려진 것이다.[5] 이러한 행위는 소비자가 구입 후 사용하지 않은 사이버캐시의 경우 「전자상거래 등에서의 소비자보호에 관한 법률」 제17조에 따라 7일 이내에 청약철회가 가능함에도 이를 불

---

5) http://www.hankyung.com/news/app/newsview.php?aid=201205291996g 한국경제 2012.5.29.자 "'사이버머니 환불 꼼수' 모바일게임업체 16개사 적발" 기사 참조.

가한 것으로 고지하여 "청약철회가 불가능하다는 허위 사실을 알려 소비자의 청약철회 등을 방해한 사실"에 해당한다고 보았다. 이외에도 계약을 해제한 경우 사용하지 않은 사이버머니를 현금으로 반환하는 문제는 사업자와 소비자 사이에 오래전부터 논란이 되어 온 문제이다.

그런데 이러한 문제에 대해서는 아직 어떤 해결책을 제시하지 못하고 있다. 또한 현행법을 통하여 사이버머니에 대한 환금기준을 판단하기에도 용이하지 않다. 그 이유 중 가장 주된 것은 사이버머니의 법적 성질을 규명하는 것도 용이하지 않기 때문이다. 이에 본고는 현행법상 사이버머니에 대한 법적 성격과 반환법리를 규율할 법적 논리에 대하여 고찰해 보고자 한다.

II. 사이버머니의 의의

1. 현행법상 '전자지급수단'의 정의와 사이버머니

사이버머니라는 용어는 일반적으로 통용되는 용어인데, 어떤 결제수단 및 어떤 방법까지 사이버머니에 포섭할 것인가를 정하는 것은 용이하지 않다. 사이버머니와 관련한 정의규정을 두고 있는 법률로는 전자금융거래법이 있다. 전자금융거래법 제2조 제11호에서는 '전자지급수단'과 관련하여 "전자자금이체, 직불전자지급수단, 선불전자지급수단, 전자화폐, 신용카드, 전자채권 그 밖에 전자적 방법에 따른 지급수단을 말한다."고 하여 다양한 전자지급수단을 규정하고 있다.

여기서 사이버머니와 관련 있는 것은 직불전자지급수단, 선불전자지급수단, 전자화폐, 전자채권이다. 첫째, "직불전자지급수단"이라 함은 이용자와 가맹점 간에 전자적 방법에 따라 금융회사의 계좌에서 자금을 이체하는 등의 방법으로 재화 또는 용역의 제공과 그 대가의 지급을 동시에 이행할 수 있도록 금융회사 또는 전자금융업자가 발행한 증표(자금을 융통받을 수 있는 증표를 제외한다) 또는 그 증표에 관한 정보를 말한다(동법 제2조 제13호). 둘째, "선불전자지급수단"이라 함은 전자화폐를 제외하고, 이전 가능한 금전적 가치가 전자적 방법으로 저장되어 발행된 증표 또는 그 증표에 관한 정보로서 발행인 외의 제3자로부터 재화 또는 용역을 구입하고 그 대가를 지급하는 데 사용되고, 구입할 수 있는 재화 또는 용역의 범위가 2개 업종 이상인 것을 말한다(동법 제2조 제14호). 셋째, "전자화폐"라 함은 이전 가능한 금전적 가치가 전자적 방법으로 저장되어 발행된 증표 또는 그 증표에 관한 정보로서 다음 각 목의 요건을 모두 갖춘 것을 말한다. 즉 2개 이상의 광역단체 및 500개 이상의 가맹점에서 이용되고, 발행인 외의 제3자로부터 재화 또는 용역을 구입하고 그 대가를 지급하는 데 사용되고, 구입할 수 있는 재화 또는 용역의 범위가 5개 이상의 업종이고, 현금 또는 예금과 동일한 가치로 교환되어 발행되며, 발행자에 의하여 현금 또는 예금으로 교환이 보장된 것을 말한다(동법 제2조 제15호). 넷째 전자채권이라 함은, ① 채무자가 채권자를 지정하고, ② 전자채권에 채무의 내용이 기재되어 있으며, ③ 전자서명법 제2조 제3호의 공인전자서명이 있으며, ③ 금융기관을 거쳐 제29조 제1항의 규정에 따른 전자채권관리기관에 등록되고, 채무자가 채권자에게 ① 내지 ③의 요건을 갖춘 전자문서를 송수신하는 요건을 갖춘 전자문서에 기재된 채권자의 금전채권을 말한다.

한편 전자상거래소비자보호법에서는 사이버머니 관련 정의규정을 두고 있지 않지만 시행령에서 전자결제수단에 대하여, 사이버몰에서 사용되는 전자적 대금지급 방법으로서 재화 등을 구입·이용하기 위하여 미리 대가를 지불하는 방식의 결제수단을 의미하고 있다(동 시행령 제8조).

그렇다면 사이버머니가 앞의 어디에 속하는지가 문제되는데, 이에 대해서는 직불전자지급수단, 전자화폐 및 전자채권에는 해당하지 않지만, 선불전자지급수단 및 전자결제수단에는 해당할 수 있다는 견해가 있다.[6] 이 견해는 보통 사이버머니가 선불식으로 이루어지는 점과 직불전자지급수단, 전자화폐 및 전자채권에 대한 법규정상의 엄격성을 고려한 것으로 보인다. 그러나 현실에서 사이버머니가 온라인 및 오프라인에서 통화 대용으로 사용되는 것을 총칭하는데다 다양한 형태로 나타나고 발전되기 때문에, 위 어느 하나에 속하지 않고 오히려 전자지급수단을 통칭하는 넓은 광의의 의미에 해당하는 것이 아닌가 생각된다.

---

6) 고형석, 전게논문, 116면 참조. 이 견해는 다음과 같은 점을 들어 이것을 뒷받침하는데 이를 인용하면 다음과 같다. 먼저 사이버머니로 결제할 경우, 사이버몰에 개설한 소비자의 계좌 또는 계정에서 사업자의 계좌로 사이버머니가 이체된다. 따라서 금융기관의 계좌에서 자금을 이체하는 등의 방법을 조건으로 하는 직불전자지급수단에는 해당하지 않는다. 둘째, 사이버머니는 재화 등의 대가로 지급되는 것이기 때문에 선불전자지급수단에 해당한다. 그러나 거래의 상대방이 발행인 외의 제3자이어야 하고, 재화 또는 용역의 범위가 2개 업종 이상이어야 한다. 따라서 발행인에게만 사용할 수 있거나 사이버머니를 사용하여 구입할 수 있는 재화 등이 1개 업종에 불과한 경우에는 이에 해당하지 않는다. 셋째, 사이버머니는 전자화폐의 요건 중 이전 가능한 금전적 가치가 전자적 방법으로 저장되어 발행된 정보라는 요건을 충족하고 있다. 그러나 사이버머니가 전자화폐로 인정되기 위해서는 2개 이상 광역지방자치단체 및 500개 이상 가맹점에서의 사용이라는 범용성 요건을 충족하여야 한다. 이러한 전자화폐의 범용성 요건은 온라인이 아닌 오프라인 기준이다. 즉, 오프라인에서의 일정 지역범위 이상으로 사용될 것을 요구하고 있기 때문에 온라인에서만 사용되는 사이버머니의 경우 전자화폐에 해당하지 않는다. 넷째, 사이버머니에는 공인전자서명이 존재하지 않으며, 전자채권관리기관에 등록되어 있지 않다. 따라서 전자채권에는 해당하지 않는다. 다섯째, 사이버머니는 사이버몰에서 대금지급 수단으로 사용되며, 그 대가를 지급하기 때문에 전자결제수단에 해당한다. 그러나 소비자가 대가를 지급하지 아니하고 제공받은 사이버머니는 전자결제수단에 해당하지 않는다.

2. 사이버머니의 법적 성질

그렇다면 화폐처럼 사용되는 사이버머니의 법적 성질은 무엇인가가 문제된다. 이에 대해서는 그 개념 정의의 어려움 만큼이나 다양한 학설이 제시되고 있는데 이를 살펴보면 다음과 같다.

(1) 유가증권설

선불전자지급수단은 재화 등의 구입권인 재산권이 표창되는 권리라는 점에서 유가증권적 성질을 갖는다는 설이다. 이 설은 다음과 같은 점을 그 논거로 든다. 즉, 재화 등의 구입권이라는 재산권은 전자정보로 표창된다고 보아야 하고, 전자정보는 지급인으로부터 수취인에게 이전된다고 볼 수 있다. 그리고 전자정보도 재산권을 표창한다는 점에서 물체성이 인정되며, 전자거래기본법 제4조에서 전자문서의 문서성을 인정하고 있다. 마지막으로 재산권과 증서의 결합관계를 보면 지급인이 가지는 재산권을 수취인에게 이전하기 위해서는 재산권을 표창하고 있는 전자정보를 수취인에게 이전하여야 하므로, 재산권의 이전에 증서의 점유를 요한다는 유가증권적 성질을 가지고 있다. 뿐만 아니라 선불전자지급수단이 표창하는 권리는 전자정보의 생성에 의해 성립되고, 권리의 행사를 위해서는 반드시 전자정보를 이전하여야만 권리를 행사할 수 있다. 따라서 양자 간의 결합성은 거의 완전한 수준이라고 할 수 있으므로 선불전자지급수단은 완전유가증권에 가깝다고 한다.[7]

사이버머니는 현실에서 가치를 표창하는 권리라기보다는 화폐와 같이 사용되고 있으며, 소비자는 사이버머니에 대하여 일정한 권리를 취득하기 위해서가 아니라 화폐와 동일하게 대금결제 수단으

---

[7] 정경영,「전자금융거래와 법」, 박영사, 2007, 490-491면; 김성천,「상품권거래와 법제개선방안 연구」, 한국소비자원, 2012, 24면.

로 사용하기 위해 취득한다. 따라서 이 설은 현실 사용에서의 소비
자 의사를 충분히 반영하였다고 보기 어렵다.

(2) 금권설

이 설은 사이버머니와 금권을 동일시하는 설이다. 금권이란 '법
령의 규정에 의하여 법령에서 정한 채무의 변제에 사용할 수 있는
증표'이다. 증권 자체가 표시된 금액의 금전적 가치를 법률상 인정
받는 것이므로, 일정한 재산권을 나타내는 데 불과한 유가증권과는
다르다. 구체적으로는 지폐·우표·수입인지 등이 이에 해당한다.
금권은 그 자체가 금전적 가치를 가지므로 이를 상실하면 그 구제책
이 없다. 이 설의 경우 대금채권 소멸시기는 금전과 동일한 가치를
가진 금권을 교부한 때로 되고, 변제의 모습으로는 대물변제라고 하
는 구성을 취하게 된다.[8]

그러나 금권은 법령에서 정한 증표로서, 금권에 법령에 의한 것
만이 아닌 계약에 기한 것을 포함하여 고려하기는 어렵다. 따라서
사이버머니 기능의 설명에 대해서도 금권이라는 것만으로는 법적
성질을 충분하게 나타낼 수는 없다고 하겠다.

(3) 자유화폐설

사이버머니에 대하여, 거래당사자가 이를 이전함으로써 현금교
부와 동일한 법적 효과가 발생하고 채무는 확정적으로 소멸한다는,
합의에 의해서 성립되는 자유화폐라고 한다. 즉, 사이버머니는 실제
발행자와 이용자 사이의 합의, 발행자와 가맹점 사이의 합의 그리고
이용자와 가맹점 및 이용자 사이의 합의에 의해서 현금과 동일한 결
제수단으로 사용되고 있으며, 이용자도 거래에 있어서 이러한 인식

---

8) 上沼紫野, "電子マネーと決済サービスの論点", 法とコンピュータ No27,
   2009.7, 66면.

을 가지고 있으므로 당사자 간의 합의에 기초한 자유화폐에 해당한
다. 또한 사이버머니는 은행권과 같은 강제통용력을 가지고 있는 법
정 화폐는 아니며, 거래계에서 사실상 통용력을 가질 뿐이다. 그러
나 채권자가 이를 수령하면 금전채무 본지에 따른 채무 소멸의 효과
가 발생한다. 특히, 사이버머니는 이용당사자 간에 대금결제의 즉시
성이 요구되는데, 자유화폐설은 전자정보가 이전될 때 그 가치가 그
대로 이전된다고 이론 구성함으로써 사이버머니의 본질에 대하여
가장 적절하게 파악하고 있다고 한다.9)

그러나 자유화폐라는 용어가 법적으로 정립된 것이 아니며, 그
내용 및 법률관계를 당사자간의 합의에만 의존한다는 한계가 존재
한다는 비판이 있다. 즉 발행자, 가맹점 및 소비자 간의 모든 법률관
계에 대하여 합의를 통하여 해결하고 있다면 문제가 없지만, 합의하
지 않은 사항이 발생하거나 합의된 내용이 불공정한 경우 등에 있어
서 이를 어떻게 해결할 것인가의 문제가 발생한다고 한다.10)

(4) 가치설

이 설은 사이버머니 그 자체를 독립한 가치로 받아들이는 것으
로, 매매상 가치가 이전한다고 하는 설이다. 이 설에서는 사이버머
니가 채권 등이 아니라, 그 자체로 독립한 '가치'로서 거래의 객체로
된다고 고려하기 때문에, 현금 대신에 가치를 이전시키는 것으로 대
금채무 소멸의 효과를 발생시킨다고 한다.11)

또한 금권설에서는 '가치'의 증권으로서 사이버머니를 받아들
이고 있었지만 이 설에서는 증권을 매개로 하지 않고 그대로 가치를

---

9) 정진명, 전자화폐의 실용화를 위한 법적 기반 연구, 한국법제연구원, 2002,
   31면; 이윤호, "사이버머니 '도토리'의 화폐성 및 화폐적 발전 전망," 「경제학
   연구」 제57집 제1호, 2009, 12면.
10) 고형석, 전게논문, 119면.
11) 上沼紫野, 前揭論文, 66면.

교환한다고 고려한다. 다만 '가치'이전을 대물변제로 하는 등 기본적인 구성은 금권설과 동일하다.

확실히 통화와 동일한 효과를 갖게 한다는 관점으로부터도 가장 그 실제 모습에 가깝고, 기교적인 구성을 취하지 않아도 좋은 점은 높게 평가할 만하다. 그러나 계약에 기한 법적 구성인 점 등을 충분히 나타내고 있다고는 말하기 어렵다는 비판이 있다.[12]

(5) 새로운 지급수단설

선불전자지급의 경우 보유자의 지급지시에 의하여 발행자에게 개설된 이용자의 계좌에서 사업자의 계좌로 금전적 가치가 이동하고, 입금기록이 행하여지는 것으로 볼 수 있으므로, 전자자금이체에 있어서 은행 내 이체와 유사한 구조를 가진다고 볼 수 있다. 따라서 이 설은 사이버머니에 대해 보유자가 가맹점에서 재화 등을 구입하고 그 대가의 지급을 위해 발행자에게 지급지시를 함으로써 가치가 이전되는, 새로운 지급수단으로 보아야 한다고 한다. 이 설에 의하면, 선불전자지급수단의 접근매체에 대하여 별도로 분석하고 있으며, 접근매체로서의 전자문서가 유가증권인가에 대하여 서면성 및 기명날인의 요건을 충족하지 못하고, 권리자가 전자문서에 특정되기는 하지만 기명증권과 같이 지명채권양도의 방법으로 양도되지 않으며, 지시증권·무기명증권에 인정되는 배서 또는 교부의 방법에 의한 양도도 인정되지 아니하므로 전자유가증권으로 보기 어렵다고 하여 유가증권성을 부정하고 있다.[13]

그런데 이 설은 사이버머니가 어떤 법적 성격을 가지고 있다고 밝힌 설이 아니라, 유가증권성을 부정하면서 단지 새로운 지급수단이라고만 하고 있다.

---

12) 杉浦宣彦他,「電子マネーの將來と法的基盤」, 金融硏究硏修センター, 2003, 10면 이하.
13) 손진화,「전자금융거래법」, 법문사, 2008, 160면 이하.

3. 사이버머니의 법적 성질에 따른 차이점

(1) 학설에 대한 평가 및 '금전' 또는 '통화'의 민법상 의의

앞에서 살펴본 바와 같이 모든 학설들이 한계를 가지고 있는 것이 사실이다. 이는 종래 화폐와 유가증권만을 지급수단으로 생각하여 구축된 법체계 가운데에서 사이버머니는 설명하기 어려운 점을 가지고 있기 때문이다. 또한 매우 다양한 형태로 개발되고 있고 다양한 양상을 띠기 때문에 어느 하나의 설명으로 법적 성질을 규명하기는 어려운 것이 사실이다.

여기서 한 가지 검토해 봐야 할 문제는 사이버머니가 금전이나 통화와 같이 평가될 수 있는가 하는 문제이다. 앞에서 언급한 법적 성격에 대한 견해 차이는 유가증권 등과 같이 사이버머니가 금전이나 통화와 유사한 것으로 볼 수 있는가라는 물음에서 비롯된 것이다. 그렇다면 사이버머니에 금전이나 통화에 적용되는 법적 효과를 부여할 수 있는가를 검토해 보아야 하는데, 이 검토를 위해서는 우선 우리 민법상 통화가 어떤 의미를 가지는가를 살펴보아야 할 것이다.

먼저 우리 민법상 금전이나 통화가 명시적 의미를 가지는 조문은 금전채권에 대하여 규정하고 있는 제376조이다. 즉 제376조는 "채권의 목적이 어느 종류의 통화로 지급할 것인 경우에 그 통화가 변제기에 강제통용력을 잃은 때에는 채무자는 다른 통화로 변제하여야 한다"라고 규정하고 있다. 이 부분에서도 강제통용력에 대하여 언급하고 있는데, 제376조에서 분명히 밝히고 있는 바와 같이 금전채권으로서의 통화는 강제통용력이 있어야 한다. 따라서 이 고려방법에 의하면 국가에서 특별히 사이버머니에 강제통용력을 부여하지 않는 한 기술적으로 현출된 사이버머니는 통화에 포섭될 수 없다.

한편 '금전'이라는 개념이 문제되는데, 금전의 의의에 대해서는 "법률상 강제통용력을 인정받은 일정한 통화"라고 정의하는 고전적 견해도 존재하지만, '지로금전(Giralgeld)'이나 '예금금전(Buchgeld)'[14]

과 같이 현금통화가 아닌 금전이 널리 통용되고 있는 현재의 거래현
실을 고려할 때, 기능적 측면에 중점을 두어 "가치척도·교환수단·
가치저장수단인 추상적인 재산력"으로 정의하는 것이 타당하다고
보는 견해가 유력하다.[15) 따라서 금전채권은 물건으로서의 통화의
인도를 목적으로 하는 채권이라기보다, "기능적 측면에서 파악한 금
전의 인도를 목적으로 하는 채권"이라고 정의해야 할 것이다. 이렇게
넓게 금전의 기능을 정의하는 한 사이버머니의 개념도 기능적으로
금전에 포섭될 수 있을 가능성이 없는 것은 아니다. 그러나 여전히
사이버머니를 금전으로 볼 수 있는가에는 의문을 품을 수밖에 없다.

　　그런데 학설에서 고민하는 것과는 달리 우리 민법상 금전의 개
념은 그다지 중요하게 고려되지 않는다. 이 점은 우리 민법의 입법
이유를 보면 분명해지는데, 우리 민법 제정 당시에는 제376조와 관
련하여 이에 대한 논의가 없었지만, 우리 민법의 기초가 되었던 의
용민법의 기초자 중 한 사람이 민법기초 당시 밝히고 있는 내용 가
운데 매우 중요한 언급이 있다. 그는 "법률에서의 금전의 의미는 경
제학에서와 동일하며 무엇을 가지고 금전으로 보아야 하는지는 전
적으로 경제상의 사실에 의해 정해지는 것"이라고 한 후, "국가는 거
래의 편의를 도모하고 어느 종류의 금전을 가지고 법률상에서의 교
환, 변제의 도구 및 가격의 기준으로 할 것인가는 고래로부터 일정
한 문화 정도에 달하는 사회에 통상적인 현상"이라고 하고 있다. 그
리고 금전의 종류로서는 법률에 의해 강제통용력을 부여받은 것과
강제통용력은 없지만 거래상 교환 및 변제의 도구로서 유통되는 것
이 있다고 전제한 후, 법률의 규정 중의 금전이라는 용어가 통화만

---

14) 지로금전 또는 예금금전이라 함은, 예금주가 보유하는 금융기관 거래계좌
　　의 대변자산으로서, 유가증권으로 화체되어 있지 아니하여, 예금주가 언제든
　　지 지불목적으로 처분하기에 적합한 채권을 말한다(안법영, "금전사법의 법
　　리에 관한 소고—권리대상으로서 금전의 탈유체화에 관해서—," 고려대학교
　　법학논집 제34집, 1998.12, 177면 이하 참조).
15) 이에 관한 자세한 내용은 안법영, 상게논문, 196면.

을 의미하는 것인가 그렇지 않고 강제통용력이 없는 것도 의미하는
가는 각 규정의 해석에 의하여 정해진다고 설명하고 있다.[16] 여기서
분명히 밝히고 있는 바와 같이 금전은 은행권 및 화폐에 한정되지
않고 그 대상은 경제학상의 금전의 의의나 경제상의 사실을 어떻게
받아들이는가에 의해 달라진다고 말하고 있다.

(2) 사이버머니에 대한 금전적 가치부여의 실익

그렇다면 과연 사이버머니의 법적 성질의 결정에 있어서 통화
나 금전적 가치와 유사한 가치를 부여하는 실익이 어디 있는가를 살
펴보아야 한다. 앞에서 언급한 학설들을 다룬 문헌들에서는 왜 금전
적 가치를 부여하는 법적 성질 결정을 하려 하는지 그 이유를 명백
히 밝히고 있지 않다. 그런데 이 문제는 변제 등 채권 실행의 측면과
환금이라는 두 가지 측면으로 나누어 검토해 보아야 한다.

먼저 사이버머니에 대하여 금전이나 유가증권 또는 이에 유사
한 가치를 인정하고자 하는 이유는, 사이버머니를 양도하거나 사이
버머니로 변제하는 경우 등에 있어서 가능하면 사이버머니에 금전
유사의 가치를 부여하여 그와 같은 법적 효력을 인정하기 위함이다.
그러나 사이버머니에 어떤 가치를 획일적으로 부여하기보다는 사이
버머니가 문제되는 거래마다 그 법률행위의 해석상 그리고 그것을
규율하는 법규정의 해석상 사이버머니에 어떤 법적 효력을 부여하
는가가 달라질 수밖에 없고, 일괄적으로 어떤 법적 가치를 가지고
있다고 획일적으로 정할 수는 없을 것이다. 환언하면, 사이버머니가
다양하게 만들어지고 활용되는 상황에서 사이버머니 자체에 어떤
가치를 부여하기보다는, 각 법률행위의 특징에 따라 이것을 결제의
수단으로 볼 것인가, 금전과 동일한 가치가 있는가를 평가하여야 할
것이다. 따라서 여기에 사이버머니에 대하여 화폐로까지 객관적 가

---

16) 富井政章, 「契約法講義」, 新青出版 復刻版 2001.12, 81면.

치를 격상시킬 필요는 없고 채권 실현 등의 차원에서의 가치를 부여하고 그에 대한 법리구성을 하면 된다고 생각한다.

그런데 환금의 문제는 다르다. 예를 들어 사이버머니를 가지고 현금지급기 등이나 인터넷 거래상에서 자유롭게 현금화하기 위해서는 적어도 금전적 가치로까지 평가받지 않으면 안 된다. 이것은 당사자 간 계약 해제에 따른 원상회복의 문제를 의미하는 것이 아니라 사이버머니와 실제 화폐와의 교환 가능성 문제이다. 따라서 이하에서는 양자를 구분하여 논해보고자 한다.

Ⅲ. 사이버머니에 대한 법리 구성

1. 채권의 이행을 위한 수단으로서의 사이버머니

사이버머니의 사용 양상에 따라 현행 법제도상의 이론을 각각 적용하는 것이 가능할 것이다. 특히 사이버머니의 법적 효력은 사이버머니를 이용하여 다른 물건을 살 경우인 제3자간 거래에서 가장 문제되는데, 몇 가지 가능한 법리 구성을 해보면 다음과 같다.

(1) 채권양도 구성

이것은 이용자가 발행자에 대하여 가지는 채권을 사이버머니의 양도에 수반하여 가맹점에 양도하거나 다른 사람에게 양도한다고 이론 구성하는 방법이다(민법 제449조). 그리고 이용자와 가맹점 사이에 대해서는 거래대금채무를 이 발행자에 대한 채권으로 대물변제하였다고 구성한다. 이 경우 대금채무소멸시기는 가맹점에 대한 채권양도를 한 때이다.

이렇게 채권양도로서 이론 구성하기 위해서는 사이버머니의 형태가 유가증권과 같은 어떤 금전채권을 가지고 있다는 전제에서 가능하다. 예를 들어 사이버머니가 발행자금의 반환청구권을 가진다고 하는 설계라면, 이러한 이론 구성을 하는 것이 가능할 것이다. 다만 문제는 채권양도의 대항요건의 구비 등이 문제될 수 있는데, 전자금융거래법 제20조[17]에서 별도의 규정을 두어 이 문제를 해결하고 있다.

(2) 지급위탁구성

우선 발행자와 이용자 사이에서 사이버머니 발행시에 있어서 이용자가 발행자에 대하여 이용자의 사이버머니 데이터에 따른 지급을 할 것을 위탁한다. 그리고 사이버머니의 이용시에는 이용자와 가맹점 사이에서 데이터의 이전이 행해지고, 이용자가 발행자에 대하여 지급권한을 수여하는 한편, 가맹점은 발행자로부터 지급을 수령할 권한을 취득한다. 그 후 데이터가 가맹점으로부터 발행자에게 송신되는 것에 의하여 이용자의 발행자에 대한 지급권한 수여의 의사표시가 발행자에게 전달되고, 이것에 의하여 발행자로부터 가맹점에 대한 지급이 이루어진다고 고려할 수 있다. 이 경우의 대금채무 소멸시기는 이용자의 지시에 의하여 발행자에 대하여 입금이 완료한 때이다.

---

17) 제20조(전자채권양도의 대항요건) ① 전자채권의 양도는 다음 각 호의 요건을 모두 갖춘 때에 「민법」 제450조 제1항의 규정에 따른 대항요건을 갖춘 것으로 본다.
1. 양도인의 채권양도의 통지 또는 채무자의 승낙이 「전자서명법」 제2조 제3호의 공인전자서명을 한 전자문서에 의하여 이루어질 것
2. 제1호의 규정에 따른 통지 또는 승낙이 기재된 전자문서가 전자채권관리기관에 등록될 것
② 제1항의 규정에 따른 통지 또는 승낙이 기재된 전자문서에 「전자서명법」 제20조의 규정에 따른 시점확인이 있고 제1항의 요건을 모두 갖춘 때에 「민법」 제450조 제2항의 규정에 따른 대항요건을 갖춘 것으로 본다.

(3) 면책적 채무인수 구성

이것은 이용자가 사이버머니로 지급한 때에 발행자가 이용자의 가맹점에 대한 대금지급채무를 인수하고 이용자는 면책된다고 하는 법리구성이다. 우선 발행자와 이용자 사이에서 사이버머니의 발행 시점에 발행자가 이용자에 대하여 후일 이용자가 사이버머니를 사용한 경우 발행자가 이용자의 대금채무를 인수하는 것을 약정한다. 그리고 사이버머니 이용시에는 데이터가 이용자로부터 가맹점에 이전되는 것으로 이용자의 가맹점에 대한 금전채무가 인수되고, 가맹점은 발행자에 대하여 사이버머니의 데이터를 송신하는 것으로 발행자에 대하여 당해 금전채무의 이행을 청구할 수 있게 된다. 이 경우 이용자에게 있어서는 사이버머니 이용시에 대금채무가 면책되고, 발행자가 인수한 채무는 대금채무와 동일성을 가지고 이것을 변제한 때에 대금채무가 소멸한다. 이 구성의 경우, 발행자가 채무를 인수하기 위하여 이용자의 가맹점에 대한 채무는 동일성을 가진 채 발행자의 인수 채무로 되기 때문에, 이용자의 가맹점에 대하여 가진 항변 등이 발행자에게 승계된다.

(4) 기   타

이 이외에도 여러 가지 측면에서 사이버머니의 법리 구성이 가능할 것으로 생각된다. 예를 들어 이용자의 가맹점에 대한 대금지급 채무를 채무자 교체에 의한 경개에 의하여 발행자가 이용자에 대신하여 인수한다고 고려하는 구성도 가능하다. 이 구조는 면책적 채무 인수구성과 거의 동일하지만 경개에 의한다고 하는 것으로, 이용자가 가맹점에 대하여 지는 채무와 발행자가 부담하는 채무는 별개의 채무로 된다.

2. 사이버머니에 대한 현금화의 가능성

계약 해제에 따른 원상회복으로서의 당사자간 금전 상환의 문제와 달리, 사이버머니를 바로 사회 일반에서 현금화 하는 것은 사이버머니에 대하여 금전 또는 유가증권과 동일한 가치를 부여하지 않는 한 불가능하다. 그런데 앞에서도 언급한 바와 같이 사이버머니에 이러한 가치를 부여하기는 어렵다. 결국 이것은 법정책적 차원에서의 결정이 있어야만 하는 것으로서 다른 나라의 상황을 먼저 검토해 볼 필요가 있다.

(1) 다른 나라의 상황
1) EU

EU에서는 '전자화폐지침'(Directive 2000/46/EC)이 2000년에 나와 각국은 이 지침에 기초하여 규제를 하고 있다. 여기에서는 E(Electronic)-머니에 대한 정의규정을 두고 있는데 이것에 의하면, "E-머니란 전자장치에 저장되고, 발행되는 화폐가치 이상의 자금의 수령에 대하여 발행되고, 발행자 이외의 이용자에 의하여 지불수단으로 받아들이는 것으로서, 발행자에 대한 채권을 표창하는 화폐적 가치를 말한다"라고 하고 있다. 이 정의에서 말하는 바와 같이 EU에서는 사이버머니의 일종인 E-money에 화폐적 가치까지 있는 것으로 보고 있는데, 이렇게 금전적 가치를 인정하게 된 이유로는, E-머니가 나오게 된 배경을 무시할 수 없다. 그 주된 배경에는 기본적으로 금융정책에의 영향을 우려하는 중앙은행과 통화통합을 강력히 추진하려고 한 행정기관의 의견 대립이 그 기저에 있었다.

그 가운데 프리페이드 카드가 상용화되면서 유럽에서는 논뱅크 카드와 은행 카드가 경합관계에 있었는데, 중앙은행의 입장에서는 장래 프리페이드 카드가 은행권과 경합하게 될 경우 금융정책의 효과가 어떤 위기에 봉착할 수 있으므로, 카드 발행은 금융기관에 한

징하는 것으로 고려하였다.[18] 그러나 행정기관의 입장에서는 E-머니의 발행을 금융기관에만 한정하지 않고 논뱅크의 참가도 가능하게 해야 한다는 입장이었다.[19] 이에 절충적 입장에서 전자화폐지침은 매우 엄격하게 진입조건을 정하고 E-머니의 정의를 명확하게 하고, 나아가 그것도 한정적으로 규정하게 된 것이다. 그 진입조건으로서는 다음과 같이 6가지를 두고 있다.

① 자본금이 일정액 이상이어야 하고, 자기자본비율도 미사용잔고의 2%를 필요로 한다. ② 투자제한으로 미사용잔고 이상의 유동성 자산을 보유할 필요가 있고, 고객으로부터 받은 자산은 안전자산에 대하여 투자하여야만 한다. ③ 다른 업무의 금지에 관한 조건으로, E-머니 발행과 이와 관련한 업무만을 할 수 있다. ④ 화폐로의 교환과 관련하여, E-머니 보유자는 유효기간 중에는 발행자로부터 수수료가 필요 없이 화폐로 교환할 수 있음을 정하여야 하고, 발행자와 이용자 사이의 계약서에는 환금 하한액과 환금 조건이 명기되어야만 한다. ⑤ 건전하고 신중한 경영관리의 필요에서 경영이나 업무운영, 회계가 내부조직에 있어서 건전하고 신중하게 행해져야만 한다. ⑥ 감독관청에 의한 검사에 관한 것으로 자기자본이나 투자제한 등의 실태에 대하여 적어도 연 2회, 감독관청에서 체크하여야 한다.[20]

2) 미 국

미국 연방준비이사회는 사이버머니의 영향이 그다지 크지 않은 것으로 고려하고 있다. 따라서 연방 차원에서 어떤 규제를 하지 않

18) 그 배경에 대한 자세한 논의는 European Monetary Institute, Report to the Council of the European Monetary Institute on Prepaid Card, 1994.5. 참조.

19) 이에 대한 자세한 논의는 European Commission, Proposal for European Parliament and Council Directive on the taking up, the pursuit and the prudential supervision of the business of electronic money institution, 1998.7. 참조.

20) Directive 2000/46/EC Article 1~7 참조.

는 반면에, 다만 각 주정부 차원에서 논뱅크 사이버머니 사업진입에
대한 규제가 있는 경우가 있다. 미국에서는 논뱅크가 다양한 형태로
자금결제에 관여하고 있지만, 사이버머니의 발행은 예금 또는 예금
과 유사한 것으로 간주하지 않고 부채의 취득으로 간주하고 있다.[21]
미국 주법은 각주마다 다르나 모델로 되는 통일법이 존재하는 경우
가 있는 것은 익히 알려져 있는 사실인데, 화폐와 관련하여서는 「통
일화폐서비스법」(UNIFORM MONEY SERVICES ACT)[22]이라는 통일법
이 마련되어 있다. 이 통일법은 화폐서비스업을 폭넓게 받아들이고
있다.

 통일화폐서비스법에서는 사이버머니에 대한 특별한 정의는 없
지만, '저장된 가치(Stored value)'에 대한 정의규정이 존재한다. 즉
위 법 Section 102 (21)에서는, '저장된 가치'를 전자적 기록에 의하
여 증명된 화폐적 가치를 말한다고 하고 있고, 같은 조 (11)에서는
'화폐적 가치(Monetary value)'란 교환수단으로서 그것이 법정 통화로
환금되는가를 묻지 않는다고 되어 있다. 이 정의규정에 의하면 사이
버머니가 IC카드 등의 유체물에 기록되어 있는 것에 한하지 않고,
서버 등에 저장되어 있는 것도 폭넓게 사이버머니로 정의하고 있음
을 알 수 있다. 한편 통화로의 환금의무에 대한 의무를 불문한다는
규정을 두고 있는 것으로부터 환금의무를 과하는 EU와는 차이가 있
음을 알 수 있다.

 3) 일　본

 일본에서는 종래 사이버머니에 대하여, "금전에 상응하는 대가
를 얻어 전자적으로 기록된 금액정보로서, 그 기록자와의 계약관계

---

21) Loretta J. Mester, The Changing Nature of the Payments System: Should
    New Players Mean New Rules?, Philadelphia FRB Business Review, 3/4
    2000, p.16.
22) National Conference of Commissioners on Uniform State Law, Uniform
    Money Services Act, April 2001.

에 기하여 그것을 이전시킴으로써 계약에 기한 일정한 범위의 금전 채무의 변제로서의 효력을 가지는 것"[23]이라고 해석되었고, 선불식 이기 때문에 종래 「선불식 증표의 규제 등에 관한 법률」(이하 '선불법'이라 한다)에 의해 발행되었다. 그러나 IT기술의 진보와 이용자 요구의 다양화에 의하여 자금결제에 관한 서비스가 다양하게 등장하고 그 이용도 폭넓게 됨에 따라 동법으로는 대응할 수 없는 문제가 제기되었다. 이에 2009년 6월에 「자금결제에 관한 법률」(이하 '자금결제법'이라 한다)이 제정되어 이 법률은 2010년 4월부터 시행되어 오고 있다.

자금결제법에서의 사이버머니에 관한 규정을 보면 종래의 선불법 규제의 기본적 구조는 유지하면서도 규제의 합법화를 기한 것이 주목할 만하다. 먼저 선불법에서는 규제대상 외였던 서버형 사이버머니를 적용대상으로 포함시키는 것이 자금결제법의 최대 과제였는데, 제3조 제1항에서 그 대상으로 되는 '선불식 지불수단'의 정의를 "증표, 전자기기 기타의 물건에 기재되거나 또는 전자적 방법에 의해 기록되는 금액에 상응하는 대가를 얻어 발행되는 증표 등 또는 번호, 기호 기타 부호로서 그 발행하는 자 또는 당해 발행하는 자가 지정하는 자로부터 물품을 구입하거나 빌리거나 또는 노무의 제공을 받는 경우에 이러한 대가의 변제를 위하여 제시, 교부, 통지 기타의 방법에 의해 사용할 수 있는 것"으로 규정하고, 서버형 사이버머니도 규제 대상으로 하는 것을 명확하게 하였다. 한편 자금 이동업을 은행 이외의 사업자에게도 개방하고 자금결제시스템을 발전시켜 금융자본시장을 활성화시켰다.

(2) 평 가
유럽, 미국, 일본의 각 제도를 살펴본바, 가장 중요한 차이는 '화

---

23) 杉浦宣彦他, 前揭書, 10면 참조.

폐로의 환금의무’의 유무가 아닌가 생각된다. 환금의무의 유무는 그 국가가 ‘사이버머니를 어떻게 받아들이는가’라고 하는 각국의 사이버머니에 대한 자세로부터의 귀결이라고 할 수 있다. 이미 서술한 바와 같이 유럽은 사이버머니를 현금에 매우 가까운 것으로 받아들이는 선에서 장래적으로 중앙은행의 근간을 움직일 가능성 있는 것으로서 규제하고 있는 한편, 미국이나 일본은 사이버머니는 어디까지 하나의 결제수단에 지나지 않고 장래적인 영향은 크지 않다고 받아들이는 선에서 규제를 하고 있다고 고려할 수 있다.

우리나라의 경우 유럽과 미국 또는 일본의 절충적 입장을 취한 것으로 보여진다. 앞에서 살펴본 바와 같이 ‘전자지급수단’에 대하여 여러 가지 지급수단이 포함될 수 있음을 규정하면서도, 그 가운데의 ‘전자화폐’에 대해서는 현금 또는 예금과 동일한 가치로의 교환을 보장하고 있다. 우리 전자금융거래법상의 ‘전자화폐’에 한정된 것은 EU「전자화폐지침」에서의 E-머니에 대응된다고 할 수 있다.

지금까지 현금에 대신할 수 있는 주요 지불수단으로서 예금이 있었다. 선불식 지급수단에 대해서는 그 발행은 은행에 한정되지 않고 일반 사업자가 발행할 수 있고, 자유로운 환금을 가능하게 하면 예금에 가까운 기능을 가지는 것으로 되고, 현금, 예금에 대체할 수 있는 것으로 생각된다. 그러나 자유로운 환금이 가능하도록 하기 위해서는 그만큼 예금과 동일한 정도의 규제가 필요하다고 생각한다. EU에서는 선불식 지불수단에 상당하는 것에 대해서는 환금을 의무지운 후, E-머니를 발행하는 자에 대하여 은행에 준하는 규제를 하고 있는 것이다.

이 때문에 사이버머니에 대해 환금 가치가 인정되기 위해서는, 현재의 유가증권과 같은 수준에 대신할 수 있는 사이버머니의 유형을 한정하고, EU와 같이 엄격한 법정비를 도모하는 것이 고려될 필요가 있다. 이 때문에 우리나라 전자금융거래법상의 ‘전자화폐’에 대해서도 2개 이상의 광역단체 및 500개 이상의 가맹점에서 이용되고,

발행인 위익 제3자로부터 재화 또는 용역을 구입하고 그 대가를 지급하는 데 사용되고, 구입할 수 있는 재화 또는 용역의 범위가 5개 이상의 업종이고, 현금 또는 예금과 동일한 가치로 교환되어 발행되며, 발행자에 의하여 현금 또는 예금으로 교환이 보장되어야 한다는 요건을 부여하고 있는 것이다. 그런데 우리나라의 법제도에서는 전자화폐를 발행할 수 있는 기관에 대해서는 그다지 엄격하게 규율하지 않는 반면 오히려 사용범위에 대해서는 엄격한 규제를 하고 있다. 이것은 EU의 규제와는 차이가 있고, 환금이 법규정의 엄격성으로 인하여 오히려 보장되지 못하는 것이 아닌가 생각된다.

IV. 맺음말

이상 사이버머니에 대한 의의 및 법적 성질과 그 규명의 실익을 정리하고, 사이버머니와 관련한 외국 법규정에서의 정의를 바탕으로 화폐화의 가능성에 대한 논의를 정리해 보았다. 사이버머니에 대해서 일괄하여 강제통용력을 가진 금전 또는 유가증권으로의 성격을 가지고 있다고까지는 말하기 어렵다고 본다. 아마도 사법의 일반법인 민법의 제정 당시만 하더라도 어음, 수표 등 유가증권 이외에 화폐와 유사한 개념이 등장하리라고 예상할 수 없었을 것이다. 그러나 이미 신용카드를 넘어서서 포인트에 의한 결제, 사이버머니에 의한 결제 및 양도가 점점 더 확산되는 현실에서 통화만을 법정화폐라고 고려하는 것도 사회상황에 부합하지 않는다고 할 수 있을 것이다.

현재와 같이 사이버머니에 대한 합리적인 규율이 없다면 소비자 피해가 발생할 수 있다. 특히 일정한 영역에서는 사이버머니에 금전과 같은 가치를 인정하지 않는 한 사업자의 약관에 의해 부당히 피해를 보는 사례도 있을 수 있음을 부정할 수 없다. 오히려 엄격한 요건하에 사이버머니를 만들어 낼 수 있도록 하고 그 경우에는 소비자에게 사이버머니에 대한 환금가능성 등을 보장해 주는 것이 사회 현실에 부합하지 않을까 생각해 본다.

색인어

사이버머니, 소비자 보호, 환금, 현금화, 전자지급수단, 통화, 유가증권

참 고 문 헌

1. 국내문헌

고형석, "사이버머니의 환급에 관한 연구," 선진상사법률연구 통권 제63호, 2013.

김선희, "비트코인도 털린다," 과학동아 337호, 2014.

김성천, 「상품권거래와 법제개선방안 연구」, 한국소비자원, 2012.

김재두, "전자화폐의 법적 문제," 경영법률 제18집 제3호, 2008.

손진화, 「전자금융거래법」, 법문사, 2008.

안법영, "금전사법의 법리에 관한 소고-권리대상으로서 금전의 탈유체화에 관해서-," 고려대학교 법학논집 제34집, 1998.

이윤호, "사이버머니 '도토리'의 화폐성 및 화폐적 발전 전망," 「경제학연구」 제57집 제1호, 2009.

정경영, 「전자금융거래와 법」, 박영사, 2007.

정진명, 전자화폐의 실용화를 위한 법적 기반 연구, 한국법제연구원, 2002.

2. 외국문헌

富井政章, 「契約法講義」, 新青出版 復刻版 2001.12, 81면.

杉浦宣彦他, 「電子マネーの将来と法的基盤」, 金融研究研修センター, 2003.

上沼紫野, "電子マネーと決済サービスの論点", 法とコンピュータ No27, 2009.

European Commission, Proposal for European Parliament and Council Directive on the taking up, the pursuit and the prudential supervision of the business of electronic money institution, 1998.

European Monetary Institute, Report to the Council of the European Monetary Institute on Prepaid Card, 1994.

Loretta J. Mester, The Changing Nature of the Payments System: Should New Players Mean New Rules?, Philadelphia FRB Business Review, 3/4 2000.

National Conference of Commissioners on Uniform State Law, Uniform Money Services Act, April 2001.

해외구매계약에서의 소비자보호에 관한 연구*

고 형 석**

차 례

Ⅰ. 서 론
Ⅱ. 해외구매계약의 의의 및 유형
Ⅲ. 해외구매계약의 법적 성질 및 준거법
Ⅳ. 해외구매계약과 청약철회권
Ⅴ. 결 론

Ⅰ. 서 론

비대면 및 자동화 계약방식인 전자상거래는 기존 재화 등의 거래방식에 막대한 영향을 미치고 있으며,[1] 그 대표적인 사례가 바로

---

 * 이 글은 「민사법의 이론과 실무」 제18권(2014.12)에 게재된 논문이다.
** 선문대학교 법학과 교수.

 1) 2013년 국내 기업·소비자간(B2C) 전자상거래금액은 24조 3,310억원으로 2012년 21조 1,600억원 대비 약 15%(3조 1,720억원) 증가하였다. 그러나 한국소비자원에 접수된 전자상거래관련 소비자피해 접수건수 역시 지속적으로 증가하고 있으며, 2011년 4,291건(전년대비 증가율 5.3%, 전체 피해구제 중 비중 15.3%), 2012년 4,467건(전년대비 증가율 4.1%, 전체 피해구제 중 비중 15.1%), 2013년 4,561건(전년대비 증가율 2.1%, 전체 피해구제 중 비중 16.3%)로 조사되었다(김두환, 2013년도 전자상거래 소비자피해 동향 조사, 한국소비자원, 2014, 1면).

해외사업자와의 거래인 국제전자상거래의 활성화이다. 종전 해외
사업자가 판매하는 재화를 소비자가 구매하는 방식은 크게 수입업
자로부터 구입하는 방식과 소비자가 직접 해외에 가서 구매하는 방
식으로 구분할 수 있으며, 전자가 주를 차지하였다. 그러나 수입업
자로부터 구매할 경우 해외에서 판매되는 가격보다 매우 높은 가격
을 지불할 수밖에 없었다. 즉, 소비자가 원하는 재화를 수입업자(특
히, 독점수입업자일 경우)가 판매하기 때문에 그 가격이 과다하더라도
이를 지급할 수밖에 없는 시장구조였다.[2] 그러나 전자상거래는 기
존의 거래방식 및 시장범위를 변화시키고 있으며, 이는 소비자가 해
외에 가지 않더라도 간편하게 해외 사업자의 사이버몰에서 구매할
수 있기 때문이다. 그 방식은 소비자가 해외 사업자의 사이버몰에서
직접 구매하는 방식과 구매대행서비스를 제공하는 사업자를 통하여
구매하는 방식으로 구분된다. 전자의 경우는 일반 전자상거래와 동
일하지만, 사업자가 외국 사업자이기 때문에 국제사법에 따라 그 계
약의 준거법과 재판관할권이 결정된다. 후자의 경우는 소비자가 국
내 구매대행사업자와 구매대행계약을 체결하고, 그 이후에 구매대
행사업자가 해외사업자와 계약을 체결한 후 배송받은 재화를 소비
자에게 인도하게 된다. 물론 양 거래방식 모두 최근 소비자피해가
증가하는 방식이지만, 전자와 달리 후자의 구매방식은 그 계약의 법

---

2) 소비자가 직구를 이용하는 대표적인 이유는 저렴한 가격 때문이다. 가격문
   제는 사업자가 결정하는 사항이기 때문에 시장지배적 사업자 또는 담합 등의
   경우를 제외하고 법에서 이 문제를 규율하지 않는다. 그러나 국내사업자가
   동 종류의 재화를 해외에서 판매할 경우와 국내에서 판매할 경우 가격차이가
   존재하며, 소비자가 국내사업자가 생산한 재화를 직구로 구매하는 이유 중
   하나가 더 저렴하기 때문이다. 이러한 가격차이에 대하여 사업자는 재화가
   상이하거나 추가사항이 존재하기 때문에 차이가 발생할 수밖에 없다고 할 수
   있지만, 소비자의 입장에서는 국내시장에서의 가격이 더 비싸다는 것에 대하
   여 불만을 표시하고 있다. 따라서 이러한 가격차이가 사업자의 주장과 같이
   합리적인 근거하에 있는지 아니면 이러한 근거가 없음에도 불구하고 국내소
   비자를 차별하는 조치인 것인가에 대한 조사가 필요하다.

적 성질에서부터 시작하여 그 법률관계가 단순히 소비자와 국내 구
매대행사업자 간의 법률관계로 구성되는 것이 아니기 때문에 매우
복잡하며, 이로 인하여 발생하는 다양한 소비자문제를 해결하기에
도 쉽지 않다. 따라서 해외구매계약에서 발생하는 다양한 소비자문
제3)를 해결하기 위해서는 가장 기본적으로 그 법적 성질을 규명하
여야 하며, 이를 기초로 국제사법상 준거법이 결정되어야 한다. 특
히, 해외구매대행계약에 대하여 「전자상거래 등에서의 소비자보호
에 관한 법률」(이하 '전소법')의 적용을 통하여 이를 이용하는 소비자
를 보호할 수 있는가의 문제가 가장 핵심이라고 할 수 있다. 즉, 동법
에서는 민법에 대한 특칙으로 청약철회권을 인정하고 있다. 따라서
해외구매계약을 통하여 재화를 구매한 소비자가 국내 전자상거래와
동일하게 동법에 따라 청약철회권을 행사할 수 있는가를 규명할 필
요가 있다. 그러나 해외구매계약이 급증하고 있지만, 이 문제에 대한
연구가 매우 부족한 실정이기 때문에 이 분야에서 발생하는 다양한
소비자문제를 해결함에 있어서 많은 어려움이 발생하고 있다.

　　본 논문에서는 해외구매대행계약에서의 소비자보호문제에 대
하여 고찰하고자 한다. 그 구체적인 내용으로 먼저, 해외구매계약의
의의 및 유형을 살펴본다. 둘째, 각 유형별 해외구매계약의 법적 성

---

3) 한국소비자원에 따르면 1372소비자상담센터에 접수된 해외직구 관련 소비
　자불만이 2012년 1,181건에서 2013년 1,551건으로 31.3% 증가하였고, 금년
　1월에만 211건이 접수돼 소비자들의 주의가 요망된다고 발표하였다. 2013년
　7월부터 금년 1월까지 최근 7개월간 접수된 해외직구 관련 소비자 불만
　1,066건의 불만이유를 분석한 결과, "반품시 과도한 배송료나 수수료 요구"
　가 315건(29.5%)으로 가장 많았으며, "해외거래를 이유로 구매취소·환불을
　지연·거부"한 경우도 281건(26.4%)으로 나타났다. 또한 "배송지연·오배
　송·배송 중 분실" 등 배송관련 불만도 202건(19.0%)에 이른다. 해외직구의
　수요가 많은 점을 이용하여 돈만 받고 제품 인도를 지연한 후 사이트를 폐쇄
　하고 사라지는 등 구매대행사이트와 '연락두절'로 인한 소비자피해도 68건
　(6.4%)이나 됐다(한국소비자원, 보도자료: 해외직구 늘면서 관련 소비자 불
　만도 증가, 2014년 3월 5일, 1-2면).

질을 규명한다. 셋째, 국제사법의 제 규정을 통하여 각 유형별 해외
구매계약의 준거법으로 우리의 전소법⁴⁾이 적용될 수 있는가를 살펴
본다. 마지막으로 전소법이 적용되는 해외구매계약에서 청약철회권
의 문제를 검토한다.

II. 해외구매계약의 의의 및 유형

1. 해외구매계약의 의의

해외구매계약이라고 함은 소비자가 해외사업자로부터 재화를
구입하는 계약을 말한다. 그 방식은 소비자가 직접 외국에 가서 구
입하는 방식과 온라인을 통하여 구입하는 방식으로 구분할 수 있지
만, 여기에서는 후자로 한정한다. 또한 누가 계약을 체결할 것인가
에 따라 소비자가 계약을 체결하는 방식과 구매대행사업자를 통하
여 계약을 체결하는 방식으로 구분된다. 이를 통칭하여 해외구매계
약이라고 하며, 후자를 해외구매대행계약이라고 한다. 이와 같이 소
비자가 온라인을 통하여 체결하는 해외구매계약을 국제전자소비자
계약이라고 할 수 있지만, 모든 유형의 해외구매계약이 이에 해당하
는가에 대하여는 논란이 있다. 즉, 국제전자소비자계약이 되기 위해
서는 국제거래, 전자상거래 및 소비자계약의 요건을 모두 충족해야
한다. 물론 해외직구와 배송대행의 형태는 전형적인 국제전자소비자
계약에 해당한다. 그러나 소비자가 주로 이용하는 해외구매대행계약
은 국제거래와 전자상거래의 요건을 충족하지만, 소비자계약의 요건

---

4) 전소법은 전자상거래 또는 통신판매를 이용하여 재화 등을 구입하는 소비자
를 보호하기 위한 법이며, 그 규율방식에 있어서는 단지 사법적 규율만이 아
닌 행정적 규제와 형법적 규제를 병행하고 있다. 다만, 논문에서 다루고자 하
는 내용은 동법의 내용 중 사법적 규정의 적용가능성 문제이다.

을 충족하는가에 대하여는 논란이 있다. 이에 대하여는 후술한다.

2. 해외구매계약의 유형

소비자가 해외사업자로부터 재화 등을 구매하는 방식은 누가 계약을 체결하는가에 따라 두 가지로 구분할 수 있다. 첫째, 소비자가 해외 사이트에 접속하여 직접 계약을 체결하는 방식이다. 이는 해외사업자가 소비자에게 직접 배송하는 방식(이하 '직구')과 해외사업자가 사업자국의 일정지역으로만 배송하고, 이를 수령한 자가 소비자에게 배송하는 방식(이하 '국제물품운송')으로 세분된다.[5) 둘째, 소비자로부터 위탁받은 구매대행사업자가 해외사업자와 계약을 체결하는 방식이다. 이는 계약체결부터 배송까지 전담하는 포괄적 구매대행방식과 계약체결만을 대행하고, 그 배송은 해외사업자가 담당하는 계약체결형 구매대행계약으로 세분할 수 있다. 첫째, 직구방식의 경우, 계약의 당사자는 소비자와 해외사업자만이다. 물론 해외사업자가 그 배송을 위하여 국제운송사업자와의 계약을 체결하지만, 이는 해외사업자가 계약상 의무를 이행하기 위해 체결하는 계약이기 때문에 소비자가 체결하는 계약은 아니다. 둘째, 국제물품운송계약의 경우 소비자는 두 개의 계약을 체결한다. 하나는 해외사업자와의 재화에 관한 매매계약이며, 다른 하나는 배송대행사업자와의 국제물품운송계약이다. 전자는 국제계약에 해당하지만, 후자는 국제계약인 경우와 국내계약인 경우로 구분된다. 즉, 국내배송사업자와 체결한 경우에는 국내계약이지만, 외국배송사업자와 체결한 경우에는 국제계약에 해당한다. 셋째, 포괄적 구매대행계약의 경우, 소비자는 해당 재화에 대한 구매 및 배송을 구매대행사업자에게 의

---

5) 배윤성, "해외직구 이용실태 및 개선방안", 해외 사업자로부터 직접구매와 소비자보호, 한국소비자원/한국소비자법학회, 2014, 2면.

뢰하고, 구매대행사업자가 해외사업자와 계약을 체결한 후 인도받은 재화를 소비자에게 배송한다. 따라서 소비자가 체결하는 계약은 구매대행사업자와의 계약이며, 해외사업자와의 계약은 구매대행사업자가 체결한다. 넷째, 계약체결형 구매대행계약은 계약체결의 형태는 포괄적 구매대행계약과 동일하지만, 그 이행을 해외사업자가 담당한다는 점에서 차이가 있다.

Ⅲ. 해외구매계약의 법적 성질 및 준거법

1. 국제사법상 계약의 준거법결정기준

(1) 사적 자치의 원칙

당사자가 명시적 또는 묵시적으로 선택한 법이 준거법으로 되며, 추후 이를 변경할 수 있다. 다만, 모든 요소가 오로지 한 국가와 관련이 있음에도 불구하고 당사자가 그 외의 다른 국가의 법을 선택한 경우에 관련된 국가의 강행규정은 그 적용이 배제되지 아니한다 (동법 제25조). 이러한 합의의 방식에 대하여는 제한이 없다. 다만, 약관에서 준거법을 정하고, 상대방이 이 약관에 동의하였을 경우에도 준거법에 대한 합의가 있는 것으로 인정할 수 있는가에 대하여 학설은 부정설과 긍정설로 대립하고 있다. 부정설의 근거로는 당사자 일방만이 계약의 내용을 결정하는 권한을 가지는 특수한 계약이므로 당사자자치의 자유는 없고, 특별한 원칙의 적용 즉 조리상 업무의 본거지법을 준거법으로 해야 한다고 주장한다.[6] 또한 경제적 약자의 보호라는 관점에서 이러한 종류의 계약에 관해서는 당해 계

---

6) 久保岩太郎, 國際私法構造論, 有斐閣, 1955, 164면(김연 · 박정기 · 김인유, 국제사법, 법문사, 2006, 287면에서 재인용).

약과 밀접한 관계를 가진 연결점을 찾을 수 있을 것이므로 당사자자
치의 원칙에서 제외시키는 것이 타당하다고 주장한다.[7] 긍정설의
근거로는 부합계약도 사법적 효과를 나타내는 계약이므로 당사자간
의 명시적인 준거법지정이 있고, 공서조항에 반하지 않는 한 당사자
자치가 허용되어야 한다.[8] 또한 국제계약의 준거법을 외국법으로
지정하는 약관의 준거법조항은 통상 유효한 것이지만, '현저하게 불
리하고 불공정한 준거법합의'는 공서양속에 반하는 법률행위로서
무효라고 볼 수 있으므로 이러한 예외적인 경우 무효가 될 수 있다
고 한다.[9] 이와 같이 학설은 대립하고 있지만, 약관 역시 상대방의
동의에 따라 계약내용으로 편입된다는 점을 감안할 때 이를 배제하
는 것은 약관에 의한 계약체결 그 자체를 부정하는 것이다. 따라서
약관을 통한 준거법 합의 역시 인정하여야 할 것이다. 다만, 약관을
통하여 결정된 준거법을 적용하는 것이 법정지의 공서양속에 반하
는 경우에는 그 적용을 배제하여야 할 것이므로 상기의 학설 중 긍
정설이 타당하다고 판단된다.[10]

(2) 객관적 연결

당사자가 준거법을 선택하지 아니한 경우에 계약은 그 계약과

---

7) 서희원, 국제사법강의, 일조각, 1992, 211면.
8) 김연·박정기·김인유, 위의 책, 287면.
9) 석광현, 국제사법과 국제소송 제3권, 박영사, 2004, 167면; 김원규, "국제계
   약에 있어서 당사자자치의 제한에 관한 연구: 일본의 판례를 중심으로", 법학
   연구 제27호, 2007, 467면.
10) 준거법을 해외사업자국의 법으로 약관에서 정하였을 경우 그 편입 및 효력
   여부는 우리 약관규제법에 따라 결정되는 것이 아니라 국제사법 제25조 제5
   항에 따라 해외사업자국의 약관규제에 관한 법에 따라 판단하여야 한다. 이
   는 국제사법 제27조에서 규정하는 소비자계약에 해당하지 않은 계약에 국한
   되며, 동조에서 규정하는 소비자계약에 해당할 경우에는 우리의 약관규제법
   역시 적용된다(석광현, 위의 책, 172-173면; 이병준, "해외 소셜 네트워크 서
   비스이용약관의 약관규제법에 의한 내용통제 가능성: Facebook 게시물이용
   약관의 유효성을 중심으로", 소비자문제연구 제41호, 2012, 197면).

가장 밀접한 관련이 있는 국가의 법에 의한다. 당사자가 계약에 따라 양도계약의 경우에는 양도인의 이행, 이용계약의 경우에는 물건 또는 권리를 이용하도록 하는 당사자의 이행 또는 위임·도급계약 및 이와 유사한 용역제공계약에서 용역을 이행하여야 하는 경우에는 계약체결 당시 그의 상거소가 있는 국가의 법(당사자가 법인 또는 단체인 경우에는 주된 사무소가 있는 국가의 법)이 가장 밀접한 관련이 있는 것으로 추정한다. 다만, 계약이 당사자의 직업 또는 영업활동으로 체결된 경우에는 당사자의 영업소가 있는 국가의 법이 가장 밀접한 관련이 있는 것으로 추정한다(동법 제26조). 舊 섭외사법 제9조에서 당사자의 의사가 분명하지 않은 경우 준거법을 행위지법으로 규정하였지만, 국제사법에서는 로마협약(Convention on the law applicable to contractual obligation)11) 제4조를 모델로 하여 객관적 연결에 의한 준거법 결정방식으로 변경하였다.

(3) 소비자의 상거소지법 중 강행법규의 강제적 적용

소비자가 직업 또는 영업활동 외의 목적으로 체결하는 계약이 소비자의 상대방이 계약체결에 앞서 그 국가에서 광고에 의한 거래의 권유 등 직업 또는 영업활동을 행하거나 그 국가 외의 지역에서 그 국가로 광고에 의한 거래의 권유 등 직업 또는 영업활동을 행하고, 소비자가 그 국가에서 계약체결에 필요한 행위를 한 경우, 소비자의 상대방이 그 국가에서 소비자의 주문을 받은 경우 또는 소비자의 상대방이 소비자로 하여금 외국에 가서 주문을 하도록 유도한 경우 중 어느 하나에 해당하는 경우에는 당사자가 준거법을 선택하더라도 소비자의 상거소가 있는 국가의 강행규정에 의하여 소비자에

---

11) 로마협약은 1980년에 제정되었지만, 1991년부터 시행되었다. 이후 동 협약은 2008년에 로마 I 규칙[Rome I Regulation(Regulation (EC) No 593/2008 of the European Parliament and of the Council of 17 June 2008 on the law applicable to contractual obligations)]으로 개정되었다.

게 부여되는 보호를 박탈할 수 없다. 당사자가 준거법을 선택하지 아니한 경우에 소비자계약은 제26조의 규정에 불구하고 소비자의 상거소지법에 의한다(동법 제27조). 舊 섭외사법에서는 소비자와 같은 약자보호에 관한 규정이 존재하지 않았기 때문에 이러한 약자인 소비자를 보호하기 위하여 2001년 개정 국제사법에서는 소비자계약에 관한 특칙을 신설하였다. 이는 로마협약 제5조12)를 모델로 하였지만,13) 로마협약 제5조 제4항과 제5항을 수용하지 않은 점 및 국제재판관할에 관한 규정을 동시에 규정하였다는 점에서 차이가 있다.14)

(4) 국제적 강행규정

상기의 방식에 의해 준거법이 결정되더라도 입법목적에 비추어 준거법과 관계없이 해당 법률관계에 적용되어야 하는 우리나라의 강행규정은 해당 계약의 준거법으로 인정된다(동법 제7조). 여기에서 국제적 강행규정은 당사자의 합의에 따라 그 적용을 배제할 수 없는 모든 강행규정을 의미하는 것이 아니라 당사자의 합의에 따라 적용을 배제할 수 없을 뿐만 아니라 준거법이 외국법으로 결정되더라도 그 적용이 배제되지 않은 법을 말한다. 그 예로써, 외국환거래법, 대

---

12) 개정된 로마 I 규칙에서는 소비자계약의 체결요건으로 1980년 로마협약과 달리 소비자의 상거소국에서 상업적 내지는 직업적 활동을 수행하거나 소비자의 상거소국에서 이러한 활동을 직접 행하지 않지만, 그 방법에 관계없이 소비자의 상거소국 또는 상거소국을 포함하여 복수의 국가에서 이러한 활동을 행하고, 계약이 그 활동의 범주에 해당할 것으로 개정되었다(동 규칙 제6조 제1항).

13) 로마협약에서 소비자계약에 대한 특칙을 규정한 이유로 각국이 소비자보호를 위한 실체법상 규정을 두고 있지만, 당사자가 외국법을 준거법으로 선택함으로써 그러한 규정의 적용을 회피한다면 이러한 실체법상 규정은 사실상 무의미하게 되므로 이를 방지하기 위함이라고 한다(이춘삼, 국제계약론, 대왕사, 2003, 464면).

14) 석광현, 앞의 책(제2권), 33면.

외무역법 및 「독점규제 및 공정거래에 관한 법률」 등을 제시할 수 있다. 이러한 국제적 강행규정에 소비자보호법이 포함될 것인지에 대하여는 명확하지 않으며, 소비자보호법 역시 이에 해당하는 경우가 있으므로 이를 판단하는 것이 중요하다고 하는 견해도 있다.[15] 그렇다고 한다면 전소법은 국제사법 제7조에서 규정하고 있는 국제적 강행규정에 해당하는가의 문제가 제기된다. 동법의 제정이유는 舊 방문판매법상 통신판매에 관한 규정만으로 확대되고 있는 전자상거래에서 소비자를 충분하게 보호하지 못한다는 점에서 이 분야의 소비자를 보다 충실하게 보호하기 위함이다. 그러나 여기에서의 전자상거래는 국제전자상거래가 아닌 국내전자상거래를 대상으로 하고 있으며, 이러한 점은 통신판매업자의 신고의무 등에서 그 근거를 찾을 수 있다. 따라서 동법은 국제사법 제7조에서 규정하고 있는 국제적 강행규정에 해당한다고 보기는 어렵다.

2. 직구의 법적 성질 및 준거법

(1) 직구의 법적 성질

소비자가 해외사업자의 사이버몰에서 재화에 관한 계약을 직접 체결하고, 해외사업자가 재화를 직접 배송하는 직구는 재화에 대한 매매계약이며, 국제전자소비자계약에 해당한다. 즉, 동 계약은 소비자와 사업자 간에 체결되는 계약이기 때문에 소비자계약에 해당한다. 또한 계약체결의 방식 또는 수단에 있어서 컴퓨터 등의 정보처리장치와 인터넷을 이용하기 때문에 전자상거래에 해당한다. 마지

---

15) 석광현, 앞의 책(제3권), 13면. 반면에 당사자자치에 관한 국제사법 제25조 제4항의 강행규정, 소비자계약에 관한 제27조 제1항의 강행규정 및 근로계약에 관한 제28조 제1항의 강행규정은 단순한 강행규정에 해당한다고 하여 소비자보호법이 국제적 강행규정에 해당하지 않는다고 하는 견해도 있다(사법연수원, 국제사법과 국제민사소송, 2007, 71면).

막으로 소비자와 사업지는 상이한 국가에 위치한 상태에서 계약을
체결하였기 때문에 국제계약에 해당한다.

(2) 직구의 준거법
1) 국제사법 제27조의 적용요건
㈎ 소비자계약

국제사법 제27조에 따라 준거법이 결정되기 위해서는 그 계약
이 소비자계약에 해당해야 한다. 그 요건으로는 첫째, 계약의 일방
당사자가 소비자이어야 한다. 여기에서의 말하는 소비자는 자연인
에 한정되는가 아니면 법인까지 포함되는가의 문제가 제기되며, 학
설은 대립하고 있다.16) 그러나 2001년 국제사법을 개정하면서 일반
계약과 달리 소비자계약에 대하여 특칙을 신설한 이유는 경제적 약
자인 소비자를 보호하기 위함이다. 그렇다고 한다면 경제적 약자라

---

16) 자연인에 한정된다는 견해로는 석광현, 2001년 개정 국제사법 해설, 지산,
2003, 225면; 김인호, "국제계약에서 강행규정에 의한 당사자자치의 제한",
선진상사법률연구 제60호, 2012, 121면. 이에 반해 국제사법의 조문상 명확
하지 않다는 점을 근거로 자연인에 한정되는지에 대하여 명확하게 말할 수
없다는 견해로는 손경한 · 석광현 · 노태악 · 이규호 · 장준혁 · 한애라, 국제
사법 개정방안 연구, 법무부, 2014, 358면. 개정된 로마 I 규칙에서는 로마협
약과 달리 자연인(a natural person)으로 규정하고 있다(동 규칙 제6조 제1
항)(Franco Ferrari/Stefan Leible, Rome I Regulation: The Law Applicable
to Contractual Obligations in Europe, Sellier European Law Publishers,
2009, p.133). 일본의 경우 소비자를 개인으로 한정하고 있다(소비자계약법
제2조 제1호). 유럽연합 소비자권리지침(DIRECTIVE 2011/83/EU OF THE
EUROPEAN PARLIAMENT AND OF THE COUNCIL of 25 October 2011 on
consumer rights, amending Council Directive 93/13/EEC and Directive
1999/44/EC of the European Parliament and of the Council and repealing
Council Directive 85/577/EEC and Directive 97/7/EC of the European
Parliament and of the Council) 역시 소비자를 자연인으로 한정하고 있다(동
지침 제2조 제1호). 일본 법적용에 관한 통칙법(法の適用に関する通則法)에
서는 소비자계약에서의 소비자를 개인으로 한정하고 있다(동법 제11조 제1
항).

고 할 수 없는 법인을 소비자에 포함시키는 것은 입법목적과 상반된다고 할 수 있으므로 국제사법 제27조에서 의미하는 소비자는 자연인에 한정된다고 할 것이다.17) 둘째, 계약을 체결하는 목적이 직업 또는 영업활동 외의 목적이어야 한다. 즉, 당해 계약을 체결하는 이유가 자기 또는 가정 등의 소비생활을 위해 필요한 재화를 구입하기 위한 것이어야 하며, 자신의 직업 또는 영업에 필요한 재화를 구매하기 위해 체결하는 계약이 아니어야 한다. 이러한 국제사법상 소비자계약에 대한 정의는 전소법 등에서 규정하고 있는 소비자계약과는 다른 방식이며, 유럽연합 등에서 규정하고 있는 소비자계약의 입법례를 취한 것이다. 즉, 전소법에서는 본질적 의미의 소비자에 대하여 "사업자가 제공하는 재화 등을 소비생활18)을 위하여 사용하는 자"로 정의함으로써 국제사법의 소극적 방식이 아닌 적극적 방식을 취하고 있다(동법 제2조 제5호 가목). 양자의 차이점은 자기 또는 가정의 이용목적과 직업 또는 영업목적에 해당하지 않은 중간적 영역에 해당하는 목적으로 재화에 관한 계약을 체결하였을 경우, 이를 소비자계약으로 인정할 수 있는가의 문제이다. 전소법과 같이 적극적 방식을 취할 경우 중간적 영역에 해당하는 목적으로 체결한 계약은 소비자계약에 해당하지 않게 된다. 반면에 국제사법과 같이 소극적 방

---

17) 국제사법 제27조에서는 소비자계약의 당사자로 소비자와 소비자의 상대방으로 규정하고 있다. 동법에서는 소비자의 상대방에 대하여 구체적으로 명시하고 있지 않기 때문에 사업자에 한정되는지 아니면 사업자가 아닌 일반 개인도 포함되는지의 논란이 제기될 수 있다. 그러나 동법에서 소비자계약에 대한 특칙을 신설한 이유는 상대적 약자인 소비자를 보호하기 위함이기 때문에 계약당사자간 불평등의 관계가 존재하여야 한다. 그 결과 상대방이 일반 개인인 경우에는 이러한 불평등의 관계가 존재하지 않기 때문에 동 규정의 대상이 되지 않으므로 여기에서의 소비자의 상대방은 사업자만을 의미한다고 할 것이다. 개정된 로마 I 규칙에서는 이를 명시하여 사업자(the professional)라고 표기하고 있다(동 규칙 제6조 제1항).

18) 생산활동과 대응되는 소비생활에 대하여 '개인, 가족, 또는 가정생활'로 표현된다고 한다(이호용, 소비자보호법, 홍문사, 2010, 3-4면).

식을 취힐 경우에는 이러한 계약 역시 소비자계약에 해당하게 된다.
그렇다고 한다면 전소법상 소비자계약이 국제사법상 소비자계약보
다 좁다고 할 수 있다. 그러나 전소법에서는 본질적 의미의 소비자
뿐만 아니라 사업자임에도 불구하고 예외적인 경우 소비자[19]로 인
정하고 있다. 이러한 점을 감안한다면 전소법상 소비자계약이 국제
사법상 소비자계약보다 더 광범위하다고 할 수 있다. 그렇다고 하더
라도 국제사법 제27조에 따라 준거법 및 재판관할권이 결정되는 소
비자계약은 전소법에서의 모든 소비자계약이 아니며, 정책적 의미
의 소비자가 체결하는 계약은 배제된다는 점은 주의할 필요가 있다.

㈐ 소비자계약의 체결방식

상기의 소비자계약이 국제사법 제27조의 적용을 받기 위해서는
그 계약이 다음 세 가지 중 하나의 방식에 따라 체결되어야 한다.[20]

---

19) 사업자임에도 불구하고 소비자로 인정되는 자로는 사업자가 제공하는 재화
또는 용역을 소비생활 외의 목적에 사용하거나 이용하는 자로서 재화 등을
원재료(중간재를 포함한다) 및 자본재로 사용하는 자는 제외하고 재화 등을
최종적으로 사용하거나 이용하는 자, 사업자라 하더라도 사실상 소비자와 같
은 지위에서 다른 소비자와 같은 거래조건으로 거래하는 자, 원양산업발전법
제6조 제1항에 따라 해양수산부장관의 허가를 받은 원양어업자는 제외하고
재화 등을 농업(축산업을 포함한다) 또는 어업 활동을 위하여 구입한 자가
있다(전소법 제2조 제5호 나목, 동 시행령 제2조).
20) 일본 법적용에 관한 통칙법(法の適用に関する通則法)에서도 우리와 동일하
게 소비자계약에 대한 준거법 결정에 있어서 특칙을 규정하고 있다. 다만, 소
비자계약의 준거법이 결정되기 위한 체결방식의 요건에 있어서 우리는 적극
적으로 규정하고 있는 반면에 일본은 소극적으로 규정하고 있다. 즉, 우리의
경우 소비자계약이 세 가지 방식 중 어느 하나에 따라 체결되어야 하지만, 일
본의 경우 동 규정이 적용되지 않은 4가지 유형을 규정하고 있다. 그 유형으
로는 첫째, 소비자가 사업자의 사무소 소재지와 법이 동일한 지역에서 소비
자계약을 체결하도록 권유를 그 상거소지에서 받은 경우를 제외하고, 소비자
가 해당 사무소의 소재지법과 동일한 지역에 가서 소비자계약을 체결한 경우
이다(능동적 소비자). 둘째, 소비자가 해당 사업자로부터 해당사무소의 소재
지법과 동일한 지역에서 채무 전체의 이행을 받도록 하는 권유를 그 상거소
지에서 받은 경우를 제외하고 소비자가 해당사무소의 소재지법과 동일한 지
역에서 소비자계약에 기한 채무 전체의 이행을 받은 경우이다. 셋째, 소비자

① 소비자국에서 또는 소비자국으로의 거래의 권유

소비자의 상대방이 계약체결에 앞서 그 국가에서 광고에 의한 거래의 권유 등 직업 또는 영업활동을 행하거나 그 국가 외의 지역에서 그 국가로 광고에 의한 거래의 권유 등 직업 또는 영업활동을 행하고, 소비자가 그 국가에서 계약체결에 필요한 행위를 하여야 한다(동법 제27조 제1항 제1호). 해외사업자가 소비자국에서 TV 또는 신문 광고를 하거나 소비자국의 포털사이트 등에서 광고를 하는 경우 또는 소비자의 전자우편주소로 상품광고메일을 전송하는 경우가 그 대표적인 예라 할 수 있다. 그러나 이러한 광고없이 소비자가 해외사업자의 사이버몰에 접속하여 계약을 체결한 경우에도 동 규정이 적용될 수 있는가의 문제가 발생한다. 이 문제에 대하여 다음과 같은 논거하에 이를 긍정하고 있다. 첫째, 사업자가 인터넷상으로 구축한 홈페이지에서 상품 내지 서비스에 대한 설명이 있고, 그 홈페이지상으로 주문이 가능하다면 국제사법 제27조 제1항 제1호에서 말하는 "광고"에 해당하고, 아니면 적어도 그 밖의 직업 또는 영업활동에 해당하는 것으로 충분히 해석할 수 있다고 한다.[21] 둘째, 국제사법 제27조 제1항 제1호의 내용 중 "그 국가 외의 지역에서 그 국가로 광고에 의한 거래의 권유 등 직업 또는 영업활동을 행하고"는 인터넷에 의해 체결되는 소비자계약을 고려한 것으로 'targeted activity criterion(지향된 활동기준)'을 도입한 것이다. 제27조의 해석상 단순히 광고만을 게재하고 소비자가 접속할 수 있는 수동적 웹사이트를 개설한 것만으로는 영업활동의 지향에 해당하지 않지만, 소비자가 그에 들어가 클릭함으로써 주문할 수 있는 상호작용적 웹사이트를 개설한 것

계약을 체결할 때, 사업자가 소비자의 상거소를 알지 못하였고, 그 알지 못함에 있어 상당한 이유가 있는 경우이다. 넷째, 소비자계약의 체결당시 사업자가 그 상대방이 소비자가 아니라고 오인하고, 그 오인에 상당한 이유가 있는 경우이다(동법 제11조 제6항).

21) 이병준, 앞의 "해외 소셜 네트워크 서비스이용약관의 약관규제법에 의한 내용통제 가능성", 194면.

은 특정국가를 지향한 영업활동을 한 것으로 보아야 할 것이다. 즉, 한국에 상거소를 가지는 소비자가 스스로 사업자의 웹사이트를 방문하여 인터넷을 통하여 계약을 체결한 경우 능동적 소비자의 요소가 있기는 하지만, 여전히 제27조의 보호를 받을 수 있다는 점에서 수동적 소비자와 능동적 소비자 구분은 가상공간에서는 현실공간에서와 다른 의미를 가지게 된다고 한다.[22] 이 견해 역시 해외 사업자의 사이버몰에서 이루어지는 거래 그 자체는 국제사법 제27조가 적용되는 소비자계약으로 보고 있다. 그리고 일본 전자상거래 및 정보재거래 등에 관한 준칙(電子商取引及び情報財取引等に関する準則)에서는 소비자가 그 국가에서 외국의 사업자와 전자상거래로 계약을 체결한 경우 일본 소비자보호법의 적용을 배제할 수 없다고 규정하고 있다.[23]

이와 같이 국제사법 제27조 제1항 제1호의 의미를 전자상거래와 관련하여 논의하고 있는 학설은 그리 많지 않지만, 이를 논하고 있는 견해에서는 가상공간에 사이버몰을 개설하였다면 '지향적 활동'이 있는 것으로 인정하고 있다. 그러나 국제사법 제27조 제1항 제1호의 내용에 대하여는 다음과 같은 반론을 제기할 수 있다. 첫째, 그 국가 외의 지역에서 그 국가로 광고에 의한 거래의 권유 등 직업 또는 영업활동을 행한다는 의미이다. 이는 사업자가 소비자국 이외

---

22) 석광현, 국제사법 해설, 박영사, 2013, 329면.
23) 經濟産業省, 電子商取引及び情報財取引等に関する準則, 2014, IV-2, iv.12. 그러나 외국사업자가 소비자국 이외의 법을 적용하기로 하였음에도 불구하고, 일본 소비자보호법이 적용되기 위해서는 당해 계약이 국제소비자계약에 해당하여야 할 뿐만 아니라 소비자가 당해 계약에 자국의 소비자보호법을 적용하겠다는 의사를 표시하여야 한다(일본 법 적용에 관한 통칙법 제11조 제1항). 따라서 국제소비자계약을 체결하였다고 하여 당연히 일본 소비자보호법이 적용된다고 하는 준칙의 내용은 맞지 않다. 또한 전자상거래의 경우 소비자가 이러한 의사를 표시할 수 있는 여건이 일반적으로 마련되어 있지 않기 때문에 이러한 의사표시에 따라 일본 소비자보호법이 적용될 수 있는 경우가 과연 일반적인지에 대하여는 의문이다.

의 국가, 즉 사업자국을 비롯하여 제3의 국가에서 소비자국으로 광
고행위를 한다는 것이며, 소비자국에서 직접 광고 등을 하는 경우는
앞의 요건에 해당한다. 그 대표적인 예가 바로 사업자가 자국에서
소비자국에 있는 소비자에게 광고성 메일을 보내는 행위이다. 그럼
소비자가 이러한 광고 없이 해외사업자의 사이버몰에 직접 접속한
경우에도 이에 해당하는가? 이는 사업자의 지향적 활동이 있는가의
여부에 따라 달라지며, 이에 대하여는 다음에 살펴본다. 둘째, 지향
적 활동의 의미이다. 지향적 활동이라고 한다면 사업자가 해외소비
자를 목표고객으로 설정하고, 이러한 자와 계약을 체결하기 위하여
행하는 활동이라고 할 수 있다. 구체적으로 사업자가 해외소비자와
계약을 체결할 의도를 가지고 있으며, 이러한 의도가 광고 등을 통
하여 표출되어야 한다. 또한 표출은 소비자국을 향해야 한다. 그러
나 국내 소비자가 해외 사업자의 광고 없이 그 사이버몰에 접속한
경우에 해외 사업자의 지향된 활동이 있다고 할 수 없다. 즉, 사이버
몰은 현실공간에서의 영업점과 같으며, 이를 개설하였다는 점만을
가지고 해외소비자를 향한 활동이라고 할 수 없다. 물론 가상공간
그 자체가 국경이 존재하지 않으며, 어느 국가의 소비자도 접속할
수 있다는 점을 근거로 사이버몰 개설 그 자체를 해외소비자를 지향
한 활동이라고 인정하고 있지만, 지향된 활동이라고 하였을 경우 이
는 사업자의 의도적 활동으로 해석하여야 할 것이다. 만일 사이버몰
의 개설 그 자체를 지향된 활동으로 인정한다면 국제사법상 소비자
계약에 있어서 수동적 소비자만을 대상으로 한다는 의미 자체는 부
정되어야 한다. 이 점에서 대하여 학설은 전자상거래에서 수동적 소
비자와 능동적 소비자의 구분은 현실공간에서와 다른 의미를 갖는
다고 주장하지만,[24] 전자상거래에서도 수동적 소비자와 능동적 소
비자를 충분하게 구별할 수 있다. 즉, 소비자가 사업자의 광고성 메

---

24) 석광현, 앞의 국제사법 해설, 329면.

일을 받고 사이버몰에 접속한 경우는 수동적 소비자에 해당하며, 이러한 광고 없이 바로 사이버몰에 접속한 경우는 능동적 소비자에 해당한다고 할 수 있기 때문이다.

② 소비자국에서의 주문접수

소비자의 상대방이 그 국가에서 소비자의 주문을 받은 경우이다. 이는 첫 번째의 요건과 달리 사업자의 권유 등의 직업 또는 영업활동을 요건으로 하지 않으며, 사업자가 소비자국에서 소비자의 주문을 받은 것 자체로 충족이 된다. 여기에서의 '소비자의 주문'은 청약을 의미하는가 아니면 승낙을 의미하는가의 문제가 제기될 수 있지만, 어느 쪽으로 보더라도 국제사법 제27조의 적용문제는 발생하지 않는다. 다만, 로마협약 또는 로마 I 규칙과 달리 계약의 성립 자체를 요건으로 하고 있지 않다.

③ 소비자국 이외의 국가에서 주문유도

소비자의 상대방이 소비자로 하여금 외국에 가서 주문을 하도록 유도한 경우이다. 이에 해당하기 위해서는 소비자의 주문을 유도하기 위한 사업자의 행위가 존재해야 한다. 이러한 사업자의 유도행위는 소비자국에서 행하여질 수 있지만, 그 외의 국가에서도 행하여질 수도 있다. 또한 소비자가 자국에서 주문을 하는 것이 아니라 소비자국 이외의 국가에서 사업자에게 주문을 하여야 한다. 여기에서의 외국은 사업자가 있는 국가일 수도 있지만, 제3국이라도 관계가 없다.

2) 직구에 대한 국제사법 제27조의 적용여부

직구가 국제사법 제27조의 적용을 받을 수 있는가의 문제는 직구가 상기의 요건을 충족하였는가의 문제로 직결한다. 먼저, 직구의 소비자계약성을 살펴보면, 자연인인 소비자가 개인 또는 가정적 사용을 위하여 해외사업자의 사이버몰에서 계약을 체결하기 때문에 동법 제27조에서 규정하는 소비자계약에 해당한다고 볼 수 있다. 다만, 동법 제27조에서 규정하는 소비자계약은 본질적 의미의 소비자에 국한된다. 따라서 전소법상 사업자임에도 불구하고 소비자로 인정되는 정책적 의미의 소비자가 직구의 방식으로 재화를 구매하였을 경우에는 국제사법 제27조에서 규정하는 소비자계약에는 해당하지 않게 된다. 둘째, 소비자계약이 체결되는 방식이 상기의 세 가지 중 어느 하나를 충족하여야 한다. 직구와 관련해서 적용될 수 있는 요건은 첫 번째라고 할 수 있다. 다만, 이를 일률적으로 판단할 수 없으며, 해외사업자가 국내소비자에게 광고 등을 하였는가에 따라 결론은 상이하게 된다. 즉, 해외사업자가 국내소비자를 대상으로 TV 또는 신문, 온라인광고를 하거나 광고성 메일을 전송한 후 소비자가 해외사업자의 사이버몰에서 주문을 하였다고 한다면 국제사법 제27조 제1항 제1호의 요건을 충족한다. 그러나 이러한 광고행위 없이 소비자가 인터넷검색 또는 다른 소비자의 추천을 받아 해외사업자의 사이버몰에서 계약을 체결한 경우에는 능동적 소비자에 해당하기 때문에 동법 제27조 제1항 제1호의 요건을 충족하였다고 볼 수 없다. 특히, 해외사업자가 한글로 작성된 사이버몰을 운영하고 있다고 하더라도 그 자체만으로는 적극적 광고행위에 해당하지 않기 때문에 이 계약의 준거법을 동법 제27조에 따라 정하기는 곤란하다고 할 것이다. 따라서 후자에 해당하는 직구의 경우 국제사법 제27조에서 규정하고 있는 소비자계약에는 해당하지만, 계약체결의 방식에서 동 규정에서 요구하는 요건을 충족하지 못하였기 때문에 합의에 따라 결정되지 않는 한 이 분야의 국내 강행법인 전소법은 준거법이 되지 못한다고 할 것이다. 물론 이러한 경우라도 국제사법 제7조에 따라 전소법이 적용될 수 있는가의 문제가 제기될 수 있다. 그러나 앞에서 살펴본 바와 같이, 동법이 국제적 강행규정에 해당한다고 볼 수 없기 때문에 동 계약의 준거법이 되지 못한다고 할 것이다.

3. 국제물품운송계약의 법적 성질 및 준거법

(1) 국제물품운송계약의 법적 성질

국제물품운송계약은 해외사업자로부터 인도받은 재화를 국제운송, 통관 및 국내배송을 통하여 소비자에게 인도하는 것을 내용으로 한다. 따라서 단순히 사무처리만을 내용으로 하는 것이 아닌 물품의 소비자에게 인도라는 일의 완성을 목적으로 하기 때문에 그 법적 성질은 도급계약이라고 할 수 있다. 다만, 일반적인 물품운송계약과 달리 해외사업자로부터 인도받은 재화에 대한 검수의무까지 부담한다는 점에서 차이가 있다. 이러한 점을 감안한다면 재화에 대한 검수라는 사무처리와 재화의 인도라는 일의 완성을 목적으로 하기 때문에 위임계약과 도급계약의 성질을 함께 갖는 혼합계약이라고 할 수 있다.

(2) 국제물품운송계약의 준거법

국제물품운송계약의 준거법에 관한 문제는 물품운송사업자가 해외사업자인 경우와 국내사업자인 경우로 구분하여 살펴보아야 한다. 먼저, 물품운송사업자가 해외사업자이고, 소비자가 온라인으로 운송계약을 체결하였다면 준거법 결정의 문제가 발생한다. 다만, 이 문제는 앞에서 살펴본 직구와 동일하기 때문에 여기에서는 반복하지 않는다. 둘째, 물품운송사업자가 국내사업자인 경우 국내계약이기 때문에 준거법 결정의 문제는 발생하지 않는다. 따라서 동 계약에 대하여는 민법, 상법을 비롯하여 전소법 등이 적용된다.

4. 포괄적 구매대행계약의 법적 성질과 준거법

(1) 포괄적 구매대행계약의 법적 성질
1) 구매대행계약 또는 매매계약

포괄적 구매대행계약은 앞에서 언급한 바와 같이 소비자가 구매대행사업자와 구매대행계약을 체결하고, 구매대행사업자가 해외사업자와 계약을 체결하여 인도받은 재화를 소비자에게 제공하는 것을 내용으로 하는 계약이다. 이러한 점은 해외구매대행사업자의 약관에서도 명시하고 있다.[25] 이처럼 구매대행계약에 대한 일반적인 관념 및 사업자의 약관 내용만을 본다면 동 계약은 구매대행사업자가 재화를 판매하는 것이 아니라 해외사업자가 판매하는 재화를 해외구매대행사업자가 소비자를 대신하여 계약을 체결하고, 국제운송까지 해 주는 것이다. 따라서 구매대행사업자의 서비스를 이용하는 계약으로 보아야 할 것이다.

그렇다고 한다면 실제 구매대행계약은 어떠한 방식으로 체결되는가? 그 방식은 소비자가 구입하기를 원하는 재화를 누가 제시하는가에 따라 두 가지로 구분할 수 있다. 첫째는 소비자가 해외사업자의 사이버몰을 검색한 후 재화를 지정하고, 구매대행사업자에게 구

---

25) "수입대행형" 거래계약 유형은 "아이에스이커머스 패밀리 사이트"가 "아이에스이커머스 패밀리 사이트"를 통해 소개된 해외에서 구매대행 가능한 상품에 대하여 이용자가 "아이에스이커머스 패밀리 사이트"에 수입대행을 의뢰하면 "아이에스이커머스 패밀리 사이트"가 해당 상품을 판매하는 해외 인터넷 쇼핑몰 등에서 이용자를 대신해 구매 및 결제를 하고 구매대행된 상품이 "아이에스이커머스 패밀리 사이트"가 제공하는 해외의 중간배송처에 입고된 이후 "아이에스이커머스 패밀리 사이트" 책임으로 국제운송 및 수입통관을 거쳐 이용자의 국내 수취처까지 운송을 하여 이용자가 수령할 수 있도록 하는 것을 의미합니다(아이에스이커머스 약관). "배송/결제대행형" 거래계약 유형은 고객이 해외사이트에서 직접 구매한 제품(고객이 "moausa" 배송대행 게시판에 올려준 제품 URL에 대하여 결제 대행된 제품도 포함함)이 미국선적회사 창고를 통하여 고객이 원하는 지점으로 배송될 수 있도록 중개용역을 제공하는 것을 말합니다(moausa 약관).

매대행을 의뢰하는 방식이다. 둘째는 구매대행사업자가 구매할 수 있는 재화를 자신의 사이버몰에 게시하고, 소비자가 이 중에서 선택하여 구매대행을 의뢰하는 방식이다. 전자의 방식은 소비자가 지정한 재화를 구매대행사업자가 구매하여 배송하는 것을 계약의 내용으로 한다. 따라서 재화에 대한 계약이 아닌 구매대행사업자의 계약체결서비스 및 배송서비스를 이용하는 것이므로 노무제공계약에 해당한다. 그럼 후자의 방식 역시 전자와 동일하게 구매대행사업자의 서비스를 이용하는 것을 내용으로 하는 계약인가? 이를 살펴보기 위해서는 구매대행계약이 체결되는 과정(사이버몰의 화면)을 살펴보아야 한다. 먼저 구매대행사업자의 사이버몰 초기화면에서는 재화의 종류가 표시되며, 이를 클릭하면 재화가 표시된다. 그 다음으로 소비자가 해당 재화를 클릭하면 수량 및 색상 등을 선택할 수 있는 화면이 나타나고, 이를 모두 선택한 후 주문하기를 클릭하면 결제화면이 나타난다. 이후 결제를 하면 주문이 완료된다. 이러한 점은 일반 사이버몰에서 재화를 구매하는 과정과 동일하다. 따라서 이러한 계약체결과정만을 가지고 재화에 대한 매매계약인지 아니면 구매대행서비스이용계약인지를 판단할 수 없으며, 사이버몰에 표시된 내용까지를 포함하여 판단하여야 한다. 사업자의 사이버몰에는 재화에 관한 정보(재화 명, 사이즈 또는 색상 등)을 비롯하여 가격정보 및 배송유형 등에 관한 정보가 표시되어 있다. 다만, 가격정보에는 판매가(할인가를 포함)만이 기재되어 있을 뿐 재화 그 자체에 대한 가격과 구매대행 및 배송료에 관한 정보가 별도로 표기되어 있지 않다. 다만, 배송유형에 있어서 해외배송이라고 표시하고 있다. 또한 하단에 "이 상품은 해외 쇼핑 사이트에서 판매되는 상품을 해외구매부터 국내 수입/통관/국내배송을 대행해 드리는 수입대행상품입니다. 주문에 착오없으시길 바랍니다"라고 표시되어 있다.[26] 따라서 사이버몰

---

26) http://www.wizwid.com/CSW/handler/wizwid/kr/ShopProduct-Start?Assor

에 표시된 재화 및 거래조건에 관한 정보만을 본다면 이는 사업자가
이를 소비자에게 판매하지만, 그 조달을 해외에서 한다는 것으로 해
석된다. 반면에 하단에 표시된 내용만을 본다면 사업자가 해당 재화
를 소비자에게 판매하는 것이 아니라 소비자를 대신하여 구매하고
배송하는 것을 내용으로 하는 구매대행서비스를 제공하는 것으로
해석된다. 그럼 이러한 거래형태의 법적 성질을 무엇으로 보아야 하
는가? 물론 이를 판단하기 위해서는 어느 한 요소가 아닌 모든 요소
를 고려하여 살펴보아야 할 것이다. 그렇다고 한다면 이러한 거래는
소비자가 주문한 재화를 대신하여 구매하는 구매대행서비스이용계
약이 아닌 사이버몰에 표시된 재화를 소비자에게 직접 판매하지만,
그 조달 및 배송을 해외에서 한다고 해석하여야 할 것이다. 즉, 사업
자가 하단에 표시한 바와 같이 동 계약을 구매대행서비스이용계약
으로 인정하기 위해서는 가장 기본적으로 해당 재화를 어느 사업자
가 어느 국가에서 판매하는지에 대한 정보와 더불어 그 재화의 가격
은 얼마이며, 구매대행 및 배송에 관한 비용이 별도로 표기되어야
한다. 그러나 이러한 정보가 전혀 표시되어 있지 않으며, 재화에 대
한 가격만이 표시되어 있다. 따라서 이를 구매대행서비스이용계약
이라고 볼 수 없으며, 재화에 대한 매매계약으로 보아야 할 것이다.
이에 대하여 사업자는 하단에 그 사실(구매대행)을 표시하였기 때문
에 구매대행서비스이용계약이라고 주장할 것이다. 그러나 이와 같
이 해석을 하기 위해서는 재화 및 거래조건에 관한 정보와 더불어
구매대행서비스에 관한 정보가 포함되어 있어야 하지만, 이러한 정
보는 전혀 표시되어 있지 않기 때문에 사업자의 주장처럼 해석할 수
없다.[27] 따라서 일반적으로 이용하고 있는 포괄적 구매대행계약은

---

tID=751150334&mcode=main_recobell04(2014년 10월 5일 방문). 이러한 구
매대행방식은 일반적이지 않으며, 일부 구매대행사업자가 행하고 있는 방식
이다.

27) 약관규제법상 약관의 내용이 불명확하여 다의적으로 해석될 수 있는 경우,

진정한 구매대행서비스이용계약인 경우와 명칭은 구매대행서비스이용계약이지만, 실질적으로는 재화에 대한 매매계약인 경우로 구분된다. 물론 양자 모두 구매대행사업자가 국내사업자이기 때문에 국제계약이 아닌 국내계약이며, 이 계약에 있어서 준거법의 문제는 발생하지 않는다. 다만, 청약철회권의 행사 여부 문제를 비롯하여 그에 따른 효과 등에 있어서는 큰 차이점이 있게 되며, 이에 대하여는 후술한다.

(2) 포괄적 구매대행계약의 준거법

포괄적 구매대행계약 그 자체는 국내계약이기 때문에 국제사법의 적용을 통한 준거법 문제는 발생하지 않는다. 물론 구매대행사업자가 해외사업자인 경우에는 준거법 결정의 문제가 발생할 수 있지만, 소비자가 일반적으로 이용하고 있는 구매대행계약에서 사업자는 국내사업자이기 때문에 이러한 문제는 크지 않다. 구매대행사업자가 해외사업자와 체결하는 계약의 준거법은 국제사법에서 규율하고 있는 일반 계약에서의 준거법규정에 따라 결정되는가 아니면 소비자계약에서의 준거법규정에 따라 결정되는가를 살펴보아야 하며, 이를 위해 구매대행사업자와 해외사업자 간 계약이 국제사법상 소비자계약에 해당하는가의 문제를 규명하여야 한다. 또한 이 문제는 구매대행사업자가 소비자의 대리인으로서 해외사업자와 계약을 체결하는지 아니면 위탁매수인의 지위에서 해외사업자와 계약을 체결하는지에 대하여도 검토할 필요가 있다.

1) 구매대행사업자의 법적 지위

구매대행사업자는 소비자로부터 주문받은 재화를 해외사업자로부터 구입하기 위해 계약을 체결하여야 한다. 그 방식은 두 가지로 구분할 수 있다. 첫째는 구매대행사업자가 해외사업자와의 계약

상대방에게 유리하게 해석되어야 한다(동법 제5조 제2항).

을 소비자의 이름으로 체결하는 방식이다. 둘째는 구매대행자의 이름으로 계약을 체결하고, 그 수령자를 소비자 또는 구매대행자로 표기하는 방식이다. 첫 번째 방식은 민법상 직접대리에 해당하게 된다. 다만, 이러한 방식에 의해 체결되는 계약이 국제사법상 소비자계약에 해당하는가에 대하여는 후술한다. 두 번째 방식은 해외사업자와의 계약에서 계약당사자를 구매대행사업자로 표기한 경우이며, 이에 대하여는 두 가지로 접근할 수 있다. 하나는 직접대리로 보는 것이며, 다른 하나는 간접대리(위탁매수)로 보는 것이다. 만일 민법의 규정만을 본다면 본인이 표시되지 않았기 때문에 이는 대리가 아니게 된다. 다만, 상대방인 해외사업자가 이를 알았거나 알 수 있었을 경우에는 대리로 인정된다(민법 제115조). 따라서 구매대행사업자가 해외사업자와 계속적인 거래행위로 인하여 이러한 사실을 알고 있었거나 알 수 있었다면 민법 제115조 단서에 따라 대리로 인정된다. 그러나 해외사업자가 이러한 사실을 과실 없이 알지 못하였다면 대리규정은 적용되지 않는다. 따라서 구매대행사업자가 대리행위를 하였다고 하더라도 상대방인 해외사업자와의 관계에서 본인인 소비자가 아닌 대리인인 구매대행사업자가 당사자가 된다.28)29) 그 결과 구매대행사업자가 계약을 체결하고, 매수인란에 자신을 표시한 경우, 소비자와 구매대행사업자간 내부관계에 따라 직접대리 또는 간접대리가 결정되지만, 직접대리의 경우 해외사업자와의 관계에서는

---

28) 상법 제48조에서는 민법상 현명주의의 예외를 규정하고 있지만, 소비자를 위한 구매대행사업자의 대리행위에는 적용되지 않는다. 즉, 상법상 현명주의의 예외가 적용되기 위해서는 본인의 상행위를 대리하여야 한다[정찬형, 상법강의(상), 박영사, 2004, 198면]. 그러나 소비자가 의뢰하는 계약 그 자체는 상행위에 해당하지 않기 때문에 상법 제48조가 적용되지 않는다.

29) 국제사법상 대리인의 행위에 따라 본인이 제3자(상대방)에게 의무를 부담하는지의 여부는 대리인의 영업소가 있는 국가의 법에 의하기 때문에 해외구매대행계약 역시 구매대행사업자의 영업소가 있는 국가, 즉 우리나라 법에 따라 결정된다(국제사법 제18조 제2항). 따라서 우리나라의 민법과 상법에 따라 결정된다고 할 것이다.

해외사업자가 그 사실을 알았거나 알 수 있었는가의 여부에 따라 대리로 인정될 것인가의 문제가 결정된다. 그렇다고 한다면 구매대행사업자가 계약을 체결할 당시 재화의 수령권자로 소비자를 기재하였을 경우, 이를 판단함에 있어서 영향을 미치는가의 문제가 제기된다. 그러나 재화의 수령자 란에 소비자를 기재하였다는 사실만으로 해외사업자가 이를 알 수 있었다고 보기에는 곤란하다. 즉, 제3자를 위한 계약이 존재하며, 구매대행사업자가 소비자를 위하여 계약을 체결하였다고 볼 수 있는 여지가 있기 때문이다. 따라서 이를 판단함에 있어서는 여러 가지 요소를 감안하여 해외사업자가 이를 알고 있었는지 또는 알 수 있었는지를 판단하여야 할 것이다.

2) 구매대행계약의 소비자계약성

① 직접대리에 의한 구매대행계약의 소비자계약성

구매대행사업자가 직접대리의 방식으로 해외사업자와 계약을 체결하였을 경우30) 당해 계약은 국제사법 제27조에서 규정하고 있는 소비자계약에 해당하는가? 이에 대하여 다음과 같은 논거하에 긍정하는 견해가 있다. 계약을 체결하는 것은 사업자인 대리인이지만, 법률효과의 귀속주체는 본인인 소비자이다. 그런데 법률효과를 기준으로 소비자성을 판단한다면 민법 제116조는 기준이 될 수 없는 것이다. 한국법상 소비자개념 정의에 있어서 중요한 요소는 소비목적이므로 기본적으로 개념정의상 어떠한 목적으로 계약을 체결하는지가 중요하다. 전소법상 소비자는 사업자가 제공하는 재화 등을 소비자생활을 위하여 사용하는 자이다. 사업자인 대리인은 기본적으로 영리를 목적으로 대리인이 되어 대리행위를 하지만, 근본적으로 대리하는 계약체결의 목적은 소비자가 갖는 소비목적으로 사업자인 대리인을 통하여 계약을 체결하더라고 이러한 소비목적이 희석되지

---

30) 이러한 방식은 소비자의 이름으로 계약을 체결한 경우뿐만 아니라 구매대행사업자의 이름만으로 계약을 체결하였지만, 해외사업자가 대리행위임을 알았거나 알 수 있었을 경우를 포함한다.

않는다. 나아가 전자상거래에서 소비자가 보호되어야 한다는 측면을 고려해 본다고 하더라도 소비자성을 인정해야 한다. 왜냐하면 전자상거래에서 소비자보호의 필요성은 계약체결의 불완전성보다는 물건을 보지 못한다는 차원에 있으므로 사업자인 대리인을 통하여 계약을 체결하더라도 물건을 직접 보지 못한 점에는 변화가 없다. 그러므로 소비자보호필요성은 계속하여 존재한다는 것이다.[31)

이러한 견해는 소비자성을 판단함에 있어 소비자계약의 목적성에 중심을 둔 것이며, 계약을 체결하는 자가 누구인가에 따라 소비자보호의 필요성이 변경되어서는 아니 된다는 점을 강조하는 것이다. 따라서 소비자가 직접 계약을 체결하거나 아니면 사업자인 대리인을 통해서 계약을 체결하더라도 동일하게 소비자는 보호되어야 함을 주장한 것으로 보인다. 그러나 이에 대하여는 다음과 같이 반론을 제기할 수 있다. 첫째, 일반 계약과 달리 소비자계약을 별도로 구분하여 소비자를 보호하는지에 대한 근본이유이다. 소비자계약에서 소비자를 보호하는 것은 사업자와 비교하여 열위의 지위에 있기 때문이다. 즉, 정보력, 협상력, 경제력 등의 면에서 소비자는 사업자와 비교하여 열위의 지위에 있기 때문에 이를 고려하지 않고 양자를 동등하게 대우하였을 경우 헌법에서 보장하고 있는 평등의 원칙이 실현될 수 없기 때문이다. 따라서 양자간의 관계에서 실질적 평등이 실현되기 위해서는 약자인 소비자를 보호할 필요가 있으며, 이를 위해 소비자기본법을 비롯하여 다양한 소비자보호법들이 제정된 것이다. 그러나 이는 소비자가 직접 사업자와 계약을 체결할 때 인정될 수 있는 문제이며, 소비자가 사업자에게 대리권을 수여한 후 사업자인 대리인이 계약을 체결하였을 때에는 양자 모두 사업자이기 때문에 불평등관계는 존재하지 않는다. 둘째, 사업자인 대리인이 계약을

---

31) 이병준, "해외직접 구매대행 서비스와 소비자법 및 국제사법상의 쟁점," 해외 사업자로부터 직접구매와 소비자보호, 한국소비자원/한국소비자법학회, 2014, 5-6면.

제결하더라도 소비목적성은 바뀌지 않는다고 하지만, 소비자가 대리인에게 대리권을 수여하는 목적과 대리인이 대리행위를 하는 목적과는 구분할 필요가 있다. 즉, 소비자가 소비생활을 영위하기 위해 재화를 구매할 필요가 있으며, 이에 필요한 계약체결에 관한 대리권을 수여한 것은 소비목적성이 인정된다고 할 것이다. 그러나 이러한 수권에 따라 사업자인 대리인이 하는 대리행위는 그 목적에 있어서 소비생활을 위한 것이 아니라 자신의 직업 또는 영업활동의 일환으로 행하는 것이므로 소비목적성은 인정되지 않는다고 할 것이다. 마지막으로 전소법에서 소비자를 보호하는 것은 상기의 주장과 같이 계약을 체결할 당시 소비자가 그 재화를 직접 보지 못했다는 점에 기인한다. 그러나 이러한 점만이 동법에서 소비자를 보호하는 이유의 전부가 아니다. 만일 이 점 때문에 동법에서 소비자를 보호한다면 동법은 소비자만을 보호하여야 하는 것이 아니라 비대면으로 계약을 체결하는 모든 상대방을 보호하여야 한다. 즉, 상대방이 사업자라고 하더라도 전자상거래 또는 전화권유판매 등 비대면거래 방식으로 계약을 체결하는 자는 모두 재화를 직접 보지 못했기 때문에 상기의 논리를 기준으로 한다면 소비자뿐만 아니라 사업자도 보호되어야 한다. 그러나 동법에서 소비자를 보호하는 이유는 단지 비대면으로 계약을 체결하였기 때문만이 아니라 상대방이 소비자이기 때문이다. 즉, 양자의 요소(소비자 + 거래의 특수성)가 모두 충족될 경우에 비로소 소비자기본법에서 부여하는 소비자보호 이상의 동법상 보호(청약철회권 등)가 필요한 것이다.

　　그럼 어떠한 기준에 따라 소비자계약성을 판단하여야 하는가? 이에 대하여는 해외사업자와 계약을 체결하는 자 및 그 자의 계약체결목적을 기준으로 결정하여야 할 것이다. 직접 대리방식으로 해외구매대행계약을 체결할 경우 계약을 체결하는 자는 구매대행사업자이다. 또한 구매대행사업자는 자기 또는 가정의 수요를 위해 해외사업자와 계약을 체결하는 것이 아니라 본인인 소비자와 관계에서 체결한 계약을 이행하기 위해 해외사업자와 계약을 체결하는 것이다. 이러한 행위는 구매대행사업자의 사업 또는 영업활동이기 때문에 소비생활을 목적으로 계약을 체결하는 것이 아니라 영업활동의 일환이다. 이와 같이 판단하는 것이 민법상 대리의 본질에 관한 대리인행위설과 일치한다. 즉, 법률효과는 본인에게 귀속되지만, 법률행위의 흠의 유무는 본인이 아닌 대리인을 기준으로 한다(민법 제116조). 따라서 해외사업자와 계약을 체결하는 목적 역시 본인인 소비자를 기준으로 할 것이 아니라 대리인인 구매대행사업자를 기준으로 하여야 한다. 그 결과 직접대리에 따라 구매대행사업자와 해외사업자간에 체결되는 계약은 소비자계약이 아닌 쌍방상행위에 해당한다고 할 것이다. 그러므로 동 계약에 대한 준거법은 국제사법 제27조에 따라 결정되는 것이 아니라 제25조 또는 제26조에 따라 결정된다. 즉, 당사자 간에 합의가 있으면 합의한 국가법이 준거법이 된다. 그러나 합의가 없는 경우 동 계약은 영업행위에 관한 계약이기 때문에 동법 제26조 제2항 단서가 적용되어 해외사업자의 국가법이 준거법으로 결정된다.

② 간접대리에 의한 구매대행계약의 소비자계약성

간접대리인 위탁매수방식으로 구매대행사업자가 해외사업자와 계약을 체결할 경우, 상기의 직접대리방식의 계약과 달리 소비자계약성은 문제가 되지 않는다. 즉, 포괄적 구매대행계약에서 소비자계약성에 대하여 논란이 제기된 것은 그 법적인 효과가 본인에게 귀속되는 대리의 특성에서 기인한 것이다. 그러나 위탁매수의 경우 위탁매수인이 계약을 체결하고, 그 효과 역시 위탁매수인에게 직접 발생하기 때문에 이러한 논란은 발생하지 않는다. 물론 위탁매수의 경우 소비자의 수권에 의해 구매대행사업자가 계약을 체결하는 것이므로 그 소비목적성은 그대로 유지된다고 반론을 제기할 수 있다. 이에 대하여는 앞에서 제시한 반론을 그대로 제기할 수 있다. 그 결과 간접대리에 의한 구매대행계약의 준거법은 국제사법 제27조에 따라 결정되는 것이 아니라 동법 제25조 또는 제26조에 따라 결정될 것이며, 그 구체적인 내용은 앞(직구)에서 제시한 바와 같다.

5. 계약체결형 구매대행계약의 법적 성질 및 준거법

(1) 계약체결형 구매대행계약의 법적 성질

계약체결형 구매대행계약의 경우 구매대행사업자의 역할은 해외사업자와의 계약체결에 국한되며, 그 이행에 대하여는 해외사업자가 담당한다. 따라서 구매대행사업자와 소비자간 계약은 계약의 체결이라는 사무를 처리하는 것을 목적으로 하기 때문에 위임의 성질을 갖는다. 또한 구매대행사업자와 해외사업자간 계약은 재화에 대한 매매계약이다. 그 방식은 직접대리의 방식과 간접대리의 방식으로 체결될 수 있다. 만일 후자의 방식이라고 한다면 해외사업자의 입장에서는 이 계약을 제3자를 위한 계약으로 볼 수 있다. 즉, 간접대리의 경우 대리인이 직접 상대방에 대하여 권리와 의무를 갖지만, 계약체결형 구매대행계약의 경우 구매대행사업자가 수령자로 표시된 것이 아니라 소비자가 수령자로 되어 있기 때문이다. 그럼 이러한 유형의 계약체결형 구매대행계약은 국제사법상 소비자계약으로 인정될 수 있는가의 문제가 제기되며, 이에 대하여는 후술한다.

(2) 계약체결형 구매대행계약의 준거법

계약체결형 구매대행계약에 있어서 그 방식이 간접대리의 방식이라고 한다면 이는 구매대행사업자가 직접 권리와 의무를 부담하며, 영업활동의 일환으로 계약을 체결하는 것이기 때문에 국제사법 제27조에서 규정하는 소비자계약에 해당하지 않는다. 또한 직접대리의 방식의 경우 앞에서 서술한 바와 같은 논란이 있지만, 이 역시도 대리인인 구매대행사업자가 영업의 일환으로 체결하는 계약이기 때문에 소비자계약에 해당하지 않는다. 그 결과 계약체결형 구매대행계약은 어떠한 방식으로 계약을 체결하더라도 소비자계약에 해당하지 않으며, 상사계약에 해당하기 때문에 국제사법 제25조 또는 제26조에 따라 준거법이 결정된다. 이에 대하여는 앞에서 서술하였기 때문에 여기에서는 반복하지 않는다.

IV. 해외구매계약과 청약철회권

1. 직구와 청약철회권

(1) 전소법이 적용되는 경우

소비자가 직구 방식으로 해외사업자와 계약을 체결한 경우, 전소법이 적용되는 경우는 당사자가 명시 또는 묵시적으로 동법을 준거법으로 정하거나 국제사법 제27조의 요건을 충족한 경우에 한정된다. 만일 이에 해당할 경우 소비자는 전소법상 보호를 주장할 수 있으며, 그 대표적인 내용이 청약철회이다. 동법상 청약철회권은 소비자의 임의적 청약철회권과 사업자의 채무불이행에 따른 청약철회권으로 구분되며, 행사기간 및 반환비용 등에 있어서 차이가 있다. 먼저, 사업자가 자신의 채무를 다 이행하였음에도 불구하고 소비자의 구매의사가 변경되었을 경우 소비자는 그 재화를 인도받은 날로부터 7일 이내에 청약을 철회할 수 있다. 다만, 계약내용에 관한 서면을 받지 아니한 경우, 해외사업자의 주소 등이 적혀 있지 아니한 서면을 받은 경우 또는 해외사업자의 주소 변경 등의 사유로 상기의 기간에 청약철회 등을 할 수 없는 경우에는 해외사업자의 주소를 안 날 또는 알 수 있었던 날부터 7일 이내에 청약을 철회할 수 있다(동법 제17조 제1항). 다만, 재화의 반환에 따른 비용은 소비자가 부담한다(동법 제18조 제9항). 그 결과 재화의 가격이 그리 높지 않다면 그 반환에 따른 비용을 고려할 때, 이를 행사하는 것이 더 효과적인가에 대하여는 소비자의 신중한 판단이 요구된다. 반면에 재화 등의 내용이 표시·광고의 내용과 다르거나 계약내용과 다르게 이행된 경우 소비자는 그 재화 등을 공급받은 날부터 3개월 이내, 그 사실을 안 날 또는 알 수 있었던 날부터 30일 이내에 청약철회 등을 할 수 있다(동법 제17조 제3항). 또한 그 반환에 따른 비용은 사업자가 부담한다(동법 제18조 제10항).

(2) 전소법이 적용되지 않은 경우

당사자가 합의를 통하여 해외사업자국의 법을 준거법으로 정하고, 국제사법 제27조가 적용되지 않은 경우, 소비자는 전소법상 보호를 주장할 수 없다. 다만, 전자상거래분야에서의 소비자에 대한 법적 보호는 우리나라뿐만 아니라 다수의 국가에서 인정되고 있기 때문에 동법이 준거법으로 되지 않는다고 하여 전혀 법적으로 보호되지 않는 것은 아니다. 특히, 유럽연합 회원국의 경우 우리 전소법보다 더 소비자를 보호하고 있기 때문에 단순히 전소법이 적용되지 않는다고 하여 청약철회권을 행사할 수 없거나 그 보호가 더 낮다고 할 수 없다. 예를 들어, 전소법상 청약철회기간은 7일이지만, 유럽연합 회원국의 경우 최소 14일이다(유럽연합 소비자권리지침 제9조).[32] 또한 신용카드로 결제하였을 경우 재화에 대한 계약에 청약을 철회하였다면 여신계약 역시 그 효력을 상실한다.[33] 반면에 우리의 경우

---

32) 사업자가 계약서를 교부하지 않거나 청약철회권에 관한 사항 등을 기재하지 않은 계약서를 교부한 경우 전소법에서는 소비자가 사업자의 주소를 안 날 또는 알 수 있었던 날로 정하고 있지만, 유럽연합 소비자권리지침에서는 사업자가 그 정보를 제공한 날로 정하고 있으며, 최장 기간으로 1년을 규정하고 있다(동 지침 제10조).

33) Directive 2008/48/EC of the European Parliament and of the Council of 23 April 2008 on credit agreements for consumers. *Article 15* **Linked credit agreements**

1. Where the consumer has exercised a right of withdrawal, based on Community law, concerning a contract for the supply of goods or

재화에 대한 계약을 철회하였다고 하여 여신계약의 효력이 상실하는 것은 아니다. 즉, 소비자가 사업자의 다른 채무와 상계할 것을 요청하고, 신용제공자가 정당한 사유 없이 상계하지 않은 경우에만 그 결제요청을 거부할 수 있다(동법 제18조).

2. 국제물품운송계약과 청약철회권

(1) 해외사업자와의 매매계약에 있어서 청약철회권

소비자와 해외사업자 간 매매계약에서의 청약철회권 문제는 앞의 직구에서의 청약철회권 문제와 동일하다. 다만, 차이점은 청약철회기간의 기산점이다. 즉, 직구의 경우 청약철회기간의 기산점은 국내배송이 완료된 시점인 소비자가 재화를 인도받은 시점이다. 그러나 국제물품운송계약에 있어서 배송사업자는 소비자의 수령보조자에 해당하기 때문에 해외사업자가 배송사업자에게 인도한 것 역시 소비자에게 인도한 것으로 인정된다.[34] 따라서 그 기산점은 국내배송이 완료되어 소비자가 인도받은 시점이 아닌 배송사업자가 해외주소지에서 인도받은 시점이다. 이러한 점은 배송사업자가 소비자에게 인도할 때까지 최소 1주일에서 수개월 이상 소요된다는 점을 감안한다면 전소법이 적용되더라도 동법상 청약철회기간이 도과할 수 있기 때문에 소비자는 청약철회권을 행사할 수 있는 경우가 많지 않다는 것을 의미한다.

---

services, he shall no longer be bound by a linked credit agreement.
34) 전소법상 청약철회기산점은 기본적으로 소비자가 재화를 공급받은 시점이다(동법 제17조 제1항 제1호). 다만, 소비자가 직접 수령한 것뿐만 아니라 수령보조자를 통하여 수령한 것 역시 포함된다. 유럽연합 소비자권리지침에서는 소비자뿐만 아니라 그가 지정한 자가 수령한 경우를 명시하고 있다[동 지침 제9조 제2항 (a)].

(2) 국제물품운송계약에서의 청약철회권

1) 소비자의 임의적 청약철회권

동법에서는 임의적 청약철회권의 발생요건을 적극적으로 규정하고 있는 것이 아니라 소극적으로 규정하고 있다. 따라서 소비자가 전자상거래로 재화를 구매하였다면 원칙적으로 청약철회권을 행사할 수 있지만, 배제사유에 해당하는 경우에는 예외적으로 행사할 수 없다. 그 결과 국제물품운송계약에서의 임의적 청약철회권 문제는 동법 제17조 제2항 각호에서 정한 배제사유에 해당하는가에 따라 결정된다고 할 것이다. 국제물품운송계약은 재화에 대한 계약이 아닌 재화의 운송에 관한 계약이다. 따라서 동법 제17조 제2항 각호 중 제1호부터 제4호까지는 해당하지 않는다. 즉, 소비자에게 책임이 있는 사유로 재화 등이 멸실되거나 훼손된 경우, 소비자의 사용 또는 일부 소비로 재화 등의 가치가 현저히 감소한 경우, 시간이 지나다시 판매하기 곤란할 정도로 재화 등의 가치가 현저히 감소한 경우, 복제가 가능한 재화 등의 포장을 훼손한 경우는 기본적으로 재화에 관한 거래를 전제로 하고 있다. 물론 용역계약이지만, 그 결과가 재화의 형태로 제공되는 경우에는 이에 해당할 수 있다. 예를 들어, 초상화를 그리기로 계약을 체결하고, 초상화를 수령한 후 파손한 경우가 그 예라 할 수 있다. 그러나 운송 그 자체는 이에 해당하지 않는다. 다만, 마지막 사유인 소비자의 주문에 따라 개별적으로 생산되는 재화 등 또는 이와 유사한 재화 등에 대하여 청약철회 등을 인정하는 경우 통신판매업자에게 회복할 수 없는 중대한 피해가 예상되는 경우에 해당하는지의 여부가 관건이다. 청약철회권은 특수거래방식으로 계약을 체결한 소비자에게 재고할 수 있는 기회를 부여하기 위함이지만, 사업자가 반환받은 재화를 재판매할 수 있을 경우로 국한된다. 이를 명시적으로 표현하고 있는 것이 청약철회권의 배제사유이다. 그러나 재화와 달리 무형인 용역의 경우 이행을 착수하거나 이행이 완료되었다면 사실상 반환이 불가능하며, 이를 인정할 경우 사업자만이 손해를 입게 된다. 이러한 점은 구매대행계약 역시 동일하며, 동법 제17조 제2항 제5호에 따라 청약철회권의 행사가 배제된다고 할 것이다. 다만, 동법에서는 이러한 사유가 있다고 하여 청약철회권이 바로 배제되는 것이 아니라 별도로 그 사실을 고지하고 소비자의 서면(전자문서를 포함한다)에 의한 동의를 받은 경우로 제한하고 있다.[35] 그럼 이러한 사실의 고지를 약관에서 정한 경우에도 인정될 수 있는가의 문제가 제기된다. 즉, 소비자가 구매대행사업자의 회원가입시 이러한 내용이 기재된 약관에 동의하였을 경우 동법에서 규정하고 있는 청약철회권 배제조치의무의 이행으로 인정할 수 있는가의 문제이다.[36] 그러나 이러한 조치의무는 소비자의 청약철회권을 배제하기 위하여 사업자가 취해야할 조치의무이며, 법문에서 "별도로 그 사실을 고지하고, 소비자의 서면에 의한 동의를 받은 경우"로 규정하고 있다. 따라서 약관에서 이를 규정하고, 동 약관에 소비자가 동의하였다는 것만으로 동법상 조치의무를 이행한 것으로 인정할 수 없으며, 계약체결 화면에서 이러한 사실(청약철회가 불가능하다는 사실)을 팝업 등의 방법으로 고지하고, 소비자의 동의를 받은 경우에만 이러한 조치의무를 이행한 것으로 인정할 수 있다. 그러나 소비자에게 청약철회권이 인정된다고 하더라도 배송계약만 소멸할 뿐 재화에 대한 매매계약 그 자체는 유효하기 때문에

---

35) 유럽연합 소비자권리지침에서는 용역제공계약 역시 청약철회의 대상임을 인정하고 있지만, 소비자의 사전 명시적인 요청과 이러한 요청에 따라 용역이 완전하게 이행될 경우 청약철회권을 행사할 수 없다는 사실이 고지된 후 이행이 완료되었다면 청약철회권을 행사할 수 없다[동 지침 제16조 (a)].

36) moausa 이용약관 제15조 2. 배송/결제대행형 서비스 나. 미국 선적회사의 창고에 회원이 주문한 물품이 도착되어 회원이 결제한 후 한국으로 발송된 시점 이후에 전항의 중도해지요청이 접수될 경우 원배송/결제대행계약의 효력은 계속 존재하여 moausa 배송대행이 당해 물품을 국내의 수취처까지 배송완료함으로써 원배송/결제대행계약에 대한 이행을 완료하게 되며, 중도해지요청에 대해서는 비용일체를 회원이 부담하는 것을 전제조건으로 하여 반송을 대행해 줄 수 있습니다.

이를 행사할 실익은 없다. 즉, 배송사업자에 대한 청약철회는 매매계약에 대하여 청약철회가 인정될 경우에 한하여 의미가 있다.

2) 채무불이행에 따른 청약철회권

사업자의 채무불이행에 따른 청약철회권은 표시광고된 내용과 다른 재화 등이 배송된 경우 또는 계약내용과 다르게 이행된 경우이다. 이를 국제물품운송계약의 경우로 구체화시킨다면 배송기일이 도과하여 배송된 경우, 운송 방법이 상이한 경우 또는 운송 도중에 분실 또는 훼손/파손된 경우 등으로 제시할 수 있다. 그러나 배송지연의 경우는 사실상 발생하지 않을 것이다. 즉, 사업자는 배송기일에 대하여 일정 기간을 제시하지만, 사정에 따라 지연될 수 있음을 명시하고 있기 때문에 지정된 기일을 도과하여 배송되었다고 하더라도 사업자의 책임이 없는 경우 이를 배송지연이라고 할 수 없기 때문이다. 따라서 사업자가 항공운송으로 운송방법을 제시하였지만, 해상운송을 한 경우, 재화를 분실 또는 파손한 경우가 그 대표적인 예라고 할 수 있다.

먼저, 사업자가 항공운송이 아닌 해상운송을 하였다는 것을 이유로 소비자가 국제물품운송계약에 대하여 철회하였다면 어떠한 결과가 발생하는가? 여기에서 국제물품운송계약은 재화에 대한 구매계약이 아닌 운송계약이다. 따라서 국제물품운송계약을 철회하더라도 재화에 대한 계약은 그대로 유효하며, 운송계약만이 실효하게 된다. 그렇다고 한다면 소비자는 지연배송된 재화를 다시 운송사업자에게 반환하여 배송되기 이전상태인 선적국으로 다시 보내야 하는가 아니면 배송 그 자체는 인정하고, 소비자가 지급한 대금만을 환급받아야 하는가? 원칙대로 한다면 첫 번째 방안으로 하여야 하겠지만, 이를 위해 청약철회권을 행사하는 소비자는 없을 것이다. 그러나 두 번째 방안으로 해결한다면 소비자는 운송서비스라는 부당이득을 취하게 되며, 사업자는 그 반환을 청구하게 된다. 이 역시도 타당한 방안이라고 볼 수 없다. 또한 두 번째 사례인 재화의 분실 또는 파손의 경우 소비자는 청약철회권을 행사할 수 있다. 그러나 여기에서 소멸되는 계약은 운송계약이지, 재화에 대한 계약이 아니다. 이 경우 소비자가 원하는 것은 운송계약에 대한 소멸이 아닌 재화의 분실 또는 파손에 대한 손해배상이다. 따라서 이러한 채무불이행이 발생하였을 경우 동법에 따라 해결하는 것은 무리이며, 모순이 발생하게 된다. 즉, 전소법에서는 청약철회문제만을 규율하고 있을 뿐 소비자가 사업자에게 대하여 청구할 수 있는 손해배상문제를 규율하고 있지 않기 때문이다. 그럼 이 문제는 어떻게 해결하여야 하는가? 이는 민법상 채무불이행의 문제로 접근하여야 할 것이다. 즉, 표시광고된 운송방법과 다른 방법으로 운송된 경우 그 차액을 비롯하여 지연에 따른 손해에 대한 배상을 하여야 할 것이다. 이 경우 운송사업자에게 고의 또는 과실이 없다고 하더라도 소비자의 손해에 대하여는 배상하여야 한다. 즉, 민법에 따르면 과실책임주의이며, 그 증명책임이 채무자에게 전환되어 있기 때문에 운송사업자가 고의 또는 과실 없음을 증명한 경우 그 책임을 면할 수 있다(민법 제390조). 그러나 이러한 손해는 부당한 표시광고로 인하여 발생한 것이며, 「표시·광고의 공정화에 관한 법률」에서는 무과실책임으로 규정하고 있기 때문에 운송사업자는 과실 없음을 증명하여 그 책임을 면할 수 없다(동법 제10조). 또한 분실 또는 파손에 따른 손해배상책임 역시 상법에 따라 운송사업자 또는 운송주선인이나 사용인 그 밖에 운송을 위하여 사용한 자가 재화의 수령, 인도, 보관 및 운송에 관하여 주의를 게을리하지 않았다는 것을 증명하지 아니하면 그 책임을 면하지 못한다(상법 제135조). 다만, 파손의 경우 수령 즉시 그 책임을 청구하여야 하며, 즉시 발견할 수 없는 파손의 경우 수령한 날로부터 2주일 내에 그 사실을 통지해야 한다(상법 제146조).

3. 구매대행계약에 있어서 청약철회권

(1) 구매대행계약과 구매계약

구매대행계약은 두 개의 계약으로 구성된다. 첫째는 소비자와 구매대행사업자 간의 계약으로 수권계약이라고 할 수 있으며, 포괄적 구매대행계약의 경우는 국제물품운송계약까지 포함한다. 둘째는 구매대행사업자와 해외사업자 간의 계약이다. 전자의 계약은 소비자와 국내 구매대행사업자 간에 체결되는 계약이기 때문에 국제사법의 적용없이 바로 전소법에 따라 청약철회권을 행사할 수 있는지 여부가 결정된다. 후자의 계약은 국제계약이지만, 구매대행사업자가 청약철회권을 행사할 수 있는가의 문제가 제기된다.

(2) 구매대행계약과 소비자의 청약철회권

구매대행계약은 그 유형에 관계없이 구매대행사업자의 구매대행서비스를 이용하는 계약이다. 따라서 앞(국제물품운송계약)에서 살펴본 바와 같이 사업자가 그 사실을 명시하고 소비자의 동의를 받았다고 한다면 청약철회권을 행사할 수 없다. 만일 소비자의 동의가 없었다고 한다면 소비자는 청약철회권을 행사할 수 있지만, 이는 국제물품운송계약과는 상이하다. 즉, 국제물품운송계약은 운송서비스만을 이용하는 것이지만, 동 계약은 구매계약의 체결까지를 내용으로 한다. 따라서 소비자가 청약을 철회한 경우 해외사업자가 청약철회권을 인정하는가와 관계없이 구매대행사업자는 재화를 반환받은 날로부터 3영업일 이내에 대금을 환급해야 한다. 물론 그 반환에 소요되는 비용은 소비자가 부담하여야 한다.

(3) 구매계약에 대한 청약철회권

구매대행계약은 소비자로부터 수권을 받아 구매대행사업자가 해외사업자와 계약을 체결한다. 이 경우 구매대행사업자는 청약철회권을 행사할 수 있는가? 만일 국내 전자상거래이고, 구매대행사업자가 재화를 본질적 의미의 소비자와 동일한 지위와 동일한 조건으로 구매하였다면 소비자로 인정되기 때문에 전소법상 청약철회권을 행사할 수 있기 때문에 큰 문제는 없다. 그러나 국제사법상 소비자계약에서의 소비자와 외국의 소비자보호법상 소비자[37]는 본질적 의미의 소비자에 국한되기 때문에 구매계약에서 청약철회권을 행사할 수 있는가의 문제가 제기된다. 그러나 소비자로부터 수권을 받아 구매대행사업자가 해외사업자와 구매계약을 체결하였다고 하더라도 상행위 또는 직업적 활동의 일환으로 체결된 것이기 때문에 유럽연합 또는 일본 등의 법에서 규정하고 있는 청약철회권의 대상인 소비자계약에 해당하지 않는다. 이러한 점은 준거법이 외국법일 경우이다. 만일 국제사법 제25조에 따라 준거법이 우리나라 법으로 결정된 경우에는 청약철회권이 인정될 수 있는가? 이 경우 전소법 역시 준거법으로 인정되며, 동법에서는 사업자라 할지라도 일정한 경우 소비자로 인정하고 있다. 특히, 사이버몰에서의 거래는 사업자와 본질적 의미의 소비자에 대한 차별을 두고 있지 않는 경우가 대다수이기 때문에 구매대행사업자 역시 동법상 소비자로 인정될 수 있다. 그렇다고 한다면 구매대행사업자의 대리행위로 인하여 소비자는 직접 청약철회권을 취득하거나(직접대리), 구매대행사업자가 취득한 청약철회권을 양도받아 행사할 수 있다(간접대리)고 말할 수 있다. 다만, 그 기산점은 포괄적 구매대행계약과 체결형 구매대행계약 간에 차

---

37) 유럽연합 소비자권리지침[DIRECTIVE(2011/83/EU) on consumer rights]
    Article 2 **Definitions**
    (1) 'consumer' means any natural person who, in contracts covered by this Directive, is acting for purposes which are outside his trade, business, craft or profession;
    일본 소비자계약법(消費者契約法)(定義)
    第二条 この法律において「消費者」とは、個人(事業として又は事業のために契約の当事者となる場合におけるものを除く。)をいう。

이가 있다. 전자의 경우 구매대행사업자가 해외사업자국의 배송지에서 재화를 배송받은 후 이를 다시 국내 소비자에게 배송한다. 따라서 소비자가 재화를 인도받은 시점은 국내에서 받은 시점이 아닌 구매대행사업자가 해외배송지에서 받은 시점이기 때문에 국내에서 재화를 인도받은 시점은 청약철회권의 행사기간(7일)이 도과한 시점이 다수일 것이다. 반면에 체결형 구매대행계약의 경우 해외사업자가 직접 소비자에게 배송하기 때문에 그 기산점은 소비자가 국내에서 받은 시점이다. 따라서 이 시점부터 7일 이내에 청약철회권을 행사할 수 있다.

V. 결 론

최근 급증하고 있는 해외구매계약이 국제사법 제27조에서 규정하고 있는 소비자계약에 해당하는지에 대하여 앞에서 살펴보았다. 이를 정리하면, 해외사업자와 계약을 체결하는 자가 소비자인가 아니면 구매대행사업자인가에 따라 소비자계약성 여부가 결정된다. 즉, 소비자가 직접 계약을 체결하는 직구 및 국제운송계약의 경우는 국제사법 제27조에서 말하는 소비자계약에 해당한다. 다만, 국제사법 제27조에 따라 소비자국의 강행법규가 적용되기 위해서는 계약체결의 요건을 충족하여야 한다. 만일 소비자가 해외사업자의 권유없이 사이버몰을 방문하여 계약을 체결하였다면 소비자계약이지만, 국제사법 제27조 제1항에서 규정하는 요건을 충족하지 못하였기 때문에 동법 제27조가 아닌 제25조 또는 제26조에 의해 준거법이 결정된다. 반면에 소비자가 아닌 구매대행사업자가 직접대리의 방식 또는 간접대리의 방식으로 해외사업자와 계약을 체결한 경우, 이는 구매대행사업자의 영업활동의 일환으로 체결하는 계약이기 때문에 소비자계약으로 인정되지 않는다. 따라서 국제사법 제25조 또는 제26

조에 따라 준거법이 결정되며, 약관 등을 통하여 준거법에 대한 합의가 있으면 그 국가의 법이 준거법으로 결정된다. 만일 준거법에 대한 합의가 없으면 당해 계약과 가장 밀접한 국가의 법이 준거법이 되지만, 직업 또는 영업활동으로 체결된 경우이기 때문에 해외사업자 국의 법이 준거법으로 결정된다. 물론 해외사업자국의 법만이 적용된다고 하여 모두 우리 소비자에게 반드시 불리한 것은 아니다. 즉, 다수의 국가에서 전자상거래를 이용하는 소비자를 보호하기 위해 다양한 법적 장치를 마련하고 있기 때문에 해당 사업자국의 법만을 적용하더라도 어느 정도의 보호가 이루어질 수 있다. 일본의 경우 2008년 특정상거래법을 개정하여 청약철회권을 도입하였으며,38) 중국 역시 2013년에 소비자권익보호법을 개정하여 청약철회권을 인정하였다. 또한 청약철회기간을 비교하며, 우리나라의 경우 7일임에 반하여 유럽연합의 경우 최소 14일을 보장하는 반면에 일본의 경우 8일,39) 중국의 경우 7일40)로 규정하고 있다. 다만, 소비자보호에 관한 국내의 강행법이 전소법만이 아니기 때문에 국제사법

---

38) 舊 특정상거래법(2008년 개정되기 이전의 법)에서는 제11조 제1항 제4호에서 반품특약에 관한 사항을 기재하도록 되어 있었지만, 실제로 반품 또는 교환에 관한 분쟁이 많이 발생하였기 때문에 이를 알기 쉽게 조정할 필요가 있다는 점에서 2008년 동법을 개정하여 제15조의2를 신설하였다. 따라서 전자상거래로 재화를 구입한 소비자는 물건을 받은 날로부터 8일 이내에 청약을 철회할 수 있지만, 사업자가 광고에 특약(청약철회 배제 등)을 표시한 경우 소비자는 청약을 철회할 수 없다. 즉, 청약철회에 관한 규정은 우리와 달리 강행규정이 아닌 임의규정에 해당한다.

39) 일본의 경우 청약철회기간은 서면을 교부받은 날로부터 8일이지만, 초일이 산입된다(圓山茂夫, 詳解 特定商取引法の理論と實務, 民事法硏究會, 2010, 192면). 우리의 경우 청약철회기간은 7일이지만, 그 익일부터 기산되기 때문에 그 기간 자체만은 동일하다(민법 제157조).

40) 중국 소비자권익보호법은 1994년 1월 1일에 시행된 지 약 20년이 경과한 2013년 10월 25일 제12기 전국인민대표회의(전인대) 상무위원회 제5회 회의에서 개정되어 '세계소비자권리의 날'인 2014년 3월 15일부터 시행되고 있으며, 소비자의 청약철회권을 신설하였다(김도년, "중국 개정 소비자권익보호법에 대한 소고," 글로벌 소비자법제 동향 제1권 제4호, 2014, 1면/9면).

세27조가 의미 없다고 말할 수는 없다. 또한 상기의 국가들은 우리
나라와 같이 전자상거래를 이용하는 소비자를 보호하기 위한 법제
를 갖추고 있는 국가이지만, 모든 국가가 이러한 법제를 갖추고 있
는 것은 아니기 때문에 이에 해당하는 국가에 소재한 사업자와 계약
을 체결한 소비자를 보호함에 있어서 국제사법 제27조의 의미는 매
우 크다. 그러나 국제사법 제27조의 적용요건은 국제전자소비자계
약의 특성을 감안하고 있지 못한 점이 존재한다. 즉, 해외사업자가
국내소비자를 목표고객으로 하고 있음에도 불구하고 광고 등과 같
은 구매권유가 없기 때문에 동법 제27조에 따라 준거법 및 재판관할
권이 소비자의 상거소국으로 정해질 수 없다는 한계가 존재한다. 물
론 재화에 대한 정보를 사이버몰에 게시한 것만으로 그 요건을 충족
한 것으로 볼 수 있다는 견해도 있다. 이와 같이 판단할 경우 사업자
의 의도와 관계없이 전자상거래를 영위하는 사업자는 국제사법 제
27조에 따라 모든 국가의 소비자관련 강행법을 준수하여야 하는 결
론에 도달하게 되므로 적합하지 않다. 따라서 전자상거래의 특성을
감안하여 소비자계약에 대한 특칙인 국제사법 제27조를 확대적용할
수 있는 방안에 대한 모색이 필요하다.[41)]

색인어

소비자계약, 국제전자소비자계약, 소비자보호, 국제사법, 준거법

---

41) 로마 I 규칙 제6조가 전자상거래를 이용하는 소비자에 대하여 적용되기 위
   하여는 보다 명확하게 "당사자가 계약을 체결할 때, 사업자가 웹 사이트를 통
   하여 소비자의 상거소지를 의도적으로 목표로 한 경우"로 개정되어야 한다고
   주장한다(Ms Lorna Gillies, *Electronic Commerce and International Private
   Law: A Study of Electronic Consumer Contracts*, Ashgate Publishing, Ltd.,
   2013, p.141).

참 고 문 헌

김두환, 2013년도 전자상거래 소비자피해 동향 조사, 한국소비자원, 2014.
김연·박정기·김인유, 국제사법, 법문사, 2006.
서희원, 국제사법강의, 일조각, 1992.
석광현, 국제사법 해설, 박영사, 2013.
석광현, 국제사법과 국제소송 제3권, 박영사, 2004.
석광현, 2001년 개정 국제사법 해설, 지산, 2003.
석광현, 국제사법과 국제소송 제2권, 박영사, 2001.
손경한·석광현·노태악·이규호·장준혁·한애라, 국제사법 개정방안 연구, 법무부, 2014.
이춘삼, 국제계약론, 대왕사, 2003.
이호용, 소비자보호법, 홍문사, 2010.
정찬형, 상법강의(상), 박영사, 2004.
김도년, "중국 개정 소비자권익보호법에 대한 소고," 글로벌 소비자법제 동향 제1권 제4호, 2014.
김원규, "국제계약에 있어서 당사자자치의 제한에 관한 연구: 일본의 판례를 중심으로," 법학연구 제27호, 2007.
김인호, "국제계약에서 강행규정에 의한 당사자자치의 제한," 선진상사법률연구 제60호, 2012.
배윤성, "해외직구 이용실태 및 개선방안," 해외 사업자로부터 직접구매와 소비자보호, 한국소비자원/한국소비자법학회, 2014.
이병준, "해외직접 구매대행 서비스와 소비자법 및 국제사법상의 쟁점," 해외 사업자로부터 직접구매와 소비자보호, 한국소비자원/한국소비자법학회, 2014.
이병준, "해외 소셜 네트워크 서비스이용약관의 약관규제법에 의한 내용통제 가능성: Facebook 게시물이용약관의 유효성을 중심으로," 소비자문제연구 제41호, 2012.
Franco Ferrari/Stefan Leible, *Rome I Regulation: The Law Applicable to Contractual Obligations in Europe*, Sellier European Law Publishers, 2009.
Ms Lorna Gillies, *Electronic Commerce and International Private Law: A Study of Electronic Consumer Contracts*, Ashgate Publishing, Ltd., 2013.
久保岩太郎, 國際私法構造論, 有斐閣, 1955.
圓山茂夫, 詳解 特定商取引法の理論と實務, 民事法研究會, 2010.
經濟産業省, 電子商取引及び情報財取引等に關する準則, 2014.
한국소비자원, 보도자료: 해외직구 늘면서 관련 소비자 불만도 증가, 2014.

전자상거래를 통한 해외구매 대행서비스와 관련된 소비자법 및 국제사법상의 쟁점*

이 병 준**

차 례

Ⅰ. 들어가며

1. 해외구매와 대행서비스의 구조

(1) 해외구매의 유형

요즘에는 전자상거래를 통한 이른바 해외구매가 매우 활성화되

---

* 본 논문은 한국소비자법학회와 한국소비자원이 공동으로 주최한 학술대회에서 발표한 글을 대폭적으로 수정·보완한 것임.
** 한국외국어대학교 법학전문대학원 교수.

어 있다. 국내에서 물건을 쉽게 구하지 못하거나, 수입되는 상품이 더라도 그 가격이 너무 비싸서 해외 유명 쇼핑몰에서 원하는 물건을 직접 구매하는 편이 훨씬 저렴하기 때문이다. 그러나 언어 장벽, 배송 내지 통관절차의 난관 등의 이유로 해외에서 상품을 직접 구매하려는 많은 소비자들이 구매대행업체나 배송대행업체를 통하여 해외에서 물건을 구매하는 경우가 늘어나고 있다. 이러한 서비스를 제공하는 대표적인 사업자로는 몰테일, 위메프박스, 아이포터, 오마이집, 이하넥스, 뉴욕걸즈 등이 있다.

그런데 이와 관련되어 언론매체에서 사용되는 용어가 부정확하여 구체적인 논의로 들어가기 전에 우선 개념을 정리하려고 한다. 통상 해외직구와 배송대행 내지 구매대행 등의 용어가 사용되고 있다. 그런데 해외직구는 소비자가 제품이 수입된 후에 한국 사업자에게서 구매하지 않고 해외의 사이트에서 직접 내지 대행서비스를 이용하는 경우를 통칭하여 사용되고 있고, 대행이라는 표현은 대행서비스를 이용하는 경우에 사용되고 있다. 그렇지만 법률적인 측면에서 해외 사이트와 체결하는 매매계약의 당사자가 누구인지가 중요하고 그리고 대행서비스를 제공하는 사업자가 소비자와의 관계에서 어떠한 역할을 하는지가 계약의 성질 및 구조파악에서 중요하다. 따라서 본 논문에서는 이러한 용어 사용례와 법적 성격을 절충하는 방법을 사용하기로 한다. 즉 소비자가 대행서비스를 전혀 이용하지 않고 직접 해외 사이트와 매매계약을 체결하여 배송받는 경우를 이하에서는 "직접구매"라 칭하고 대행서비스를 이용하는 경우 배송대행 서비스만을 이용하는 때에는 "배송대행", 그리고 구매대행 서비스까지 이용하는 때에는 "구매대행"이라고 칭하기로 한다. 물론 "대행"이라는 표현도 사설적인 업무를 대신 수행한다라는 의미를 갖고 있어 정확히 대행서비스의 법적 성격을 지칭하지 않으나 일반적으로 이렇게 명칭을 사용하고 있으므로 이 표현을 사용하되, 각 서비스별로 그 법적 성질을 구체적으로 나누어서 살펴보기로 한다.

(2) 대행서비스의 구조

해외구매가 대행되는 경우 계약체결 및 이행 단계를 부분적으로 또는 전체적으로 대행서비스 업체에서 대행하는 서비스가 제공되고 있다. 즉 계약체결, 결제 및 배송까지 단계별로 대행서비스가 제공되고 있으며 각 업체별로 대행하는 서비스의 내용이 각양각색으로 나타나고 있다. 그런데 크게 보면 배송대행이 가장 기본적인 유형이라고 볼 수 있으며, 이는 계약체결을 소비자가 직접 하고 그 배송만 대행업체가 대행을 하는 경우이다.[1] 그리고 여기에서 결제를 대신하여 주는 서비스가 추가로 제공되는 경우가 있다. 구매대행의 경우에는 계약체결을 대행업체가 소비자를 대신하여 대행하는 경우이다. 그런데 구매대행의 경우에는 더 나아가서 결제 및 배송까지 모든 계약단계가 대행업체를 통하여 대행이 이루어지는 것이 보통이다.

결국 소비자는 대행사업자와 자신의 매매계약과 관련된 사무를 위임하는 위임계약을 체결하지만,[2] 그 구체적인 위임의 내용이 다르다고 할 수 있다. 배송대행의 경우에는 해외 현지에서 한국까지 배송만 대행하여 주는 것이고, 구매대행의 경우에는 계약체결 및 배송을 대행하여 주는 것이다. 배송대행 서비스를 제공하는 경우 통상적으로 대행사업자가 지정하는 현지의 주소로 구매한 물품을 배송받은 후 한국까지의 배송 및 통관절차를 진행하고 있다.

---

1) 배송대행을 이용하는 주된 이유는 비싼 배송비를 절약하려는 의도이며, 또한 미국의 경우 주별로 소비세 등의 차이가 있어 배송지를 소비세가 면제되거나 적은 지역을 이용하기 위하여 배송대행을 이용하기도 한다. 또한 까다로운 한국 소비자에게 팔지 않겠다는 사업자가 간혹 있어, 한국의 주소지를 기재하여 한국 소비자임을 드러내지 않으려고 배송대행을 이용하는 경우도 있다.

2) 소비자가 매매계약과 관련된 사무를 위임하는 것이 기본이지만, 기본적으로 한국으로의 배송까지도 그 계약의 내용으로서 담고 있기 때문에 도급적 요소가 있는 혼합계약이라고 보아야 한다. 다만 위임의 성질이 더 강하기 때문에 위임계약이라는 표현을 사용하였다.

〈해외 직접구매, 배송대행, 구매대행의 비교〉[3]

구분	직접구매	배송대행	구매대행
가입	해외사이트 직접 가입	해외사이트 직접가 입 + 배송대행서비 스 가입	구매대행서비스만 가입
서비스 구매 유형	한국카드 결제가능 + 한국으로 배송가능한 온라인 상점	한국카드로 결제 가능하지만 한국으 로 배송해 주지는 않는 온라인 상점	한국카드로 결제할 수 없으며, 한국으 로 배송도 하지 않 는 온라인 상점
상품 구매 결제 주체	본인, 카드해외사용 수수료 부담 + 외국 소비세 별도 부담	본인, 카드해외사 용수수료별도 부담 + 배송대행수수료 부담	대행사, 본인은 물 건 가격 및 구매대 행수수료 부담

해외 직접구매 유형 3가지

③ 해외구매대행
(대리구매+배송대행)
구매대행사

① 해외직접배송
(직접구매+직접배송)

해외쇼핑몰

배송대행지
(미국내 주소지)

② 해외배송대행
(직접구매 + 미국내 배송대행지로 배송 + 국내 배송)

---

3) 이하의 도표는 한국소비자원, "해외직구 늘면서 관련 소비자 불만도 증가",
2014.3.5. 자 보도자료의 내용을 참조하여 작성되었다. 그림의 출처는 동 보
도자료, 1면.

2. 문제의 제기

현재 전자상거래를 통한 해외구매는 그 거래가 매우 급속도로 늘어가는 동시에 그에 따른 피해도 속출하고 있는 것으로 보고되고 있다. 그런데 이러한 피해가 단지 해외를 통하여 물건을 구매하는 것이기 때문에 발생하는 불이익인지, 아니면 해외구매 및 그 대행업체를 통하여 계약을 체결하는 계약법적·소비자법적 내지 국제사법적 구조의 변화 때문인지는 더 따져보아야 할 문제이다.[4] 이에 관한 정확한 분석은 우리나라에 아직 없는 상태에서 피해에 대하여 보고만 되고 있는 실정이다.[5] 본 논문에서는 이처럼 입법자가 예상하지 못한 새로운 전자상거래 영역에서 계약체결 내지 배송과정의 변경을 통하여 법적 안전장치인 관련 소비자법의 적용상의 변화가 없는지를 살펴보려고 한다. 특히 한국의 소비자가 해외사이트에서 구매하는 경우 「전자상거래 등에서의 소비자보호에 관한 법률」(이하 "전자상거래소비자보호법"이라 한다)에서 인정하고 있는 철회권이 인정될 수 있는지를 중심으로 살펴보려고 한다.

소비자가 해외구매를 직접 하는 경우 소비자는 소비자로서 보호를 받고 이행지도 한국의 주소[6]로 되어 있어 한국법의 적용을 통

---

4) 일반적인 국제 전자상거래와 관련된 문헌으로 이종인, 「국제 전자상거래 소비자 피해구제 방안 연구」, 한국소비자원, 2005.

5) 한국소비자원, 2014년 3월 5일자 보도자료, "해외직구 늘면서 관련 소비자 불만도 증가"; 한국소비자원, 2014년 8월 6일자 보도자료, "해외쇼핑몰 '아마존' 이용 많고, '아이허브' 만족도 높아"; 한국소비자원, 2014년 7월 2일자 보도자료, "해외직구 30% 정도 싸다고 느끼나, 상당수는 불만·피해 경험"; 연합뉴스, 2014년 9월 24일자 기사, "건강식품 해외직구 주의보 … 소비자 보호 대책 없어"; 소비자경제신문, 2014년 3월 6일자 기사, "해외직구 늘자 소비자 피해도 늘었다".

6) 우리 국제사법은 "상거소"개념을 기초로 준거법을 결정하고 있다. 그러나 본 논문에서는 각 사이트에서 주소지를 입력하도록 하고 있으므로 주소라는 표현을 사용하려고 한다. 개념적으로는 주소와 상거소는 다른 것이지만, 실무에서는 주소라는 표현을 사용하므로 본 논문에서는 주소라는 일상적인 개

한 보호를 받을 여지가 있다. 그에 반하여 구매 내지 배송대행 서비스를 이용하는 소비자는 대행사업자를 통하여 구매를 하거나 배송을 받기 때문에, 과연 관련 소비자법의 적용을 받을 수 있는지가 문제된다. 이와 관련하여 구매대행 내지 배송대행 서비스를 이용하는 소비자가 소비자로서 보호를 받을 수 있는지가 먼저 문제된다(Ⅱ). 그 다음으로 이행장소인 배송지를 해외 현지 주소로 기재하였기 때문에7) 국제사법상 소비자계약에 관한 특칙의 적용을 받을 수 있는지, 더 나아가 한국 소비자법에 의한 보호를 받을 수 있는지가 문제된다(Ⅲ). 그리고 이행장소를 해외 현지 주소로 기재하면서 그 밖에 계약상의 불이익은 추가로 없는지 살펴볼 필요가 있다(Ⅳ). 이 문제점들을 순서대로 살펴보기로 한다.

Ⅱ. 대행서비스를 이용하는 소비자의 소비자법에 따른 보호여부

1. 소비자법의 적용영역: 소비자계약

(1) 정 의
소비자가 관련 법률에 의한 보호를 받기 위해서는 기본적으로 소비자계약, 즉 사업자와 소비자 사이에 체결된 계약이어야 한다. 다시 말해 소비자법이 적용되기 위해서는 계약당사자가 사업자와 소비자이어야 한다. 우리 소비자법과 다른 나라의 소비자입법은 소

념을 사용하려 하고 국제사법과 관련한 쟁점에서만 상거소개념을 부분적으로 사용하려 한다.
7) 본 논문에서 다루고 있는 것처럼 해외현지의 배송주소가 아니라 한국에 있는 배송주소를 지정하는 경우도 있다. 예컨대 한국 상품을 외국으로 배송하는 계약을 체결하는 이른바 역구매대행이 있다(예: 바이두케이닷컴, http://www.buydok.com/).

비자계야이 무엇인지를 직접 규정하지 않고 사업자와 소비자의 정의를 규정함으로써 소비자법의 인적 적용범위를 확정하고 있다.

우리 소비자법의 경우 소비자는 사업자가 제공하는 재화 등을 소비생활을 위하여 사용하는 자 또는 생산활동을 위하여 사용하는 자를 말한다(소비자기본법 제2조 제1호). 즉, 구입한 재화를 상행위를 목적으로 이용하지 아니하고 개인적인 용도로 사용하는 자를 의미한다.[8] 그에 반하여 사업자는 물품을 제조·수입·판매하거나 용역을 제공하는 자로 규정되어 있다(소비자기본법 제2조 제2호). 소비자와 사업자 개념은 나라마다 약간의 차이를 보이나,[9] 여기서는 전형적으로 소비목적으로 상품을 구매하는 소비자와 영리를 목적으로 상품을 판매하는 사이트를 개설한 사업자를 상정하기로 한다. 따라서 원칙적으로 판매하는 사이트는 사업자에 해당하고 구매를 하는 자는 소비자에 해당하기 때문에 소비자계약이 체결되는 것이 원칙

---

8) 이러한 본질적 의미에서의 소비자개념 말고도 정책적 의미에서의 소비자개념을 추가적으로 인정하고 있다. 즉, 여기서 정책적 의미의 소비자라 함은 사업자임에도 불구하고 정책적 차원에서 소비자로 인정하는 자를 말한다. 이에 해당하는 자로는 첫째, 재화 등을 원재료(중간재를 포함한다) 및 자본재로 사용하는 자를 제외하고 재화 등을 최종적으로 사용하거나 이용하는 자이다. 둘째, 사실상 소비자와 같은 지위에서 다른 소비자와 같은 거래조건으로 거래하는 사업자로서 재화 등을 구매하는 자이다. 셋째, 다단계판매원이 되고자 다단계판매업자로부터 재화 등을 최초로 구매하는 자이다. 마지막으로 재화 등을 농·축산업 및 어업활동을 위하여 구입한 자로서 축산법 제21조 제1항의 규정에 의하여 농림수산식품부령이 정하는 사육규모 이상의 축산업을 영위하는 자 외의 자 및 원양산업발전법 제6조 제1항에 따라 농림수산식품부장관의 허가를 받은 원양어업자외의 자이다(동 시행령 제2조)(고형석, "전자상거래를 통한 콘텐츠거래에 있어서 이용자보호에 관한 연구", 「한양법학」 제34집, 2011, 119면). 즉 소비자의 개념과 범위에 있어 사실상의 소비자도 소비자의 범위에 포함시키고 있다(류창호, "전자상거래소비자법에 관한 연구—전자상거래·소비자·사업자의 개념과 범위를 중심으로", 「외법논집」 제12집, 2002, 286-296면).

9) 소비자개념에 관한 포괄적 고찰로 이병준, 「현대 시민사회와 소비자계약법」, 집문당, 2013, 311면 이하 참조.

일 것이다. 또한 대행서비스를 제공하는 사업자도 영리를 목적으로 대행서비스를 제공하는 것이 통상적이므로 대행서비스 계약 또한 사업자와 소비자 사이에 체결된 소비자계약에 해당한다.

(2) 해외구매를 직접 하거나 대행서비스를 이용하는 경우

직접 해외구매를 하는 경우에는 소비자는 사업자와 직접 계약의 당사자로서 계약을 체결하므로 소비자계약이 성립하고, 따라서 소비자법에 의한 보호를 받을 수 있다. 배송대행의 경우에도 계약체결은 직접 소비자가 당사자로서 하기 때문에 소비자계약이 성립함에는 의문이 없다. 구매대행의 경우에는 구매대행 서비스 사업자가 계약체결 과정에 관여하기 때문에 문제가 발생한다. 그런데 구매대행의 경우 구매대행 서비스 사업자가 대리권을 갖고 계약을 체결하는 경우와 위탁매수인으로 직접 계약의 당사자로 계약을 체결하는 경우를 나눌 수 있다. 따라서 이 두 경우를 이하에서 나누어서 살펴보기로 한다.

2. 구매대행 서비스 사업자가 위탁매수인으로 계약을 체결하는 경우

구매대행 서비스 사업자는 계약체결 자체를 위탁받아 직접 매매계약의 당사자가 되어 계약을 체결하는 경우가 있다. 이러한 경우 구매대행 서비스 사업자는 위탁매수인의 지위에서 간접대리권을 갖고 직접 자신의 이름으로 계약을 체결한다.[10] 즉 매매계약의 당사자

---

10) 위탁매매인이란, "자기의 명의로 타인의 계산으로 물건 또는 유가증권의 매매를 영업으로 하는 자"이다(상법 제101조). 위탁매매인 자신이 제3자에 대한 관계에서 법률상 권리의무의 주체가 된다. 즉, 위탁매매인 자신이 매매계약의 당사자가 된다는 의미이다. 위탁매매인은 자기명의로 제3자와 거래하는 점에서, 본인명의로 제3자와 거래하는 체약대리상 또는 기타의 본인의 대리인과도 구별된다. 타인의 계산으로 한다는 의미는 그 거래에서 발생하는

는 판매사업자와 구매대행 서비스 사업자가 되는 것이다.[11]

이러한 형태에서는 소비자가 매매계약의 당사자로 전면에 등장하지 않고 그에 따른 경제적 효과만 누리기 때문에, 매매계약은 외부적으로는 사업자 대 사업자 사이의 계약이다. 즉 사업자와 소비자 사이의 계약이 체결되어야 하는 소비자계약에는 해당하지 않게 된다. 따라서 이 경우에 소비자는 구매대행 서비스를 이용하였다는 이유만으로 매매계약상 소비자보호를 받지 못하게 된다.

이러한 유형의 경우 소비자는 매매계약과 관련이 없고 전혀 계약관계의 전면에 등장하지 않는다. 그러나 구매대행 서비스 사업자가 매매계약을 체결하면서 해당 물건의 배송을 소비자의 주소지로 배송하도록 하거나, 소비자에게 해당 매매계약상의 상품을 직접 청구할 수 있는 권리를 유보하는 경우에는 어떻게 되는지가 문제될 수 있다.[12] 즉 매매계약이 제3자를 위한 계약으로 체결되어 소비자가 수익자가 되거나, 간접본인인 소비자가 매매계약상 기재되어 판매사업자가 소비자가 간접본인으로 있다는 사실을 인식한 경우이다. 하지만 제3자를 위한 계약의 경우 수익자인 소비자는 권리만을 얻고 의무를 부담하지 않기 때문에 기본적으로 소비자성은 계약을 체결하여 당사자가 된 요약자를 기준으로 판단해야 할 것이다.[13] 또한

손익이 모두 타인에게 귀속된다는 의미이다. 이 점에서 위탁매매인은 법률상 제3자에 대하여는 계약의 당사자로 나타나지만, 실질상 경제적 효과는 모두 위탁자인 타인에게 귀속되므로 그 실질은 대리와 유사하다(이기수·최병규, 「상법총칙·상행위법」 제7판, 박영사, 2010, 407-408면; 정찬형, 「상법강의 (상)」 제17판, 박영사, 2014, 300면 참조).

11) 이러한 방식의 사업자는 다음과 같은 특징을 가진다. 첫째, 소비자의 주문이 있기 전까지 재고보유를 하지 않는다. 둘째, 가격책정 기준을 고지한다. 즉, 이용자 결제 전에 거래계약 유형별로 국제운송료 형태, 총지불가격, 수입대행가격 등으로 별도 구분하여 고지하고 있다. 셋째, 소비자가 세금 납부자이며, 수입화주이다. 세금은 업무제휴사가 소비자를 대신하여 먼저 대납 후 사후 정산하는 형태이다.

12) 이러한 의문점을 학술대회에서 사회를 보신 중앙대 장재옥 교수가 제기하였다.

간접본인으로 소비자가 표시되더라도 체결되는 매매계약과는 직접적 관련성이 없으므로 이 경우에도 기본적으로 사업자 대 사업자 사이의 계약임에는 변함이 없다. 따라서 이러한 경우에도 소비자계약을 인정하기는 힘들어 보인다.

3. 구매대행 서비스 사업자가 대리인으로 계약을 체결하는 경우

구매대행 서비스 사업자가 대리권을 수여받아 대리인으로서 본인인 소비자를 위하여 계약을 체결하는 경우도 존재한다. 이 경우에는 구매대행 서비스 사업자가 계약체결행위는 하지만, 매매계약의 당사자는 소비자가 된다.[14] 따라서 기본적으로 매매계약은 사업자와 소비자 사이에 체결되는 소비자계약에 해당한다. 그런데 구매대행을 이용하는 경우에는 계약체결을 소비자를 대신하여 사업자가 하기 때문에 소비자로서 보호를 받을 수 있는지가 문제된다. 왜냐하면 거래경험이 미숙한 소비자를 보호해야 한다는 측면이 사업자의 개입을 통하여 보완되면서 보호필요성이 소멸할 수 있기 때문이다. 이 문제를 명시적으로 규정하고 있는 법률규정이나 판례는 현재 없다. 더 나아가 아직 우리 학계에서도 이에 관한 논의가 거의 없는 실정이다.[15] 그러나 독일에서는 논의가 상당히 진척되어 있어 이를 면

---

13) 이처럼 소비자를 위한 제3자를 위한 계약에서 소비자계약을 부정하는 견해로 BeckOK BGB /Schmidt-Räntsch, BGB § 13 Rn. 7.

14) 민법상 대리의 본질에 대한 학설 중 대리인행위설에 따르면 대리에서 행위자는 대리인이며, 권한 있는 대리인의 대리의사에 따라 그 행위의 효과가 본인에게 귀속된다는 것이 통설이다(곽윤직·김재형, 「민법총칙」 제9판, 박영사, 2013, 336면).

15) DCFR상에서는 소비자가 중개자나 대리인을 사용하는 법률관계에 대하여 명문 규정을 두고 있지는 않지만, 만일 소비자가 사업자인 중개자를 사용하는 경우 그 사업자인 중개자와의 사이에서는 소비자보호규칙의 적용을 받는다. 즉 소비자가 중개자를 고용하거나 일정사무를 위임하는 관계는 소비자계약에 해당하므로 내부적으로는 소비자보호를 받을 수 있다. 그러나 그러한

저 참조하기로 한다.

(1) 독일에서의 논의

소비자가 대리인을 선임하여 사업자와 계약을 체결하는 경우 누구를 기준으로 하여 i) 독일민법 제13조[16]상의 소비자성과 ii) 개별 소비자보호제도가 전제하고 있는 상황관련 요건 충족여부를 판단하는지가 문제되고 있다. 이 문제에 관해 독일법상으로도 명문의 규정이 없기 때문에 현재 일반원칙에 의하여 접근하고 있는 상황이다. 일단 소비자를 도와주고 있는 자, 즉 대리인이 단지 친족관계에서 내지 호의로 대리권을 행사하는 자연인이라면 그도 사업자가 아닌 이상 소비자계약이라는 측면에서는 변함이 없다.[17] 그에 반하여 도와주는 자가 그 일을 영업 내지 독립적 직업 활동의 목적으로 행하는 사업자인 경우에는 다를 수 있다. 이 경우 원칙적으로 이러한 자는 법률적으로 독립한 대리인 내지 중개인으로서 계약체결을 도움으로써 영리목적을 추구하는 자에 해당하여, 소비자계약에서 전형적으로 나타나는 정보 불균형이 존재하지 않게 된다. 따라서 영리를 목적으로 하는 사업자를 통하여 법률행위를 하는 소비자는 보호할 필요가 없다는 시각이 존재할 수 있고,[18] 대리행위를 통한 계약

중개자와 타방과의 관계도 소비자보호규칙이 적용되는지는 확실하지 않다. 결국 이러한 규칙의 적용기준은 법원의 판단에 달려 있다(이와 같은 논의로 서희석, "DCFR상 소비자·사업자의 정의,"「외법논집」제36권 제2호, 2012, 11-12면 참조).

16) 독일 민법 제13조 [소비자]
소비자라 함은 자신의 영업활동이나 독립적 직업활동에 속하지 아니하는 목적으로 법률행위를 하는 모든 자연인을 말한다.

17) MüKo/Micklitz, BGB § 13 Rn. 24; Rott, Stellvertreungsrecht und Verbraucherschutz, 2006, S. 405.

18) 만약 자연인인 소비자의 대리인이 아니라 법인의 대리인 또는 기관이 행위를 한 경우에는 소비자계약에 해당하지 않는다(Staudinger/Weick, § 13 Rn. 38).

이 소비자계약에 해당하기 위한 요건으로 대리인의 소비자성도 요구되는지가 청약철회권 행사 가능성과 관련하여 논의되고 있다.

독일 문헌상의 다수설은 인적 요건을 검토함에 있어서는 본인을, 상황관련 요건 충족 여부는 대리인을 기준으로 해야 한다는 점에 일치한다고 한다. 즉 본인이 소비자이어야 하고 청약철회권이 인정되는 상황은 대리인이 계약을 체결할 때에 존재해야 한다고 한다.[19] 우선 이 견해들은 소비자계약에 해당하는지 여부를 판단함에 있어 본인의 소비자성을 고려하는데, 그 이유로 계약당사자, 즉 최종 의무부담자가 본인이라는 점을 강조한다.[20] 독일 민법 제166조[21]에 따르면 대리인을 통하여 법률행위를 하는 경우 대리인이 법률행위를 하고 해당 법률효과를 귀속받는 자가 본인이기 때문에 기본적으로 의사표시의 하자는 대리인을 기준으로 하게 되지만 동 조항은 소비자성을 판단함에 있어서는 기준이 될 수 없다고 한다. 왜냐하면 소비자 개념을 정의하고 있는 독일 민법 제13조와 연결되는 개별 소비자보호 규정들이 해당 계약을 통하여 누가 의무를 부담하

---

19) Bork, Allgemeiner Teil des Bürgerlichen Gesetzbuches, 3. Aufl. 2011, Rn. 1367; Bülov/Artz, Verbraucherprivatrecht, 3. Aufl. 2011, Rn. 55; Palandt BGB/Grüneberg, § 312 Rn. 5; Staudinger/Kessal-Wulf, § 491 Rn. 19; Wolf/Neuer, Allgemeiner Teil des Bürgerlichen Rechts, 10. Aufl, 2012, § 15, Rn. 16; Erman/Maier-Reimer, § 166 Rn. 5; Erman/Saenger, § 13 Rn. 11; MüKoBGB/Schramm, § 166 Rn. 48.

20) MüKo/Micklitz, BGB § 13 Rn. 24; Soergel/Pfeiffer, § 13 Rn. 51; Staudinger/Weick, § 13 Rn. 38; BeckOK BGB/Schmidt-Räntsch, BGB § 13 Rn. 7.

21) 독일 민법 제166조 [의사흠결; 인식귀속]
    (1) 의사표시의 법적 효과가 의사흠결 또는 일정한 사정을 알았거나 알아야 했음에 의하여 영향을 받는 경우에는, 본인이 아니라 대리인을 기준으로 한다.
    (2) 법률행위에 의하여 대리권이 수여된 경우에 대리인이 대리권 수여자의 특정한 지시에 좇아 행위한 때에는 본인은 자신이 스스로 알았던 사정에 대하여 대리인의 부지를 원용하지 못한다. 알아야 했던 것이 안 것과 동시되는 한에서, 대리권 수여자가 알아야 했던 사정에 대하여도 또한 같다.

는지를 고려하고 있기 내문이다.[22] 구체적인 사안에서는 소비자를 보호할 필요성이 없을 여지가 있기는 하지만, 제13조는 보호필요성이 없다는 점을 기초로 소비자의 범위를 제한하는 것을 허용하지 않고[23] 추상적인 개념정의에 해당한다면 일률적으로 소비자계약으로 취급한다고 한다.[24] 하지만 대리인이 방문판매 또는 전자상거래 등과 같은 상황관련 요건을 충족시키지 못하는 경우에는 청약철회권 등의 소비자 보호제도가 적용되지 않는다. 소비자성의 판단과 달리 행위정황이 존재했는지 여부는 대리인을 기준으로 하고 그 근거는 독일 민법 제166조의 기본사상으로부터 도출할 수 있다고 한다.[25]

이러한 다수설의 태도는 독일 판례의 입장과도 어느 정도 일치하는 것으로 보인다. 독일 판례상 대리행위 시 소비자보호가 문제된 사례들은 대개 방문판매에 기한 청약철회권과 관련되어 있었는데, 판례는 상황관련적 요건을 대리인이 충족시킬 것을 요구하면서 이 대리인의 소비자성을 동시에 요구하지는 않았다.[26] 이를 두고 인적 요건은 본인이, 상황관련적 요건은 대리인이 충족시켜야 한다는 다수설과 동일한 입장으로 분석하는 해석이 있는 반면,[27] 소비자 보호규정의 일반적 적용문제, 즉 방문판매 내지 철회권에 한정되지 않는 일반적 적용가능성에 대해 판례가 입장을 취한 것은 아니기 때문에

---

22) BeckOK BGB/Schmidt-Räntsch, BGB § 13 Rn. 7.
23) 개별 사례에 있어서는 소비자를 대신하여 계약을 체결하는 자가 사업자라는 이유로 보호필요성이 없어질 수 있다는 견해로 BeckOK BGB/Schmidt-Räntsch, BGB § 13 Rn. 7. 다만 개별 소비자 보호규정이 그러한 제한적 해석을 일반적으로 허용하지 않는다고 한다.
24) 독일법이 이와 달리 규율하고자 했었다면 소비자의 법률행위가 사업자에 의해 대리되는 경우를 예외적 요건표지로서 별도로 규율했어야만 했다는 지적에 대해서 Rott, Stellvertretungsrecht und Verbraucherschutz, S. 405 참조.
25) MüKoBGB/Schramm, § 166 Rn. 48.
26) BGH NJW 2004, 154, 155; NJW 2005, 664, 668; BGH NJW 2006, 2118 f.
27) 예컨대 Hoffmann, Verbraucherwiderruf bei Stellvertretung, JZ 2012, 1156.

아직 명확한 최고법원 판결은 없고, 단지 하급심[28]에서 다수설과 동
일한 입장을 확인할 수 있다는 견해가 있는 상황이다.[29]

본인이 아니라 대리인이 소비자계약의 인적 요건 내지 상황관
련 요건 모두를 충족시켜야 한다는 반대 견해도 다수의 문헌에서 주
장되고 있다.[30] 이 견해에 의하면 다수설과 달리 독일 민법 제166조
를 근거로 대리인이 소비자로서 행위를 해야만 소비자계약으로서
보호받을 수 있다. 청약철회권 등과 관련하여 입법자는 일정한 요건
하에서 소비자가 충분히 자기 판단을 내릴 수 없는 상황을 전제하고
있는데, 이 경우 착오 취소의 상황 내지 행위 무능력의 상황과 유사
하다고 한다. 다시 말해 소비자 청약철회권은 계약체결에 있어 하자
에 대응하여 인정되는 것이고, 다만 충분한 자기 판단이 불가능하여
철회권을 행사할 수 있는 사례군을 정형화해 놓았다는 점에서 취소
권의 경우와 다르다고 한다. 이러한 사고는 대리인에 의해 계약이
체결되는 경우에도 그대로 적용되어야 하고, 결국 독일 민법 제166
조의 유추를 통해 직접 행위를 하는 대리인이 소비자로서 의사흠결
에 유사한 상황에 놓여 있는 경우에 한해서 소비자계약 철회가 정당
화될 수 있다고 한다. 즉, 이 견해는 법률이 사업자인 대리인이 방문
판매 등의 상황에 처한 경우에는 하자 있는 의사형성을 처음부터 인
정하지 않는다는 점을 강조한다. 오직 소비자인 자가 상황관련적 요
건도 충족시키는 경우에 하자 있는 의사형성이 문제된다고 한다. 다

---

28) 특히 LG Rostock ZWE 2007, 292, 294.

29) 예컨대 MüKoBGB/Micklitz, BGB § 13 Rn. 24; Rott, Stellvertreungsrecht
und Verbraucherschutz, S. 405.

30) PWW/Prütting, § 13 Rn. 11; Schreindorfer, Verbraucherschutz und
Stellvertretung, 2012, S. 264 ff; Hoffmann, Verbraucherwiderruf bei
Stellvertretung, JZ 2012, 1156 ff; Staudinger/Thüsing, Neubearbeitung
2005, § 312 Rn. 38. 다만 대리행위의 상대방이 사업자에 의한 대리행위를 야
기 했거나, 기타 이유로 거래 상대방 측 사람이 대리인으로 행위한 경우는 예
외가 인정될 수 있다는 견해로 Schreindorfer, Verbraucherschutz und
Stellvertretung, 2012, S. 335.

민 대리인 외에 본인도 소비자일 것은 요구되지 않는다고 한다.[31] 본인이 의사의 형성을 이미 대리인에게 맡겼기 때문에, 본인의 소비자성을 중요시하는 독일 판례의 확고한 태도와 달리 본인이 소비자이냐, 사업자이냐는 기본적으로 의미가 없다고 한다.

(2) 우리법상 판단

사업자가 소비자의 대리인으로 계약을 체결한 경우에 소비자성을 인정할 수 있는지에 관한 법률상 근거규정은 우리법상으로도 없다. 민법 제116조가 고려될 여지가 있으나, 기본적으로 제116조는 소비자성을 판단함에 있어서 기준이 될 수 없다. 독일에서의 논의에서 본 바와 같이 법률행위, 즉 계약을 체결하는 것은 사업자인 대리인이지만, 법률효과의 귀속주체는 본인인 소비자이다. 그런데 계약 체결이라는 행위를 기준으로 소비자성을 판단한다면 대리인인 사업자가 본인인 소비자를 대신하여 계약을 체결하였으므로 소비자성이 부정될 여지는 있으나, 우리 법률상 소비자개념은 이를 기준으로 삼지 않는다. 한국법상 소비자개념 정의에 있어서 중요한 요소는 소비목적이므로 기본적으로 개념정의상으로는 어떠한 목적으로 계약을 체결하는지가 중요하다. 사업자인 대리인은 기본적으로 영리를 목적으로 대리인이 되어 대리행위를 하지만, 근본적으로 대리하는 계약체결의 목적은 소비자가 갖는 소비목적이므로 사업자인 대리인을 통하여 계약을 체결하더라도 이러한 소비목적이 희석되지 않는다. 즉 구체적으로 보면 대행서비스 사업자는 대행을 영리목적으로 하

---

31) Thüsing, in: Staudinger, BGB, Neubearbeitung 2005, § 312 Rn. 38; Hoffmann, Verbraucherwiderruf bei Stellvertretung, JZ 2012, 1156, 1158. 기본적으로 소비자성과 행위정황 모두 대리인을 기준으로 판단해야 한다고 하면서, 본인의 소비자성도 추가적으로 요구되어야 한다는 견해로 Schreindorfer, Verbraucherschutz und Stellvertretung, 2012, S. 264 ff. 다만 이 경우 본인의 소비자성은 대리인의 소비자성이 민법 제166조에 의해 귀속될 수 있기 때문에 실제로는 대리인의 소비자성만 검토하면 된다고 한다.

지만, 대리인으로 체결하는 매매계약의 목적은 기본적으로 소비목적인 점에는 분명한 것이다.

더 나아가 전자상거래소비자보호법의 입법목적을 고려하더라도 소비자성이 부정될 여지는 없다. 물론 계약체결에 대한 경험부족 내지 전자상거래라는 계약체결상황의 불완전성, 사업자에 대한 정보의 부족 등을 보호필요성이라고 본다면 행위정황을 기준으로 소비자의 보호필요성을 도출하기 때문에 사업자가 대리인으로 계약을 체결한 경우에 소비자성이 부정될 여지가 있을 것이다. 그런데 전자상거래에서 소비자의 보호필요성은 계약체결의 불완전성보다는 상점에서 물건을 직접 보지 못한 상태에서 계약을 체결하였다는 비대면거래라는 측면에서 나오므로 배송된 상태에서 상점에서와 동일하게 살지의 여부를 고려할 수 있도록 하는 것이 해당 법률의 입법목적이다.32) 그런데 사업자인 대리인을 통하여 계약이 체결되더라도 물건을 직접 보지 못한 비대면거래라는 점에서는 변화가 없다. 그러므로 소비자보호 필요성은 계속하여 존재하는 것이다. 결국 소비자 개념 정의 및 전자상거래소비자보호법의 소비자보호목적을 고려한다면 대리인으로 사업자가 소비자를 대신하여 계약을 체결하였다고 하더라도 소비자로서의 보호를 박탈하는 것은 타당하지 않다고 할

---

32) 전자상거래에서 소비자보호 필요성에 관하여 학설은 다양한 관점을 제시하고 있다. 즉 비대면거래에서 발생하는 재화의 불확실성으로부터 소비자를 보호하기 위한 목적으로 고형석, "전자상거래를 통한 콘텐츠거래에 있어서 이용자보호에 관한 연구," 117-118면; 전자상거래에서 발생하는 사기 등으로부터 소비자를 보호하기 위한 목적으로 유순덕·최광돈, "전자상거래에서 소비자 보호방안에 관한 연구",「디지털정책연구」제11권 제11호, 2013, 30면; 정완, "인터넷상거래에 있어서의 소비자보호,"「경희법학」제42권 제2호, 2007, 509-516면; 최인혁, "한국의 전자상거래에서의 소비자 보호법에 관한 연구,"「전자무역연구」제5권 제1호, 2007, 129-130면; 추가적으로 개인정보 유출로부터 소비자를 보호하기 위한 목적으로 권상로, "전자상거래에서의 소비자보호에 관한 법·제도적 연구,"「한국콘텐츠학회논문지」제9권 제12호, 2009, 788-789면.

수 있다.

4. 소 결

구매대행 서비스 중 서비스 제공자가 위탁매수인으로서 간접대
리권을 갖고 매매계약을 체결하는 경우에는 사업자인 서비스 제공
자가 계약의 당사자가 되며, 이 경우에는 사업자 대 사업자 사이에
매매계약관계가 성립한다. 따라서 소비자가 구매대행을 서비스 제
공자에게 위탁하는 경우에는 매매계약 관계에서는 소비자로서 보호
를 받지 못하게 된다. 그러므로 이 유형에서는 이미 구매대행 서비
스 제공자에게 매매계약체결을 위탁하는 것만으로 소비자는 매매계
약상의 소비자로서의 지위를 상실하게 된다.

그러나 그 밖에 유형에서는 아직도 소비자는 계약의 당사자로
서 매매계약상 소비자로서의 보호를 받을 수 있다. 따라서 이 유형
의 경우에 계속하여 한국 소비자법에 의한 보호를 받을 수 있는지를
고찰해 보려고 한다.

III. 대행서비스를 이용하는 한국 소비자에 대한 한국소비자법의 적용여부

1. 국내거래와 해외거래에서 소비자의 법적 지위

(1) 국내거래의 경우

국내 소비자가 국내에서 국내 사업자로부터 물품을 구매하는
경우에는 한국 소비자법에 의한 보호를 받는다. 인터넷으로 물건을
주문하게 되면 전자상거래소비자보호법에 의한 보호를 받으며, 특
히 이 법에 규정된 바에 따라 사업자로부터 적절한 정보제공을 받고

계약을 체결하고 일정한 기간 동안 계약으로부터 벗어날 수 있는 철회권이 보장된다(전자상거래소비자보호법 제13조 및 제17조). 더 나아가 약관으로 계약을 체결하는 경우가 대부분인데, 한국의 약관규제법에 의하여 부당한 약관조항으로부터 보호를 받을 수 있다.

(2) 해외거래의 경우

그런데 해외사업자와 거래를 하게 되면 순수한 한국법에 의한 해결이 이루어지는 것이 아니다. 즉 국제사법에 의한 준거법 결정에 의하여 당사자 거래에 적용될 법이 결정되어야 한다.[33] 이에 따라 한국 소비자법에 의한 보호를 받지 못할 수도 있다. 현재 이와 관련된 국제사법상의 쟁점을 살펴보면 계약상의 준거법은 당사자 자치에 의하여 결정하도록 되어 있다(국제사법 제25조). 그런데 통상 사업자의 약관에 준거법에 관한 조항이 있다. 그런데 이처럼 약관에 의한 준거법결정도 유효하므로,[34] 만약 미국 사업자가 미국의 주법을

---

33) 그 밖에 재판관할권의 문제도 있으나, 이 문제는 여기서 다루지 않기로 한다. 이에 관하여 자세한 것은 신창선, "전자상거래에 있어서의 국제재판관할과 준거법—스위스와 미국의 경우를 중심으로—," 「법학논총」 제25집, 2005, 267면 이하 참조; 안제우, "국제전자상거래에서의 재판관할과 준거법—미국, 유럽연합, 한국간의 비교·검토를 중심으로—,"「무역학회지」 제28권 제4호, 2003, 549면 이하.

34) 용선계약상의 중재조항이 선하증권에 편입되어 선하증권의 소지인과 운송인 사이에서도 효력을 가지는지 여부는 선하증권의 준거법에 의하여 판단하여야 할 것인데, 구 섭외사법(2001.4.7. 법률 제6465호 국제사법으로 전문개정되기 전의 것) 제9조는 "법률행위의 성립 및 효력에 관하여는 당사자의 의사에 의하여 적용할 법을 정한다. 그러나 당사자의 의사가 분명하지 아니한 때에는 행위지법에 의한다."고 규정하고 있는바, 따라서 선하증권이 그 약관에서 명시적으로 적용할 나라의 법을 정하고 있는 경우에는 그 정한 법률에 의하여, 선하증권의 발행인이 선하증권에 적용될 법을 명시적 혹은 묵시적으로 지정하지 않은 경우에는 선하증권이 발행된 나라의 법에 의하여 이를 판단하여야 한다(대법원 2003.1.10. 선고 2000다70064 판결). 이에 관하여 자세한 것은 이병준, "해외 소셜 네트워크 서비스이용약관의 약관규제법에 의한 내용통제 가능성: Facebook 게시물이용약관의 유효성을 중심으로,"

준거법으로 약관상 정하였다면 해당 주법이 적용된다.

그런데 우리 국제사법상 소비자보호를 위한 특별규정이 있어서 당사자의 준거법 결정에도 불구하고 한국의 전자상거래소비자보호법 내지 약관규제법이 적용될 여지가 있다. 즉 우리 국제사법 제27조 제1항에서는 당사자가 준거법을 선택하더라도 일정한 소비자계약의 경우 소비자의 상거소가 있는 국가의 강행규정에 의하여 소비자에게 부여되는 보호를 박탈할 수 없다고 규정하고 있다.[35] 그 요건으로 제27조 제1항은 첫째, 소비자계약에 관하여 우선 소비자가 직업 또는 영업활동 외의 목적으로 체결하는 계약일 것을 요건으로 하고 있다. 둘째, 소비자의 상거소지법인 한국법이 적용되기 위해서는 계약을 체결하는 사정이 소비자의 상거소지 국가와 밀접한 관련성이 있을 것을 요구하고 있다. 이러한 밀접한 관련성에 관하여는 제27조 제1항의 제1호에서 제3호까지 3가지 경우를 열거하고 있으나, 분명한 것은 인터넷 거래의 경우 제1호가 적용될 수 있다는 점이다.[36] 이에 따르면 사업자가 소비자의 상거소지 국가로 광고에 의한 거래의 권유 등 직업 또는 영업활동을 행하고 소비자가 상거소지 국

「소비자문제연구」 제41호, 2012, 192-193면 참조.

35) 제26조가 인정하는 특징적 급부를 공급하는 주소지법에의 연결은 교섭력이 강한 자 내지 사회경제적 강자 위주로 준거법을 정하는 경향을 가질 소지가 있기 때문이다(장준혁 외 6인, 「전자상거래상의 국제사법적 법률문제 연구」, 정보통신정책연구원, 2002, 46면). 여기서 강행규정은 국내적 강행규정을 의미하는 점에서 제7조의 국제적 강행규정을 의미하는 것은 아니다(석광현, 「국제사법 해설」 초판, 박영사, 2013, 325면; 신창섭, 「국제사법」, 236면).

36) 국제사법 개정기초자료에 의하면 제1호는 외국기업이 국내 소비자를 상대로 통신판매를 하는 경우 등을 그 예로 들 수 있다고 한다(법무부, 「국제사법 해설」, 2001, 99면 주54). 인터넷상에서 계약이 체결되는 이상 외국에 가서 직접 주문을 하는 경우는 없을 것이므로 제3호는 충족될 수 없다. 또한 제2호의 경우 "그 국가에서 … 주문을 받는다"는 것을 어떻게 해석하는가 관건인데, 인터넷 등 범세계적인 통신망상으로 주문을 받는 경우에 공급자가 소비자의 주문을 어느 국가에서 받은 것인지를 반드시 용이하게 판단할 수 있는 것은 아니다.

가에서 계약체결에 필요한 행위를 하였을 것이 요구된다. 따라서 여기서 보호 대상이 되는 것은 '수동적 소비자(passive consumer)'이고, '능동적 소비자(active consumer)'는 여기에 포함되지 않는다. 다른 매체수단을 활용하지 않고 웹사이트 자체를 특정국가에 맞추어서 구성하는 경우에도 본 요건이 충족된 것으로 볼 수 있을 것이다. 그 대표적인 예가 Amazon으로서 외국 현지에 지사를 두지 않으면서도 특정국가에 맞추어 페이지를 구성하고 그 나라에 적합한 상품들을 제시하고 있다.

논란의 대상이 되고 있는 것은 상품판매 내지 서비스 제공을 목적으로 하는 웹사이트가 특정 국가를 대상으로 하지 않은 경우에도 본 규정에서 말하는 소비자국에서의 계약체결 이전의 광고행위로 볼 수 있느냐의 여부이다. 다수의 입장은 본 조 제1호를 적용함에 있어서 특정 국가의 소비자를 대상으로 하는지 여부는 중요하지 않다고 한다. 현대 정보통신수단을 활용하여 글로벌하게 사업활동을 하는 자는 세계의 모든 소비자를 대상으로 직접적으로 사업을 할 수 있다는 장점을 누리고 있는 만큼 그에 따른 불이익도 감수해야 한다고 보는 입장이다.[37] 이러한 입장에 따르게 되면 한국 소비자가 인터넷상으로 물건을 주문하거나 서비스를 이용하면 사업자는 항상 한국 소비자법의 적용을 받게 된다는 것을 의미한다. 이 때 사업자의 주소지가 어디인지 그리고 웹사이트를 어떻게 구성하는지는 상관이 없다.

이에 대한 반대 견해는 인터넷상의 웹사이트가 의도적으로 소

---

37) 독일의 지배적 견해도 이와 동일하다. Mankowski, Das Internet im internationalen Vertrags- und Deliktsrecht, RabelsZ 1999, 203, 234 ff.; ders., E-Commerce und Internationales Verbraucherschutzrecht, MMR 2000 Beilage 7, 22 ff.; Junker, Internationales Vertragsrecht im Internet, RIW 1999, 809, 815; Kronke, Electronics Commerce und Europäisches Verbrauchervertrags-IPR, RIW 1996, 985, 988; MüKoBGB/Martiny, EGBGB Art. 46b Rn. 62.

비자의 상거소지국가를 대상으로 하고 있는 경우에만 본조 제1호의
광고행위를 인정할 수 있다고 한다.[38] 이 견해에 의하면 웹사이트의
운영자는 제한적 조치를 통하여 특정한 나라를 대상으로 하지 않거
나, 특정한 나라만을 대상으로 한다는 점을 명확히 함으로써 본조
제1호의 적용을 피할 수 있다고 한다. 이 견해에 있어서는 사업자가
설계한 웹사이트의 종류에 따라 어떠한 나라의 소비자를 대상으로
사업할 것을 기대할 수 있는지가 중요한 의미를 갖는다. 따라서 이
견해는 웹사이트 내지 광고를 통하여 특정한 지역의 소비자만을 대
상으로 한다는 점을 명확히 한다면 한국 소비자법의 적용을 배제할
수 있는 가능성을 열어 주고 있다.[39] 단순히 해외 소비자 내지 한국

---

38) 이와 동일한 독일 학설로는 Borges, Verträge im elektronischen
　　Geschäftsverkehr, 2003, § 23, S. 709 ff.; Dilger, Verbraucherschutz bei
　　Vertragabschlüssen im Internet, 2002, S. 208 ff.; Klauer, Das europäische
　　Kollisionsrecht der Verbraucherverträge, 2002, S. 64 ff. 기본적으로 웹사이
　　트 자체를 광고로 볼 수 있지만, 그 안에 포함되어 있는 청약이 내용적으로
　　특정 국가를 대상으로 해야 한다고 한다. 이 경우 판단기준으로서 언어, 화
　　폐, 제공된 상품의 지역적 이용가능성, 인터넷 주소의 지역적 관련성 등이 고
　　려되어야 한다고 한다.
39) 그 밖에 독일에서는 사업자가 인터넷 사이트 밖에서 별도의 광고를 한 경우
　　에 한해 소비자 보호가 가능하다는 견해가 있다. 이 견해에 의하면 사업자가
　　사이트를 개설만 한 상황에서는 이용자가 스스로 인터넷 주소를 입력하여 해
　　당 사이트를 직접 찾아가야 하기 때문에(능동적 소비자) 인터넷 공간에 사이
　　트를 개설하는 것만으로는 청약도 광고도 인정될 수 없다고 한다. 따라서 사
　　업자가 이 메일 광고, 베너 또는 팝업 링크와 같은 별도의 광고행위를 통해 소
　　비자를 유인한 경우에 한해 소비자 보호 필요성이 인정된다고 한다(수동적 소
　　비자). 소비자가 우연히 또는 처음부터 의도적으로 외국 사업자의 사이트에
　　방문한 경우에는 이러한 보호 필요성이 존재하지 않게 된다(Maack, Die
　　Durchsetzung des AGB-rechtlichen Transparenzgebots in internationalen
　　Verbraucherverträgen, 2001, S. 155 ff.; Reich, in: Reich/Nordhausen,
　　Verbraucher und Recht im elektronischen Rechtsverkehr (eG), 2000, S. 88
　　ff.). 이 견해에 대해서는 인터넷 커뮤니케이션의 특징을 고려해 보았을 때 수
　　동적 소비자와 적극적 소비자의 전통적 구분이 의미 있는 결과를 가져오지 못
　　한다는 비판이 있다(Calliess, Grenzüberschreitende Verbraucherverträge,
　　2006, S. 102).

소비자와 거래하지 않는다는 점을 밝히는 것은 부족하고 더 나아가 기술적 조치 등을 적극적으로 취한 경우에만 국제사법 제27조상의 적용이 부정된다는 입장도 존재한다. 즉 팔지 않겠다는 부인문구로는 충분하지 않고 특정국가로부터 웹사이트에 접속하는 것을 차단하기 위한 기술적 조치를 취하거나, 계약체결 전에 소비자의 상거소를 확인할 수 있는 거래구조를 확인하기 위한 조치 등을 한 경우에 국가의 권한을 부인할 수 있다는 견해도 이와 유사한 입장이라고 해석된다.[40]

(3) 소 결

지금까지 논의를 종합하여 보면 학설의 대립과 상관없이 일치된 점은 다음과 같다. 인터넷 거래에서 해외 사업자가 우리나라 소비자를 대상으로 물건을 파는 쇼핑몰을 구성하였고 더 나아가 배송지가 한국이라는 사실을 알면서 계약을 체결하였다면 한국 소비자법의 유리한 내용이 적용될 수 있다.[41] 따라서 우리 소비자는 한국 소비자법에 의한 보호를 해외사업자에게 주장할 수 있다. 물론 미국 같은 나라에는 우리 국제사법과 같은 조항이 없어 미국에 있는 사업자가 이러한 주장을 무시할 수 있고, 우리 소비자가 우리 법원에서 한국 소비자법에 기한 판결을 받더라도 미국법에서 집행이 안될 수는 있다. 하지만 현행 한국법상으로는 한국 소비자는 직접 해외 사이트에서 구매를 하더라도 해당 사이트가 한국의 소비자를 대상으로 물건을 팔고 있다면 한국 소비자법에 의한 보호를 주장할 수 있다. 하지만 해외 거래를 하지 않거나 우리나라를 대상으로 사업을

---

40) 석광현, 「국제사법 해설」, 박영사, 2013, 330면.
41) 석광현, 「국제사법해설」, 박영사, 2013, 329면; 장준혁 외 6인, 「전자상거래상의 국제사법적 법률문제 연구」, 정보통신정책연구원, 2002, 64면; 이정기 · 박종삼, "전자상거래에서 준거법 적용상 논점," 「대한경영학회지」 제18권 제2호, 2005, 726-727면; 이종인, "국제 전자상거래 분쟁해소를 위한 법 · 정책적 대응방안 연구," 「제도와 경제」 제1권 제1호, 2007, 116-117면.

하지 않으려고 하는 사업자의 경우에는 견해에 따라서는 우리 소비자법을 주장하지 못한다. 필자는 이 견해가 오히려 타당하다고 생각되어 항을 바꾸어서 배송대행 서비스와 연관하여 이 견해의 타당성에 관하여 살펴보려고 한다.

2. 배송대행 서비스를 이용하는 경우 한국 소비자법의 적용여부

(1) 이행지가 한국인 경우

배송대행 및 구매대행 업체가 대리인으로 계약을 체결하는 구매대행의 경우 기본적으로 소비자계약에 해당하고 배송지가 한국에 있는 주소로 기재되는 경우 기본적으로 앞에서 설명한 해외거래에 관한 내용이 그대로 적용되어 국제사법 제27조의 적용을 통하여 한국의 소비자는 한국 소비자법에 의한 보호를 주장할 수 있다.

(2) 이행지가 해외 현지임을 이유로 한 한국소비자법의 적용 가능성

그러나 배송대행 서비스를 이용하는 경우 소비자는 배송지를 해외 현지 주소를 기재하는 것이 보통이다. 이렇게 하는 이유는 통상 판매 사업자가 해외에 배송을 하지 않거나, 특히 한국에 배송하는 것을 꺼려하는 경우가 많기 때문이다. 결국 배송대행을 이용하는 것은 배송비용이 저렴한 점도 있지만, 한국으로 배송을 하지 않거나 꺼려하는 업체가 존재하기 때문에 어쩔 수 없이 이용하는 경우도 존재한다. 그런데 이처럼 배송지를 해외 현지로 기재하게 되면 국제사법 제27조에서 요구하고 있는 '상거소'의 변경이 일어나지 않은지가 문제된다.

국제사법 제27조는 기본적으로 소비자의 실질적인 상거소를 기준으로 하여 소비자의 상거소지법을 기준으로 결정한다. 따라서 형식적으로 배송지를 배송대행 업체에서 정한 현지 주소지로 기재하더라도 소비자의 상거소가 한국인 이상 한국법이 국제사법 제27조에 의하여 적용될 수 있다. 따라서 배송지를 해외 현지로 기재하여 매매계약을 체결한 상태에서 배송대행 서비스를 이용하는 경우에도 원칙적으로 국제사법 제27조에 의한 보호를 주장할 수 있다.

(3) 배송지를 의도적으로 잘못 기재한 경우 한국 소비자법 적용배제

사업자가 배송지의 기재를 하도록 한 이유가 사업자가 사업활동영역을 제한하기 위한 목적이 있고 상거소가 한국인 소비자에게는 판매할 생각이 없었는데, 이를 의도적으로 회피하기 위하여 미국의 배송지를 기재한 경우에는 어떻게 될 것인지가 문제된다. 이러한 경우에 소비자는 한국 소비자에게 판매할 의사가 없는 미국 판매자의 제한조치를 의도적으로 우회하기 위한 목적으로 배송지를 미국으로 기재한 것이 된다. 이러한 우회목적으로 잘못 기재된 배송지로 인하여 실질적으로 한국에 거주하는 소비자이어서 상거소가 한국이지만 결국은 미국 사업자로부터 구매하는 한국 소비자는 미국에 상거소가 있는 것으로 간주되어 사업자의 입장에서는 미국 내 국내거래로 인식된 상태에서 계약을 체결하게 된다.

이 경우 한국 소비자의 상거소가 한국에 있다는 이유로 한국법의 적용을 주장하는 것은 타당해 보이지 않는다. 왜냐하면 거래당시에 한국 소비자는 배송지를 해외로 기입하였고, 해당 사업자는 한국에 판매할 생각이 없으며, 다만 국내 거래 내지 기입된 배송지의 나라에만 배송을 할 생각을 갖고 있었던 것으로 보이기 때문이다. 인터넷을 통하여 물건을 판매하는 사업자는 전 세계 소비자를 대상으로 물건을 판매할 가능성이 있으나, 각 나라의 다양한 소비자법을 준수하기가 곤란하다는 이유 등으로 배송지를 제한함으로써 해당 나라법의 적용을 배제할 수 있다. 이러한 사업자의 정당한 이익을 고려한다면 한국의 주소지가 아닌 해외주소를 배송지로 기입하여 사업자의 제한노력을 회피한 한국소비자에게 국제사법 제27조에 관한 보호를 주어서는 안 된다.

결국 한국의 소비자는 한국의 소비자와는 거래할 의사가 없는 외국의 사업자로부터 물건을 구매하는 결과가 된다. 이는 한국법의 준수를 원하지 않거나 이를 의도하지 않은 사업자와 계약을 체결한다는 의미가 되므로, 피해가 발생하더라도 소비자 스스로가 한국법에 따른 구제를 기대해서는 안 된다. 더 나아가 국제거래를 예정하고 인터넷에서 거래를 하는 사업자는 기본적으로 강한 소비자의 피해구제를 경쟁요소로 하여 사업을 하는 경우가 많고, 또한 다양한 나라의 소비자법률을 고려한 상태에서 판매를 하는 경우가 많다. 이에 반하여 국내거래만을 생각하고 사업을 하는 판매자는 소비자피해구제를 최소한도 내에서만 하고 해당 나라의 국내 소비자법률만 고려한 상태에서 판매한다. 이것은 결국 국제거래를 하는 사업자의 경우에 외국에 대한 법률적 고려 및 소비자피해보상 등을 위하여 상품의 기본 판매가격 자체가 높아질 수밖에 없다는 이야기이다. 대행 배송서비스를 이용하는 소비자는 같은 상품을 저렴하게 구매하지만, 유사 시에 더 이로울 수 있는 피해구제를 포기한 상태에서 거래하게 된다. 결과적으로 이와 같은 사항이 배송대행서비스에서 상품이 저렴한 이유 중의 하나가 될 수 있다.

3. 소 결

전자상거래를 통하여 해외구매를 하는 소비자는 통상 국제사법 제27조의 요건을 충족하여 한국 소비자법에 의한 보호를 주장할 수 있다. 특히 한국어로 된 사이트에서 구매하거나, 영어로 된 사이트라도 한국으로 배송을 하는 경우 해당 판매자는 한국 소비자와 계약 체결을 한다는 사실을 인식하고 있으므로 한국법의 적용을 주장하더라도 무방할 것이다. 그에 반하여 배송대행 서비스를 이용하여 해외구매를 하는 소비자가 해외 현지로 배송지를 기재하여 한국으로 팔지 않겠다는 사업자의 제한 조치를 우회한 경우에는 국제사법 제

27조의 요건을 통한 한국 소비자법에 의한 보호를 주장하지 못한다. 한국 소비자법에 의한 보호를 받는 소비자와 거래한다는 사실을 인식하지 못하는 사업자에게 한국법의 준수를 주장하는 것은 가혹할 것이며, 배송지를 의도적으로 다르게 기재한 상거소를 속인 소비자를 보호할 필요는 없을 것이다.

Ⅳ. 배송지를 해외 현지로 함으로써 일어나는 계약상의 변화

1. 판매사업자와 체결한 매매계약상의 불이익

(1) 철회기간의 단축 내지 배제

배송지가 소비자의 한국 주소가 아닌 사업자가 정한 현지 주소가 된다는 점은 이행지가 변경됨을 의미한다. 이러한 이행지의 변경은 또한 계약법적인 변화를 가져오게 되며, 이러한 변화는 소비자에게 불리한 효과를 갖는다. 예컨대 청약철회권을 인정하는 사업자의 국가에서 구매하는 한국의 소비자는 당해 국가에서 보장되는 철회권 행사기간이 단축되는 효과를 감수해야 한다. 보통 철회권의 행사기간이 진행되는 기산점은 상품의 인도 시를 기준으로 하는 경우가 많기 때문이다.

가령 유럽연합의 경우 소비자에게 철회권을 인정하는 국가인데, 유럽연합 소비자권리지침[42] 제9조 제1항은 청약철회권의 행사기간을 14일로 두고 있으며, 매매계약의 경우 소비자 또는 운송인이

---

42) DIRECTIVE 2011/83/EU OF THE EUROPEAN PARLIAMENT AND OF THE COUNCIL of 25 October 2011 on consumer rights, amending Council Directive 93/13/EEC and Directive 1999/44/EC of the European Parliament and of the Council and repealing Council Directive85/577/EEC and Directive 97/7/EC of the European Parliament and of the Council.

아닌 소비자가 지정한 제3자가 현실적 점유를 취득한 날이 기산점이다.[43] 따라서 해외구매를 직접하고 배송받은 한 소비자는 한국 주소지에 이행된 때부터 숙고기간이 진행됨에 반하여, 해외 현지 주소를 기재한 배송대행 서비스를 이용하는 소비자는 현지 배송지로 이행된 때부터 숙고기간이 진행된다. 그런데 상품이 현지 배송지에 있는 집결지로 인도되고 한국에 통관절차를 거쳐 배송될 때까지, 청약철회권의 행사기간은 상당히 단축되거나 도과하게 된다.[44] 따라서 소비자는 철회권 행사기간이 상당히 단축되거나 도과되어 철회권을 행사할 수 없는 불이익을 입거나 그러한 위험상태에 놓인다.

(2) 물건의 위험 부담의 확대

또한 배송될 때까지 물건의 멸실·훼손에 대한 위험을 사업자가 부담하는 것이 원칙이다. 따라서 해외구매를 직접 하는 소비자는 한국주소지로 배송될 때까지 물건의 멸실·훼손에 대한 위험을 부담하지 않아도 된다. 그에 반하여 현지 주소를 배송지로 하는 배송대행 서비스를 이용하는 소비자의 경우 상품을 판매하는 사업자는 현지 배송지에 배송될 때까지만, 물건의 멸실·훼손에 대한 위험을 부담하므로 현지 배송지에서 한국 주소지로 상품이 옮겨오는 과정에서의 위험을 소비자가 부담하게 된다는 것을 의미한다. 따라서 이러한 위험을 대행사업자가 부담하지 않는 이상 소비자는 큰 위험에

---

43) 다만 사업자가 동 지침 제6조 제1항 제h호에서 규정하고 있는 청약철회권에 관한 정보를 제공하지 않았을 경우 이의 행사기간은 12개월 이내로 연장된다. 또 사업자가 12개월 이내에 이의 정보를 제공하였을 경우 이의 행사기간은 소비자가 정보를 제공받은 날로부터 14일 이내이다(동 지침 제10조)(이에 관하여 자세한 것은 고형석, "유럽연합 소비자권리지침상 청약철회권에 관한 연구,"「법학논총」 제29집 제4호, 2012, 275-276면 참조).

44) 배송대행업체들은 보통 미국을 기준으로 미국 내 운송기간 7~15일이 소요되고, 미국에서 한국으로 통관되는 데 3~4일 정도 소요되어 평균 10~20일이 소요되며, 미국 또는 국내상황에 따라 기간이 변동될 수 있음을 고지하고 있다. 비아이엘코리아(http://www.bilkorea.co.kr) 참조.

놓이게 되고, 결과적으로 이러한 위험이 발생했을 때 불이익을 입게 된다.

(3) 소 결

결국 소비자가 해외구매를 직접하는 경우와는 달리 대행서비스를 이용하는 소비자는 경우에 따라서는 법률상 상당한 불리한 지위에 있게 된다. 배송지를 해외 현지로 정함으로써 철회권 행사기간이 단축되고 물건의 배송관련 위험을 전적으로 부담하게 된다. 따라서 이러한 불이익을 배송대행 서비스 사업자와의 관계에서 방지하거나 보장하는 안전장치가 마련되어 있지 않으면, 소비자는 배송대행 서비스를 이용함으로써 가격은 저렴하지만 법적인 보장은 받지 못하는 상황에 놓이게 된다.

2. 대행 서비스상 매매계약 불이익의 보완 여부

그렇다면 이러한 보호를 직접 구매대행 내지 배송대행 업체 차원에서 보장해 주어야 하지 않을까 생각해 볼 수 있다. 첫째는 매매계약상 법률관계의 변경에 대한 고지가 존재하는지 살펴볼 필요가 있다. 그 다음으로 매매계약상 위의 불이익을 보완하는 장치를 배송대행 사업자가 마련하고 있는지를 살펴볼 필요가 있다.

(1) 법적 변경에 대한 고지 내지 정보제공 여부

보통 해외직접 구매대행 서비스를 제공하는 사업자가 설명하고 있거나 약관을 통하여 고지하는 정보의 내용은 주로 계약체결을 위한 절차와 서비스의 내용이다. 예컨대 (1) 재화 또는 용역에 대한 정보제공 및 수입대행계약의 체결, (2) 이용자가 해외에서 구매 또는 수입대행을 의뢰한 물건에 대한 운송계약의 체결, (3) 이용자가 구매 또는 수입대행을 의뢰한 재화의 배송, (4) 통관대행 서비스 등에 관한 정보가 제공된다.[45] 이 과정에서 결제대행 및 배송대행 등의 서비스 제공은 모두 위임계약의 형태로 제공된다. 그러나 이와 같은 계약체결 내지 이행과정에서 구매대행계약을 체결하고 현지 주소를 배송지로 함으로써 소비자에게 보장되어 있던 다양한 권리가 박탈되거나 또는 제한된다는 점에 대한 정보의 제공은 없다.

민법상 위임계약을 통해 당사자들 사이에 일종의 신임관계가 형성되며, 수임인은 위임인에 대하여 충실의무 및 선관주의의무를 부담한다(민법 제681조). 따라서 수임인은 위임받은 사무의 처리를 함에 있어 위임인에게 발생할 수 있는 법률상의 불이익을 방지해야 할 계약상 의무가 있으며, 나아가 이러한 의무는 신의칙에서도 도출된다 할 것이다.[46] 대행사업자의 입장에서 소비자로부터 결제 내지 배송을 위탁받은 경우에 소비자에게 손해가 발생하지 않고 법적 불이익을 당하지 않도록 사무를 처리할 의무를 부담한다.

그런데 실제로 대행서비스 사업자는 이러한 법적 불이익에 대한 고지를 하고 있지 않다. 대부분의 구매대행서비스 사이트의 내용 및 약관을 분석해보면, 법적용의 불이익 내지 대행서비스를 이용함으로써 발생할 수 있는 철회권 기간의 단축 등을 고지하지 않고 있다.

(2) 매매계약상 불이익에 대한 안전장치의 마련 여부
1) 철회권 내지 반송관련 안전장치 마련 여부

대행서비스 사업자는 기본적으로 매매계약상의 철회권에 대하여 언급하지 않고 "상품의 반송"이라는 명목으로 대행서비스 제공계약의 철회에 대하여만 규정하고 있다. 기본적으로 상품의 반송은 (i) 상품이 현지 배송대행지에 있고 아직 국내로 발송되지 않은 상태인 경우, (ii) 상품이 현재 국내로 배송 중인 경우, (iii) 상품이 국내에 배송되어 소비자가 이를 받은 경우에 문제될 수 있다. 실제로 배송대

---

45) 몰테일 이용약관 제4조(서비스의 제공 및 변경) 참조.
46) 대법원 2008.9.25. 선고 2008다42836 판결 참조.

행사업자는 도착한 상품의 배송 및 통관견적을 소비자에게 통보하고, 소비자가 이를 승인하고 결제하면 국내로의 배송절차가 진행된다. 서비스제공계약의 경우 서비스의 이행이 시작된 이후에는 철회권이 배제됨이 타당한 점을 생각해 보면, 배송이 이루어진 이후에는 단순변심에 의한 반품, 즉 철회권은 인정되지 않은 것이 타당한 것이다. 대행 사업자들도 한국으로 배송이 이루어지기 전까지만 일정한 비용을 공제한 후 철회를 인정하고 있다.[47] 즉 위의 (i)단계에서는 소비자가 배송대행사업자에게 보관비용, 반송비용 및 반송수수료를 지불하고 상품구매계약을 철회할 수 있다. 그러나 국내로 이미 발송된 이후인 (ii)단계에서는 소비자가 상품구매계약을 철회하고자 반송을 하고 싶어도 신청을 받지 않는다. 경우에 따라 (iii)단계에서 상품구매계약을 철회하기 위하여 이미 한국에 배송된 상품을 반송하는 것을 반송대행이라 하여 별도의 서비스로 제공하는 사업자도

---

47) 몰테일 이용약관 제12조(반품 등)

1. Malltail 주소에 회원이 주문한 물품이 도착하여 한국으로 발송되기 전에 회원의 당해 물품에 대한 배송대행계약의 중도해지요청(반품 등)이 Malltail에 접수된 경우 당해 물품은 회원의 요청에 따라 Malltail에서 반송처리하며, 반송처리에 소요되는 비용 및 절차는 아래와 같습니다.

a. 반송처리에 대한 Malltail 수수료는 $7.00로 물품반송에 소요되는 반송비가 책정되면, 회원은 이를 통보받은 날로부터 10일 이내에 Malltail 반품수수료 및 물품 반송비 전액을 결제하여야 합니다.

b. 회원은 반송비 통보일로부터 10일(Malltail의 물품 반송에 필요한 제반 비용의 지출 기준일) 이내에 반품 신청을 철회할 수 있으며, 10일 이후에는 책정된 반송비 전액을 지불하여야 반품신청을 철회할 수 있습니다.

오마이집 이용약관 제15조(반품 및 교환)

2. 회원이 타 사이트에서 주문한 물품이 "OHMYZIP" 물류센터 도착 후 마이페이지—도착완료전까지 회원의 요청에 따라 반송이 가능합니다.

다만, 회원은 오마이집 물류센터에 물품 도착을 연락받은 후 14일 이내에 반송을 요청해야 하며, 반송수수료 $5 결제 후 반송이 진행됩니다. 상품 도착 후 30일이 지난 경우 보관료가 책정되어 보관료와 반송수수료를 모두 결제해야 반송이 처리되며, 결제가 진행되지 않을 경우 반송은 처리되지 않으며, 60일을 경과할 경우 물품 처리 방법은 제13조 4항을 따릅니다.

있다.48) 그러나 이 경우에 한국에 도착한 상품이 다시 판매국으로 돌아가는 데 걸리는 시간까지 감안하면 계약철회기간이 도과했을 가능성이 높다. 판매자가 반품을 인정하지 않았을 경우에 이를 그대로 소비자에게 다시 돌려보내고, 그 과정에서 발생하는 모든 비용을 소비자가 지불해야 하는 경우도 있다.49) 한편 (iii)단계에서도 제반 비용을 모두 지불하는 것을 조건으로 청약철회를 인정하는 경우도 있다.50)

---

48) 몰테일 이용약관 제12조(반품 등)
  2. 회원은 Malltail 주소에 물품이 도착하기 전 또는 물품을 보관하고 있는 경우에만 물품의 반송을 신청할 수 있으며, 물품이 한국으로 발송된 경우에는 반송신청을 할 수 없습니다. 다만, 물품의 한국 내 배송완료 후 반품을 요청할 경우에는 비용일체를 회원이 부담하는 것을 전제조건으로 하여 반송을 대행해 줄 수 있습니다.
49) 세븐존 이용약관 제15조(반품, 환급 등)
  2. 운송대행 서비스
  가. 쇼핑몰 미국주소에 회원이 주문한 물품이 도착하여 한국으로 발송되기 전에 회원의 당해 물품에 대한 운송대행계약의 중도해지요청(반품 등)이 쇼핑몰에 도달한 경우 당해 물품은 회원의 요청에 따라 반송하며 이를 위해 소요되는 일체의 비용은 회원이 부담합니다.
  나. 쇼핑몰 미국주소에 회원이 주문한 물품이 도착되어 회원이 결제한 후 한국으로 발송된 시점 이후에 전항의 중도해지요청이 접수될 경우 운송대행계약의 효력은 계속 존재하여 쇼핑몰이 당해 물품을 국내의 수취처까지 배송완료함으로써 원 운송대행계약에 대한 이행을 완료하게 되며, 중도해지요청에 대해서는 비용일체를 회원이 부담하는 것을 전제조건으로 하여 반송을 대행해 줄 수 있습니다.
  다. 본조 제1항 또는 제2항의 경우 회원이 지정한 수취처 이외의 제3의 지역으로 송부할 것을 요청하거나 해당 판매자에게 반송하였을 때 수취자가 물품을 수취거부 하거나 반품을 불인정하는 경우는 당해 물품을 회원에게 송부하고 그에 따른 일체의 비용은 회원이 부담합니다.
50) 이하넥스 이용약관 제32조 (청약철회 등)
  ① 이하넥스와 구매대행에 관한 계약을 체결한 고객(회원)은 구매대행을 요청한 쇼핑몰(판매처)에 주문이 접수되기 전에는 청약의 철회를 할 수 있습니다. 고객은 마이페이지 또는 수신확인통지 메일의 내용상 구매대행 요청 쇼핑몰(판매처)의 주문 접수여부를 확인할 수 있습니다.
  ② 고객(회원)은 구매대행 절차를 거쳐 배송받은 물품 또는 해외운송료 결제

2) 운송 중 멸실·훼손에 대한 안전장치 마련 여부

한편 운송 중에 발생하는 멸실 내지 훼손에 관하여 사업자는 관련 약관규정을 마련하지 않은 경우도 있고,[51] 자체적으로 보험계약을 통해 이를 보상하는 경우가 있다.[52] 이는 배송대행 서비스 이용계약과는 별도로 체결되는 보험계약으로서, 운송 시 발생하는 하자에 대하여 사업자가 그 보험의 한도 내에서 배상하는 것이다. 일반적으로 보험제도를 운용하는 사업자는 일정 금액(미화 100달러에서 300달러 사이)을 기준으로 하는데, 배송대행사업자에게 소비자가 고지한 물건의 가액이 일정 금액 이하인 경우에 무조건 보상을 하는 업체도 있다.[53] 반면 일정 금액을 초과하면 보험에 가입한 소비자에게는 전액을, 가입하지 않은 소비자에게는 그 일정 금액의 한도 내에서 보상하거나 보상을 일절 하지 않는다.

3. 보험계약체결 서비스의 제공여부

결국 계약상 안전장치가 마련되어 있지 않다면 보험계약의 체결을 통하여 이러한 위험으로부터 보호를 받아야 한다. 위에서 서술한 바와 같이, 몇몇 사업자는 보험을 통해 상품을 보상하고 있다.[54]

후 해외배송중인 물품에 대해 청약철회를 하고자 하는 경우 물품의 반품을 위한 국내 배송료, 해외배송료, 물품을 구매대행한 전자상거래 사이트(판매처)가 속한 국가의 배송료를 이하넥스에 지불해야 합니다.
51) 예: 포스트베이, 오마이집, 아이포터, 이하넥스.
52) 예: 뉴욕걸즈, 세븐존, 몰테일, 위메프박스.
53) 예: 위메프박스, 몰테일.
54) **위메프박스 이용약관** 제9조 (배송대행 국제운송 및 통관)
① "회사"는 국제복합운송계약을 체결한 운송 및 통관업무 제휴사를 통하여 "위메프박스" 해외물류센터에서부터 대한민국까지의 항공운송, 수입통관, 이용자가 지정한 수취처까지의 국내배송의 용역을 제공합니다. 이와 관련하여 "위메프박스" 해외물류센터에서 이용자가 지정한 수취처까지의 운송구간에서 상품의 파손 등 하자가 발생한 경우 "회원"이 가입한 "위메프박스" 서비스 보험의 한도 내에서 보상이 가능합니다.

약관에 규정된 보험의 내용을 살펴보면 주로 배송대행과 관련된 위험, 즉 운송 중의 물건의 멸실 내지 훼손에 관한 위험에 관한 보험임을 알 수 있다. 따라서 소비자는 이러한 보험에 가입하고 추가로 비용을 지불함으로써 운송 중에 발생할 수 있는 위험에서 보호받을 수 있다. 하지만 위에서 언급한 바와 같이 철회권이 완전히 보장되지 못하는 불이익에 대한 보험은 별도로 존재하지 않기 때문에, 이러한 불이익은 소비자가 감수할 수밖에 없을 것이다.

뉴욕걸즈 이용약관 제11조(국제운송 및 통관)
1. 회사는 국제복합운송계약을 체결한 운송 및 통관업무제휴사를 통하여 NEWYORKGIRLZ 해외물류센터에서부터 대한민국까지의 항공운송, 수입통관, 이용자가 지정한 수취처까지의 국내배송의 용역을 제공합니다. 이와 관련하여 NEWYORKGIRLZ 해외물류센터에서 이용자가 지정한 수취처까지의 운송구간에서 물품의 파손 등 하자가 발생하였을 때, NEWYORKGIRLZ 보험에 가입한 이용자에 한하여 보상이 가능합니다.

세븐존 이용약관 제14조(운송 및 통관)
1. 운송
가. 쇼핑몰은 서비스 제공자로서 국내 택배회사를 지정하여, 미국에서 한국까지의 항공운송, 수입통관, 회원이 지정한 수취처까지의 국내배송 서비스를 맡깁니다.
나. 상품이 쇼핑몰을 출발한 후부터 회원이 지정한 수취처까지의 운송구간에서 물품의 파손 등 하자가 발생하였을 때, 회원이 별도의 보험에 가입하지 않았을 경우에는 상품가액과 1kg당 20달러의 금액 중 낮은 금액으로 보상이 가능합니다.

몰테일 이용약관 제11조(국제운송 및 통관)
1. 회사는 국제복합운송계약을 체결한 운송 및 통관업무제휴사를 통하여 Malltail 해외물류센터에서부터 대한민국까지의 항공운송, 수입통관, 이용자가 지정한 수취처까지의 국내배송의 용역을 제공합니다. 이와 관련하여 Malltail 해외물류센터에서 이용자가 지정한 수취처까지의 운송구간에서 물품의 파손 등 하자가 발생하였을 때, Malltail 보험에 가입한 이용자에 한하여 보상이 가능합니다.

V. 결론 및 요약

(1) 한국의 소비자가 한국을 시장으로 생각하는 해외 사이트에서 직접구매를 한 경우 국제사법 제27조의 적용을 받아 한국 소비자법에 의한 보호를 주장할 수 있다. 그에 반하여 배송대행 내지 구매대행 서비스를 이용하는 한국 소비자는 여러 관점에서 한국 소비자법에 의한 보호를 받지 못할 가능성이 존재한다.

첫째, 구매대행 서비스를 이용하는 경우 구매대행 서비스 사업자가 위탁매수인으로서 서비스를 제공하여 직접 판매사업자와 매매계약을 체결하는 경우에는 사업자 대 사업자 사이의 계약이 체결되므로 소비자계약이 아닌 것이 된다. 그 밖의 경우에는 소비자계약에 해당하므로 한국 소비자법의 적용가능성은 존재한다.

둘째, 배송대행 서비스를 이용하여 배송을 받는 경우 해외 현지 주소지를 배송지로 정하는 것이 통상적인데, 이 경우에도 한국 소비자법에 의한 보호를 받지 못할 가능성이 크다. 사업자가 한국으로 팔지 않겠다는 제한조치를 한 경우, 이를 우회하기 위한 방편으로 소비자가 배송대행서비스를 이용하여 해외 현지로 배송지를 기재하였다면 국제사법 제27조의 적용을 통한 한국 소비자법에 의한 보호를 주장하지 못한다.

셋째, 해외 현지 주소지를 배송지로 정하게 되면 청약 철회권의 행사기간이 사실상 도과되어 행사될 수 없다는 불이익을 입으며, 해외 현지에서 소비자의 주소지로 오는 과정의 물건에 대한 위험을 소비자가 부담해야 한다는 불이익이 발생할 수 있다.

(2) 그러나 해외구매를 이용함에 따른 소비자법적 불이익 내지 계약법적 불이익을 대행서비스 계약에서 보완하는 안전장치가 제공되고 있지 않거나 부분적으로만 제공되고 있다. 첫째, 대행서비스 제공자는 대행서비스 이용에 따른 이익만 선전하고 있을 뿐, 이로

인하여 발생할 수 있는 법적 불이익에 대한 고지를 전혀 하고 있지 않다. 둘째, 물건의 운송에 대한 위험의 경우 보험서비스의 가입을 유도함으로써 보완할 수 있는 가능성을 부분적으로 마련하고 있으나, 앞에서 살펴본 소비자법적 불이익을 보완할 수 있는 안전장치를 마련하고 있지 않은 것이 현실이다.

(3) 결국 해외구매의 경우 배송대행 내지 구매대행 서비스를 이용하는 소비자는 저렴한 가격으로 구매할 수 있다는 달콤한 현실 속에 법적 안전장치가 마련되어 있지 않다는 불이익을 받을 수 있다. 즉 대행서비스를 이용함으로써 한국의 입법자가 마련한 국제사법 제27조를 통한 전자상거래상의 보호장치를 주장할 수 없을 가능성이 매우 크다고 할 수 있다. 결국 물건을 배송 받은 후 반품여부를 고려할 수 있는 철회권을 보장받지 못하는 불이익을 입고 있다. 따라서 한국의 입법자는 이러한 대행서비스의 경우에 어떠한 방법으로 소비자에게 보호를 줄 수 있는지를 고민할 필요가 있어 보인다. 예컨대 대행서비스 사업자에게 법적 불이익에 대한 고지의무를 부과하는 규정을 신설하거나, 소비자보호를 위한 가이드라인을 마련하는 규정을 명시하는 등 소비자보호를 위한 입법적 조치가 필요한 것으로 보인다.[55]

색인어

소비자법, 국제사법, 구매대행, 소비자계약, 철회권

---

55) 또한 구매대행 서비스는 새롭게 등장한 인터넷상의 사업영역이다 보니, 아직도 해당 약관에 불공정한 규정들을 많이 찾아볼 수 있다. 이에 해당하는 표준약관 등을 마련하여 공정한 거래관행을 정착시킬 필요가 있다.

참 고 문 헌

1. 국내문헌

고형석, "유럽연합 소비자권리지침상 청약철회권에 관한 연구," 「법학논총」 제
　　29집 제4호, 2012.
_____, "전자상거래를 통한 콘텐츠거래에 있어서 이용자보호에 관한 연구," 「한
　　양법학」 제34집, 2011.
곽윤직 · 김재형, 「민법총칙」 제9판, 박영사, 2013.
권상로, "전자상거래에서의 소비자보호에 관한 법 · 제도적 연구," 「한국콘텐츠
　　학회논문집」 제9권 제12호, 2009.
류창호, "전자상거래소비자법에 관한 연구-전자상거래 · 소비자 · 사업자의 개
　　념과 범위를 중심으로," 「외법논집」 제12집, 2002.
법무부, 「국제사법 해설」, 2001.
서희석, "DCFR상 소비자 · 사업자의 정의," 「외법논집」 제36권 제2호, 2012.
석광현, 「국제사법 해설」, 박영사, 2013.
신창선, "전자상거래에 있어서의 국제재판관할과 준거법-스위스와 미국의 경
　　우를 중심으로-," 「법학논총」 제25집, 2005.
신창섭, 「국제사법」 제2판, 세창출판사, 2011.
안제우, "국제전자상거래에서의 재판관할과 준거법-미국, 유럽연합, 한국간의
　　비교 · 검토를 중심으로-," 「무역학회지」 제28권 제4호, 2003.
유순덕 · 최광돈, "전자상거래에서 소비자 보호방안에 관한 연구," 「디지털정책
　　연구」 제11권 제11호, 2013.
이기수 · 최병규, 「상법총칙 · 상행위법」 제7판, 박영사, 2010.
이병준, "해외 소셜 네트워크 서비스이용약관의 약관규제법에 의한 내용통제 가
　　능성: Facebook 게시물이용약관의 유효성을 중심으로," 「소비자문제연구」
　　제41호, 2012.
이정기 · 박종삼, "전자상거래에서 준거법 적용상 논점," 「대한경영학회지」 제
　　18권 제2호, 2005.
이종인, "국제 전자상거래 분쟁해소를 위한 법 · 정책적 대응방안 연구," 「제도
　　와 경제」 제1권 제1호, 2007.
이종인, 「국제 전자상거래 소비자 피해구제 방안 연구」, 한국소비자원, 2005.
장준혁 외 6인, 「전자상거래상의 국제사법적 법률문제 연구」, 정보통신정책연
　　구원, 2002.
정 완, "인터넷상거래에 있어서의 소비자보호," 「경희법학」 제42권 제2호,
　　2007.

정찬형, 「상법강의(상)」 제17판, 박영사, 2014.

최인혁, "한국의 전자상거래에서의 소비자 보호법에 관한 연구," 「전자무역연구」
제5권 제1호, 2007.

2. 외국문헌

Borges, Verträge im elektronischen Geschäftsverkehr, 2003.

Bork, Allgemeiner Teil des Bürgerlichen Gesetzbuches, 3. Aufl., 2011.

Bülov/Artz, Verbraucherprivatrecht, 3. Aufl., 2011.

Calliess, Grenzüberschreitende Verbraucherverträge, 2006.

Dilger, Verbraucherschutz bei Vertragabschlüssen im Internet, 2002.

Hoffmann, Verbraucherwiderruf bei Stellvertretung, JZ 2012.

Junker, Internationales Vertragsrecht im Internet, RIW 1999.

Klauer, Das europäische Kollisionsrecht der Verbraucherverträge, 2002.

Kronke, Electronics Commerce und Europäisches Verbrauchervertrags-IPR,
RIW 1996.

Maack, Die Durchsetzung des AGB-rechtlichen Transparenzgebots in
internationalen Verbraucherverträgen, 2001.

Mankowski, Das Internet im internationalen Vertrags- und Deliktsrecht,
RabelsZ 1999.

Mankowski, E-Commerce und Internationales Verbraucherschutzrecht, MMR
2000 Beilage 7.

Reich, in: Reich/Nordhausen, Verbraucher und Recht im elektronischen
Rechtsverkehr (eG), 2000.

Rott, Stellvertreungsrecht und Verbraucherschutz, 2006.

Schreindorfer, Verbraucherschutz und Stellvertretung, 2012.

Wolf/Neuer, Allgemeiner Teil des Bürgerlichen Rechts, 10. Aufl., 2012.

해외 직접구매 소비자분쟁해결방법으로서 ODR

김 도 년*

Ⅰ. 문제제기

최근 정보통신기술 및 물류산업의 발전으로 국경을 넘은 소비 시장이 급격히 형성되고 있다. 정부는 2014년 4월 '독과점적 소비재 수입 개선 방안'을 발표하면서 병행수입과 해외 직구 등 대안 수입을 활성화하여 독과점적 수입 구조를 완화시키겠다고 밝힌 바 있다. 이와 같은 수입구조의 다변화는 국외 물품 및 서비스(이하 물품이라 함)의 유통방식의 다변화를 초래하였는데, 그 이면에는 소비자들의 소비수준의 향상이 전제되어 있다.[1] 국내 소비자들은 국내 유통사업

---

* 한국소비자원 정책연구실 법제연구팀 선임연구원.

[1] 2013년 블랙 프라이데이에 국내 소비자들도 온라인을 통해 적극적으로 참여하였는데, 온라인 쇼핑이라는 구매채널과 배송대행업체 등 유통채널이 결

자를 통해 해외 사업자의 물품을 구입하기보다 해외 사업자의 물품을 직접 거래하는 것이 합리적이라는 관점을 가지고 소비활동을 하고 있다.[2] 이러한 구매모습은 소비자 주권행사 범위가 국내 사업자에서 국외 사업자로 확장되었다고 볼 수 있다.

국외 전자상거래업자 입장에서는 자연스럽게 소비시장이 형성된 것으로, 물류비용을 최대한 낮추어 국내 시장을 확보하고자 노력하고 있다. 더불어 국외 사업자가 속한 해당 국가에서도 통관 업무를 간소화하는 등 정책적 지원을 하고 있다. 그런데 국외 사업자 및 국외 사업자가 속한 국가는 물품의 교환과 환불·상품의 A/S·정품 여부 등 소비자 거래에 수반하는 분쟁 및 피해구제 등에 대해서는 아직 구체적으로 검토되지 못하고 있다. 국경간 소비자 보호 문제는 사업자들의 자발적인 노력 또는 국가들이 소비자 보호를 위한 법적 구속력 있는 국제조약을 체결하지 않는 이상 해결되기 어려운 상황이다.[3] 현재 국경간 소비자 보호와 관련한 다자간 조약은 존재하지 않고, 경제개발협력기구(OECD) 회원국들이 2003년에 마련한 「국경을 넘은 사기적 기만적 상행위로부터 소비자 보호를 위한 가이드라인」[4] 등이 있을 정도일 뿐이다.[5]

합하면서 외국의 소비자들의 쇼핑문화가 국내 소비자의 구매행위로 변화하기 시작했다. 구글 크롬의 경우에는 자동번역기능을 탑재하고 있어 언어의 장벽도 기술적으로 뛰어넘고 있다.

2) 「해외 명품 '직구'하면 50만원 아낀다.」 시사저널 1294호(2014.8.12), 66면.

3) 주진열(2013), 한중FTA 대비 국경간 소비자 보호에 관한 연구, 한국법제연구원, FTA법제지원연구 13-26-③-2, 18면.

4) Guidelines for Protecting Consumers from Fraudulent and Deceptive Commercial Practices Across Borders(http://www.oecd.org/internet/consumer/2956464.pdf)

5) OECD 회원국들이 운용하고 있는 소비자 분쟁 해결 및 피해구제 제도는 대략 일곱 가지 종류로 구분할 수 있는데, 첫째, 기업이 운용하고 있는 내부적인 불만 또는 피해 처리절차(Internal complaint handling procedures), 둘째, 카드지불자 보호를 위한 환불시스템(Payment cardholder protections), 셋째, 소송외적 분쟁해결(ADR: Alternative dispute resolution), 넷째, 소액

국내 소비자의 해외 직구의 동기(가격경쟁력) 및 유통구조의 특수성 등을 고려할 때, 거래과정에서 발생할 수 있는 소비자 권리침해 가능성이 소비자가 부담해야 할 위험인지는 의문이다. 소비자 분쟁 발생시 소비자 피해구제가 사실상 불가능하다는 점을 알고 구입을 하였다면 이를 불가피하게 받아들여야 하는가라는 문제이다. 소비자 피해가 발생하였을 경우 소비자는 사업자에 대하여 이의를 제기할 수 있어야 한다. 물론 국외 사업자의 입장에서도 국외 소비자 분쟁을 해결할 수 있는 최소한의 제도가 없는 한 일정 수준 이상의 시장형성이 어렵다는 사실을 잘 알고 있다. 물품 거래에 있어서 소비자가 불만이 원천적으로 차단되는 시장은 자연 쇠퇴할 수밖에 없기 때문이다. 외국 사업자와 국내 소비자의 소비자 분쟁을 해결할 수 있는 적절한 장치가 없어서 외국 사업자가 쇠퇴한다면 그 과정에서 국민들의 피해가 발생할 것이다. 뿐만 아니라 국내 사업자는 높은 수준의 소비자 보호 의무를 부담함으로써 생산비용이 증가하게 되는 결과를 가져오게 되므로 결국 국외 사업자와 사실상 불공정 경쟁을 하고 있다고 생각할 수 있다. 그러므로 해외 사업자의 국내 소비자 보호를 위한 제도는 건전한 유통질서 확립을 위해서도 필요하다. 그런데 계약 당사자 사이의 소비자 보호 인식 차이 및 언어문제 그리고 물류비 등 소비자 분쟁을 해결하기 위해 넘어야 하는 현실적인 장애가 산적해 있다.

해외 직구로 인한 구조적인 문제에 직면한 시점에서 국가는 해외 직구를 한 국내 소비자 보호를 위한 구체적인 노력을 해야 할 시점이다. 국가는 소비자문제의 국제화에 대응하기 위하여 국가 사이

심판(Small claims procedures), 다섯째, 사적인 집단피해구제소송(Private collective action lawsuits), 여섯째, 소비자 단체 조직에 의한 법적대응 (Legal actions by consumer association), 일곱째, 정부에 의한 피해구제 (Government-obtained redress) 등이다. 보다 자세한 내용은 김태현(2005), OECD 국가의 소비자분쟁해결 및 피해구제제도 논의 동향, 나라경제 2005년 6월호, 82면 이하 참고.

의 상호협력방안을 마련하는 등 필요한 대책을 강구하여야 하고(소비자기본법 제27조 제1항), 공정거래위원회는 관계 행정기관의 장과 협의하여 국제적인 소비자문제에 대응하기 위한 정보의 공유, 국제협력창구 또는 협의체의 구성 운영 등 관련 시책을 수립 시행하여야 할 의무가 있다(동법 동조 제2항).

최근 국내외에서는 대량의 소액거래(High-Volume, Low-Value)라는 특징을 가진 국경을 넘은 상거래 분쟁을 해결하기 위해서 다양한 논의가 전개 중에 있다. 본고는 국경을 넘은 거래에서 발생하는 소비자 분쟁을 해결하기 위한 국내외 논의를 살펴보고, 국내 소비자 보호를 위한 ODR(Online Dispute Resolution) 논의는 앞으로 어떠한 관점에서도 이루어져야 하는지 구체적으로 살펴보는 데 그 의의가 있다.

II. ODR 논의 현황

국경을 넘은 소비자문제를 해결하기 위한 방법으로 ODR은 논의 주체를 기준으로 국외 논의와 국내 논의로 구분할 수 있다. 국외 논의가 국내 논의보다 활발하게 진행되고 있는 가운데, 국내 논의는 국외 논의를 토대로 이루어지고 있다. 현재 국외 논의는 ODR 사례연구가 진행되고 있는 만큼 국외 논의부터 우선 살펴보고자 한다. 국외 ODR 논의는 논의 주체마다 검토의 범위와 깊이가 다양하므로 논의 주체별로 검토하고자 한다. 국내 논의는 국외 논의를 종합적으로 고려하고 있는바 쟁점별로 검토하고자 한다.

1. 국외 동향

국경을 넘은 소비자거래에 있어서 소비자와 사업자 분쟁해결의 절차의 하나인 ODR도 "협상-조정"을 중심으로 해결한다는 점에서 개별 국가의 소비자 분쟁해결 방법과 크게 다르지 않다.[6] 다만 각 국가의 경제정책 및 법제도의 상이함으로 말미암아 ODR 절차에 대한 논의는 매우 신중하고 논쟁적으로 진행되고 있다.[7] 또한 국경을 넘은 전자상거래의 유통과정상의 특성이 국내 전자상거래에 비하여 상대적으로 높은 운송비와 긴 배송기간이기 때문에, 소비자 거래를 통한 "효용"과 소비자 분쟁시 소요되는 "비용"과의 관계를 고려한 합리적인 분쟁해결 절차를 고려한다는 점이 특징이다.

(1) UNCTIRAL W/GⅢ 논의[8]

2010년부터 유엔상거래법위원회(Untied Nations Commission on International Trade Law, 이하 UNCITRAL 이라고 함)는 온라인분쟁해결(Online Dispute Resolution, 이하 ODR 이라 함)을 위한 절차규칙을 만들고 있다.[9] ODR 절차규칙은 국경을 넘은 전자상거래에서 B2B와 B2C로 이어지는 소액의 대량피해 사건을 해결하기 위해 만든 규범 모델이다.

UNCTRAL ODR WGⅢ은 2010년 12월 UN 빈 회의에서 아래의

---

6) UNCITRAL ODR 절차규칙(안) Track Ⅱ의 경우도 협상-조정 등을 기본으로 하고 있다.

7) 국내기업을 성장을 시키고자 하는 국가, 유통질서의 변화를 주고자 하는 국가, 경쟁력 있는 제품을 소비자에게 직접 공급시키고자 하는 국가 등 각국의 정책에 따라 현재 이루어지고 있는 ODR 제도의 반영 속도 등에 차이가 있다.

8) 제29차 회의에서는 소비자 조정까지 규율하는 TRACK Ⅱ에 대한 절차규칙(안)을 거의 완성하였다. 본 연구는 UNCITRAL Working Group Ⅲ 제29차 회의까지에서 드러난 ODR 절차 규칙의 관점을 중심으로 서술한다.

9) 유엔상거래법위원회는 제43차 회의(2010년 6월 21일~7월 9일)에서 ODR 절차 규칙에 대한 필요성을 제기하였으며, 그 결과물이 협약, 모델법, 가이드라인 등 어떠한 법적 형태를 취할 것인지는 작업이 진행된 후에 정하기로 하였다(Report of the United Nations Commission on International Trade Law, forty-third session(New York, 21 June - 9 July 2010) Meeting records, para. 257 (A/65/17).

기본구상을 가지고, 2011년 5월, 2011년 11월, 2012년 5월, 2012년 11월, 2013년 5월, 2013년 11월, 2014년 3월 회의에서 절차규칙(안)의 조문을 형성 및 검토해 왔다.[10] 특히 2011년 11월 회의에서 "UNCITRAL의 전자상거래에 관한 온라인 분쟁해결 규칙 초안 (Online Dispute Resolution for cross-border electronic commerce transactions: draft procedural rules: 이하 ODR 절차규칙 초안)"을 마련하였다. 그리고 2012년 5월 회의에서는 소비자 중재를 포함한 Track I 과 포함하지 않은 Track II를 구분한 후, Track II부터를 검토 시작하였다.[11] 현재 제29차 회의까지는 Track II까지 개괄적인 검토를 마쳤고, 제30차 회의에서는 Track I에 대한 검토부터 진행될 예정이다.[12] 특히 30차 회의에서는 소비자 중재가 분쟁해결 절차에 어떻게 반영되어야 하는지 및 소비자 중재 및 그에 준하는 절차 등이 어떻게 실효적일 수 있는지에 대한 논의가 집중될 예정이다.[13]

ODR 절차규칙의 기본골격은 협상(화해교섭, negotiation), 조정 (mediation), 중재(arbitration) 등의 대체적 분쟁해결제도로 구성되었다. 구체적으로 살펴보면 우선 당사자 사이에서 화해교섭이 진행되

---

10) 2011년까지의 논의는 이병준(2013), 국제전자상거래 분쟁해결을 위한 절차 규칙에 관한 UNCITRAL의 논의와 그 평가-제26차 실무작업반 논의를 중심으로-, 중재연구 제23권 제1호 참고.

11) 소비자 중재제도를 포함한 Track I에 대한 입장차이가 너무 커서, ODR 절차규칙을 사업자 사이의 분쟁에 한정하여 우선 완성시키고, 소비자와 사업자 사이의 분쟁에 대해서는 후에 검토하자는 의견도 제시되었다.

12) UNCITRAL ODR 절차 규칙이 종국적으로 Track I 과 Track II 등으로 이원 화되었다고 보기는 어렵다. 왜냐하면 Track I을 지지하는 국가들이 절차규칙의 이원화를 근본적으로 부정하고 있기 때문이다. 2014년 3월까지 제29차 WGIII회의 마지막 날 소비자중재를 포함한 분쟁해결절차의 일원화를 둘러싸고 격렬한 논쟁이 있었다. 이는 기존의 UNCITRAL 논의와 달리 '소비자보호문제'와 직접적 연관성이 있고, '분쟁' 해결에 대한 인식의 괴리가 있으며, 마지막으로 현재 논의되고 있는 UNCITRAL ODR 절차규칙에 대한 제도적인 이해관계를 달리하고 있기 때문이다.

13) A/CN.9/801 참고.

고, 이 과정에서 화해가 성립되지 못하면 중립자(neutral)를 선정하
여 분쟁을 처리하는 형태이다. 만일 중립자의 화해시도가 실패하는
경우에는 최종적으로 중재판단이 이루어지는데, 이로써 분쟁은 종
국적으로 해결되도록 하는 대체적 분쟁해결절차이다. 이러한 기본
골격을 정한 이유는 화해과정에서 분쟁이 대부분 해결될 것이라는
전제를 하고 있다. 그런데 중재제도의 활용에 대해서는 다양한 이
견14)이 있어서 타협안 작성이 모색되어 이르고 있다. 그중 하나가 제
1조 제1항의 추가 조문(안)인데, 소비자·사업자 사이에 중재에 회의
적인 태도를 취하는 국가들을 미리 선언시켜 관련 국가 목록을 작성
하여 부록을 만든 다음 부록에 속하지 않는 국가들에게는 Track I을
적용하고 속하는 국가들에게는 Track II를 적용하는 것이다.15)

---

14) 소비자거래에서 국경을 넘은 거래에 대해서 국외에 소재하는 사업자에 대
　한 국제소송을 제기해야 하는데, 소액의 소비자 분쟁을 위해 국제소송을 제
　기하는 것은 사실상 무리이므로 포기할 수밖에 없는 것이 현실이다. 그런데
　온라인 중재절차를 이용하면 신속하게 실효적 분쟁해결이 가능하므로 중재
　를 적대시하는 것이야말로 소비자보호를 하지 않는 것이라고 비판한다. 실제
　온라인으로 협상 및 조정 등이 이루어지고 있지만, 종국적으로는 당사자 사
　이에 화해가 없다면 소비자 분쟁은 해결되지 못한다. 그러나 중재가 된다면
　화해에 이르지 못하는 경우에도 종국적인 해결과 구제를 도모할 수 있다는 점
　을 간과해서는 곤란하다는 관점이다. 다만 분쟁발생 후에 소비자가 소송 또는
　중재를 선택하도록 하는 방법을 채용하여 재판청구권이라는 기본적 권리를
　박탈하지 않도록 하면서 온라인 중재 이점을 활용케 한다면 좋지 않은가라는
　재반론도 있다. 그러나 이와 같은 분쟁해결을 위해서 소요되는 비용계산이 어
　렵다는 이유로 사업자측이 규칙 채용에 난색을 표시하고 있으므로, 그 결과
　절차 규칙이 활발하게 이용되지 못하게 될 우려가 있음을 지적한다. 더 나아
　가 중재에 호의적인 국가에 있어서는 이를 받아들이기 어렵다는 견해도 있다.
15) 이와 같은 안에 대해서 상당한 비판이 이루어지고 있는데, 우선 부록이 잘
　작성될 수 있는가에 대하여 회의적인 시각이 많고, 그 배경에는 특히 판례법
　국가들 중에는 자국의 법제에 대하여 최고재판례가 나오기까지 확실하게 선
　언할 수 없는 국가가 적지 않기 때문이라는 현실이 있다. 또한 법제에 대하여
　변경이 이루어진 경우 그 정보의 업데이트 할 수 있는 구축가능성 여부에 대
　해서도 의문시되고 있다. 더 나아가 규칙이 복잡하게 되면 이용하기 어렵기
　때문에 실무적으로 전혀 무의미하게 될 것이라는 우려도 있다. 중재에 호의
　적인 국가입장에서도 지금까지는 어떠한 경우도 중재의 이용이 가능하였기

한편 UNCITRAL ODR 절차규칙은 분쟁해결과정으로서 투명성과 공정성과 더불어 분쟁해결비용을 고려한 절차규정을 염두에 둔다. 분쟁해결과정의 투명성과 공정성을 담보하기 위해서 분쟁해결기준과 절차에 약간의 변형을 주고 있다. 예를 들어 UNCITRAL ODR 절차규칙의 기본골격 중 하나를 구성하는 중재제도는 기존의 중재제도와 다른 특징을 가지는데, 중재결과의 공개를 지향한다는 점이다. 최근의 다양한 유형의 중재제도를 고려해 볼 때, 중재판정의 비공개가 중재제도의 본질적인 것도 아니며 정책차원에서 변경할 수 있다는 관점에 서 있다. 도리어 중재결과의 공개를 통해 판결과 같이 투명성과 공정성을 담보할 수 있다고 본다. 또한 중재결과를 공개해야 하는 이유는 중재결과의 집적이 중재판단의 실체 판단기준으로 작용하도록 하여 각국마다 매우 상이한 소비자보호 규정들을 고려한 중재판단으로부터 벗어나야 한다는 관점을 가지고 있다. 또한 UNCITRAL ODR 절차규칙은 당사자가 합의한다면 "형평과 선"에 의한 판단만이 기준이 되는 중재제도를 이용하여, 그 범위 내에서 세계 통일적인 단순한 실체 판단 기준 형성을 도모하고자 한다. 중재인이 준거법선택과 소비자보호를 위한 강행규정 등 실체법규의 확정을 위한 복잡한 과정을 검토하는 것은 많은 시간이 소요되

때문에 관련 제안은 제도 제한적이라는 점과, 중재에 비관적인 국가들에 있어서는 현상유지가 가능하다는 점 때문에 타협안이 결과적으로 중재에 회의적인 국가들에게 유리한 것이 아닌가라는 지적도 있다. 또한 소비자 중재에 회의적인 국가들이 처음부터 중재문제를 지나치게 심각하게 받아들였다는 비판도 있다. 중재에 회의적인 국가들의 소비자를 상대로 중재판단이 내려지더라도 당해 중재판단은 당해 소비자 지역에서 법정지의 공서약속에 반하는 것으로 강제집행이 되지 못하게 되고, 공서양속에 반하는 이상 그 곳에서 재판을 제기할 수 있으므로 소비자의 재판청구권을 방해하는 것이 아니라는 견해. 제30차 회의에서 대한민국 대표단은 계약체결시 분쟁해결방식으로 사전중재합의를 하는 것이 방어력이 취약한 개인 소비자에게 불측의 불이익을 받게 할 우려가 있으며 우리 국내법과 소비자보호법상 수용하기 어렵다는 입장을 표명하였다.

고 그 결과 비용증가로 이어져서 ODR의 장점이 없어질 수 있다고 본다. 무엇보다 유사한 사건에 다른 중재결과를 납득하기 어려우므로 세계적인 분쟁해결규칙형성에 적합하지 않다고 보고 있다. 따라서 실체 판단 기준은 각국이 받아들일 수 있는 간단한 원칙으로서 정할 필요가 있었고, 중립자(중재인 포함)의 상식에 근거한 중재판단을 내리는 판단기준을 집적된 분쟁해결 결과에서 찾고자 하는 관점을 가지고 있다.[16] 그리고 UNCITRAL ODR 절차규칙은 분쟁해결의 기간이 길어지고 그 방법이 복잡해지는 것을 비용증가요인으로 파악한다. 때문에 중립자를 선정하더라도 ODR 관리자가 신속하게 선정하고 그 수도 1인으로 하여, 단기간에 결론이 나올 수 있도록 절차규칙을 설정하고 있다.

한편 UNCITRAL ODR 절차규칙은 보다 실질적인 분쟁해결을 할 수 있는 방법을 모색하고 있다. 소비자 중재로 분쟁이 종결되는 경우 뉴욕 조약의 대상되어 각국에서 승인·집행할 수 있음을 부정하는 것은 아니지만, 실제 외국 법원에 승인·집행되기 위해서는 절차에 소요되는 비용으로 말미암아 현실적이지 않다고 본다. 때문에 신뢰마크 제도를 운영하여 ODR 이용을 합의한 사업자에게만 그 마크를 이용토록 하는 것을 전제하였다. 또한 ODR 절차규칙을 따르는 자를 별도로 게시하여 소비자가 거래 시에 발생할 수 있는 분쟁을 피할 수 있는 장치를 마련하는 것을 전제하여 ODR 절차 및 결과에 따르지 않는 사업자의 제재를 시장논리에 맡겨두고자 하였다.

---

16) UNCITRAL ODR은 사업자와 소비자가 ODR을 통한 분쟁해결을 사전에 합의하였다고 하더라도 그것이 관련 실체판단기준으로서 현존하는 소비자보호법 질서에 변화를 가져오는 것은 아니라는 점을 분명히 한다. 즉 관련 실체판단기준은 종국적인 ODR 중에 이용될 수 있음에 지나지 않으나, 재판을 통한 분쟁해결에서는 당연히 적용되어야 할 기준이라는 것이다. 결국 소비자가 높은 보호수준의 소비자보호법의 적용을 분쟁해결방법의 선택과 더불어 선택할 수 있다는 의미이다.

(2) ODR 전문가 그룹 논의

국외에는 많은 ODR 전문가 그룹이 있다. 이들 ODR 전문가 그룹들은 연합체를 형성하고 있다. 특히 기술과 분쟁해결을 위한 국립센터(the National Center for Technology and Dispute Resolution: 이하 NCTDR 이라함)[17]가 중심이 되어 활동하고 있는데, 이들은 1998년 메사추세츠 대학에서 법학을 전공하는 Ethan Katsh 교수와 Janet Rifkin 교수가 휴렛(Hewlett)재단의 도움으로 창설한 단체이다. 당시 NCTDR의 연구주제는 온라인 활동으로 인하여 발생하는 분쟁에 초점이 맞추어져 있었으나, ebay의 요청으로 판매자와 구매자 사이의 분쟁을 온라인으로 조정할 수 있는지를 알아보기 위한 시험연구를 진행하게 되었다. 시험연구로 개발된 프로그램은 2주 동안 150건 이상의 소비자 분쟁을 처리하였고,[18] 점차 많은 수의 분쟁이 온라인으로 조정되기 시작하였다. 이와 같은 성공은 기존의 전통적인 오프라인 분쟁을 해결하기 위하여 온라인 자원을 이용하기에 이르렀는데, 2003년 센터는 UMASS Department of Computer Science와 the National Mediation Board와 함께 온라인 중재절차를 개발하였고, 수차례 국가 과학 재단(National Science Foundation) 기금을 연구비로 지원받게 되었다. 이후 2008년 ebay 재단은 육군이 옴부즈맨에게 온라인 접근을 제공하고 의료처방에 관한 익명의 불만을 처리하는 것을 돕도록 연구소를 지원하였다. NCTDR은 2001년 이후 온라인 분쟁해결 영역에 있어서 중심적 지위를 가지고 있다.[19]

---

17) http://www.odr.info 참고.

18) ebay 온라인 분쟁해결 사례분석 자료로서, 이현정(2008), Examining on International Approaches for Online Dispute Resolution (ODR): Case Study, 인터넷전자상거래연구 제8권 제2호, 한국인터넷전자상거래협회, 98면 이하 참고.

19) NCTDR의 전문가 회원(2014년 기준)은 Jeffrey M. Aresty (United States), David Bilinsky (Canada), Pablo Cortés (Great Britain), Benjamin G. Davis (United States), Alberto Elisavetsky (Argentina), Frank Fowlie (Canada), Sanjana Hattotuwa (Sri Lanka), Ayo Kusamotu (Nigeria), Zbynek Loebl

국경을 넘은 상거래에서 일어나는 분쟁을 해결하기 위한 ODR 관리자는 다양하다. ODR의 구현모습은 영리성 여부에 따라 구분이 가능하다. 영리의 성질을 가지는 ODR은 일종의 비즈니스 모델로 접근을 하고 있고, 비영리의 성질을 가진 ODR은 운영주체가 공공기관인 경우도 있다. 뿐만 아니라 소비자 분쟁에의 개입 정도에 따라서 조정까지만 진행하는 경우도 있고 중재까지 진행하는 경우도 있으며 중립적 3자의 알선만 담당하는 등 매우 다양한 형태로 존재하고 있다.[20]

ODR 전문가들은 ODR 프로그램을 설계하면서 몇 가지의 분쟁

(Czech Republic), Ian Macduff (Singapore), Chittu Nagarajan (India), Ijeoma Ononogbu (Nigeria), Chris Peterson (United States), Orna Rabinovich-Einy (Israel), Daniel Rainey (United States), Graham Ross (Great Britain), Colin Rule (United States), Irene Sigismondi (Italy), Aura Esther Vilalta (Spain), Mohamed S. Abdel Wahab (Egypt) 등이다.

20) 현재 운영 중인 ODR은 다음과 같다. American Arbitration Association (AAA), ADNDRC, ADRoit3, Appellex Bargaining Solutions, ARyME, Better Business Bureau Online, Camera Arbitrale di Milano, Caseload Manager.com, Chartered Institute of Arbitrators, Cibertribunal peruano, Conflict Resolution Software, Consensus Mediation, Consumers Association of Iceland, Conflict Resolution.com, Convirgente.com, CPR Institute for Dispute Resolution, Cyberlaws.Net, Cybersettle, Dispute Manager, eadronline, www.econfianza.org, Electronic Consumer Dispute Resolution (ECODIR), ElectronicCourthouse.com, EmissaryMediation.com, eQuibbly. com, Eurochambres, FSM, GWMK, Hong Kong International Arbitration Centre, iCan Systems Inc. (Smartsettle), ICANN Ombudsman Office, iCourthouse, International Chamber of Commerce, The Internet Ombudsman, Intersettle, Iris Mediation, IVentures, JAMS, Judge.me, Juripax, Legal Face-Off, Mediation Arbitration Resolution Services (MARS), Mediation in the Clouds, Mediation Now, The Mediation Room, MESUTRAIN, MichiganCybercourt.Net, Modria.com, ODR.NL, ODRWorld, PeopleClaim, Private Judge, Resolution Forum Inc., SettleTheCase, SettleToday, Smartsettle Family, Resolutions, SquareTrade, The Claim Room, TRUSTe, Ujuj, VirtualCourthouse, The Virtual Magistrate, Webmediate.com, World Intellectual Property Organization (WIPO)

해결 원칙을 강조하고 있다.[21] 첫째 ODR 프로그램은 "효용"과 "만족"에 초점을 맞춘 분쟁해결방법을 제시해야 한다는 점이다. 때문에 ODR 프로그램은 가능한 한 "비용"을 낮추는 분쟁해결방법이어야 하며, 양 당사자가 합의를 통한 분쟁해결을 위해서는 단지 배상금액의 조정만이 아닌 다양한 분쟁해결 프로세스를 제시해야 한다는 것이다. 둘째, "분쟁"은 거래에 수반하는 "비용"으로 간주하고, 장기간의 "분쟁"은 많은 "비용"을 수반하는 것으로 본다. 거래과정에서의 분쟁은 필수적으로 수반하는 "비용"으로서, 이는 거래를 통한 "효용"을 낮추는 요소라고 본다. 또한 "비용"은 "분쟁의 기간"과 밀접한 관련성이 있으므로, 최대한 신속하게 해결하는 것이 관건이라 한다. 셋째, ODR 프로그램의 "투명성" 및 "공정성"을 강조한다. ODR 역시 분쟁해결절차이므로 대립하는 양 당사자가 합의에 이르기 위해서는 ODR 프로그램의 투명성과 공정성이 전제조건이라고 한다. 그러나 ODR 프로그램의 "투명성"과 "공정성"을 담보하기 위한 절차가 반드시 법원의 재판절차에 준하는 절차를 의미하지 않는다고 본다. 즉 지나치게 규범중심적인 사고는 ODR 프로그램의 발전에 저해가 됨을 우려한다. 넷째, ODR 전문가들은 국가 간 사법집행이 어려운 가운데, 국경을 넘은 거래에 있어서 소비자의 평판이 사업자를 규제할 유일한 방법임을 강조한다.

(3) 아시아지역 ODR
1) ICPEN과 동아시아소비자포럼

ICPEN은 국제 소비자보호 및 집행 네트워크이고 소비자보호법 집행 협력을 주로 논의하는 기구인데, ICPEN 내에서 우리나라와 중

---

21) UNCTIRAL ODR WG Ⅲ 제29차 회의 2일차 점심시간 중 ODR 전문가들(NCTDR)의 ODR 프로그램 원칙 소개 내용을 요약함, 보다 상세한 내용은 Mohamed S. Abdel Wahab · Ethan Katsh · Daniel Rainey(2012), Online Dispute Resolution: Theory and Practice: A Treatise on Technology and Dispute Resolution, Eleven International Publishing 참고.

국 그리고 일본은 동아시아소비자포럼(Consumer Forum of East Asia Nations)을 운영하고 있다. 동 회의에 중국은 공상행정관리총국이, 일본은 소비자청이, 우리나라는 공정거래위원회 및 한국소비자원이 참석하고 있다. ICPEN에서 ODR 논의는 시작단계이다. 중국과 일본 등은 독자적인 온라인 분쟁해결 시스템을 운영하고 있는 가운데, 국경을 넘은 소비자 분쟁해결을 위한 노력의 일환으로 ODR 논의는 극히 최근에 시작하였다.

일본은 국제 소비자 분쟁을 해결하기 위한 기관을 설치 운영 중이나, UNCITRAL ODR 절차규칙에서 논의하고 있는 분쟁해결 모습과는 거리가 있다.[22] 왜냐하면 국경을 넘은 소비자거래 분쟁을 해결한다는 점 이외에 분쟁해결 절차나 방식은 기존의 각국의 분쟁해결 방식과 다를 바가 없기 때문이다. 반면 중국은 국제 소비자 분쟁해결을 위한 ODR 제도는 가지고 있지 않으나, 중국 특유의 대체적 분쟁해결방식을 온라인으로 구현하여 시도 중에 있다. 동아시아 국경을 넘은 거래 분쟁해결을 위한 ODR의 기초가 될 수 있는 CCJ의 운영모습과 중국의 ODR 운영모습을 간단하게 살펴본다.

2) 일본의 CCJ

ECC-Net의 역할을 참고하여, 아시아에서도 이와 같은 구축을 시험적으로 시도하고자 하는 노력이 있었다. ICA-Net가 그러한데, ERIA(Economic Research Institute for ASEAN and East Asia) 국제기관의 도움 아래에 수년간에 걸쳐서 ECC-Net와 유사하게 아시아 각국 소비자 센터를 조직할 수 있었다. ICA-Net는 일본 소비자청의 위탁 사업으로 "일본 국경을 넘은 소비자 센터(Cross-border Consumer Center Japan: 이하 CCJ라고 함)"에 의하여 운영되고 있다.

동 센터는 일본과 몇몇 국가 사이에서 발생하는 국경을 넘은 소

---

[22] 일본은 UNCITRAL ODR 회의 및 ODR 전문가 연례회의 등에서 CCJ를 ODR 모델의 하나로 주장하고 있으나, 유럽 및 미국에서 언급하고 있는 ODR 모델과는 차이가 있다.

비자 분쟁을 주로 대상으로 하고 있는데, 소비자 센터의 연계에 의하여 피해구제 네트워크를 공식적으로 구축하고 있다. 센터의 구성은 소장 1명, 대외협력관 1명, 소비자 상담원 3명, 소비자 상담원 보조 2명, 대외협력 및 시스템 보조원 1명 등으로 구성되어 있으며, 소비자청 홈페이지 및 협력 단체로부터 접수된 사건과 CCJ로 인터넷, 전화, 팩스로 직접 접수된 사건을 처리한다. 물론 해외에 있는 협력 단체로부터 직접연락을 받기도 한다.

CCJ로 접수된 소비자 분쟁은 내부망(Internal SNS)에서 사안을 확인하고 분류한 이후, 외국 협력 단체에 협조요청여부를 결정하게 된다. 외국 협력 단체에 협조요청이 필요한 경우 CCJ는 사안을 영어로 번역하여 제공하고, 구체적인 상담과 더불어 외국 협력단체와 통신을 하게 된다. 이후 CCJ 소비자 상담원은 외국 협력 단체로부터 응답을 받으면 전달한다.

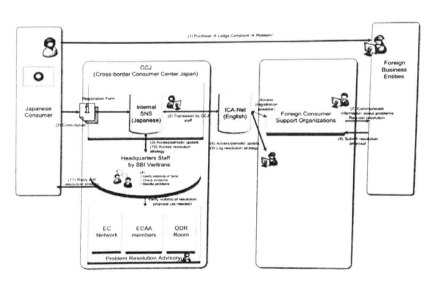

일본 국경을 넘은 소비자 센터 업무 흐름도

3) 중국의 ODR

중국의 전자상거래는 폭발적으로 성장하고 있다. 외국기업들이 아닌 자국기업의 성장이 두드러지는데, 구글에 해당하는 바이두, 이베이에 해당하는 타오바오,[23] 페이팔에 해당하는 알리페이 등이 있다.

타오바오(Taobao)는 중국 최대의 오픈마켓인데 최근 ODR 센터를 만들었다. 동 센터는 이와 같은 분쟁해결방식이 소비자 분쟁해결을 신속하게 진행시키고 절차의 투명성과 분쟁 당사자의 합의를 촉진시키고 있다고 한다. 주로 중재(arbitration)를 통해 분쟁을 해결하는데, 오픈마켓을 이용한 판매자와 구매자 사이의 분쟁은 7일 이내에 해결한다고 소개한다. 타오바오 ODR 센터는 정식 개설 전 1년의 시범운영기간을 거쳤는데, 시범운영기간 동안 80만 회원이 분쟁 접근자(dispute assessors)가 되기를 희망하였고, 34만 사건이 자체 민간 분쟁해결시스템으로 해결하였다.[24]

타오바오 ODR 서비스의 특징은 판매자와 구매자 사이의 전자상거래 분쟁에 시장참여자(이용자)가 배심원으로 참여할 수 있도록 한 점이다. 배심원을 분쟁 접근자(dispute assessors)라고 하는데, 이들은 물품의 분류에 관한 분쟁, 거래에 있어서 금전적 불합의, 채무 불이행 등의 전자상거래 분쟁을 해결하도록 허용하고 있다고 한다. 소비자 분쟁에 대한 배심원의 판단이 문제를 해결하고 좋은 구매 및 신용으로 판매하는 데 가장 효과적인 방법이 아닐 수는 있지만, 인터넷 민주주의를 형성하고 이용자들의 힘을 부여한다는 점이 특징이라고 소개한다.

중국 전자상거래업체 알리바바 역시 거대한 시장점유율을 차지

---

23) 2013년 11월 기준으로 타오바오의 경우 하루 57억 달러의 매출을 기록하고 있다고 전한다.

24) http://evigo.com/9696-china-taobao-users-will-play-judge-jury-e-commerce-disputes

하고 있는바, 미국 이베이 및 아마존에서 채택한 ODR 플랫폼을 가까운 미래에 구축할 것이라고 예상한다.[25]

2. 국내 동향

(1) ODR 필요성에 대한 논의

ODR의 필요성에 관한 논의는 오래전부터 이루어져 왔는데, 특히 UNCITRAL ODR 절차규칙(안)을 형성하는 과정에서 확대되었다. 다만 ODR에 대한 이해 및 ODR 제도를 받아들이기 위한 방향이 상이하다.

ODR에 대한 이해는 ODR을 소비자 분쟁조정시스템의 전산화로 이해하는 견해와 국제적 분쟁특수성을 고려한 새로운 분쟁해결방식이라는 견해로 구분된다. 전자의 견해는 우리나라 정보통신기술을 소비자 분쟁해결과정에서 도구로 활용하고 있었고, UNCITRAL ODR 논의 역시 정보통신기술을 바탕으로 하고 있으므로 표면적으로 검토할 때 정보통신기술 활용이라는 관점을 가지고 있다는 점에서 크게 다르지 않는 관점에 서 있다.[26] 동 견해에 따르면 정보통신기술을 활용한 소비자 분쟁해결 방안으로 ODR을 언급하면서, UNCITRAL ODR 절차규칙(안) 논의를 계기로 현행 소비자분쟁조정의 전산 고도화를 추진하자는 논의로 귀결된다.[27] 이와 달리 후자의 견해는 ODR이 분쟁해결절차의 단순한 온라인이 아니라 지능형 복합 멀티

---

25) http://dashburst.com/crowd-judges-buyer-seller-disputes-alibaba/

26) ODR이 단순히 플랫폼을 통하여 소비자의 의견을 사업자에 전달하는 도구라고 인식한다면, 현재 우리나라는 이미 ODR을 시행하고 있다고 볼 수 있다. 예를 들어 전자문서·전자거래 분쟁조정위원회 ECMC 자동상담시스템(http://lex.ecmc.or.kr), 1372 소비자상담센터(http://www.ccn.go.kr), 한국소비자원 온라인 피해구제 신청(http://www.kca.go.kr/wpge/m_15/ref1200.do) 등이 있다.

27) 김혜진 외1(2013), "온라인을 통한 소비자분쟁조정 운영 방안 연구," 소비자문제연구 제44권 제1호.

미디어 콘텐츠가 될 필요가 있다는 논의를 비롯하여,[28] 다양한 형태의 ODR 제도 구축을 강조하는 견해까지 다양하다.[29]

국외 ODR의 논의를 종합해 본다면, ODR은 정보통신기술을 기반으로 한 플랫폼을 기반으로 하는 동시에 소비자가 자신의 권리를 합리적으로 주장할 수 있는 프로그램으로서, 분쟁해결을 위한 중립적 제3자의 도움을 공정하고 신속하게 제공받을 수 있는 체계와 분쟁해결의 실효성까지 더하는 방법까지 포함하는 분쟁해결제도이다. UNCITRAL ODR 절차규칙 역시 다양한 형태의 ODR 분쟁해결절차의 하나로서 검토되고 있음에 유의할 필요가 있다.

(2) ODR 운영주체에 대한 논의

ODR 운영주체에 대한 명시적인 국내 논의는 이루어졌다고 말하기 어렵다. 이는 UNCITRAL ODR 절차규칙 논의에서 ODR 플랫폼과 ODR 제공자 등의 개념이 불분명한 가운데, ODR 관리자라는 개념이 최근에 나왔기 때문이다. 다만 ODR은 전산시스템 등 물적 기반시설이 필요하고, 공공기관이 소비자 분쟁해결 수단으로 ODR 절차를 이용하고자 하는 경우 관할 법률의 근거규정이 필요하므로 이에 대한 연구는 정보통신산업진흥원에서 진행한 바 있다.[30]

그런데 국내외 소비자거래에서 소비자가 소비자 분쟁을 자율적으로 처리해 나가는 문화가 자리 잡기 시작한다면, 지금까지 소비자보호를 위해 존재하고 있는 소비자 피해구제기관은 어떠한 입장 및 역할을 해야 할 것인가가 고민해야 할 숙제이다. 왜냐하면 소비자보호를 위해 존재하고 있는 피해구제 기관들은 사업자들의 입장에서

---

28) 최승원(2007), "EU의 온라인분쟁해결제도 연구," 공법연구 제36집 제1호, 한국공법학회 참고.

29) 윤우일(2010), "전자상거래분쟁해결을 위한 ODR 활성화를 위한 연구," 중앙법학 제12집 제4호, 중앙법학회, 101면.

30) 정보통신산업진흥원에서는 2013년 "전자거래분쟁조정에 대한 향후 발전방안 연구"를 진행하였다.

는 중립적 제3자의 위치에 있지 않으므로, 사업자의 입장에서는 ODR 분쟁해결절차과정에 들어오는 것을 꺼려할 수 있기 때문이다. 때문에 소비자 분쟁해결을 위하여 ODR을 적극적으로 활용하는 국가들의 소비자 단체 및 소비자 피해구제기관들의 기능변화를 면밀히 살펴볼 필요가 있다.[31]

한편 유럽과 미국을 보면 지리적으로 인접한 경제권역별로 ODR 네트워크가 구축되고 있는바, 우리나라 역시 중국 및 일본 등과 ODR 네트워크의 구축이 논의되는 시점이다.[32] 전자상거래가 발전한 아시아 국가들 사이에 ODR 모델이 구축되는 과정에서 국내 각 기관이 가지는 지위에 관한 논의 역시 필요하다.

(3) ODR 운영에 있어서 소비자 중재에 대한 포함 논의

현재 UNCITRAL ODR 절차규칙 논의에서 최대의 쟁점이 되고 있는 것은 소비자와 사업자 사이에서의 분쟁을 중재에 의하여 해결할 수 있는가의 문제이다. 더욱 엄밀하게 말하자면 소비자와 사업자 사이의 분쟁을 중재를 포함하여 해결한다는 조항이 삽입된 계약을 분쟁 발생 전에 체결한 경우, 관련 중재조항에 당사자는 무조건 구속되어야 하는지 여부가 문제인 것이다.[33] 소비자의 보호관점에서

---

31) ODR의 한 유형인 UDRP 분쟁결과를 실증분석하여 ODR의 규제가 필요함을 논의한 논문으로 조수혜(2011), "온라인 분쟁해결절차의 공정성에 관한 연구: UDRP에 대한 실증적 분석을 중심으로," 비교사법 제18권 제3호, 한국비교사법학회 참고; B2C ODR의 한계와 정부의 통제를 통한 ODR에 대한 신뢰구축을 논의한 논문으로 박수헌(2005), "미국의 온라인 분쟁해결에 있어서 정부의 역할," 토지공법연구 제25집, (사)한국토지공법학회, 463면 이하 참고

32) 우리나라에서 ODR 추진을 위한 노력을 촉구하고, 국제적인 연대를 언급하고 있는 논문으로 백병성(2011), "국제 소비자피해의 온라인을 통한 해결―대한민국에서의 ODR추진 방안 모색―," 소비문화연구 제14권 제2호, 소비문화연구, 20면 이하 참고.

33) 2013년 4월 17일 한국법제연구원이 주관한 사전중재합의를 둘러싼 우리나라 소비자 보호를 둘러싼 전문가 회의에서, 소비자가 사전중재합의를 한 경우 사업자에게 유리한 경우의 수가 있다는 주장이 있었고 정리하면 다음과

소비자와 사업자 사이의 분쟁을 제소할 수 있는 것은 기본적인 권리이기 때문에, 이를 방해하는 중재합의는 분쟁 발생 전에 체결된다면 무효이거나 소비자가 해제권을 가지는 법제를 취하는 나라가 있다. 특히 EU의 지침에 이와 같은 내용을 포함하고 있고, 일본은 중재법 부칙 제3조에 동일한 규정을 가지고 있으며, 우리나라의 경우 약관규제법 제14조에 저촉된다. 이와 같은 법률의 배경에는 소비자에게 불리한 형태로 중재합의가 체결되는 경우에 재판을 통해서 달성해야 할 소비자 보호 가능성이 없어지는 것은 아닌가라는 우려가 있기 때문이다.[34)]

사전중재합의 문제를 제외한 가운데, 소비자 분쟁을 해결하기

같다.

* 제1 경우의 수 : 신청인이 소비자이고, 피신청인이 공급자인 경우

구분	사전중재합의 불인정	사전중재합의 인정
중재결과 만족 (소비자)	소비자 보호문제 발생 × (만족함으로 소제기 불필요)	소비자 보호문제 발생 × (만족함으로 소제기 불필요)
중재결과 불만족 (소비자)	소비자 보호문제 발생 × (불만족임으로 소제기 가능)	소비자 보호문제 발생 (사전중재합의 인정으로 소비자의 소제기 불가)

* 제2 경우의 수 : 신청인이 공급자이고, 피신청인이 소비자인 경우

구분	사전중재합의 불인정	사전중재합의 인정
중재결과 만족 (소비자)	소비자 보호문제 발생 △ (금반언, 권리남용의 문제 등으로 공급자 소 제기 및 집행판결 불가, 국제사법은 재판관할의 문제이지 중재합의에 관한 것은 아니므로 가능)	소비자 보호문제 발생 × (사전중재합의의 인정으로 공급자의 소제기 불가)
중재결과 불만족 (소비자)	소비자 보호문제 발생 △ (공급자 집행 관결 신청시 우리 법제상에는 직권사항인지 여부가 명확하지 않기 때문에 인정 여부가 명확하지 않음)	소비자 보호문제 발생 (사전중재합의 인정으로 소비자 소 제기 불가, 공급자 집행관결 신청 가능)

34) 보다 구체적인 논의로 이병준(2012), "국제전자상거래로 인한 분쟁과 ODR를 통한 분쟁해결―유엔상거래법위원회에서의 논의 배경 및 기본적 시각을 중심으로―," 중재연구 제22권 제2호, 한국중재학회, 87면 이하 참고.

위해 일반 중재제도를 활용하는 데에는 대체로 긍정적인 견해를 보이고 있다.[35] 다만 기존의 중재법리가 대등한 당사자를 전제로 하고 있기 때문에 동등한 지위에 있다고 보기 어려운 사업자와 소비자 간의 관계에서 소비자보호를 위한 절차를 어떻게 수정할 것인가에 대하여 논의가 이루어지고 있다. 다만 소비자 중재에 대한 논의가 ODR 절차규칙 논의 과정에서 제기되어, ODR 절차규칙에서의 중재절차의 간소화 논의와 혼동되어 진행되고 있는 점에 유의할 필요가 있다.[36]

III. ODR 도입을 위한 필요적 변화

1. 소비자 분쟁 및 해결방법에 대한 인식변화

국제 소비자 분쟁은 그 자체가 비용이며, 가능한 한 소비자와 사업자의 계약의 내용으로 포섭시켜 해결하는 것이 가장 효율적인 방법임을 인식할 필요가 있다. 소비자 분쟁에 대한 소비자와 사업자 사이의 합의는 계약을 통해 효용을 얻고자 하는 국제 소비자 계약이 추구하는 또 다른 모습이다.

국제 소비자 분쟁에 국내 소비자 분쟁해결기관의 현실적인 개입이 불가능한 경우 소비자는 무력해질 수밖에 없다. 소비자는 자신의 권리주장에 수반하는 시간 및 비용을 소비자 거래를 통해 얻는 이익과 비교 형량할 수밖에 없는 상황에 놓여 있다. 현 시점에서는 해외직구 과정에서 소비자분쟁은 해외직구에 수반하는 거래위험으

---

35) 송민수 외 2인(2013), 소비자중재의 법제화에 관한 연구, 정책연구 13-13, 81면 이하 참고
36) 오수근(2012), "ODR과 중재절차—UNCITRAL에서의 논의를 중심으로—," Global Legal Issues 2012, 전망과 시사점 참고.

로 받아들일 수밖에 없는 상황이다. 결국 국제 전자상거래에서 소비자는 물품 구매시 효용과 비용을 고려함에 있어서, 소비자 분쟁발생시 부담해야 할 제 비용을 고려해서 계약을 체결해야 하는 것이 거래관행이라고 볼 수 있다.

한편 해외직구 과정에서 소비자분쟁이 발생한 경우 소비자가 패해보상을 받기 위해 사업자와 별도의 화해계약을 체결해야 한다는 점도 국내 소비자들이 받아들이기 어려울 수 있다. 국내 소비자는 소비자 분쟁발생시 저렴한 분쟁해결 비용으로 사업자로부터 배상을 통해 만족을 얻을 수 있었기 때문이다. 또한 국내 소비자 분쟁에 있어서 소비자와 사업자는 직·간접적으로 분쟁해결 합의과정을 거치고 있는 가운데, 소비자 분쟁해결기준에 따라 대략의 배상범위가 정해져 있어 협상능력에 따라 소비자가 불리해지지는 않음에 주목할 필요가 있다.

때문에 국내 소비자에게 소비자 분쟁해결의 방법으로 분쟁해결계약을 맺는다는 것이 불필요하고 번거롭다고 인식할 여지가 높고, 자신이 받을 수 있는 배상의 범위가 자신의 협상능력에 따라 달라질 수 있다는 점 등은 합의를 통한 소비자 분쟁해결을 저해하는 요소로 작용하고 있다.

그러나 국제 전자상거래에서 소비자는 소비자 분쟁을 잠재한 비용으로 인식하고, 자신의 결정에 따라 비용을 조절할 수 있다는 관점에서 거래해야 한다. 또한 해외직구 문제를 해결하기 위하여 대체적 분쟁해결을 취하는 경우 소비자 분쟁해결의 본질은 분쟁당사자의 합의에 있으며, 분쟁해결기준은 양 당사자가 받아들일 수 있는 기준이지 제3자가 일방적으로 정한 소비자분쟁해결기준이 될 수 없음을 인식할 필요가 있다. 단일한 사법질서가 형성되지 못한 국제사회에서의 분쟁해결방식은 보편적으로 통용될 수 있는 상관행과 사법원칙을 토대로 해야 하는바, 소비자 분쟁해결에 있어서도 상거래가 형성되기 위한 신뢰와 비용절감에 초점을 맞추고 계약의 효력과

이행에 대한 신뢰에 초점을 맞춘 질서를 받아들일 필요가 있다. 37)

2. 생산 및 유통환경변화에 맞춘 소비자 분쟁해결제도 모색

해외 직접 구매라는 유통환경변화는 더 이상 국내 소비자 거래 질서 틀 속에서 규율하기 어려운 변화에 봉착하고 있다.38) 지금까지의 전자상거래는 점차 다양한 유통과정을 가지게 되었지만, 대체적 분쟁해결로서 소비자 분쟁을 처리할 때에는 소비자 정보제공 − 협상 − 조정(집단분쟁조정) − 소송(소액사건심판) 및 단체소송 등의 절차 등의 틀 속에서 전자상거래소비자보호법과 소비자분쟁해결기준 등을 활용하여 분쟁해결을 하고 있을 뿐이다. 판매자의 지위가 대기업인가 중소기업인가 또는 1인 기업인지를 묻지 않고 사업자로 통칭되며, 유통과정과 계약체결매체가 다르더라도 정보통신기기의 범주에 판매중개자로 통칭된다. 또한 거래 물품의 구체적인 특징과 상관없이 물품과 서비스의 종류에 따라 사업자와 판매하였다면 소비자 분쟁해결기준이 일관되게 적용되고 있다.

그러나 해외 직접 구매라는 유통환경의 큰 변화는 일단 사업자

---

37) UNCITRAL ODR 절차규칙(안) 논의는 소비자 분쟁해결의 공정성을 담보하기 위한 절차 및 시스템 구축 그리고 제3자의 역할과 기능 모색 등의 논의라고 이해하더라도 과언이 아니며, 절차적 정의를 통해 소비자와 사업자의 실질적 거래 정의 형성을 하고자 하는 노력으로 볼 수 있다.

38) 국제 전자상거래에서 소비자 분쟁을 해결하기 위해서는 국내 소비자 분쟁해결기준으로 해결하기 어려운 점이 많다. 특히 판매자의 지위가 단순히 사업자인가 여부를 손쉽게 결정하기 어려운 경우도 많고, 물품(서비스 포함)이 매우 다양하기 때문이다. UNCITRAL ODR 절차규칙을 논의함에 있어서 대량의 소액거래(High-Volume, Law-Value) 거래를 규율하기 위한 것이라고 정하고 있을 뿐, 동 절차규칙을 적용받는 자가 사업자의 지위 및 소비자의 지위를 가져야 하는 것은 아니다. 지금까지는 국제 거래가 대규모 무역에서 출발하였기 때문에 거래 당사자의 지위를 고려할 필요가 없었으나, 소량 거래의 경우에는 사업자의 지위까지 고려할 필요가 생겼으나 이를 명확하게 구분하기 어렵다는 난관에 부딪치고 만다.

를 소비자 분쟁해결기준과 국내 분쟁해결절차에 가두어 둘 수 없다. 때문에 해외 사업자는 새로운 유통환경에서 소비자 분쟁을 구조적으로 해결하기 위한 다양한 방법을 마련하고 있다. 더 나아가 기존의 소비자 분쟁해결의 방식의 변화를 유도하고 있다. 계약당사자의 국적만을 기준으로 국제 전자상거래와 국내 전자상거래를 나누고 분쟁해결방식을 인위적으로 달리하는 것이 국경이 없는 전자상거래 시장에 통일적인 분쟁해결방식인지 의문이다. 소비자의 자주적인 소비자분쟁 해결의 하나로서 ODR 분쟁해결 방법을 검토할 가치가 있다.[39] ODR은 소비자가 사업자에 대한 자신의 권리를 능동적으로 주장하고 협상을 하는 도구인바, 소비자 주권시대에 걸맞은 분쟁조정 도구임을 인식할 필요가 있다.

국외 사업자의 관점에서는 역시 국경을 넘은 시장을 직접적으로 공략하기 위해서는 소비자 분쟁의 위험을 줄일 수 있는 서비스를 계약조건으로 제공함으로써 영업범위를 확대할 수 있다. 외국 사업자는 계약조건으로 소비자 거래상의 위험을 제한적으로 인수하거나 비즈니스 모델 개발을 통해서 소비자 분쟁의 실질적 해결을 위해 노력하고 있다. 예를 들어 물품의 판매자가 품질의 보증계약을 더하는 방법을 취한다든지, 물품 유통업자가 물품 판매자와 소비자 사이에 소비자 분쟁 발생시 중개인에서 소비자 분쟁해결 서비스 제공자로서 기능을 하는 경우 등이 그러하다.

더 나아가 소송 또는 소송외의 방법으로 소비자 분쟁을 해결하더라도 종국적으로는 사업자의 이행이 수반되어야 한다는 점에 착안하여, 사업자의 계약이행 누적기록 및 소비자의 평판 등의 공개

---

39) 현재 국내 소비자거래의 경우에도 ODR은 충분히 진행할 수 있으나, 분쟁해결방법을 고정하고 있고, 양 당사자의 합의에 기반하고 있어 설사 ODR로 분쟁을 정리하였다고 하더라도 배상의 만족을 얻지 못하는 경우에는 ODR에서 이루어진 합의를 무시하고 소비자 보호기관을 통해서 만족을 얻고자 하기에 국내 전자상거래업자들에게 ODR은 효과적이지 않은 수단에 지나지 않는다.

및 지급결제업자의 소비자의 항변권 수용 등의 방법 등도 대안으로 제시되고 있다. 이는 소비자 보호 특별법에 근거한 권리주장이 아니라 계약 당사자 사이에서 인정될 수 있는 보편적인 계약법의 원칙으로 해결해야 한다는 점에 기반하고 있다.

ODR은 소비자와 사업자의 분쟁합의를 신속하게 이끌어 내는 것이 목적이므로 생산 및 유통환경을 무시한 획일적인 기준이 아니다. 소비자 분쟁의 합의를 이끌어내기 위해 ODR 제공자는 빅데이터를 활용하여 분쟁기준을 제시하기도 하며, 소비자와 사업자의 요구상황을 절충하여 제시하기도 한다. ODR은 소비자와 사업자 사이의 갈등관계를 신속하게 해결하도록 돕는 분쟁해결 알고리즘이자 기준인 동시에, 소비자와 사업자 분쟁해결 합의를 정당화 시켜주는 일련의 적법절차이다.

따라서 ODR 절차규칙(안)을 기존의 분쟁해결방식과 절차적인 관점의 연장선에서 접근한다면 생산적인 결론을 내지 못한다.[40) 보다 능동적이고 새로운 관점으로 접근할 필요가 있다. 현재 국외 ODR 논의의 쟁점 역시 소비자 분쟁의 합리적인 해결을 위한 절차와 근거 등으로 압축되고 있고,[41) UNCTIRAL ODR 절차규칙(안)을 둘러싼 논의는 그 중 일부라는 점을 인식할 필요가 있다.[42)

---

40) 소비자 보호 기관에 의한 후견적 관점에서는 사업자의 영업행위의 일환으로 소비자 분쟁해결제도는 구조적으로 소비자에게 불리하고, 소비자와 사업자 사이의 분쟁해결 합의는 결과적으로 불공정하다고 보는 경향이 강하다.

41) 현재 국내 약관규제법으로 인하여 사전중재합의는 제도적으로 도입이 어렵다고 본다. 각 국가들이 가지고 있는 분쟁해결모습과 그 효용성이 다른 만큼, 우리가 받아들일 수 있는 제도의 폭만큼 ODR의 다양한 구현이 가능하다.

42) 소비자의 중재 및 촉진된 합의를 둘러싼 미국과 EU의 논의도 종국적으로는 소비자 분쟁해결의 합의의 효력을 극대화시키는 논의로 귀결되고 있다. 다만 재판 청구권 포기의 합의인 만큼 소비자 권리의 제약을 가져온다는 점에서 다른 합의 내용보다 신중한 상태에서 결정되어야 한다고 본다. 동 합의에 대해서는 ODR의 특징인 신속한 합의를 강요해서는 안 된다고 보나, 이 역시 소비자의 선택이라면 가능하다는 관점이 맞서고 있다. 소비자 분쟁 종결을 위한 합의의 진정성을 확보하기 위한 제도적인 모색도 필요하다. 물론 이러

3. 국내 소비자 보호기관의 전문화

국제 전자상거래에서는 사업자와 소비자를 함께 규율할 소비자 분쟁 해결기준이 없을 뿐만 아니라 대체적 소비자 분쟁해결을 위한 기관도 없다는 점이 특징이다. 즉 소송 이외의 방법으로 소비자 분쟁을 해결하기 위한 다양한 제도는 소비자 거래 당사자가 인지할 수 있으나, 소비자 분쟁해결을 위한 제도를 운영해 줄 주체가 없다. 때문에 ODR은 주로 민간형 ADR의 연장선에서 검토되는데, 이는 국제적인 생산 및 유통환경변화에 맞춘 다양한 민간형 ADR(ODR)의 형성이 용이하다는 배경도 함께 가지고 있다. 이와 같은 변화는 정부에게 국내 소비자 보호라는 관점에서 어떠한 역할을 해야 하는가라는 질문을 던진다.

ODR 플랫폼은 국제 거래에 있어서 분쟁해결을 위한 도구이나, ODR 플랫폼은 다양한 형태의 ADR 설계와 분리해서 생각할 수 없기 때문에 ODR 플랫폼은 ODR 운영자의 특성, 즉 ADR 절차규칙이 가지는 가치가 그대로 드러날 수밖에 없다. 실제 UNCITRAL ODR 절차규칙(안)에서 ODR platform과 ODR provider의 개념을 처음에는 구분하였으나, 종국적으로 ADR administrator로 통합된 개념으로 정리하였다. 국제적인 전자상거래 분쟁해결을 위한 플랫폼이 되기 위해서는 국제 전자상거래분쟁을 원활하게 처리할 수 있는 기준을 토대로 대체적 분쟁해결 시스템을 잘 구축하는 것이 필요하다. 앞서 언급한 바와 같이 현 시점에서는 국가마다 소비자 보호 관련 법률을 통일하기 어렵기 때문에 특정한 ODR 플랫폼을 강제할 수는 없다. ODR 플랫폼을 구축하는 기관은 필연적으로 다른 ODR 플랫폼과 필연적으로 경쟁할 수밖에 없다.

한 노력은 소비자 분쟁의 특징으로서 배상이 아닌 비용으로의 전환이라는 관점을 유지하면서 진행될 것이다.

한편 UNCITRAL ODR 절차규칙(안)에서는 ODR administrator 이외에 중립자의 역할도 있다. 중립자는 ODR 절차 중 협상으로 분쟁이 해결되지 못하는 경우 조정인 또는 중재인의 역할을 하는 자로써, 합리적으로 소비자 분쟁의 해결책을 제안할 수 있는 지위의 자이다. ODR 플랫폼을 운영하는 자는 소비자 분쟁을 잘 해결할 수 있는 중립자를 잘 구성해야 보다 경쟁력 있는 소비자 분쟁 서비스를 제공할 수 있다. 소비자 분쟁해결에 있어서 중립자의 역할도 상당히 중요한바, 소비자 보호 전문기관은 다양한 ODR 플랫폼의 중립자로 참여할 수 있도록 소비자 분쟁해결을 위한 전문화도 요청된다.

다양한 유형의 ODR은 사업자의 소비자 사이의 분쟁합의를 사업자가 자발적으로 이행할 수 있는 구조를 만들고자 소비자의 '평판'과 지급결제업자의 '결제제한' 등을 대안으로 제시하고 있다. 외국의 성공한 ODR 플랫폼[43]은 매우 높은 인지도를 가지고 있거나, 결제 서비스를 제공 및 관리권이 있는 자임에 주목할 필요가 있다.[44]

---

43) 이베이(미국) 및 페이팔의 경우에는 ODR을 통해서 연간 6,000만건의 분쟁을 처리하고 있는데 빅데이터 활용을 통해 소비자 분쟁시 배상금액을 제시하고, 소비자의 구매성향을 고려한 소비자 피해구제 절차를 자동적으로 제안하고 있다. ODR 전문가들은 제품의 판매자와 소비자를 중개하는 전자상거래업자는 분쟁해결자로서 역할이 가능하다는 점을 강조하고 있다. 또한 사업자가 소비자 분쟁을 해결할 수 있는 전담부서를 갖추지 못하였거나 그 역할을 사실상 하기 어려운 경우, 온라인 플랫폼을 통해 합의를 진행시킬 수 있는 방법을 갖추고 있다면 소비자 분쟁해결을 낮출 수 있는 좋은 창구가 될 수 있음을 시사한다.

44) 평판을 종합적으로 관리할 수 있는 포털의 기능을 갖추고 있거나, 지급결제 시장에서 선두주자가 당해 역할을 할 수 있음에 주목할 필요가 있다. 때문에 ODR은 소비자 보호를 위한 공공서비스의 비즈니스 모델화라는 개념을 포함하는 특성을 가진다. 국제 전자상거래 분쟁해결에 있어서 국내 소비자만의 보호를 위한 기관설립은 국제적으로 통용되지 않을 가능성이 높기 때문에 소비자 분쟁해결을 통한 고객유인 및 분쟁해결을 통한 수수료 취득이라는 비즈니스 모델로 자리를 잡을 여지가 높다고 예상한다. 물론 평판의 표시가 공정한지 검토할 필요가 있으며, 온라인 중개 및 결제 중개자가 소비자의 항변권을 토대로 결제를 지연하는 것이 불공정한 거래인지 검토할 필요도 있다.

ODR을 운영하는 기관들의 경쟁은 종국적으로 사업자의 소비자 분쟁합의의 이행 비율에 달려 있는바, ODR 플랫폼을 구축하는 기관은 이를 고려한 ODR 구축이 요청된다.

국내 ODR 도입을 둘러싼 논의 중 하나의 특징은 ODR을 운영하기 위한 플랫폼 경쟁에 논의가 집중하고 있다. ODR은 온라인 분쟁해결 시스템인 것만큼 온라인 시스템의 구축이 당연히 수반되어야 하기 때문이다. 이와 같은 시스템의 구축이 국제 소비자 분쟁처리에 필수적인 것은 사실이나 실질적인 문제해결을 위한 도구에 지나지 않는 점을 분명히 할 필요가 있다. 소비자 분쟁해결 만족도가 높은 전문기관임을 인정받을 때에, 국제 전자상거래 분쟁해결기관으로 자리 잡을 수 있음을 고려해야 한다. 국내 소비자 보호라는 제한된 서비스를 독점적으로 운영하고자 하는 목적으로 ODR 플랫폼을 마련하고자 한다면 분쟁해결 서비스에서의 효과적인 경쟁이 아닐 것이다. 단순히 좁은 의미의 플랫폼 구축만으로는 외국의 사업자 및 소비자로부터 외면받을 수밖에 없고, 국내 전자상거래 소비자 피해구제의 전산화의 또 다른 모습으로 남겨질 것이다. ODR 도입을 준비하는 과정은 반드시 ODR 플랫폼 형성 이외에도 경제 권역에서 중립자로서의 역할 모색, 국내 소비자의 소비자 분쟁의 유형별·품목별 빅데이터 분석, 언어 지원 서비스 등 다양한 영역에서 종합적인 준비가 필요하다.

IV. 마치면서

최근 우리나라 소비자의 해외직구 비중이 늘어나는 시점에서 전 세계적으로 ODR 체계를 구축해 나가는 모습은 우리에게 많은 시사점을 남긴다. UNCITRAL ODR 절차규칙(안)은 국외 사업자와 국내 소비자 사이에 발생할 수 있는 소비자문제를 해결하기 위한 기준을 제시하는 한편, 이를 둘러싼 다양한 논의는 기존의 대체적 분쟁 해결 절차와 기준과는 다른 소비자 분쟁 해결제도의 필요성을 보여 주고 있다.

현재 ODR은 세계경제 권역단위로 활성화되고 있다. 현시점에 성공적으로 안착된 ODR은 ODR 플랫폼 운영자 및 ODR 플랫폼의 구축과 밀접한 연관성을 가지는데, 비즈니스 모델을 수반한 민간분쟁조정기구가 중심이 되었다. 왜냐하면 국제 소비자 분쟁을 해결할 수 있는 공공기관은 존재하지 않고, 소비자분쟁해결에 수반하는 비용을 해결하기 위해 자연스럽게 형성된 것이다. 그 결과 ODR에는 소비자 분쟁해결 서비스라는 인식이 전제되고 있음에 유의할 필요가 있다. UNICTRAL ODR 절차규칙(안)은 다양한 ODR 모델을 전제로 타당한 소비자 분쟁해결이 될 수 있도록 공정한 절차 규칙을 도출하고자 노력하고 있다.

한편 ODR은 실효성 있는 분쟁해결이 되기 위한 노력을 하고 있다. 국제 소비자 분쟁은 제도 차이와 비용의 문제로 종국적인 해결이 어렵다는 점을 착안하여, 국가간 소비자 분쟁해결을 위한 거점 마련 · 전자결제제도와 융합된 형태의 분쟁해결 비즈니스모델 형성 · 신뢰 인증을 위한 마크제도 및 합의 불이행 사업자 정보공개 등 다양하게 진행되고 있다는 점도 주목할 만한 부분이다. 이와 같은 실효성 있는 분쟁해결 방안 ODR 모델과 결합하여 ODR 유형을 더욱 다양하게 만들고 있다. 앞서 언급한 바와 같이 ODR 역시 소비자 분쟁해결 서비스의 관점에서 출발하는바, 소비자 분쟁을 예방하고 피해구제를 효과적으로 하는 서비스 경쟁으로 소비자의 선택의 문제로 전환되었음에 유의할 필요가 있다.

해외직구에서 국내 소비자를 보호하기 위한 수단으로 ODR을 적극적으로 수용하고자 한다면, 필요적 변화사항을 잘 이해해야 한다. ODR 구축의 논의가 필요적 변화를 반영하지 못한 형태로 진행된다면 분쟁해결 플랫폼으로 외면받기 쉬울 뿐만 아니라 그 실효성에 강한 의문이 제기될 것이라 생각한다. 이제는 ODR을 어떻게 도입 및 운영할 것인지를 앞두고 기관 스스로 새로운 역할을 모색해야 하는 시점이다.

색인어

해외직접구매, 대체적 분쟁해결제도, 조정, 중재, UNCITRAL ODR 절차규칙

참 고 문 헌

1. 국내문헌

송민수 외 2인(2013), 소비자중재의 법제화에 관한 연구, 정책연구 13-13, 한국
      소비자원.
정보통신산업진흥원, 2013년 전자거래분쟁조정에 대한 향후 발전방안 연구, 연
      구보고서.
주진열(2013), 한중FTA 대비 국경간 소비자 보호에 관한 연구, 한국법제연구원,
      FTA법제지원연구 13-26-③-2.

2. 연구논문

김태현(2005), "OECD 국가의 소비자분쟁해결 및 피해구제제도 논의 동향," 나
      라경제 2005년 6월호.
김혜진 외1(2013), "온라인을 통한 소비자분쟁조정 운영 방안 연구," 소비자문제
      연구 제44권 제1호.
박수헌(2005), "미국의 온라인 분쟁해결에 있어서 정부의 역할," 토지공법연구
      제25집, (사)한국토지공법학회.
백병성(2011), "국제 소비자피해의 온라인을 통한 해결―대한민국에서의 ODR
      추진 방안 모색―," 소비문화연구 제14권 제2호, 소비문화연구.
오수근(2012), "ODR과 중재절차―UNCITRAL에서의 논의를 중심으로―,"
      Global Legal Issues 2012.
윤우일(2010), "전자상거래분쟁해결을 위한 ODR 활성화를 위한 연구," 중앙법
      학 제12집 제4호, 중앙법학회.
이병준(2012), "국제전자상거래로 인한 분쟁과 ODR를 통한 분쟁해결―유엔상
      거래법위원회에서의 논의 배경 및 기본적 시각을 중심으로―," 중재연구
      제22권 제2호, 한국중재학회.
이병준(2013), "국제전자상거래 분쟁해결을 위한 절차 규칙에 관한 UNCITRAL
      의 논의와 그 평가―제26차 실무작업반 논의를 중심으로―," 중재연구 제
      23권 제1호.
이현정(2008), "Examining on International Approaches for Online Dispute
      Resolution (ODR): Case Study," 인터넷전자상거래연구 제8권 제2호, 한국
      인터넷전자상거래협회.
조수혜(2011), "온라인 분쟁해결절차의 공정성에 관한 연구: UDRP에 대한 실증

적 분석을 중심으로," 비교사법 제18권 제3호, 한국비교사법학회.

최승원(2007), "EU의 온라인분쟁해결제도 연구," 공법연구 제36집 제1호, 한국
공법학회.

3. 신문기사

「해외 명품 '직구'하면 50만원 아낀다.」 시사저널 1294호(2014.8.12) 기사

4. 국외 논문 및 보고서

Mohamed S. Abdel Wahab · Ethan Katsh · Daniel Rainey(2012), Online
Dispute Resolution: Theory and Practice: A Treatise on Technology and
Dispute Resolution, Eleven International Publishing

Guidelines for Protecting Consumers from Fraudulent and Deceptive
Commercial Practices Across Borders

Report of the United Nations Commission on International Trade Law,
forty-third session(New York, 21 June - 9 July 2010) Meeting records
(A/65/17).

5. 인터넷 자료

전자문서 · 전자거래 분쟁조정위원회 ECMC 자동상담시스템(http://lex.ecmc.
or.kr)

1372 소비자상담센터(http://www.ccn.go.kr)

한국소비자원 온라인 피해구제 신청(http://www.kca.go.kr/wpge/m_15/ref
1200.do)

http://www.oecd.org/internet/consumer/

http://www.uncitral.org

http://www.odr.info

http://evigo.com/9696-china-taobao-users-will-play-judge-jury-e-commerce-
disputes

http://dashburst.com/crowd-judges-buyer-seller-disputes-alibaba/

저자약력

이 은 영
한국외국어대학교 법학전문대학원 교수
한국소비자법학회 회장, 한국민사법학회 회장 역임
채권총론, 채권각론, 약관규제법 등

정 진 명
단국대학교 법과대학 교수
민법개정위원 역임, 온라인광고분쟁조정위원회 분쟁조정위원
가상공간법 연구(I) 등

고 형 석
선문대학교 법학과 교수
한국소비자원 정책연구실 선임연구원
소비자보호법, 상조업과 소비자보호법 등

이 병 준
한국외국어대학교 법학전문대학원 교수
대법원재판연구관, 민법개정위원, 전자거래분쟁조정위원회
　　분쟁조정위원
계약성립론, 민법사례연습 I ~IV 등

서 희 석
부산대학교 법학전문대학원 부교수
법무부 민법개정위원회 위원, 한국소비자법학회 연구이사
소비자법과 민법(공저), 금융시장과 소비자보호(공저) 등

윤 태 영

아주대학교 법학전문대학원 부교수

한국전자거래분쟁조정위원회 조정위원, 한국소비자법학회 정책이사

소비자법(공저), 스포츠 엔터테인먼트법(공저) 등

김 도 년

한국소비자원 정책연구실 법제연구팀 선임연구원

청약철회권의 입법형태의 일고찰, 일본에서의 갱신지불특약의 불공정

　성 논의와 그 시사점 등

전자상거래의 다변화와 소비자보호

2015년 9월 25일 초판 인쇄
2015년 9월 30일 초판 발행

편   자 이 은 영
발행인 이 방 원
발행처 세창출판사
　　　　서울 서대문구 경기대로 88 냉천빌딩 4층
　　　　전화 723-8660　　팩스 720-4579
　　　　e-mail: sc1992@empas.com
　　　　http://www.sechangpub.co.kr
　　　　신고번호 제300-1990-63호

정가 26,000원

ISBN 978-89-8411-534-7　93360